提摩希 · 史奈德
Timothy Snyder

到不自由之路

The Road to Unfreedom

普丁的極權邏輯與全球民主的危機

Russia, Europe, America

獻給記者，他們是這個時代的英雄

目錄 Contents

引言（2010年）

我的兒子在維也納出生。分娩過程並不順利，奧地利籍的婦產科醫生和波蘭籍的助產士決定以孩子優先。等孩子有了呼吸，妻子抱了孩子一下，就被推進手術室。一位叫伊娃的助產士把孩子交到我懷裡，孩子和我窩在一起，不知所措。當時，許多外科醫生以短跑衝刺的速度跑過，腳步聲急促、口罩橡皮筋啪嗒作響、醫院工作服的綠色一閃而過，而兒子那一雙還沒聚焦的藍紫色眼睛，就在我懷中向上看著。

第二天，終於一切有驚無險。護理師要我在正常時間（下午五點）離開病房，把媽媽和孩子交給他們照顧，隔天早上再過來就好。而我也終於有空發出電子郵件，告訴親友孩子出生的好消息。但幾位朋友在得知好消息的同時，卻也聽說了另一場奪人性命的災難。當時，我上個世紀在維也納認識的一位學者在華沙趕上了一架飛機。雖然我的電子郵件以光速發送，但他再也沒能收到訊息。

二〇一〇年是個反思回顧的時候。兩年前的金融危機讓世界上的大筆財富消失，而經濟復甦起起伏伏，又多半是富人得利。此時的美國總統是非裔人士，而歐洲在二〇〇〇年代的大冒險（歐盟東進）也似乎已經完成。二十一世紀過了十年，距離歐洲共產主義垮台已過二十年、距離二次大戰開始已有七十年歷史，二〇一〇年似乎是個適合回顧過往的年分。

那一年，我也和歷史學者東尼．賈德（Tony Judt）在他的臨終病榻前合作。我最崇敬他的作品，就是二〇〇五年出版的《戰後歐洲六十年》（*Postwar*），書中講述歐盟如何完成難如登天的壯舉，將過去帝國的碎落片段重組成全世界最大的經濟體、最重要的民主區。全書結尾深刻思索著歐洲猶太人大屠殺的回憶。而賈德指出，在二十一世紀，光靠程序與金錢還不夠：想追求體面的政治，就必須正視恐怖的歷史。

賈德在二〇〇八年患上肌萎縮側索硬化症（ALS，俗稱漸凍症），這是一種退化性神經系統疾病，得病後必死無疑，過世前就困在一具大腦無法控制的身體裡。賈德無法控制雙手之後，我們開始用錄音的方式，談論關於二十世紀的各種主題。我們在二〇〇九年談話時，美國總認為資本主義不會改變、民主制度必將到來，但這讓我們兩人憂心忡忡。賈德已經寫過，二十世紀曾有一批不負責任的知識分子如何助長了極權主義。而他當時也開始擔心二十一世紀又出現另一種不負責任的態度：完全不接受其他概念，於是讓討論變得平板、政策難以推動、不平等成為正常現象。

談話當時，我正在撰寫一九三〇年代和一九四〇年代納粹德國與蘇聯在歐洲所犯下大規模政治屠殺的歷史，書中先談人民與他們的家園，特別是猶太人、白俄羅斯人、烏克蘭人、俄羅斯人、波羅的海人、波蘭人，這些人居住的地方都曾經歷納粹與蘇聯兩種政權。雖然那本書的各個章節看來殘酷，談的都是有意為之的饑荒、屍坑、毒氣室，但全書抱持的態度很樂觀，認為我們能夠找出大規模屠殺的原因、能夠回憶起死者的話語，也就能夠訴說真相、可以汲取教訓。

那本書有個專章在談二十世紀的一個轉捩點：納粹與蘇聯結盟，為歐洲二次大戰揭開序幕。一九三九年九月，納粹德國和蘇聯分別入侵波蘭，計劃摧毀波蘭政府及政治階級。一九四〇年四月，蘇聯特務殺害兩萬一千八百九十二名波蘭戰俘，其中多半為教育水準良好的後備軍官。這些男子（和一名女子）被從腦後開槍行刑，地點分散在五處，其中一處是卡廷森林（Katyn Forest），位於蘇聯俄羅斯共和國斯摩棱斯克（Smolensk）附近。對波蘭人來說，卡廷大屠殺成了蘇聯鎮壓的代表。

第二次世界大戰後，波蘭落入共產政權之手，成為蘇聯的附庸國，卡廷也成了禁忌話題。一直要到一九九一年蘇聯解體，歷史學家才能找出究竟發生了什麼事。蘇聯文件清楚指出，這項大規模屠殺是刻意為之，經約瑟夫．史達林（Joseph Stalin）親自批准。自蘇聯垮台以來，新成立的俄羅斯聯邦一直在努力解決史達林恐怖主義所遺留的問題。二〇一〇年二月三日，我當時寫的書正要收尾，俄羅斯總理向波蘭總理提出一項驚人的建議：於該年四月、也就是大屠殺發生七十週年之際，在卡廷舉辦聯合追悼活動。四月一日午夜，那天正是我兒子的預產期，我將完稿寄給出版社。四月七日，波蘭總理率領的波蘭政府代表團抵達俄羅斯。隔天，我的妻子分娩。

兩天後，另一個波蘭代表團也出發前往俄羅斯，成員包括波蘭總統伉儷、波蘭武裝部隊指揮官、國會代表、公民運動人士、牧師，以及一九四〇年卡廷遇害者的遺屬。其中一位是我的朋友托梅克．梅爾塔（Tomek Merta），他是廣受敬重的政治理論家，也是負責該次紀念活動的文化副部長。他在二〇一〇年四月十日星期六清晨登機，但飛機於早上八點四十一分墜毀於斯摩棱斯克的俄羅斯軍事機場附近，無人生還。在維也納的一間產科病房，手機響起，房間另一端還有一位新媽媽用波蘭語叫喊著。

隔天晚上，我讀著親友對孩子出生消息的回應，有位朋友擔心我在高興的同時是否得知那場空難的悲劇，還寫信告訴我：「為了避免你之後尷尬，我得告訴你托梅克．梅爾塔過世了。」另一位朋友的名字也在乘客名單上，寫信告訴我，他上機前改變心意，最後留在家裡，就是因為妻子再幾週就要生產。

他的信裡最後寫道：「從此一切都不再相同。」

在奧地利的產科，新手媽媽要待上四天，由護理師教導如何為嬰兒餵食、沐浴及照護。

這已經足以讓各個家庭彼此認識，新手爸媽們有了共同的語言，開始閒聊。隔天在產科病房裡，大家用波蘭語談著陰謀論。各種謠言開始出現：是俄羅斯人把飛機擊落；是波蘭政府陰謀暗殺波蘭總統（波蘭當時總統與總理分屬不同政黨）。一個初為人母的波蘭人詢問我怎麼想，而我說這可能性實在很低。

再隔天，我們家可以出院返家了。孩子在搖籃裡沉睡，而我則寫了兩篇文章談梅爾塔：一篇是以波蘭文寫的訃文；另一篇則是以英文描述這項災難，並在結語對俄羅斯致上期許。畢竟那是一位波蘭總統，為了緬懷追悼一項在俄羅斯土地上發生的罪行，而犧牲了生命。我希望俄羅斯總理弗拉基米爾・普丁（Vladimir Putin）能抓住這個機會，從更廣泛的層面看待史達林主義的歷史。在二〇一〇年四月的悲痛氛圍中，這或許是個合理的請求；但如果說是對未來的預測，就實在錯得太過誇張。

在那之後，一切都改變了。普丁成為總理之前，已經連任兩屆總統，並在二〇一一年九月宣布將再度競選總統職位。他所屬的政黨在十二月的國會大選表現不佳，但仍然取得多數席次。到了二〇一二年五月，經過另一場看來籠罩著黑幕的大選之後，普丁再次擔任總統。從此之後，只要討論蘇聯的過往（甚至例如他自己開始的卡廷議題），都被視為刑事犯罪。在波蘭，斯摩棱斯克空難讓社會團結了一天，但接著就引發長達多年的對立。對二〇一〇年四月空難的執念與時俱進，已經排擠原本要追悼的卡廷大屠殺，更確確實實地排擠波蘭在過去歷史上的種種苦難。波蘭和俄羅斯不再反思歷史。時代在變，又或許是我們的時間感正在改變。

歐盟陷入一片陰影。我們在維也納的產科病房，有便宜的保險支付一切費用，提醒著我們歐洲計畫其實十分成功，許多服務在歐洲視為理所當然，在美國卻難以想像。另一個例子是，能讓我前往醫院的地鐵快速且可靠：這在歐洲再正常不過，但在美國又是難上加難。二〇一三年，俄羅斯開始譴責歐盟墮落並懷有敵意。畢竟如果俄羅斯民眾看到歐盟的成功，可能會覺得過去的帝國都能成為繁榮的民主政體，於是俄羅斯聯邦也遭到危及。

隨著俄羅斯的鄰國烏克蘭與歐盟愈走愈近，俄羅斯在二〇一四年入侵烏克蘭、併吞部分領土。到了二〇一五年，靠著許多歐洲和美國人推波助瀾，俄羅斯的網路戰越過烏克蘭，開始染指歐洲及美國。二〇一六年，英國公投決定退出歐盟，一如莫斯科長期的倡議；美國選出唐納・川普（Donald Trump）成為總統，背後也有俄國付出心力。這位新上任的美國總統除了有著諸多缺點，更無法反思歷史：在大屠殺的相關場合無法寫下適當的留言，連在自己的國家也不對納粹分子提出譴責。

二十世紀腳步已遠，但我們並未從中學到教訓。俄羅斯、歐洲和美國出現一種新的政治形式，一種新時代、新的不自由。

我那兩篇關於斯摩棱斯克的文章，是經過多年思考生死的政治，寫在一個生死只有一線之隔的夜晚。有個朋友寫了：「你的快樂環繞著悲傷」，而兩者在此時似乎都令人承受不起。這些開始似乎和結束離得太近，又或是有了錯誤的順序，死亡先於生命、離世先於生活；時序全亂了套。

在二〇一〇年四月左右，人類的作風也產生變化。當時智慧型手機尚未普及，我還得到辦公室打開電腦，才能寄送電子郵件通知親友長子出生的消息，而且我也覺得應該會隔幾天或幾週才收到回信，不是立刻就能得到回覆。等到兩年後，我的女兒出生，一切已經大有不同：智慧型手機成為常態，而且就能算不是即時，也能很快收到回應。有兩個孩子與有一個孩子完全是兩回事；但是在我看來，二〇一〇年代初期對我們所有人來說，都變得更加支離破碎、難以捉摸。

原本該為我們節省時間的機器，讓我們花費更多的時間。由於我們失去專心與回想的能力，什麼事看起來都像新的。賈德在二〇一〇年八月去世後，我巡迴各地宣傳我們合著的《想想二十世紀》（*Thinking the Twentieth Century*）。在我巡迴全美的旅程中，卻發現眾人早已遺忘了二十世紀。在飯店房間裡，我看著俄國電視譏諷美國的種族創傷歷史，暗示巴拉克・歐巴馬（Barack Obama）出生於非洲，而讓我沒想到的是，美國的藝人川普，在不久之後還接手了這個話題。

引導歐美走入新世紀的，是一個講述「歷史的終結」的寓言，我稱為線性必然政治（politics of inevitability）：感覺未來只不過就是現在的線性發展、進步的法則都已在掌握之中，一切別無他法，也就覺得沒有什麼真正能做的事。在線性政治的美國資本主義版本裡，自然就會帶來市場，市場就會帶來民主，民主就會帶來幸福。至於在歐洲版本裡，則是歷史就會帶來國家，國家就會從戰爭中學到和平是件好事，於是選擇融合為一，走向繁榮。

在一九九一年蘇聯解體之前，共產主義也有自己的一套線性政治：自然就會帶來科技，科技就會帶來社會改革，社會改革就會帶來革命，革命就會帶來烏托邦。而事實證明並非如此，最後是由歐洲及美國版本的線性政治勝出，歐洲在一九九二年成立歐盟；至於美國，則認為共產故事的失敗證明資本主義才是真理。在共產主義告終後的四分之一個世紀裡，美國和歐洲不斷講述自己那套線性政治的故事，也就培養出一群沒有過去歷史的千禧世代。

一如所有這樣的故事，美國版本的線性政治故事並非真正符合事實。從一九九一年後俄羅斯、烏克蘭和白俄羅斯的命運就能清楚瞭解，某個體系崩潰，並不是把一切清空重來，不會看到自然帶來市場，市場帶來權利。美國於二〇〇三年在伊拉克掀起非法戰爭之後，如果能好好面對自己造成的災難後果，就該學到這個教訓。至於二〇〇八年的金融危機和二〇一〇年美國放鬆對選舉獻金的管制，則讓富人的影響力增加、選民的影響力則遭削弱。隨著貧富差距拉大、投資期限（time horizon，希望達到投資目標的期限）縮短，認為明天會更好的美國人已愈來愈少。如果覺得國家失靈、無法保障理所應得的基本公共財（像是教育、退休金、醫療保健、交通運輸、育嬰假、假期），就可能讓美國人每天都過得惶惶不安、覺得看不到未來。

線性政治的崩潰，會帶來另一種時間感：**永恆迴圈政治**（politics of eternity）。線性政治讓人覺得未來必然走向美好，而迴圈政治則讓國家落入一種被害者的迴圈循環。時間不再是走向未來的一條線，而是無止境地一再面對過去的相同威脅。在線性政治裡，人人都知道一切終將進步、變得更好，所以沒有人需要負責任；在迴圈政治裡，則是覺得無論我們做什麼，敵人總會來臨，所以也沒有人能負起責任。迴圈政治家所傳達的信念，則是認為政府並無法協助社會整體，只能防範各種威脅，於是進步精神讓位給了末日之感。

在權力方面，迴圈政治人物會製造危機，操弄由此而成的情緒。為了讓人不要注意到這些政治人物對改革的無能為力或毫無誠意，這些政治人物會讓公民每隔一小段時間就交互體驗著各種狂喜與暴怒，以現在淹沒未來。而在外交政策上，對於原本該成為公民所希冀的各種成就，迴圈政治會加以貶低、抵制。迴圈政治運用科技，在國內外傳播各種政治上的揑造故事，否認眼前的真相，而將真實的人生簡化為種種吸引注意力的奇聞軼事與感受。

在二〇一〇年代所發生的事，或許有許多我們渾然未覺。從斯摩棱斯克墜機到川普勝選，其間的種種跌跌撞撞，或許正是我們並未體認到的一個轉型時代。或許因為我們正處於不同時間感之間的轉換期，於是未能看清歷史如何創造我們，而我們又如何創造歷史。

線性與迴圈的概念，將種種事實轉化為各種故事。在受到線性必然所左右的人眼中，任何事實都只是暫時，不會影響這整套的進步故事；至於在接受永恆迴圈的人眼中，每個新事件也只不過再次例示永恆存在的威脅。每個事件都偽裝成歷史，但也都抹去了歷史。線性政治認為，一切發生的事都只是推動著進步，因此過去的種種具體細節無關緊要；迴圈政治則會不斷跳躍到歷史的不同時刻（不論相隔數十年或幾世紀），建立出一套天真而危險的神話。迴圈政治先是想像過去有著一套威脅的循環，據以想像出一套模式，接著再透過自己製造危機，每天營造戲劇效果，於是在現在製造出這套模式。

線性必然政治與永恆迴圈政治各有一套獨特的宣傳手法。線性政治要將各種事實編織成一張幸福之網；至於迴圈政治則會壓抑事實，不讓民眾發現其他國家的人活得更為自由、更加富裕，也不讓民眾發現靠著知識可以推動改革。二〇一〇年代所發生的事件，多半是刻意營造著各種政治故事；這些過於龐大的故事緊緊抓住民眾的注意力，不留半點空間讓人進行深思。然而，不論各種宣傳故事在當時讓人留下怎樣的印象，宣傳故事都不會是最終定版的歷史。所謂記憶，是我們被給予的印象；而所謂歷史，是我們努力建立的連結（如果我們還願意付出這種努力）。

本書的目的，就是要為了歷史而重新掌握現在，也就是要為了政治而重新掌握歷史。這意味著，在這個事實性本身都遭到質疑的時候，我們將要試著理解當代世界史（從俄國到美國），一系列相互關聯的事件。二〇一四年，俄國入侵烏克蘭，是對歐盟和美國的現實測驗（reality test）。許多歐美人士忙著追打俄羅斯的宣傳幻影，忽略維護法律秩序。於是，歐美浪費時間研究究竟是否真正發生入侵、烏克蘭到底算不算是一個國家，以及烏克蘭究竟有沒有被入侵的價值。這顯露歐美一項巨大的弱點，而俄國也很快加以利用。

歷史作為學科，正是始於與戰爭宣傳的對抗。修昔底德（Thucydides）在史上首部歷史著作《伯羅奔尼撒戰爭史》（*The Peloponnesian Wars*）中，對於將領對自己行動的說明，以及這些將領做出各種決定的背後真正原因，仔細地做出區別。在我們這個時代，不平等加劇，也讓政治故事捏造的成分提升，於是調查報導變得更加珍貴。調查報導的復興始於俄羅斯入侵烏克蘭期間，勇敢的記者身入險境，交出一篇又一篇的報導。在俄羅斯與烏克蘭，新聞重點集中在盜賊統治（kleptocracy）與貪腐的問題，也是由受過相關報導訓練的記者來報導這場戰爭。

發生在俄羅斯的事，也可能會發生在歐美：大規模的不平等逐漸成為常態；政策被宣傳技倆所取代；線性政治逐漸轉向迴圈政治。俄羅斯領導者已經走到迴圈政治，現在也伸手向歐美領導者發出邀請。這些俄羅斯人深知歐美的弱點，因為他們早在俄羅斯國內就見識過，也利用過這些弱點。

對許多歐美人士而言，二〇一〇年代的事件（反民主政治的崛起、俄羅斯與歐洲反目而入侵烏克蘭、英國脫歐公投、川普勝選）令人出乎意料。面對出乎意料的情況，美國通常有兩種反應：想像這些意外事件並未真正發生；或聲稱這是全新事件，無法從過去歷史來理解。前者認為一切總會沒事；後者則認為一切實在太糟，但反正我們無能為力。第一種反應，是線性政治的一種防禦機制；至於第二種反應，可以說是線性政治已經發出即將破裂的嘎吱聲，就要走向迴圈政治。面對一項嚴峻的挑戰，線性政治先是腐蝕公民責任，接著就崩潰成為迴圈政治。在俄國屬意的候選人成為美國總統時，美國正是如此反應。

在一九九〇年代和二〇〇〇年代，無論是經濟與政治模式的移植、英語的傳播，或是歐盟與北大西洋公約組織（簡稱北約）的擴展，影響的方向是由西向東。與此同時，歐美不受管制的資本主義空間，召喚著富裕的俄羅斯人，前往一個沒有東西之分的領域（離岸銀行帳戶、空殼公司、匿名交易），清洗從俄國民眾手中竊取而來的財富。部分出於這個原因，隨著離岸帳戶的作法從例外變成常規，俄國的政治故事開始在二〇一〇年代走出俄國，從東向西擴散。在《伯羅奔尼撒戰爭史》中，修昔底德將「寡頭統治」（oligarchy）定義為由少數人來統治，認為這是「民主」的相反；而對亞里斯多德來說，「寡頭統治」則是由少數有錢人來統治，這個意義於一九九〇年代在俄語中重現，也在充分的理由下，在二〇一〇年代的英語中復興。

概念和實踐從東向西移動。例子之一是「fake」（假）一詞，例如「fake news」（假新聞）。這聽起來像是美國的發明，川普也宣稱出自他手；但事實上，這個詞彙早在流通於美國之前，就在俄國和烏克蘭流傳已久，是指創造出虛構的文本，假稱為新聞，既能對特定事件混淆視聽，也能打擊新聞業的信譽。線性政客會先自己散布假新聞，接著聲稱所有新聞都是虛假，只有自己說的才是真實。從二〇一四年在烏克蘭開始，俄國以虛構的故事塞滿國際公眾領域，接著在二〇一五年傳播到美國，並在二〇一六年將某位人士推上總統寶座。這些技術無所不在，但也隨著時間愈來愈細緻。

二〇一〇年代的俄國，是個一心想出口迴圈政治的盜賊政權：要摧毀事實、維持不平等的現況，並在歐美推動類似的趨勢。從烏克蘭就能清楚看到這一點：俄國一面發動常規戰爭，一面利也用各種運動削弱歐盟和美國的影響力。史上第一位親俄的美國總統候選人顧問，過去就曾擔任最後一位親俄的烏克蘭總統的顧問。俄國在烏克蘭失敗的那一套戰術，在美國取得成功。俄國與烏克蘭寡頭政客隱藏財富的方式，維繫某位美國總統候選人的職涯。而這都是一套歷史，是屬於我們這一刻、我們的選擇的歷史。

歷史真的能夠如此當代嗎？雅典與斯巴達作戰已經是兩千多年前的事，所以我們還以為伯羅奔尼撒戰爭算是古代歷史。然而，當時那位史家修昔底德所描述的，就是他當下經歷的事件，就算提到對過去的討論，也是為了清楚闡述當下的風險，而本書也謙卑地遵循這種方法。

本書就算談到俄羅斯、烏克蘭、歐洲和美國的歷史，也是因為出於定義當下政治問題的必要，是為了澄清某些目前籠罩著這些問題的迷思。本書引用相關國家的第一手史料，希望從中找出各種模式及概念，協助我們瞭解自己的時代。這些史料的語言包括俄文、烏克蘭文、波蘭文、德文、法文及英文，除了是學術的工具，也是經驗的聖水盆。這些年來，我除了閱讀及觀看俄國、烏克蘭、歐美等地的媒體，親身造訪許多相關地點，有時也得以比較針對特定事件的描述，看看自己及親友的認知與當地說法有何出入。本書每章的重點都是關於某個特定事件、特定年分：極權主義思想的回歸（二〇一一年）；俄國民主政治的崩潰（二〇一二年）；俄國對歐盟的攻擊（二〇一三年）；烏克蘭革命與隨後的俄國入侵（二〇一四年）；政治故事在俄國、歐洲及美國的傳播（二〇一五年）；川普的勝選（二〇一六年）。

在線性必然政治看來，政治基礎不可能有什麼真正的改變，也就讓人懷疑這些基礎究竟是什麼。如果我們認為良好的政治秩序會自然而然延伸形成未來，就不用去問這個秩序究竟是什麼、為什麼這樣是好的、這是怎麼維持的，以及該如何加以改進。歷史就是（而且也必須是）關於政治的思想，因為歷史在線性與迴圈之間打開一道縫隙，讓我們不是在兩者間隨意飄移，也讓我們看到自己可能有所作為的那一刻。

等我們既跳出線性，也對抗迴圈，關於崩解的歷史就能成為一份指引，讓我們修復一切。腐蝕的狀態，正能揭示什麼能抵抗侵蝕，什麼能被強化，什麼能被重建，什麼必須重新構想。由於理解就是一種賦權，所以本書的章名都是呈現選項的形式：個人主義或極權主義、承繼或失敗、統合或帝國、創新或永恆、真相或謊言、平等或寡頭。這樣一來，個人性、耐力、合作、創新、誠實與正義都算是政治美德。這些特質絕不只是什麼好聽話或偏好，而是歷史上的事實，重要性不下於物質力量。這些美德與它們所激勵、滋養而成的制度密不可分。

一項制度可能培養出某些善的觀念，而且也需要這些概念來推動自己的成功。如果制度想發展蓬勃，就需要各種美德；如果想培養出各種美德，也需要各種制度。想追問公眾生活中的善惡道德問題，就不能不對結構進行歷史的調查。然而，線性必然政治與永恆迴圈政治讓各種美德似乎顯得無關緊要，甚至是可笑：在線性政治看來，善是一種早就存在的事實、而且一定會繼續擴張；而在迴圈政治看來，惡才是永恆，而我們只會一直是無辜的受害者。

如果想對善惡提出一套更好的說詞，就得重新喚醒歷史。

Chapter

01

個人主義或極權主義（2011年）

有了法律，我們的土地就會興盛；沒有法律，我們的土地就會衰亡。

——《尼亞爾史詩》（*Njal's Saga*），約1280年

能宣布例外狀態的人，就是主權所在。

——卡爾．施密特（Carl Schmitt），1922年

線性必然政治的想法，就是沒有什麼想法。深信線性政治的人否認各種想法的重要性，但這只證明他們已落入某種強大想法的控制。線性政治的一套老話就是：「沒有其他選擇。」而只要接受這一點，就是否認了個人對歷史和變革該負起責任。人生變得像是一場夢遊，順著命定的路程、走向早已指定的墳墓。

從這種線性的想法中浮現迴圈的概念，就如同從屍體裡浮現鬼魂。資本主義版本的線性政治，是以市場替代政策，造成經濟上的不平等，而破壞對進步所抱持的信念。隨著社會不再流動，線性讓位給迴圈，民主讓位於寡頭統治。或許在法西斯思想的協助下，寡頭政治講述一個關於無辜過去的故事，為那些真正受苦的民眾提供一種虛假的保護。而相信科技能夠為自由服務的信念，也為這套說詞開闢道路。隨著民眾開始分心，對未來的期盼因為對現在的失望而消散，迴圈也成為日常。寡頭統治從虛構的世界進入現實的政治，靠著呼喚神話、製造危機而取得統治。在二〇一〇年代，正是這樣的普丁、將另外一位這樣的川普從虛構推向權位。

俄國先進入迴圈政治，而俄國的各個領導者則是靠著向外出口這套政治，保護自己，也保護他們的財富。最大的寡頭統治者普丁，以法西斯哲學家伊萬・伊林（Ivan Ilyin）馬首是瞻。詩人切斯瓦夫・米華殊（Czesław Miłosz）在一九五三年寫道：「要到二十世紀中葉，通常是因為受了許多苦難，許多歐洲國家的居民才瞭解到，那些複雜難懂的哲學書籍其實會直接影響他們的命運。」今日某些影響最大的哲學書籍，正是出自伊林筆下，而他在米華殊寫下這些詩句的該年過世。一九九〇年代和二〇〇〇年代，俄國官方讓伊林重回眾人目光，讓他的著作重生，由於他的概念有助於讓領導者從線性走向迴圈，於是他的這套思想也成為經過調整、而能夠推動寡頭統治的法西斯主義。

一九二〇年代至一九三〇年代（也就是伊林的年代）的法西斯主義有三項核心特徵：相較於理性與法律，更讚頌意志與暴力；認為領導者與人民有某種神祕的連結；認為全球化不是一些問題，而是一種陰謀。今日，線性政治帶來各種不平等，而法西斯主義復興，成為寡頭統治的催化劑，讓人民從公共討論轉向政治故事、從有意義的投票轉向假民主、從法治轉向個人主義政權。

歷史總會繼續，也總會出現其他選項，伊林就是其中一位代表。他並非我們這個世紀唯一一位復興的法西斯思想家，卻是最重要的一位。在這條幽暗而通往不自由的路上，他就像是引導，指引著我們從線性必然走向永恆迴圈。瞭解他的想法和影響力，我們就能望向這條路的遠方，尋找光明、尋找出口。這意味著要用歷史的方式來思考：問問過去的概念在今日可以發揮怎樣的重要性，將伊林那個時代的全球化與目前的全球化加以比較，並意識到無論在當時或現在，都明確存在著各種可能、而且不只是二選一。要取代線性必然這層面紗的，目前看來自然就是永恆迴圈的裹屍布，但在這層裹屍布掉落之前，我們必須再找到其他替代品。如果我們這麼接受永恆迴圈，就會犧牲個人性，也將不再看到可能性。所謂的迴圈、永恆，其實也就是沒有其他可能。

一九九一年蘇聯解體後，美國的線性政客宣告歷史已經終結，而某些俄羅斯人則是希望從過去的帝國尋求新的權威。蘇聯在一九二二年成立時，繼承俄羅斯帝國的大部分領土。沙皇過去的領土曾是世界第一大，西到歐洲中部，東到太平洋岸，北到北極圈，南到中亞。在二十世紀開始時，雖然當時的俄羅斯帝國仍以農民與游牧民族為主，但中產階級和知識分子已經開始思考，怎樣能讓獨裁統治的帝國變得更現代、更公正。

一八八三年出生於貴族世家的伊林，正是這一代年輕人的典型代表。一九〇〇年代初期，他希望俄羅斯成為有法治的國家。經過第一次世界大戰與一九一七年十月革命（Bolshevik Revolution，又譯布爾什維克革命）的苦難，伊林成為反革命分子，提倡要以暴力手段反抗革命，也慢慢成為一位基督教法西斯主義的作者，要打倒布爾什維克主義。一九二二年，蘇聯成立前幾個月，他被趕出自己的祖國。在柏林，伊林為反對新蘇聯的白軍提出一項計畫。當時，漫長而血腥的俄國內戰剛畫下句點，白軍的對手就是布爾什維克政權的紅軍；落敗的白軍就像伊林一樣，踏上前往歐洲的政治移民之路。伊林後來寫下的著作，則是放眼蘇聯解體後執政的俄國領導者，希望給這些人作為指引。伊林於一九五四年去世。

一九九一年，在蘇聯解體，出現新的俄羅斯聯邦之後，伊林的短篇小說《我們的任務》

（*Our Tasks*）開始有了新的俄文版流傳，作品合集獲得出版，他的思想也得到有力的支持者。他當初在瑞士過世時沒沒無聞，但普丁在二〇〇五年於莫斯科重新為他安排一次葬禮。伊林的個人文章過去都收藏在密西根州立大學；普丁也在二〇〇六年派出一名特使全部回收。此時，在俄國國會發表年度咨文的場合，普丁也多次引用伊林的理論。這些演講極為重要，而且都由普丁本人親自撰稿。二〇一〇年代，普丁引用伊林的理論，解釋俄國為何要對抗歐盟、入侵烏克蘭。被問到要舉出一位歷史學家時，普丁也說伊林是他對於過去的權威。

俄國政治階級也和普丁一樣有樣學樣。普丁的宣傳大師弗拉迪斯拉夫・蘇爾科夫（Vladislav Surkov），將伊林的思想融入現代媒體的世界。蘇爾科夫一手策劃普丁崛起，並監督媒體整合，鞏固普丁看來將千秋萬世的統治。普丁所屬政黨形式上的領導者狄米崔・梅德維傑夫（Dmitry Medvedev），也向俄國青年大力推薦伊林。不論是各個假的反對黨，共產黨、或是（極右翼）自由民主黨的領導者，都不斷提及伊林的名字，這些人扮演著各自的角色，共同創造出伊林所推崇的民主擬象（simulacrum）。而且雖然伊林認為法律是一種對上位領導者的愛，但就連憲法法院院長也引用伊林的論點。就算俄國逐漸變成伊林鼓吹的中央集權國家，俄國的地方首長口中也提及伊林。二〇一四年初，俄國執政黨黨員及所有公務員都收到克里姆林宮寄來的伊林政治文章合集。二〇一七年，俄國電視台紀念十月革命一百週年的電影裡，也將伊林奉為道德權威。

伊林是一位永恆迴圈政治家，隨著資本主義版本的線性政治，在一九九〇年代及二〇〇〇年代的俄國崩潰，伊林的思想就成為主導。俄羅斯在二〇一〇年代成為有組織的盜賊統治，國內的不平等比例高到令人咋舌，伊林的影響力也來到頂峰。等到俄國瞄準歐盟及美國發動攻擊，也就透露出這位哲學家伊林忽略或鄙視的政治美德：個人主義、承繼、統合、創新、真相、平等。

伊林是在一個世紀之前、俄國革命之後，首次向俄羅斯人提出他的見解。然而，他已成為當代重要的哲學家。時至二十一世紀，沒有任何其他二十世紀的思想家能夠如此堂皇地重返榮耀，也沒有任何其他人得以對世界政治發揮如斯的影響力。如果大家沒有注意到這件事，那是因為我們受到線性概念的束縛，以為想法觀念並不重要。要從歷史角度來思考，就是要接受我們不熟悉的事有可能很重要，也要努力熟悉那些不熟悉的事。

我們目前的線性政治，就回應著伊林當時的政治。正如一九八〇年代末到二〇一〇年代初，一八八〇年代末到一九一〇年代初也是全球化的時期。在這兩個時期，傳統上都認為出口導向的成長會讓政治開明，結束各種極端思維。但有鑑於第一次世界大戰，以及隨後的革命和反革命，這樣的樂觀也就破滅。伊林本人就是這種趨勢的早期例子。他身為法治的年輕支持者，雖然欣賞自己觀察到的極左翼戰術，但還是走向極右翼。在伊林被逐出俄國不久後，前左派墨索里尼率領法西斯主義支持者舉辦「向羅馬進軍」（March on Rome）示威活動；在這位領導者的身上，伊林看到這個貪腐世界的希望。

伊林認為，未來的世界一定是以法西斯主義作為政治典範，但在一九二〇年代的流亡期間，看到義大利竟比俄國早一步實現法西斯主義，令他難以接受。他安慰自己，其實是俄國白軍給了墨索里尼政變的靈感：「白軍的運動比（義大利）法西斯主義更深、更廣。」而伊林認為，其深度與廣度是來自基督教，而且是那種會要求以神的敵人來血祭的基督教派。在一九二〇年代，伊林仍然相信流亡的俄國白軍最後終將獲勝，並把他們稱為「我的白軍兄弟，法西斯主義者」。

阿道夫・希特勒（Adolf Hitler）也讓伊林印象深刻。雖然伊林會前往義大利，也會在瑞士度假，但他在一九二二年至一九三八年之間家住柏林，任職於一間由政府出資的學術機構。伊林的母親是德國人，伊林是用德文閱讀佛洛伊德（Sigmund Fveud）的精神分析，研究德國哲學，而且他用德語寫作的水準和頻率並不下於俄語。白天他做的事，是編輯與撰寫關於蘇聯政治的批判研究；例如光是在一九三一這一年，就用德文寫了《深淵裡的世界》（*A World at the Abyss*）、用俄文寫了《布爾什維克之毒》（*The Poison of Bolshevism*）。伊林認為希特勒是文明世界的捍衛者，抵抗著布爾什維克主義；他寫道，希特勒藉著避免產生更多俄國模式的革命，而「為全歐洲提供重大的服務」。伊林筆下帶著讚賞，認為希特勒的反猶太主義是衍生自俄國白軍的意識形態，並哀嘆著「歐洲不瞭解國家社會主義運動。」納粹主義最重要的一點，在於它是一個俄國必須擁有的「精神」。

一九三八年，伊林離開德國，直到一九五四年去世都住在瑞士。財務上，有一位德裔美籍商人的妻子提供金援，他也透過做德語的公開演講來賺一些錢。正如一位瑞士學者所言，伊林的演講重點是認為不該將俄羅斯視為當前的共產主義危機、而是未來的基督教救贖。在伊林看來，是由於西方的頹廢墮落，逼得無辜的俄羅斯走向共產主義。總有一天，俄羅斯將會靠著基督教法西斯主義的協助，解放自己與其他民族。一位瑞士評論家認為，伊林的著作「由民族的角度出發，要反對整個西方。」

隨著第二次世界大戰開打，伊林的政治觀點並未改變。他在瑞士往來的都是極右翼人士：魯道夫・葛洛伯（Rudolf Grob），相信瑞士應該模仿納粹德國；希非爾・史普利（Theophil Spoerri），參加一個禁止猶太人和共濟會成員的團體；亞伯特・里德維（Albert Riedweg），一名右翼律師，他的手足法蘭茲・里德維（Franz Riedweg）正是納粹殺人機器中最著名的瑞士公民，並娶了德國戰爭部長的女兒，加入納粹親衛軍（SS）。他曾參與德國入侵波蘭、法國和蘇聯，而在伊林看來，入侵蘇聯可說是對布爾什維克主義的審判，納粹可能會解放俄羅斯人。

等到蘇聯在一九四五年贏得戰爭，將帝國版圖向西擴展，伊林開始為後世的俄羅斯人寫作。在他的心中，自己的寫作就像在一片廣袤的黑暗中點起一盞小燈籠。而這小小的火苗，就讓俄羅斯領導者在二〇一〇年代掀起滔天烈焰。

伊林是個首尾呼應的人，他的第一部哲學著作是以俄文寫成（一九一六年），而這也是他最後一部主要的哲學著作，經過編輯，譯為德文出版（一九四六年）。

伊林主張，宇宙中唯一的善，就是上帝在創造一切之前的整體性（totality）。但等到上帝創造這個世界，等於是打破了那個單一、徹底的真理，也就是祂自己。在伊林看來，世界分為兩種：一種屬於「明確的」（categorical），也就是過去那個單一完美概念所失落的境界；另一種屬於「歷史的」（historical），是關於人類生活的種種事實與熱情。對他來說，存在的悲劇在於無法將事實重新組合成上帝的整體，也無法將熱情重新組合成上帝的目的。羅馬尼亞思想家蕭沆（E. M. Cioran，提倡基督教法西斯主義）曾解釋這個概念：在未有歷史之前，上帝是完美、永恆的；但等到開始有了歷史，上帝似乎就變得「瘋狂，犯下一個又一個的錯誤」。正如伊林所言：「當上帝陷入經驗存在（empirical existence），就被剝奪了祂的和諧統一、邏輯推理和組織目的。」

在伊林看來，人類這個由事實和熱情組成的世界毫無意義。伊林認為，要從歷史背景來掌握事實是不道德的：「經驗存在的世界，無法得到神學的認可。」熱情是邪惡的。上帝在創造時所犯下的一個錯誤，在於釋放了「感官的邪惡本質」。祂在製造出我們這種由性慾所推動的生物時，是屈服於一種「浪漫」的衝動。於是，「世界上浪漫的內容，攻克了思想的理性形式，思想勉強將自己的地位讓給未經思索的目的」，也就是身體的愛。上帝於是把我們遺留在「精神及道德的相對主義」當中。

透過譴責上帝，伊林為哲學或至少是某位哲學家（也就是他自己）賦予了力量。他留下在創造世界之前的神聖「整體性」願景，但表示要由他自己來點出該如何重新取得這樣的整體性。伊林將上帝趕出了這個場景，由他自己來判斷一切目前情況為何，又應當為何。在他看來，確實有一個神的世界需要恢復，而這項神聖的工作要由瞭解一切磨難的人來進行——歸功於有伊林和其著作的指導。

這種願景屬於極權主義（totalitarian。譯注：與「整體性」同一字根），認為人類渴望讓所有人的思考與感受都如同屬於同一個體，也就是意味著個人根本不用思考及感受，我們必須不再以個體而存在。伊林寫道：「個人的開始，就是邪惡的開始。」每個人的個人性（individuality），只會證明這個世界有缺陷：「人類存在的體驗只是不完整的片段，是對於世界一種錯誤、暫時、形上學來說不真實的狀況。」伊林鄙視中產階級，認為是這些人的公民社會和私人生活，讓世界變得破碎、讓上帝落入困境。最糟糕的一種人類，就是所屬的社會層次讓個人會去追求社會地位的提升：「這種狀態是社會存在（social existence）的最低層次。」

正如各種不道德的行為，迴圈政治的開端就是認為自己是例外。雖然創造出的所有其他東西都可能是邪惡的，但我和我這群人是良善的，因為不論是我、我自己、我這群人，就是與眾不同。其他人可能會被歷史的事實和熱情所迷惑混淆，但我的民族和我自己，則都維持著在歷史之前的清白無瑕。也由於唯一的良善就在於我們內部那種看不見的特質，唯一該做的政策也就是不計任何代價，保障這份清白純真。因此，接受迴圈政治的人並不見得是希望自己要活得更久，過得更開心，或更有成就，只要他們認為其他有罪的人正在承受更多的痛苦，就算是自己所受的苦也能成為正義的標誌。生活本來就是糟糕、野蠻、短暫的；而生活的樂趣，就在於可以讓別人過得更糟糕、更野蠻、更短暫。

在伊林看來，俄羅斯與俄羅斯人就是這種特別的例外。但在真實的世界上，其實並無法觀察到俄羅斯究竟如何像他所言那般與眾不同、純真無辜，這只是伊林對自己人民的信任：

為求救贖，需要看到那個和實際不同的俄羅斯。由於世界上的事實都只是上帝創造失敗後留下的殘破碎片，想真正看到什麼，就需要思索那些無形的事物。科諾留・柯德里亞努（Corneliu Codreanu）創造一種類似的羅馬尼亞法西斯主義，他聲稱自己在獄中見到大天使米迦勒，並用幾句話寫下了那場幻景。至於伊林，雖然用好幾本書妝點著他所想出的概念，但實際上也不過是做著一樣的事：認為自己的國家是正義的，而且認為自己所想出的這種純真比俄羅斯人實際所做的任何事都來得重要。這位哲學家蒙蔽了自己，而看到俄羅斯民族的「純潔與客觀」。

這裡所說的純真無辜，有一種非常生物的形式。伊林所看到的，是一個俄羅斯民族的處子之身。一如當時的法西斯主義者與其他極權主義者，伊林堅持自己的民族就像一種生物體，是「自然和靈魂的生物」，是伊甸園裡沒有原罪的動物。正如每個細胞並無法決定自己是否屬於某個身體，誰能屬於這個俄羅斯生物體的一分子，也並非由個人決定。伊林寫道，只要俄羅斯的權力向外擴展，俄羅斯文化就會自動帶來「兄弟聯盟」。伊林提到「烏克蘭人」會加上引號，是因為他並不承認烏克蘭獨立於這個俄羅斯生物體之外。光是說烏克蘭獨立存在，就是在和俄國作對。在伊林看來，烏克蘭包括在後蘇聯的俄羅斯之內，是天經地義的。

伊林認為，蘇聯政權是將事實與熱情的所有邪惡能量集中在一個地方。但他認為，共產主義的勝利，正可表明俄國的純真無辜。他認為，共產主義就是外國人與流離的俄羅斯人

（伊林稱他們為「野人泰山」（Tarzan））釋出的誘惑，是他們看上無辜又無助的俄羅斯，意圖染指這份完美。於是在一九一七年，就是因為俄羅斯人太過善良，才會無法抵抗來自西方的罪惡。然而，儘管受到蘇聯領導者的掠奪，但俄羅斯人還是維持著不易察覺的良善，不像歐美已經將各種事實與熱情視為生命，俄羅斯還能保留一種潛在的「精神」，能夠喚回上帝的整體性。伊林寫道：「這個民族並非上帝，但其靈魂的力量來自上帝。」

在上帝創造世界時，俄羅斯不知怎地就成功逃脫歷史，維持在永恆的迴圈當中。伊林認為，自己的家鄉俄羅斯也就因此免於時間不斷向前流動的影響，也不會受到那難以忍受、種種意外與選擇的累積，而是經歷著威脅與防禦的循環一再發生。於是不論發生什麼，都是外界在攻擊俄羅斯的純真無辜，抑或是俄羅斯面對這種威脅而理所應為的正當回應。在這樣的設定下，雖然伊林對俄羅斯實際的歷史知之甚少，卻將數個世紀簡單幾筆帶過。在歷史學家看來，可能會說是莫斯科將權力擴張到亞洲北部、半壁歐洲，但在伊林看來，都只是為了「自衛」。根據伊林的說法，俄羅斯打過的所有戰役都只是在防禦，也一直是歐洲「大陸封鎖」的受害者。以伊林的觀點，「俄羅斯民族完全改信基督教以來，幾乎受了將近一千年的歷史苦難。」錯的不會是俄羅斯；錯的都是其他人對俄羅斯做的事。事實不再重要，責任也隨之消失。

在十月革命之前，伊林還是法學院學生，也相信進步主義。但在一九一七年之後，似乎變得一切都有可能，也都得到允許。伊林認為，想對抗極左翼的目無法紀，就需要極右翼走向更大程度的目無法紀。在他成熟後的作品中，也就因此將俄國的無法無天描述成一種愛國美德。他寫道：「這裡的事實是，法西斯主義其實就是愛國的專制霸道，是救世手段的過度展現。」這裡所謂的專制霸道，在俄文稱為「proizvol」，一直為俄羅斯改革者所厭惡。伊林將專制霸道說成是愛國，其實也就是在反對法律改革，並認定政治必須聽從單一統治者的反覆無常。

至於伊林提到俄文的「spasitelnii」（救贖），也是為政治抹上深刻的宗教意義。正如其他法西斯主義者，例如在《我的奮鬥》（*Mein Kampf*）裡的希特勒，伊林把基督教犧牲、救贖的概念轉向新的目的。希特勒聲稱，他要驅除世界上的猶太人，從而為某個遠方的神來救贖這個世界。希特勒寫道：「我相信，我現在的作為是全能的創造者所希望的，關於我遏制猶太人，這是在行主的工作。」如果是東正教的基督徒，用到spasitelnii這個俄文字，通常談的是耶穌在骷髏地犧牲、拯救信徒。但伊林所講的，則是俄國需要一個救世主，做出「俠義的犧牲」，讓他人流血，而自己奪取權力。於是，法西斯政變成一種「救贖的行為」，是讓宇宙回歸整體性的第一步。

上帝創造這個有缺陷的世界，而如果想救贖這個世界，卻變得似乎需要無視於上帝對愛的說法。耶穌指示他的門徒，除了愛上帝，最重要的一件事就是要愛你的鄰居。在好撒瑪利亞人的寓言中，耶穌談的是《利未記》19:33-34所言：「若有外人在你們國中和你同居，就不可欺負他。和你們同居的外人，你們要看他如本地人一樣，並要愛他如己，因為你們在埃及地也作過寄居的。我是耶和華——你們的神。」但在伊林看來，沒有鄰居這回事。個人都是貪腐、短暫的，唯一有意義的連結，是那個已經失去的神聖整體。而只要世界還分崩離析，想要愛上帝，就意味著要不斷抗爭，「反對地球上所有神聖秩序的敵人。」只要不加入這場戰爭，就等於是在推動邪惡：「反對與魔鬼的俠義鬥爭，自己就成為魔鬼。」信仰就是戰爭：「願你的祈禱成為劍，你的劍成為祈禱！」

因為這個世界有罪、而且上帝並不在此，因此祂的捍護者必須是出於歷史之外，某些未受破壞的領域。在伊林的想像當中：「力量會自行來到強壯的人手中。」會有人忽然出現，而俄羅斯人會認出這就是他們的救世主：「我們將會接受這位俄羅斯愛國者的自由和法律，他將帶領俄羅斯獲得救贖。」由於是出自虛構的故事，這位救世主也就能夠無視世界的事實，以自己創造出一套神話。這位救世主一肩挑起俄羅斯人的熱情之後，就會將「感官的邪惡本質」導向一個宏大的整體。這裡的領導者將會像墨索里尼，「充滿男子氣概」，能夠「在公正、有男子氣概的服務中變得堅強。鼓舞他的是整體性的精神，而不是什麼特定的個人或政黨動機。他孑然一身、傲然獨行，是因為他看到政治的未來，知道必須做些什麼。」俄羅斯人將會將跪在這位「俄羅斯的喉舌、自我救贖的工具」跟前。

這位救世主會下達命令、對某位選定的敵人進行暴力攻擊，以此壓抑事實、引導熱情、譜寫神話。法西斯主義者，會蔑視任何根植於社會的政治（其偏好、利益、對未來的看法、成員的權利等等）。法西斯主義的開始，並不是評估自己內部擁有什麼，而是要去否定自己所缺乏的東西。外部的世界，正是獨裁者塑造敵人形象時的原始文學創作素材。追隨著納粹法律理論家卡爾．施密特，伊林將政治定義為「一種找出敵人、讓敵人失去力量的藝術」。於是，伊林在〈關於俄羅斯民族主義〉一文當中，就是以簡單的一句「俄羅斯民族有許多敵人」開場。這個有問題的世界一定會和俄羅斯作對，而原因就在於俄羅斯是神聖整體性的唯一來源。

於是，救世主有義務發動戰爭，也有權選擇發動哪一場戰爭。伊林相信，當「國家的精神成就受到威脅」，戰爭就師出有名；而只要個人性仍存在，這樣的威脅就不會終止。和上帝的敵人宣戰，就是表達自己的清白。作戰（而非做愛）是釋放熱情的正確方式，因為這非但不會危及，更是保護了民族族體的童貞。一九三〇年代，羅馬尼亞法西斯主義者高唱著「覆蓋著鐵的乳房、百合般潔白的靈魂」。俄羅斯的救世主透過引導他人流血，將俄羅斯所有的性能量吸引到自己身上，並引導其釋放。戰爭是伊林唯一認同的「越軌」，是讓純潔的生物與脫俗的救世主神祕結合的形式。真正的「熱情」是法西斯暴力，這把高舉的劍同時也是跪地的禱告。

正如詩人查理・貝璣（Charles Péguy）提醒我們的：「一切都開始於神祕，終結於政治。」伊林的思想開始於一九一六年對上帝、性、真理的思考，並在一個世紀後，終結於克里姆林宮對它的深信不疑，以及作為向烏克蘭、歐盟與美國宣戰的理由。

毀滅總是比創造更容易。伊林當時並無法指出得到救贖後的俄羅斯要採取怎樣的制度形式；而當時他沒解決的問題，也成為今日俄羅斯領導者的心頭大患。其中最主要的問題，在於俄羅斯該如何延續。如果用法律制度來讓權力得以承繼，公民就能預期一個「領導者會改變、但國家會延續」的未來。然而，法西斯主義要談的是救世主及其人民之間神聖而永恆的聯繫。在法西斯主義看來，制度與法律都是墮落的障礙，阻擋在領導者和人民之間，必須加以規避或破壞。

伊林曾經嘗試設計一套俄羅斯政治體系，但總是徒勞無功。他試著操弄語義來解決這個問題：將救世主的個人性作為一種制度。他認為救世主應該被視為「領導者」（gosu dar'）、「國家元首」、「民主獨裁者」、「國家獨裁者」，這些頭銜在在令人回想起一九二〇年代和一九三〇年代的法西斯領導者。救世主將要掌握行政、立法、司法與軍隊，俄羅斯將會是一個沒有聯邦單位的中央集權國家，而不該像是一九三〇年代法西斯政權那樣的一黨制國家，因為就算一個政黨也嫌太多。俄羅斯應該是一個沒有政黨的國家，只由一個男人來救贖。伊林認為，政黨的存在只是為了讓選舉有個儀式。

伊林認為，允許俄羅斯人自由選舉投票，就像允許胚胎選擇自己的物種一般。如果採無記名投票，是讓公民以為自己是個體，也就是確認了世界的邪惡本質。「民主的原則就是不負責任的人類原子」，因此必須靠著用政治習慣來激發並維持俄羅斯人集體對救世主的愛，才能克服每個人的個人性。因此，「我們必須拒絕對政治採取機械式、算術式的理解」，也不能「對投票票數及其政治意義有盲目信仰。」投票應該只是一種服從的動作，是為了讓整個民族團結起來。選舉應該公開，投票也該記名。

伊林將社會想像為一種企業結構，每個人、每個團體都各有其明確的位置。國家和大眾之間沒有不同，都是「政府與人民、政府與人民的生物—精神統一。」救世主獨自站在最高點，而中產階級則該被壓在最下層，承擔所有其他人的重量。依照一般的說法，中產階級是位於中間，階級的提升（或下降）就會經過中產階級。把中產階級置於最底層，就是要主張不平等是公平正當的狀況，從一開始就沒有什麼社會流動性這種東西。

因此，在伊林心中的法西斯主義會允許並支持寡頭統治，由少數富人統治全國，一如二〇一〇年代的俄羅斯。如果國家的目的就是要維護救世主及其朋友的財富，法治也就絕無可能。而一旦沒有法治，就很難賺到足以改善生活的錢。在沒有社會地位提升的狀況下，所有談到未來的故事也都沒有任何說服力。接著，這種國家政策的不足之處，還會被重新塑造成領導者與其人民的神祕連結。領導者非但不會好好治理，反而會製造出危機和出人意料的狀況。法律不再代表允許社會地位提升的中立規範，而是意味著屈服於現狀：只是一種觀察的權利、接受的義務。

伊林雖然也用了「法律」一詞，但他並不支持法治。他所謂的「法律」，指的是救世主得以任性而為，而其他人只能服從。同樣地，這種法西斯主義概念對新興的寡頭統治來說實在太方便。俄羅斯群眾擔負著去愛的責任，也就是要把救世主每次的異想天開都轉化為自己的法律義務感，而且這種義務當然只是單向的。俄羅斯人有一種「對靈魂的特殊安排」，讓他們能夠壓抑理性，接受「我們心中的法律」。伊林也就認為，若壓抑個人的理性，能有利於服從民族。隨著救世主掌握這樣一個體制，俄國將會展示「同一民族所有人的形上學身分認同」。

這個俄羅斯民族受到召喚，要對抗精神威脅的即時戰爭，正是透過屈服於一個興起於虛構故事的專制領導者，而讓這個民族變得神聖。救世主將要承擔消除所有事實和熱情的任務，好讓任何個別的俄羅斯人都覺得，自己無須去看、去感受，或去改變世界。每個俄羅斯人在集體結構裡的位置，都會像細胞在身體裡一樣固定，還會認為這樣的無可動彈叫做自由。被救世主統一之後，他們的罪孽將會被他人所流的血洗淨，重新將上帝迎回祂所創造的這群人之間。基督教法西斯極權主義，就是要邀請上帝回歸人間，協助俄羅斯將世界各地的歷史都畫下句點。

伊林將一個人類放在真正耶穌的角色上，並要求以神之名，打破愛的法則。這樣一來，他其實是模糊了人與非人、可能與不可能之間的界限。對於「永遠無辜的俄羅斯」的這種幻想，就需要有一個永遠無辜的救世主，這個人絕不會做錯事，也就不會死。伊林無法回答的一個問題，就是誰能當救世主的接班人，因為這樣等於承認救世主也是會受到衰老和死亡影響的人類，當然也就像我們一樣，都是這個有缺陷宇宙的一部分。換句話說，伊林並沒有任何實際的想法，足以解釋俄羅斯民族國家要如何永續。

由於不知道接下來會如何，這種恐懼產生一種威脅感，這可以作為外交政策，再投射到其他國家。極權主義正是它自己的真正敵人，這也是它不斷攻擊他人，而不願面對的祕密。

二〇一〇年代，伊林的思想幫助後蘇聯時期的億萬富豪，而後蘇聯時期的億萬富豪也反過來推動這些思想。普丁與朋友、盟友們都在法治之外累積巨額財富，再重塑國家，以保護自己的利益。達到這項目標後，俄國領導者也必須將政治定義成「就是如此」，而非「要做什麼」。像伊林這樣的意識形態，能為某些人找藉口，解釋他們為何擁有財富和權力，還說這絕非出於野心和貪婪，哪個強盜不想有個救世主的稱號？

對於一九七〇年代在蘇聯長大的人來說，還有另一個原因讓人很容易接受伊林的想法。對於那一代的俄羅斯盜賊統治者、也是二〇一〇年代的掌權者，伊林的整套思維方式都讓他們感到熟悉。雖然伊林反對蘇聯政權，但他的論點形式其實非常相似所有蘇聯公民都曾被教導的馬克思主義、列寧主義、史達林主義。俄羅斯的盜賊統治者絕非哲學家，但他們在年輕時受的教育，讓他們在壯年時需要的種種理由幾乎可說是信手捻來。伊林與他反對的馬克思主義，其實有著共同的哲學起源和語言：黑格爾主義。

黑格爾（G.W.F Hegel）的目標，是要解決「現實」（What is）與「理想」（What Should be）的差異。黑格爾認為，透過定義不同時代的衝突，會逐漸出現所謂的精神（Spirit）：所有思想和心智的統一。對於這個暴躁的世界來說，黑格爾的想法似乎是很有吸引力的觀點，因為這樣看來災難似乎是一種進步的跡象。雖然歷史是「屠宰台」，但流血都有著目的。這種想法讓哲學家彷彿成為先知，能看到事物背後的模式，解析出更好的世界；能判斷現在哪些人必須受苦，好讓所有人在未來受益。如果精神是唯一的良善，那麼歷史無論現在採取什麼手段來促成此事，都是好的。

對於黑格爾的精神論點，卡爾・馬克思（Karl Max）則提出批評。他和其他左派黑格爾主義者認為，黑格爾是用精神這個標題，將上帝的概念偷渡到他的思想體系當中。在馬克思看來，絕對的良善並非上帝，而是人類失去的本質。歷史就是一場鬥爭，但其意義在於人類為了重獲本質而克服各種環境的困難。馬克思認為，科技的出現允許某些人主宰他人，形成社會階級。在資本主義制度下，資產階級控制生產工具，壓迫著大批的勞工。這種壓迫會讓勞工瞭解歷史的特徵，並讓勞工成為革命者。無產階級將推翻資產階級，掌握生產工具，於是讓人恢復為自己。馬克思認為，等到沒有資產，人類就能活在快樂的合作當中。

伊林則是右派黑格爾主義者，同樣用著典型的精鍊短語，寫道馬克思從未走出黑格爾哲學的「等候室」。但伊林也同意，黑格爾所說的「精神」其實就意味著上帝。一如馬克思，伊林也認為歷史始於注定要讓人類遭受苦難的原罪。然而，馬克思認為苦難是人透過資產而施加在其他人身上；但伊林認為，苦難是上帝透過創造世界而施加在人類身上。伊林並沒有像左派黑格爾主義者那樣殺死上帝，而是讓上帝受了傷、孤獨地待著。生活確實如馬克思主義者所想的既貧窮又混亂，但起因並非在於科技與階級衝突。人類之所以受苦，是因為上帝的創造本來就充滿無法解決的衝突。事實和熱情無法透過革命來解決，只能透過救贖。唯一的整體性只來自於上帝，並且將要透過某位救世主帶來的奇蹟，在某個天選之國來恢復。

弗拉基米爾・列寧（Vladimir Lenin，一八七〇到一九二四）是最重要的馬克思主義者，

列寧

伊林

他甚至以此為名領導發動了一場革命。列寧是俄羅斯帝國某個小型非法政黨的活動分子，相信紀律嚴明的精英有權推動歷史向前發展。如果世界上唯一的良善就是讓人類恢復本質，讓瞭解這個過程的人為之加速也實屬合理。這種想法促成一九一七年的十月革命。蘇聯只由一小群人統治，而這一小群人就是從這種特定的線性政治思維取得統治的合法性。列寧和伊林互不相識，但兩人卻有許多相似之處：列寧的父名是「Ilyich」（伊里奇），也用「伊林」作為筆名；至於真正的伊林，也曾閱讀及評論其中某些作品。伊林被布爾什維克的特務機構契卡（Cheka）逮捕時，列寧曾出手干預，以表達他對伊林哲學的欽佩。

伊林雖然瞧不起列寧的革命，但對其

暴力方式及意志論則抱持贊同。他像列寧一樣，也認為俄羅斯需要一個哲學精英（也就是他自己）來定義目的與手段。正如馬克思的社會主義烏托邦，伊林的「神聖整體性」需要暴力革命，又或者說是暴力反革命，其他俄羅斯哲學家也看到兩人的相似之處。尼古拉・貝加耶夫（Nikolai Berdyaev）在伊林的著作裡看到「邪惡良善的夢魇」。而在評論伊林於一九二五年出版的一本著作時，貝加耶夫寫道：「以神為名的契卡，要比以惡魔為名的契卡更令人驚悚。」他的判斷預示著未來：「布爾什維克要接受伊萬・伊林的著作時，基本上不會有什麼問題。他們都認為自己是絕對良善的承繼者，並會用武力反對那些他們認定為邪惡的對手。」

伊林在德國和瑞士年紀漸長，立場也隨著列寧的繼任者而轉變。列寧於一九二四年去世後，史達林抓穩了權力。伊林也同意史達林的看法，認為西方文化就算最小的細節也有著會傳染的墮落。例如他相信爵士樂是精心製作的陰謀，要將歐洲的聽眾削弱成無法正常性交的無知舞者。共產黨報紙《真理報》（*Pravda*）談到聽非裔美籍音樂的體驗，也提出非常類似的描述：「一定是有某隻半人馬，用他巨大的陰莖在指揮。」雖然伊林的著作逐年列出史達林恐怖統治的經過，但他對法律的態度卻與史達林基本相同。在莫斯科公審中，惡名昭彰的檢察官安德烈・維辛斯基（Andrei Vyshynskii）相信：「形式法律的位階低於革命的法則。」而講到伊林計劃中的反革命，這也正是他的態度。

雖然伊林一開始希望第二次世界大戰能夠摧毀史達林的蘇聯，但在戰後，他刻劃的俄羅斯卻和史達林的作為如出一轍。史達林把蘇聯稱為社會主義的家園。在他看來，如果蘇聯遭到摧毀，共產主義就沒有未來，人類也會失去唯一的希望，因此要不惜任何代價保衛蘇聯。伊林則認為俄羅斯是上帝的家園，是唯一能夠恢復神聖總體性的領土，需要不惜代價加以保護。戰爭結束後，史達林優先重視的是俄羅斯民族（而非烏克蘭、白俄羅斯、中亞、高加索，或是蘇聯底下的其他幾十個民族）。史達林聲稱，俄羅斯已經從法西斯主義手中拯救全世界。伊林則認為，俄羅斯不是從法西斯主義手中拯救世界、而是要用法西斯主義來拯救世界。但不論何者，都是以俄羅斯作為絕對良善的唯一容器，而永遠的敵人就是頹廢腐敗的西方。

蘇聯共產主義，就是從線性政治走向迴圈政治。俄羅斯的形象在幾十年之間，從原本的世界燈塔，逐漸變成盲目敵意的受害者。一開始，布爾什維克主義並非一個國家，而是一場革命，希望世界其他國家會以俄羅斯為榜樣。接著，它成為擔負著任務的國家：要透過模仿資本主義，再勝過資本主義，據以建立社會主義。以史達林主義作為未來願景，就讓一九三〇年代令數百萬人死亡的大飢荒，再加上被處決的另外百萬人口，都彷彿有了正當的理由。第二次世界大戰改變了這個故事。無論是史達林或其支持者和接班人，都在一九四五年後宣稱，他們在一九三〇年代自己發動的這場大屠殺，對於在一九四〇年代擊敗德國人是必要的。如果一九三〇年代的所作所為真是為了一九四〇年代，絕不是為了社會主義能有什麼長久以後的未來。第二次世界大戰的結果，就是開始終結了蘇聯的線性政治，並讓俄羅斯走向迴圈政治。

史達林的經濟政策（由集體農業推動強制工業化）曾為兩個世代推動社會流動，但到了第三代已無以為繼。在一九五〇年代和一九六〇年代，蘇聯領導者終於同意不再相互殘殺，但政治也就失去了動力。一九七〇年代，列昂尼德．布里茲涅夫（Leonid Brezhnev）向迴圈政治踏出合乎邏輯的一步，也讓第二次世界大戰彷彿成為蘇聯歷史的頂峰。蘇聯公民被要求不該展望未來，而要回顧過去，看著其父輩或祖輩在第二次世界大戰期間的勝利。西方仍然是敵人，但原因不再是西方代表著需要被超越的資本主義，而是因為蘇聯在一九四一年遭到西方入侵。出生於一九六〇年代和一九七〇年代的蘇聯公民，從小受到的教養就是一套對過去的異端崇拜，將西方視為永久的威脅。蘇聯共產主義的最後幾十年，讓蘇聯公民做好準備，接受伊林的世界觀。

俄羅斯聯邦在一九九一年後出現寡頭統治的原因，有一大部分在於共產主義下的生產集中、俄國經濟學家在那之後的觀念，以及俄國領導者的貪婪。至於美國，一向認為市場會創造制度，但並未強調市場需要制度，等於也對這場災難推了一把。

在二十一世紀，事實證明，比起思考俄羅斯自己有何選擇，還是責怪西方比較容易。在二〇一〇年代責怪西方的俄羅斯領導者，正是那批偷走俄國財富的人。那些在俄羅斯政府占據高位而宣揚伊林思想的人，其實是資本主義來到俄國後的受益者，而非受害人。普丁等人處心積慮確保法治在俄羅斯無法發展，因為正是他們自己創造出壟斷全國的貪腐，並從中獲利。伊林的思想讓俄羅斯國內極端的不平等成為神聖，將政治的主題從改革變為無辜，並且將西方定義成對於精神的永久威脅來源。

使用伊林的概念，並不可能真正建立俄羅斯國家，卻能讓一群搶匪把自己塑造成救世主的模樣，讓這批新領導者能夠選擇敵人、創造出不可能解決的虛構問題（例如頹廢腐敗的西方永遠懷抱著敵意）。要說歐洲和美國因為嫉妒原始純真的俄羅斯文化，而成為永恆的敵人，這種想法完全就是虛構捏造，但卻催生出實際的政策：要摧毀那些俄羅斯領導者無法在國內做到的外國成就。

永恆迴圈政治不可能讓普丁或任何人長生不死，卻能讓其他想法都變得難以想像。所謂的迴圈／永恆也正是這個意思：一再經歷同樣的事，並且讓信徒覺得有種專屬於自己的幻象，於是原本的平凡無奇也能造成興奮。當然，這種區分「我們和他們」的感覺（又或者用法西斯主義喜歡說的「朋友和敵人」），正是其中最算不上人性的體驗；活在這種生活裡，就會讓人犧牲個人性。

在線性／必然與迴圈／永恆之間，唯一有的就是歷史；個人會思索歷史，也活在歷史之中。如果我們體會到線性與迴圈都是自身歷史中的概念，就有可能看到自己身上發生什麼事、又可能有何回應。我們會瞭解極權主義除了是對制度的威脅，也是對自我的威脅。

伊林的概念雖然發動狂暴的攻擊，卻也讓人看清，個人主義是一種政治美德，能夠帶出所有其他美德。我們到底是否算是「個人」，能夠看到世上有許多良善的事物，看到政治是要做出負責任的考量和選擇，而不只是對整體性的願景？我們是否看到，世界上還有其他個人，可能在推動著同一項計畫？我們是否理解，身為個人，需要不斷考慮無窮無盡的事實，並且在諸多無法削減的熱情當中不斷做出選擇？

就是在那些痛苦的時刻，個人主義的美德變得清晰可見，但唯有我們在其中看到歷史、看到自己，並且接受自己應負的責任，這種美德才能延續。

Chapter

02

承繼或失敗（2012 年）

歷史證明，所有獨裁政權及專制政體都無法長存，
只有民主制度得以長久。

——弗拉基米爾・普丁，1999 年

伊林這種「純真國家」的想法，讓人看不到建立永續國家所需的努力。如果說只要有一個俄羅斯救世主，就能讓世界為之著迷，等於是逃避關於他將如何建立政治制度的問題。普丁為了詆毀二〇一一年和二〇一二年的民主選舉，把自己打造成英雄救世主的角色，而讓俄國落入伊林的兩難境地。只要普丁還活著，就沒有人能改變俄羅斯，而且俄羅斯沒人知道在普丁去世後會變成怎樣。

伊林那個時代的法西斯主義者，是用幻想解決永續的問題。一九四〇年，羅馬尼亞法西斯主義者亞歷山德魯・蘭達（Alexandru Randa）宣稱，法西斯領導者將會「讓民族成為永遠的力量，成為一種『神祕的個體』（corpus mysticus），不受邊界限制。」以救世主的魅力，讓這個民族脫離歷史。希特勒聲稱，唯一重要的就是種族鬥爭，只要消滅猶太人，就能恢復自然的永恆平衡。但他所謂的千年帝國（Thousand-Year Reich）只維持了十二年，他也自殺殞命。光是靠著領導者故弄玄虛，無法讓國家長存。如果只想著現在，就不可能解決政治存續的問題。領導者的思想必須超越自己、超越自己的部族，想像其他人未來能如何接手。

運作良好的國家，能讓公民產生一種存續感。只要國家能夠維繫，公民就能想像未來有各種改變，且無須擔心會是一場災難。能確保國家存續得比某位領導者更久的機制，就稱為承繼的原則（principle of succession）。常見的此類機制之一，就是民主：每次選舉的意義，就是承諾將有下一次的選舉。由於每個公民都有可能出錯，靠著民主機制，就能將集體的錯誤轉化為對未來的集體信念。而歷史也就這樣持續下去。

驅逐伊林、教育普丁的蘇聯，和時間處得並不好。蘇聯缺少承繼原則，只維持了六十九年。布爾什維克之所以不關心承繼，是因為他們相信自己是要發動一場全球革命，而不是要創建一個國家。一九一七年的俄國革命目標是放眼全球，是一道閃電，想要讓文明焚燒起來，是要讓歷史有全新的開始。但是等到這個預言失靈，布爾什維克別無選擇，只能在他們所控制的領土上建立一個國家、一個新的政權，他們稱之為蘇聯。

蘇聯於一九二二年成立時，權力掌握在共產黨手中。該黨聲稱的合法性，並非來自法律原則或與過往的延續，而是來自革命的榮耀、對未來的光輝承諾。原則上，所有權力都歸於勞工階級。勞工由黨來代表，黨由中央委員會來代表，中央委員會由政治局來代表，政治局則通常由一人來領導，先是列寧，後來則是史達林。馬克思列寧主義就是一種線性政治：事件的進程在事先便已知曉，就是社會主義將取代資本主義，而黨的領導者則是知道細節、制定計畫。最初會建立國家，就是專門為了加速時間，要複製資本主義在其他地方打造的產業。等到蘇聯擁有工廠與城市，就能廢除財產原則、催生社會主義的和諧，此時國家也會淡出。

雖然蘇聯的國營農業與計畫經濟確實打造出一套現代化的基礎建設，但勞工從未掌權、國家也從未消失。也由於並未建立任何承繼原則，每次領導者逝世，都讓整個系統受到威脅。在列寧於一九二四年去世後，史達林花費大約六年才擊敗諸位對手，其中幾人在過程中喪命。史達林主持一九二八年至一九三三年的第一個五年計畫，該計畫為了大幅提升現代化，以數百萬人陷入飢荒、數百萬人流亡至集中營為代價，建造城市與工廠。史達林主使的，還包括一九三七年到一九三八年的大恐怖時期（Great Terror，又稱大清洗、大整肅），其間有六十八萬兩千六百九十一名蘇聯公民遭到槍決；以及一九三九年到一九四一年的小恐怖時期，蘇聯與納粹德國結盟，邊境向西拓展。除了其他的大規模屠殺及驅逐事件外，這個小恐怖時期也包括一九四〇年於卡廷等地點殺害兩萬一千八百九十二名波蘭公民。

史達林在一九四一年被盟友希特勒出賣時吃了一驚，但在一九四五年紅軍獲勝後，他將自己塑造成社會主義計畫及俄羅斯民族的救世主。第二次世界大戰後，蘇聯成功在西部邊界附近複製政權，建立一個外部帝國，成員包括波蘭、羅馬尼亞、匈牙利、捷克斯洛伐克、保加利亞。另外，這個帝國也重新融入當初由於史達林與希特勒結盟而曾經併吞的愛沙尼亞、拉脫維亞和立陶宛這波羅的海三小國。

史達林於一九五三年去世後，這次只有一位爭逐權力者遭到殺害；在一九五〇年代末，尼基塔・赫魯雪夫（Nikita Khrushchev）似乎已經鞏固他的權力。然而在一九六四年，赫魯雪夫又被布里茲涅夫取代。事實證明，布里茲涅夫是史達林最重要的接班人，原因就出於他重新定義蘇聯對時間的態度：他埋葬馬克思主義的線性政治，而以蘇聯的迴圈政治取而代之。

十月革命的重點一直是關於青年、關於資本主義之後的新起點。而這樣的形象，在國內和特別在國外，一直有賴於血腥整肅，這些整肅讓新的男男女女升至黨內高層。等到這一切在一九六〇年代停止，蘇聯的領導者也開始與蘇聯這個國家一起衰老。布里茲涅夫在一九七〇年代所談的，並非共產主義的勝利，而是「真正存在的社會主義」。等到蘇聯公民不再期望未來有任何改善，烏托邦留下的真空就必須用懷舊來填補。不再承諾有完美未來之後，布里茲涅夫用來取代這份承諾的，是對史達林及二次大戰時期領導的崇拜。革命的故事，講的是線性而必然的未來；戰爭的記憶，則是關於迴圈而永恆的過去。這裡的過去必須是完美的受害者：如果提到史達林在開戰時其實是希特勒的盟友，不但是個禁忌，甚至還違反法律。為了讓線性政治成為迴圈政治，就必須犧牲歷史的事實。

十月革命的神話承諾了一切；但祖國領土之戰（Great Fatherland War）的神話卻什麼都沒承諾。十月革命可以讓人預見一個假想的世界，人人在這個世界都會是彼此的兄弟。但如果紀念祖國領土之戰，等於是反覆喚起來自西方的法西斯回歸，而這些人總是試著想摧毀蘇聯，又或只是想摧毀俄羅斯。懷抱著遠大希望的政治，讓位給懷抱著無底恐懼的政治（也就能夠說明為何要在常規及核子武器投入龐大的支出）。在莫斯科紅場舉行的紅軍大型閱兵，就是要展現蘇聯不會改變。而在二〇一〇年代統治俄國的這批人，正是接受這種精神的教育。

紅軍的部署也是同樣的道理，就是為了維持歐洲的現狀。一九六〇年代，一些捷克斯洛伐克共產黨人認為共產主義可以與時俱進。一九六八年，蘇聯夥同華沙公約組織（Warsaw Pact）盟友入侵捷克斯洛伐克，推翻改革派的共產黨人，布里茲涅夫說這是「兄弟間的援助」。根據布里茲涅夫主義（Brezhnev Doctrine），只要莫斯科認為會形成威脅，蘇聯軍隊就會阻止共產歐洲的任何發展。捷克斯洛伐克遭到入侵後所成立的政權，談起此時的用詞為「正常化」，很能傳達出當時的精神。當時的情況，一定只能稱為正常。畢竟在布里茲涅夫的蘇聯，要是提出其他說法，可是會被送到精神病院。

布里茲涅夫於一九八二年去世，接著經過兩次由垂死之人短期掌權，米哈伊爾．戈巴契夫（Mikhail Gorbachev）在一九八五年上台執政。戈巴契夫相信共產主善能夠得到改革，能夠承諾走向更美好的未來。主要反對他的正是黨本身，特別是已經僵化、習於現狀的利益團體代表。於是，戈巴契夫試著建立新的機構制度，取得比黨更高的控制權。他也鼓勵那些在東歐的蘇聯附庸國共產黨領導者依樣畫葫蘆。波蘭的共產黨當時面臨經濟危機及政治上的反抗，決定聽從戈巴契夫的話，在一九八九年安排部分自由的選舉，最後選舉失利，於是波蘭出現非共產的政府，整個東歐也掀起各種模仿的革命。

在蘇聯內部，戈巴契夫也面臨類似的挑戰。蘇聯成立於一九二二年，當時的形式是共和國聯邦，成員有俄羅斯、烏克蘭、白俄羅斯等等。要像戈巴契夫所希望的改革國家，就等於讓這些聯邦單位都活躍起來。於是，蘇聯的各個共和國開始舉辦民主選舉，希望產生一批新的精英分子來實施經濟改革。舉例來說，俄羅斯蘇維埃聯邦社會主義共和國（Russian Soviet Federative Socialist Republic）在一九九〇年三月舉行的選舉，產生新的大會，選出鮑利斯・葉爾欽（Boris Yeltsin）為主席。葉爾欽很能代表這種民主所製造出來的新領導者，相信俄羅斯過去是遭到蘇聯的虧待。在蘇聯共和國裡的每個社會，都認為自己遭到這種體制的剝削，只為了圖利其他地區。

一九九一年夏天，危機來臨。戈巴契夫自己的合法性是起源於黨，但他正試著用國家來取代黨。為此，在民族主義者有所不滿、政治充滿焦慮、經濟疲弱不振的氛圍下，他得找出一套方法，既要認可各個共和國的地位，又要能建立一個運作的中心。他想出的解決方案就是一份新聯盟條約（new union treaty），預訂於該年八月簽署。八月十八日晚上，一群蘇聯保守派人士在戈巴契夫的別墅裡，將正在度假中的他給軟禁。但這些人除了在電視上播放芭蕾節目之外，根本不知道還能做什麼。事實證明，這場政變的勝利者是葉爾欽，他於莫斯科站在坦克上，公然對抗這些政變人士，讓自己成為受歡迎的英雄人物。最後，雖然戈巴契夫返回莫斯科，但掌權的人已經成為葉爾欽。

等到葉爾欽成為蘇聯最重要的政治家，蘇聯已經時日無多。西方領導者都擔心出現動蕩，齊心希望讓蘇聯維繫下去。一九九一年八月，老布希（George H. W. Bush）總統前往基輔，呼籲烏克蘭不要脫離蘇聯，他喊話道：「自由與獨立並非同一件事。」他在十月告訴戈巴契夫：「我希望你知道我們政府的立場：我們支持這個中心。」一九九一年十二月，葉爾欽與新當選的蘇聯烏克蘭和蘇聯白俄羅斯領導人簽署協議，讓俄羅斯退出蘇聯。原屬於蘇聯的俄羅斯蘇維埃聯邦社會主義共和國，從此成為一個獨立國家，名為俄羅斯聯邦（Russian Federation），所有其他前蘇聯共和國也隨之效仿。

新成立的俄羅斯聯邦是一個憲政共和國，由民主取得合法性，並透過自由選舉選出總統與國會。表面看來，俄羅斯有了承繼原則。

◇

伊林本來以為從蘇聯到俄羅斯會是另一種過渡：法西斯獨裁，維護整個蘇聯的領土，掀起一場對抗罪惡西方的永恆戰爭。俄羅斯人是在一九九〇年代才開始讀到伊林的論述；雖然伊林的想法並未影響蘇聯如何終結，但確實影響後蘇聯時期的寡頭統治，如何在二〇〇〇年代與二〇一〇年代鞏固一種新的威權主義。

沒有人能做到伊林想像中俄羅斯救世主該做的事：從一片虛構的故事中走出來，並抱持著整體性的精神來行動。然而，如果是由技術嫻熟的宣傳大師（或者在俄文裡有個好聽的說法：「政治技術專家」），打造出一套精彩的舞台美學，就有可能彷彿真的在現世出現這樣的奇蹟。這套救世主的神話，必須以巨大的謊言為基礎，而且這套謊言將會大到不容任何質疑，因為只要質疑這套謊言，就等於質疑一切。蘇聯結束十年後，從葉爾欽到普丁的權力過渡，與其說是靠著選舉，不如說是靠著虛構的故事。於是，伊林和普丁一同大放異彩，一個是虛構故事的哲學家，一個則是虛構故事的政治家。

民主從未在俄羅斯生根，因為就算有了自由競選的選舉，權力也從未轉手。葉爾欽之所以擔任俄羅斯聯邦的總統，是因為在一九九一年六月，俄羅斯仍屬於蘇聯共和國時舉行的那場選舉。當時根本還沒有獨立的俄羅斯，所以選民所選的還不是獨立俄羅斯的總統。然而在俄羅斯獨立後，葉爾欽就這麼繼續擔任總統。可以肯定的是，在一九九〇年代揭開序幕時，像這樣在制度上混水摸魚得來權力是一種常態。隨著蘇聯帝國先在東歐，再到蘇聯本身分崩離析，各種幕後妥協、圓桌談判及某些的自由選舉，產生各式各樣的政府制度。在其他後共產國家之中，接下來很快就出現自由、公正的總統與國會選舉。但在俄羅斯聯邦，卻並未出現任何能讓葉爾欽合法取得權力，或是設法找出繼任人選的選舉。這是伊林並未預見的發展，但和他的學說又很能相合：由富人決定俄羅斯的救世主。

葉爾欽身邊的那一小群富人，可說是「寡頭統治集團成員」，希望能用有利於葉爾欽及其自身利益的方式來操弄民主。蘇聯經濟計劃的結束，為某些能夠獲利的產業及資源帶來一場暴衝，催生各種套利的方式，也迅速創造出一群新的富有階級人士。狂野而不受限的民營化，絕對與所謂的市場經濟（至少就傳統理解上）是兩回事。市場需要法治，但這正是後蘇聯轉型中最困難的方面。美國人總覺得法治是理所當然，幻想著市場自己就會創造出必要的制度。但那是一個錯誤。對新獨立的國家來說，究竟是否建立法治，特別是能否透過自由選舉來完成權力的合法過渡，這一點至關重要。

一九九三年，葉爾欽解散俄羅斯國會，並派出武裝部隊來對抗國會議員。他向西方合作夥伴表示，這是為了加速市場改革所需要的精簡化措施，而美國媒體也接受葉爾欽對相關事件的這種詮釋說法。只要用市場當藉口，在線性政治家看來，就會覺得這些對國會的攻擊都是邁向民主的一步。接著，葉爾欽再以和國會的衝突為藉口，提升總統的職權。一九九六年，葉爾欽團隊（照他們自己的說法）策劃一系列的假選舉，讓葉爾欽又獲選另一任總統任期。

到了一九九九年，葉爾欽顯然身體有恙，常常無法視事，繼任問題變得緊要且棘手。當時需要透過選舉制度找出繼任人選；從那些寡頭統治者的觀點，這種事必須掌握在手裡，結果必須在控制之中。繼任的人選必須能讓葉爾欽的家族（無論是一般定義下的親戚，又或是在俄羅斯定義下，包括那些彼此往來友善的寡頭統治集團成員），繼續過得風生水起、財富在手。這項挑戰在克里姆林宮稱為「接班人行動」（Operation Successor），分成兩個階段：先找出一個大家認定並非葉爾欽知名夥伴的新人；再找出一個假的問題，讓他挺身而出，解決問題。

為了找到接班人，葉爾欽身邊的人策劃一場民意調查，想瞭解流行娛樂當中最受民眾喜愛的英雄人物。勝出的是麥克斯·史第爾立茲（Max Stierlitz），他是一套蘇聯小說的主角，小說曾改編成許多電影及影集，最著名的是一九七三年的電視影集《春天的十七個瞬間》（*Seventeen Moments of Spring*）。這位虛構的史第爾立茲是第二次世界大戰期間，由蘇聯派到德國軍情機構工作的臥底，是一個穿著納粹軍服的共產主義間諜。這時候最符合史第爾立茲這個形象的人選，正是普丁：在他任職於KGB的期間，在東德擔任其實無關痛癢的職務，[1]但在一九九〇年代讓自己躍上枝頭，成為聖彼德堡市長的助手，在克里姆林宮有著知名度，大家

1　對普丁而言，這個虛構的史第爾立茲可說是他的教師，而且在他當上總統後，還曾為在一九七三年改編電視影集中扮演史第爾立茲的演員頒發勛章。該位演員是維亞切斯拉夫·吉洪諾夫（Vyacheslav Tikhonov），曾出演在二〇〇四年及二〇一四年由尼基塔·米哈爾科夫（Nikita Mikhalkov）所執導的電影，而米哈爾科夫顯然讓普丁看到伊林的著作。

也認為他很有團隊精神。他從一九九八年以來一直在莫斯科為葉爾欽工作，主要擔任聯邦安全局（FSB，前身即KGB）的負責人。普丁在一九九九年八月獲任命為葉爾欽的總理時，並不為大眾所知，若真要透過全國選舉，絕不可能選上。當時，他的支持率僅僅二％。所以在這個時候，就該製造出一個危機，好讓他出面解決。

一九九九年九月，俄國多個城市傳出一連串炸彈爆炸事件，數百名俄羅斯公民喪生。看起來這些事件可能是聯邦安全局官員所為，例如在梁贊（Ryazan），就有多名聯邦安全局官員遭當地警方逮捕，認定為爆炸案嫌疑人。雖然當時也有人提出恐怖攻擊為自導自演的可能性，但隨著普丁下令攻擊被認定為爆炸罪魁禍首的俄羅斯地區（車臣），這種針對事實的質疑也很快就被要求聲討正義的愛國主義浪潮淹沒；車臣共和國位於俄羅斯西南的高加索地區，在一九九三年宣布獨立，接著一直和俄羅斯軍隊處於對峙狀態。並沒有任何證據顯示車臣與爆炸案有關。但由於第二次車臣戰爭，普丁的支持度在十一月扶搖直上，來到四五％。十二月，葉爾欽宣布辭職，並支持由普丁接班。由於電視報導偏頗、投票過程黑幕重重，加上恐怖主義和戰爭氛圍濃厚，在二〇〇〇年三月的總統大選，普丁搶下絕對多數的選票而勝出。

這套政治故事，撰寫的時候是以血為墨。

從此展開一種新形態的政治，當時稱為「引導式民主」（managed democracy，又譯可控式民主）；俄羅斯後來也是精於此道，甚至得以輸出。講到接班人行動當中用到的政治技術，功臣莫過於蘇爾科夫，這位出色的公共關係專家有一半車臣出身，曾擔任葉爾欽的副參謀長。他開創民主的舞台管理技術：透過刻意製造的危機，讓原本名不見經傳的候選人取得真正的權力；而隨著蘇爾科夫接受普丁的一系列任命，這套手法也繼續流傳下去。

在普丁於二〇〇〇年至二〇〇八年的首兩屆總統任內，蘇爾科夫引導各種衝突，為普丁凝聚人氣或改變制度。二〇〇二年，俄羅斯安全部隊為了從恐怖分子手中奪回被占領的歌劇院，讓數十名俄羅斯平民身亡，在此事件過後，電視台就完全遭到國家控制。二〇〇四年，在一所州級學校遭到恐怖分子圍困後，原本由民選任命的地方長官職位也遭到廢除。而為了要給廢除民選州長找藉口，蘇爾科夫（引用伊林的說法）聲稱俄羅斯人還不懂該怎麼投票。蘇爾科夫認為，俄羅斯「當時尚未做好準備，也尚未準備要過著現代民主條件下的生活。」但他也說，俄羅斯在主權方面的表現優於其他後蘇聯國家。他表示，除了俄羅斯之外，原屬舊蘇聯的其他國家都還沒有能力建國。

雖然蘇爾科夫這麼說，但號稱俄羅斯優於他國的說法，並無法通過一項當時俄羅斯領導者仍然相信的檢測標準：能夠像是歐洲，而且得到歐洲的贊同與和睦。二〇〇四年，三個前蘇聯共和國（立陶宛、拉脫維亞、愛沙尼亞），以及其他幾個曾是蘇聯附庸國的東歐國家加入歐盟。為了加入歐盟，這些國家必須明確展現自己的主權（而這是俄羅斯並未做到的）：建立一個能夠容許競爭的市場、一個能夠實施歐盟法律的政府，以及一個舉行自由和公正選舉的民主機制。

加入歐盟的國家，都有著能夠運作的承繼原則，至於俄羅斯則沒有。對這項缺點，蘇爾科夫反而是用「主權的民主」（sovereign democracy）這種說法，聲稱這其實是一項優點，也就逃避了俄羅斯的問題：如果沒有真正的民主，或者至少是一些承繼原則，就沒有理由相信俄羅斯會是主權國家。根據蘇爾科夫的說法，「主權的民主」是一種臨時措施，讓俄羅斯能夠摸索找出自己的路，成為類似於西方的政治社會。然而，支持這種說法的都是一群極端民族主義者，例如法西斯主義者亞歷山大．杜金（Alexander Dugin），就認為主權的民主是一種永久狀態，成為一種迴圈政治。杜金認為，現在只要以主權為名，就能避免任何讓俄羅斯成為真正民主的企圖。

民主是一種改變統治者的程序，而在這種程序前面加上一個形容詞，不論是共產時期說的「人民的民主」（people's democracy），或是後來談的「主權的民主」，都是在排除這道程序。起初，蘇爾科夫還希望能夠魚與熊掌兼得，想靠著讓適當的人掌權來保留民主制度：「我會說，在我們的政治文化裡，這個人就是制度。」伊林也玩了同樣的把戲，認為既然他的救世主據稱代表人民，就可以稱為是個「民主獨裁者」。蘇爾科夫的俄羅斯國家三大支柱在於「集中化、個人化、理想化」：國家必須統一，權力集中在某位個人，並讓那位個人得到榮耀。蘇爾科夫引用伊林的理論，認為俄羅斯人民能夠得到多少自由，要看他們準備好的程度而定。當然，伊林所謂的「自由」，指的是讓自己淹沒在集體當中，屈服於領導者的自由。

蘇爾科夫這套希望兩者兼得的手法，成功在二十一世紀的第一個十年間帶來繁榮。在二〇〇〇年至二〇〇八年，普丁的首兩任總統期間，俄羅斯經濟平均每年成長近七%。普丁在車臣的戰爭勝出，俄羅斯也靠著天然氣和石油在全球價格居高不下，讓全俄羅斯人民共享部分的出口利潤。葉爾欽時期的經濟不穩已成過往，許多俄羅斯人自然也為此高興而感激。此外，俄羅斯也享有穩定的外交局勢。二〇〇一年九月十一日的恐怖攻擊過後，普丁為北約提供支持。二〇〇二年，他讚揚著「歐洲文化」，並避免將北約營造為敵對的形象。到了二〇〇四年，普丁更表示支持烏克蘭加入歐盟，認為這樣的結果符合俄羅斯的經濟利益。在他口中，歐盟的擴大就是讓俄羅斯的邊境擁有更大一塊和平而繁榮的區域。二〇〇八年，普丁參加北約峰會。

二〇〇四年，普丁在總統大選取得絕對多數，開始他的第二任四年任期。不論裡面究竟是否黑幕重重，定期舉辦選舉至少是向俄羅斯人保證總統的權力有其時間限制。當時的俄羅斯人自然會想像，等到二〇〇八年，就會有新的人選像當年的普丁一樣浮上檯面。根據俄羅斯憲法，普丁在二〇〇八年無法合法競選第三任，於是他自己挑出接班人選：當時名不見經傳的梅德維傑夫。等到梅德維傑夫成為總統，立刻將普丁任命為總理。梅德維傑夫在任內發動修憲，將總統任期延長為六年，於是普丁得以在二〇一二年、二〇一八年兩度再次競選。這顯然正是普丁的意圖：讓他所屬的統一俄羅斯黨（United Russia）在二〇一一年十二月的國會大選與之後的所有選舉當中獲勝（包括二〇一二年三月及二〇一八年三月的兩次總統大選），在位期間將至少長達二十年，建立永恆迴圈政治。

然而，能讓普丁在二〇一二年重返總統大位的唯一機制，就是（表面上的）民主選舉。一如以往，普丁必須在過程中耍一些作弊手段；但這一次被抓到的時候，他的選擇是大方承認。這種作法，就是蘇爾科夫所謂的將個人與制度合一，或是伊林所謂選舉只是儀式。由於普丁已經削弱承繼接班的機制，下一步就是要堅稱俄羅斯並不需要這種機制。抹殺了政治的未來之後，政治的現在就必須走入永恆的迴圈；而如果想讓現在進入永恆的迴圈，就需要靠無盡的危機和永存的威脅。

二〇一一年十二月四日，俄羅斯人被要求投票讓統一俄羅斯黨在國會下議院取得多數。此時情況特殊，因為當時的總統梅德維傑夫與總理普丁已經宣布兩人打算互換職務。一旦所

屬政黨贏得國會大選，普丁再贏得即將到來的三月總統大選，梅德維傑夫就會是普丁的總理。

在許多俄羅斯人看來，千秋萬世的普丁算不上什麼美好的前景。二〇〇八年全球金融崩潰之後，俄羅斯經濟成長也趨緩。不論是普丁或梅德維傑夫，都無法提出計畫來改變俄羅斯對商品出口的依賴，或改善社會流動的前景。因此在許多俄羅斯人眼中，這幾次選舉將是避免政治就此停滯的最後機會，而投票結果也反映出這種心情。

根據獨立的俄羅斯選舉觀察家計算，統一俄羅斯黨在十二月四日的大選中只贏得大約二六%的選票。儘管如此，讓該黨仍然取得足夠的選票，占據國會多數。俄羅斯國內及國際觀察家提出批評，指出媒體報導偏頗，投票過程也遭到實體及數位上的操弄。（當時，與俄國政府關係良好的英國國家黨〔British National Party〕黨魁尼克．格里芬〔Nick Griffin，也是否認納粹大屠殺的人〕擔任大選「觀察員」的角色，曾表示俄國大選「比英國大選更公平。」）十二月五日，抗議活動揭開序幕。十二月十日，約有五萬人聚集在莫斯科；十二月二十四日，數字來到八萬。整個十二月，共有九十九個城市出現抗議活動，是俄羅斯聯邦歷史上規模最大，主打口號是：「為了自由的選舉！」

選舉造假的技倆在二〇一二年三月四日的總統大選再次上場，普丁取得多數票，經過一輪投票便獲任命為總統。這一次，多數的手腳是以數位進行，而非人工手動，多出上千萬的網路投票票數，於是真正由選民親手投下的票數遭到稀釋，而讓普丁取得虛擬出的多數。普丁在某些地區的得票數甚至是完美的整數，可見中央訂出的目標被地方官員做出字面解讀而使命必達。在車臣，普丁的得票率高達九九・八%；反映的可能正是他在車臣的盟友拉姆贊・卡德羅夫（Ramzan Kadyrov），對該地區的控制權力有多高。至於在精神病院或是其他受到國家管制的地方，普丁的得票率也不相上下。在新西伯利亞（Novosibirsk），抗議者痛批總票數已經是總人口的一四六%。又一次，獨立的俄羅斯及國際觀察員也指出這些狀況不合常理；但也是又一次，來自極右翼、親俄國政府的外國觀察員認定投票結果一切正常。

二〇一二年三月五日，在莫斯科約有二萬五千名俄國公民聚眾抗議總統大選舞弊。至於對普丁本人來說，從二〇一一年十二月到二〇一二年三月這幾個月，是他做出選擇的時刻。他可以選擇聽取對國會大選的批評，也可以選擇接受總統大選的結果，等到第二輪投票再獲勝，而非在第一輪投票就勝出。在第一輪投票就獲勝，只是讓人可以比較得意，僅此而已。他也可以瞭解到，許多抗議民眾在意的只是自己國家的法治與承繼原則。然而，他似乎把這一切都視為對他個人的冒犯。

在普丁看來，第一輪就勝出的一時虛榮比法律更重要，自己情感上受的傷害比公民同胞的信念更重要。對於可能有舞弊的情事，普丁表現得彷彿沒什麼好在意；梅德維傑夫還在旁補充道，俄國的選舉向來就會出現各種舞弊。普丁一方面無視於「一人一票」的原則，一方面又堅持選舉必須繼續，等於是無視於公民做出的選擇，同時還要求公民繼續完成各種支持他的儀式。這樣一來，他等同於接受伊林對民主的態度，以伊林的話來說，也就是拒絕「對票數及其政治意義的盲目信仰」，他不僅說到也做到。這裡賭的就是權力：敢造假的就贏。

如果說普丁在二〇〇〇年獲選總統時，身分是一個出自虛構故事的神祕英雄，等到他在二〇一二年重登大位，則是以一種報復心態來摧毀法治。普丁決定要在自己的聚光燈下偷走這場選舉，也就讓俄羅斯的國家地位落入地獄邊緣。因此，他在二〇一二年就任總統，正是接班危機的開始。這時的掌權者消滅了未來，於是必須開始讓現在進入永恆的迴圈。

在一九九九年和二〇〇〇年，克里姆林宮是利用車臣作為必要的敵人，但此時車臣已經遭到擊敗，過去的車臣軍閥卡德羅夫也成為普丁政權的重要成員。等到二〇一一年和二〇一二年的選舉舞弊之後，既然國內面臨永恆迴圈的政治緊急情況，也就需要有個永恆迴圈的敵人。所以，必須號稱有一些難以解決的外國敵人與抗議民眾串連勾結，這樣一來，就能指責是這些人（而非普丁本人）危害俄羅斯的國家地位。雖然抗議民眾的行為是針對由普丁所創造、再真實不過的國內問題，但這時不能這麼說，而要說都是因為那些虛假、影響到俄羅斯主權的外國威脅。迴圈政治需要問題，也會製造問題，而這些問題之所以無法解決，正是因為都出於虛構。對於二〇一二年的俄羅斯來說，他們所虛構的問題就是歐盟和美國正圖謀毀滅俄羅斯。

布里茲涅夫曾經以頹廢腐敗的西方作為永恆迴圈的假想敵，而此時這個敵人再次回歸，但這次在性的方面又更多著墨。伊林曾說反對自己觀點的人是「性變態」，而他所指的是同性戀。時隔一個世紀，克里姆林宮對於民主反對派，也發出同樣的第一反應。在克里姆林宮看來，那些在二〇一一年和二〇一二年希望能夠重計選票的人，絕不是一群俄羅斯公民希望看到法律得到遵守、民眾意願得到尊重、國家能夠長存，而是一群愚蠢盲目的人，代表著全球在性方面的墮落，其行為威脅著純真無辜的民族生物體。

二〇一一年十二月六日，莫斯科首波抗議活動的隔日，俄羅斯聯邦總統（當時仍是梅德維傑夫）轉發一則消息，其中將一名領頭的抗議人士稱為「愚蠢、吸老二的綿羊」（譯注：此處的綿羊有「懦夫」之意）。至於當時還是總理且即將再次成為總統的普丁，則在俄羅斯電視上表示，抗議民眾所別的白色緞帶讓他想到保險套。接著，他還說抗議民眾就像猴子，並做出猴子的動作。普丁造訪德國時，向德國總理安琪拉・梅克爾（Angela Merkel）說那些俄國抗議民眾都是「性方面的畸形」（sexually deformed），令梅克爾大吃一驚。俄羅斯外長謝爾蓋・拉夫羅夫（Sergei Lavrov）也開始宣稱，俄國政府將不得不反對同性戀，以捍衛俄羅斯社會的純真無辜。

普丁的心腹弗拉基米爾・亞庫寧（Vladimir Yakunin），甚至還將那套綿羊形象的說法發展成一套地緣政治理論。亞庫寧在二〇一二年十一月發表一篇長文，認為俄羅斯得永遠面對敵人的一項陰謀，而這項陰謀從一開始就控制歷史的進程。他認為，有一個全球團體在世界各地宣揚同性戀，目的就是要降低俄羅斯的出生率，好讓西方繼續強大。而宣揚同性戀權利，就是一項刻意為之的手段，要把俄羅斯人變成容易被全球資本主義大師操縱的「羊群」。

二〇一三年九月，一名俄羅斯外交官在中國的一場人權會議上重申此論點，認為同性戀權利只是全球新自由主義陰謀所選定的武器，目的是要剝削像俄羅斯和中國這樣具有美德的傳統社會。幾天後，在普丁個人於瓦爾代（Valdai）舉行的全球高峰會上，他更進一步將同性伴侶關係比做撒旦主義，認為同性戀權利是一種西方模式，目的是「直接通往退化與原始主義，造成深切的人口及道德危機。」俄羅斯國會此時通過一項法案，「以保護兒童免受否認傳統家庭價值觀之資訊影響。」

說到要製造焦慮，人類的性慾可說是一項取之不盡的原料。他們在此試圖將異性戀比為俄羅斯，而同性戀則是俄羅斯以外的世界，就事實而言，這項對比實在荒謬，但事實與否並非此處的重點。這項反同性戀運動的目的，就是要將要求民主塑造成一種含糊的威脅，說這威脅到俄羅斯的純真無辜，於是投票＝西方＝雞姦。俄羅斯肯定是純真無辜的，因此所有問題必然是其他人的錯。

要推動這項運動，似乎並不需要真的用事實證明這位俄羅斯精英究竟有多麼異性戀。在普丁擔任總理的過去四年，蘇爾科夫就曾有一系列讓普丁穿著皮草和羽毛的照片。至於普丁和梅德維傑夫想營造兩人雄糾糾、氣昂昂的朋友，形象卻是在打完羽毛球賽後，兩人穿著情侶裝似的白色球衣擺姿勢照相，實在也沒有什麼說服力。而且就在普丁要推動反同性戀運動時，卻剛好離了婚，於是這個沒有傳統家庭的人高呼著要維護家庭價值，而且關於普丁性別認同的問題總是揮之不去。二〇一六年，普丁說他不是女人，所以不曾過糟日子。二〇一七年，他否認自己是川普的丈夫。俄國也在那年通過法律，如果把普丁描繪成同性戀的小丑形象，就成了違法的行為。一位細心的女研究者為普丁的立場作結：「普丁的親吻只留給兒童和動物。」

普丁所做的，是以男子氣概作為反對民主的主張。正如德國社會學家馬克斯・韋伯（Max Weber）所言，個人魅力可以推動某種政治制度，但無法保證永續。韋伯指出，如果有一位富有魅力的領導者，自然會形成一群政治和商業追隨者。但如果這位領導者除了要照顧這群人，還要計劃有下一波的勝利，就得找到辦法將自己的權威轉移給另一個人，而且理想狀況是這些權威還能再次轉移。解決這種承繼接班的問題，正是建立現代國家的前提。

韋伯提出兩種機制，可讓個人魅力成為能夠永續的制度：（一）慣例作法：例如君主制，由長子繼承父親的地位；（二）法律作法：例如在民主國家，透過定期投票選舉，替換國會與統治者。普丁似乎並沒有君主繼承制的打算，總是讓幾位女兒與公共政治保持一段距離（雖然她們確實從裙帶資本主義當中得利）。因此，理論上他想走的就是法律作法，而這在現代世界通常也就意味著民主，但也是由普丁本人推翻這個選項。於是，他所展現的陽剛氣息，其實是犧牲俄羅斯作為國家的完整性，而營造出一種外表假象。

在這種自己所惹出的災難中，男性總是能找出某種方法，把問題怪到女性頭上。而就普丁的案例，這裡要怪罪的女性就是希拉蕊・柯林頓（Hillary Clinton）。

◇

如果說克里姆林宮第一件想做的事是把要求民主比做全球的雞姦，它想做的第二件事就是聲稱所有示威者都為外國勢力工作，而有一國的首席外交人員又剛好是女性：美國。二〇一一年十二月八日，抗議活動開始三天後，普丁指控是希拉蕊在背後操縱：「是她示意開始。」十二月十五日，他聲稱示威者都是拿錢辦事。他並沒有提出證據證明，而且這也不是他的重點。如果真如伊林所言，投票只是受到外國影響力的方式之一，普丁該做的就是要編出一套關於外國影響力的故事，再用來改變國內政治。關鍵在於選出最符合領導者需求的敵人，而不是找出真正威脅該國的敵人。事實上，那些真正的威脅最好是談都不要談，因為如果討論真正的敵人，就會曝露出國家真正的弱點、讓人看到這些獨裁者可能犯下什麼錯誤。伊林表示政治的技藝在於「找出敵人，讓敵人失去力量」的時候，並不是說政治人物真的該找出是哪些外國勢力實際構成威脅，而是在說政治的開端就在於領導者該做出決定：該把哪個外國勢力視為敵人，才方便鞏固自己的獨裁統治。俄羅斯真正的地緣政治問題在於中國。但正因為中國霸權如此真實、如此接近，要是真的討論俄羅斯的地緣政治問題，結論可能會讓人很難看。

選定將西方作為敵人，正是因為西方對俄羅斯根本不造成任何威脅。不像是中國，歐盟並沒有軍隊、與俄國之間也沒有漫長的邊界相鄰。至於美國，雖然確實擁有軍隊，但絕大多數早已撤出歐陸：一九九一年還有約三十萬人，但到了二〇一二年只剩約六萬人。北約仍然存在，也有東歐的前共產國家加入。然而在二〇〇九年，美國總統歐巴馬已經取消美國原本計劃在東歐建立的飛彈防禦系統；二〇一〇年，俄國也曾允許美國飛機飛越俄國領空，向阿富汗境內的美軍提供援助。無論在二〇一一年或二〇一二年，從來沒有哪位俄羅斯領導者擔心過北約的入侵，甚至連做出擔心的樣子也沒有。二〇一二年，美國領導者還相信與俄國的關係正在「重置」。二〇一二年三月，米特·羅姆尼（Mitt Romney）將俄國稱為美國的「頭號地緣政治敵人」時，引發眾人譏嘲。當時美國大眾或媒體幾乎沒有人注意到莫斯科。甚至在當時美國的民調，也沒有人認為俄國是全球的威脅或挑戰。

為了操縱國內選舉，歐盟與美國被塑造成對俄國的威脅。從二〇一一年冬季到二〇一二年春季，俄國電視及報紙打造出一種論述，指稱所有那些抗議選舉舞弊的人，都是受僱於西方機構。這種論述始於二〇一一年十二月八日，有一份報導表示普丁宣稱是希拉蕊發起相關抗議活動。《新消息報》（*Noviie Izvestiia*）以「普丁要求對西方的傀儡提出更嚴厲的懲罰」為標題下，報導他們自以為的「在美國國務卿希拉蕊表示『動手』之後，俄羅斯反對人士開始大規模示威抗議。」他們已經直接將反對行動視為叛國，唯一的問題只剩下怎樣懲罰才算適當。三月，俄羅斯電視台播出一部號稱為「紀錄片」的電影，聲稱走上街頭的俄羅斯公民都是被心懷不軌的外國人所僱用。

正是因為普丁已經讓俄國制度變得脆弱，因此必須設法把過錯推到對手身上。普丁相信「不能允許國家為了滿足改變的渴望而遭到摧毀」，於是讓自己有權定義出各種他認為不會對俄羅斯造成威脅的觀點。

過去需要讓俄國民眾相信，從前的俄國有所不足，未來的俄國將會更好，而現在則是有個不斷改革的政府，帶領大家從過去到未來；但是從二〇一二年開始，已經不用再營造這種形象。俄國政治操作的前提，已經變成美國和歐盟的敵意，俄羅斯的國家制度已經被普丁以自己的寡頭統治集團所取代。而為了不讓民眾覺得未來將會崩潰，唯一的方法就是將民主塑造成一種直接、永久的威脅。將未來轉化為萬丈深淵之後，普丁不得不在深淵的邊上裝腔作勢，如同表演柔道一般。

二〇一二年，普丁明確表示，在他看來民主只是一種儀式，是要表達對他個人的支持。正如他在當年對俄國國會發表的年度咨文，認為民主代表需要「遵守及尊重各項法律、規則及規定。」所以就普丁的邏輯看來，既然民主要求個人遵守禁止示威抗議的法律，因此俄羅斯人民並無權抗議政府的反民主行動。在此，普丁是重複伊林對選舉和法律的理解，所謂的「自由」代表要聽從某位專斷領導者的指示。確實，在普丁於二〇一二年五月重返總統職位後，俄國變得愈來愈符合伊林的理想。各項重大改革措施，都是在實現伊林的某些想法。

誹謗開始被視為刑事犯罪，也通過一項法律，禁止侮辱宗教敏感人士，等於由警方推動一個東正教的公共領域。出版關於耶穌的漫畫，或在教堂裡玩《精靈寶可夢Go》（*Pokémon Go*）也成為犯罪行為。聯邦安全局的權力與預算增加，成員權力也大幅擴張，可以不提出警告便開槍。另外，也成立一個新的聯邦安全局單位，以菲利克斯·捷爾任斯基（Felix Dzerzhinsky）的名字來命名（捷爾任斯基是特務機構契卡的創辦者，而後來正是從契卡發展出GRU、NKVD、KGB與聯邦安全局）。叛國罪的定義也得到擴張，包括向俄羅斯以外的非政府組織提供資訊，從此之後，以電子郵件說出真相成為一項重罪。沒有清楚定義的「極端主義」（extremism）也被宣告違法，被視為「違背俄羅斯利益」的非政府組織也遭到禁止。只要是從國外獲得資金（這項概念非常籠統，任何形式的國際合作都包含在內，例如主辦任何會議），就需要登記自己是「外國代理人」。

在「外國代理人法」生效該日清晨，全莫斯科的各個非政府組織總部都出現塗鴉，其中被盯上的目標之一是追思紀念館（Memorial），這裡存放的是二十世紀俄國歷史資料。就連俄國自己的過去，也彷彿成為來自外國的威脅。追思紀念館當中，記錄在史達林時期蘇聯公民（包括俄羅斯人）所受的各種苦難。但當然，如果俄羅斯的所有問題都是由外界而來，又何必再糾結於這些過去的事情？於是，迴圈政治毀滅了歷史。

在迴圈政治當中，統治者從過去取得各種純真的符號，試圖營造出只有祖國一片和諧，世界其他地方則一片混亂的形象。面對二〇一一年和二〇一二年的示威抗議活動，普丁的第三項回應是明確採用伊林的迴圈政治，將俄羅斯想像成一片處女地，唯一的威脅就是外國的滲透侵擾。

二〇一一年十二月十五日，開始抗議選舉舞弊的十天後、蘇聯解體的二十年後，普丁想像出一個所有歷史衝突都是文學問題的俄羅斯。在法西斯作家亞歷山大・普羅哈諾夫（Alexander Prokhanov）的廣播室裡，普丁想像的俄羅斯推崇著蘇聯對其公民的恐怖舉動，特別是推崇契卡及其創辦人捷爾任斯基。普丁表示，如果要說俄羅斯史上有什麼問題，就是蘇聯告終這件事。在這個歷史事件上，明明普丁的恩人葉爾欽就是中心人物，也是這個事件讓普丁開展自己的政治生涯，但這件事又莫名成為讓俄國走向萎靡不振的原因。普丁認為，俄羅需要對改革一詞發展出新的意義：是一個不斷輪迴的循環，一再回到同樣的地方。

普丁向數百萬的廣播聽眾提到：「在蘇聯解體、發生各種重大波折之後，我們能否說這個國家已經完全康復，現在既強大又健全？答案是否定的，她現在當然還是病得很重；但我們在此必須回想伊林所言：『是的，我們的國家仍然生著病，但我們並未離開母親的病榻。』」這段話看得出來，普丁確實讀了不少伊林的文章，但他的解讀卻出人意表。就伊林當時的意思，真正讓俄羅斯受傷的是蘇聯的成立，而非蘇聯的解體。伊林希望回到真正母親的身邊，但因為他遭到契卡驅逐而無法如願。伊林在受到契卡審訊時表示：「在我看來，俄羅斯幾個世紀以來一直患有巨大的社會和精神疾病，而蘇聯政權正是這種疾病的必然歷史結果。」

普丁身為前KGB特務，承繼著契卡的精神，希望通過俄羅斯東正教統治俄羅斯。他希望能在紅與白這兩種傳統之間達成和解，也就是共產主義與東正教、恐怖主義與上帝。如果要有歷史感，俄羅斯史上這兩項元素就會形成衝突。但在迴圈政治之下，讓普丁能夠光明正大地將紅、白傳統都視為是純真無辜的俄羅斯對外部威脅的反應。如果所有衝突都是外界的錯，就不用再追究俄羅斯人本身、俄羅斯人的選擇，以及俄羅斯人的罪過。於是，極右和極左得以形成統一，形成同時有兩個方向的標誌。兩者間的矛盾，對普丁來說不再是問題。他推動伊林理念的再起，但伊林對蘇聯的批評同時遭到無視。雖然伊林曾建議後蘇聯的俄羅斯政治應該根除契卡的精神，但這時候去談這種事，可就太不合時宜了。

二〇〇五年，普丁安排在一座修道院為伊林重新下葬；在大恐怖時期，蘇聯祕密警察曾在該修道院焚燒數千名遭處決的俄羅斯公民屍體。而在伊林重新下葬的當時，俄羅斯東正教教會最高領袖曾在蘇聯時期擔任KGB特工。儀式上，一支軍樂隊演奏著俄國國歌，但這與蘇聯國歌的旋律完全相同。至於似乎是當初讓普丁認識伊林著作的人（電影導演米哈爾科夫），則是這兩首國歌作曲者的兒子。米哈爾科夫是伊林的狂熱信徒，他的政治宣言就認為：俄羅斯是「精神與物質的統一」，是「諸多民族及部落長達千年的聯盟」，展現出「特殊、超越國家的帝國意識」，並認為俄羅斯是歐亞大陸的中心，而這是一塊「獨立、文化歷史悠久的大陸，是世界上有機、民族團結、地緣政治及神聖的中心。」

二〇〇九年，普丁在伊林的墳上獻花時，身邊是與他最親近的東正教神父吉洪・謝夫庫諾夫（Tikhon Shevkunov，在他看來，蘇聯的劊子手都可以算是俄羅斯的愛國分子）。至於從普丁本人幾年後的發言中，也可以發現他似乎很樂意認定共產主義的價值觀符合《聖經》：「蘇聯時期主流的某些意識形態，不論我們對它有何感受，都是基於一些明確、事實上還是準宗教的價值觀。如果去讀一讀《共產主義建構者的道德準則》（*The Moral Code of the Builder of Communism*），會發現這只是照抄《聖經》。」許多與伊林同時代的人曾稱他是「上帝的契卡分子」，而伊林被重新下葬時，也確實就是作為這樣的身分，給他榮譽的人是契卡分子、是屬上帝的人、是屬上帝的契卡分子，也是承繼契卡精神的屬上帝的人。

無論就身體或靈魂上，伊林都被帶回他被迫離開的俄羅斯。在這場回歸當中，雖然有著矛盾、有著對事實的無視，但仍然很純粹地展現對伊林傳統的尊重。當然，伊林反對蘇聯體制。但是等到蘇聯體制不復存在，就已經成為歷史；而對於伊林來說，過去的事實本來就算不上什麼，只是一些原始素材，能夠用來建構一套關於純真無辜的神話。於是，只要把伊林的觀點稍加修改，就會覺得蘇聯並非外部強加給俄羅斯的麻煩（如伊林的想法），而是俄羅斯的本身，自然也就完美無瑕。於是，俄羅斯人就可以告訴自己，蘇聯體系也是俄羅斯在面對世界的敵意時，一種純真無辜的反應。畢竟，俄羅斯的統治者可是將過去蘇聯的敵人重新下葬，藉以紀念蘇聯的過往。

偉大的蘇聯小說家瓦西里・格羅斯曼（Vasily Grossman，他同時也寫下國家社會主義和史達林主義罪行的編年史）寫道：「一切都在流動，一切都在變化。你無法兩次登上同一部交通工具。」而他指的是「通往集中營的交通工具」，仿擬著赫拉克利特（Heraclitus）的哲言：「一切都在流動，一切都在變化。你無法兩次踏進同一條河流。」在伊林的感受中（而經由普丁改編），時間不是一條流動往前的河流，而是一個寒冷的圓形水池，永遠有著漣漪，往內泛向某個神祕的俄羅斯完美狀態。從未發生過任何新鮮事，也永遠不可以發生任何新鮮事；一切就只是西方一次又一次地侵略俄羅斯的純真無辜。所謂的歷史，如果指的是對過去的研究，就必須遭到禁止，因為這樣的歷史會提出太多的問題。

米哈爾科夫在二〇一四年的電影《熾愛》（*Sunstroke*）當中，讓一名猶太女特務判處俄羅斯人死刑，暗示著任何不公不義的殺戮都是由那些在國籍或性別上的外人所為。二〇一七年，俄羅斯不得不面對十月革命一百週年的議題，電視上就連載一部關於里昂·托洛斯基（Leon Trotsky，出身於猶太家庭）的電影，將革命推到猶太人頭上。至於電影結束時，結局的英雄人物正是大名鼎鼎的伊林。於是，俄羅斯紀念革命一百週年的方式，就是推崇一位反革命的哲學家，而這位哲學家還說，俄羅斯人若要思考過去，應該將過去認定為一種純真無辜的循環。這種作法，為後人上了一課。

等到普丁也來推崇伊林的迴圈政治概念，他已經接受伊林對於俄羅斯民族的定義。二〇一二年一月二十三日，國會大選剛結束，總統大選則即將展開，普丁發表一篇文章，闡述伊林對民族問題的想法。靠著聲稱所有的政治異議都出於性別，是來自外國的影響，普丁基本上已經把俄羅斯所有問題的責任推得一乾二淨，認為這都不是俄羅斯救世主或俄羅斯這個生物體的問題。在普丁主張俄羅斯是一個從本質上就純真無辜的「文明」之後，也就封閉了這種邏輯循環，認定俄羅斯從本質上就是和諧的生產者暨出口國，必須得到允准而為鄰國帶來各種和平。

在這篇文章的結尾，普丁廢棄了俄羅斯聯邦的合法邊界。他以一個未來總統的身分，表示俄羅斯不是一個國家，而是一種精神狀態。他清楚表示這是根據伊林的理論，認為俄羅斯內部並沒有民族之間的衝突，而且根本不可能會有任何衝突。根據伊林的理論，俄羅斯的「民族問題」都是敵人所捏造，是西方進口的概念，並不適用於俄羅斯。正如伊林的想法，普丁認為俄羅斯文明能夠帶出各種兄弟情誼。他寫道：「偉大俄羅斯的使命，就是要統一文明、團結文明。在這樣的國家文明當中，並沒有民族上的少數族群，我們是以有無共同的文化基礎為原則，來判斷是『朋友或敵人』。」這種「朋友或敵人」的政治是很根本的法西斯思想，由納粹法律理論家卡爾．施密特提出，並得到伊林的認同與宣傳。

普丁說到俄羅斯是一個文明的時候，是把他認定屬於這個文明的每個人都包含進來。於是，雖然烏克蘭的主權、領土、邊界早就得到俄羅斯的正式承認，但普丁寧可將烏克蘭想像成不過就是一群人，散布在他所定義為俄羅斯領土的廣闊地區：「從喀爾巴阡山脈到堪察加半島」，當然也就屬於俄羅斯文明。而如果烏克蘭人就只是另一個俄羅斯群體（一如「韃靼人、猶太人和白俄羅斯人」），那麼烏克蘭的國家地位也就無關緊要；普丁身為俄羅斯領導人，當然就有權為烏克蘭人民發言。他以一種反抗的姿態在結尾向全世界發出呼告，表示俄羅斯和烏克蘭永遠不會分裂，而且表示不惜一戰，教訓那些看不清這種情況的人：「我們已經共同生活數個世紀，一起在最駭人的戰爭中勝出，未來也將繼續共同生活下去。對於想要分裂我們的人，我只能說一件事：這一天永遠不會到來。」

普丁在二〇一二年一月發出這項挑戰時，西方沒有人注意。當時大家關注的議題是俄羅斯的選民及其不滿；不論在歐洲、美國或烏克蘭，都沒人想到俄羅斯與烏克蘭的關係。然而普丁行動迅速，用一套迴圈政治的手法，把俄羅斯選民對自己選舉舞弊的示威抗議，包裝成歐美對俄羅斯的侵略攻擊，並以烏克蘭作為戰場。根據普丁的說法，受委屈的不是那些選票未得到計入的俄羅斯公民個人；受委屈的是作為一個文明的俄羅斯，因為西方就是不懂，烏克蘭是屬於俄羅斯的一分子。於是，使俄羅斯國家地位岌岌可危的，並非是普丁削弱繼承接班原則；而是因為歐美承認烏克蘭，使得俄羅斯文明受到挑戰。在普丁於二〇一二年以總統身分首次向俄國國會發表國情咨文時，就確認他這種文明國家的概念。

事實上，俄羅斯聯邦作為一個有邊界的主權國家，根本沒有人試圖要分裂這個國家。然而，烏克蘭也是一個有邊界的主權國家。烏克蘭就是一個與俄羅斯不同的主權國家，這點在國際法上再基本不過，正如加拿大不是美國、比利時不是法國。普丁要認定這種簡單的法律現狀是侵犯俄羅斯完美無瑕的文明，其實是推翻一項主流的、俄羅斯自己在過去二十年間也遵行不悖的法律概念，另外提出一項特殊的文化主張。普丁還進一步認為，俄羅斯不但純真無辜，還十分慷慨無私，因為烏克蘭人必須透過俄羅斯文明，才能瞭解真正的自己。

就算是最卑躬諂媚的烏克蘭領導者，也很難接受普丁對烏克蘭的這種說法。當時的烏克蘭總統維克多．亞努科維奇（Viktor Yanukovych）和俄羅斯過從甚密，絲毫不構成威脅。他在二〇〇四年的總統大選獲勝，卻因為傳出舞弊而被宣告無效，面子掃地；而普丁也因為後來大選再次舉行，卻由他人勝出而顏面無光。當時，美國政治戰略家保羅．曼納福特（Paul Manafort）參與的計畫正是要增加俄國在美國的影響力，而他就被派往基輔協助亞努科維奇。在曼納福特的指導下，亞努科維奇學會一些技巧；而由於對手的貪腐，讓他有機會東山再起。

二〇一〇年，亞努科維奇合法贏得大選，一上任之後，基本上就是將烏克蘭能提供的一切都獻給俄羅斯，包括讓俄羅斯海軍得以在克里米亞半島的港口駐軍，時間到二〇四二年。而當時烏克蘭、俄國與美國就知道，這代表將有至少三十年的時間，烏克蘭不可能加入北約。俄國也宣布將擴大自己在黑海的勢力，加派戰艦、護衛艦、潛艇、登陸艦，以及新型海軍軍機。一名俄羅斯專家也宣稱，俄羅斯軍隊將在黑海港口駐紮「直到世界末日」。

再到二〇一二年，普丁突然提出一套新說法，不再將烏克蘭視為與俄羅斯在法律上平等，可以互相簽署條約的實體。在二〇一三年和二〇一四年，俄羅斯試圖讓亞努科維奇從容易操縱的客戶，變成毫無招架之力的傀儡，於是逼得烏克蘭人起身反抗這個限縮人民權利、抄襲欺壓人民的俄國法律、實施暴力的烏克蘭政府。普丁對俄羅斯文明的理論，加上對亞努科維奇的欺凌，讓烏克蘭發起一場革命。

當歷史系學生請他提出一名歷史權威時，普丁想到的只有一個名字：伊萬・伊林。雖然伊林可以稱得上有許多身分，但絕對算不上是歷史學家。要是他所謂永恆的規律可以取代歷史上的時間、身分認同可以取代政策，或許就能暫時迴避承繼接班的問題。

在二〇一二年第一次以總統身分在俄國國會發表咨文時，普丁說到自己在俄羅斯時景（timescape）上的角色，認為是實現一個永恆的迴圈：過去曾有一位統治基輔，俄羅斯人稱為弗拉基米爾（Vladimir）的大公，現在再次回歸。迴圈政治需要找出過去的一個點，好讓現在得以完成循環，讓人表現出國家的純真無辜，表現出領導者有統治的權利，以及認定無須思考什麼未來。而對普丁來說，這樣的時間點就在西元九八八年。當時這位與普丁同樣以弗拉基米爾為名的早期中世紀軍閥（當時名字拼法為Volodymyr或Valdemar）改信基督教。在普丁那套關於過去的神話裡，弗拉基米爾大公是一位俄羅斯人，而他改信基督教這件事，就會永遠與今日的俄羅斯、白俄羅斯和烏克蘭的土地緊緊相連。

普丁的神父密友謝夫庫諾夫則主張，「任何熱愛俄羅斯、希望俄羅斯前途光明的人，就必須為弗拉基米爾祈禱；是因為上帝的旨意，讓弗拉基米爾率領著俄羅斯。」以這種說法，弗拉基米爾·普丁就是俄羅斯的救世主，以超越歷史的方式現身（「因為上帝的旨意」），而且原本長達千年的俄羅斯過往，現在只因為一個名字就簡單地全部濃縮進來了。時間成為一種神祕的迴圈循環，而無須談論什麼事實。在弗拉基米爾大公的雕像在莫斯科揭幕時（但拼法用的是現代俄語「Vladimir」，而非Volodymyr/Valdemar），俄國媒體很小心地並未提到，在弗拉基米爾大公的時代，莫斯科根本就還不存在。但相對地，俄國電視重申，這是首次以這種方式對這位羅斯部族（Rus）的領導者致上敬意。但這並非事實，事實上，早從一八五三年以來，基輔就有一座弗拉基米爾大公的雕像。

在歷史上，弗拉基米爾大公有時候稱為Volodymyr（作為基輔的統治者），有時候則稱為Valdemar（對他的斯堪的納維亞親屬而言）。他屬於維京人的羅斯部族，這個部族曾沿著第聶伯河（Dnipro River）南行，在南方港口以販奴為業。羅斯部族以基輔作為主要貿易站，最後也以基輔作為首都。每個維京軍閥過世時，都會引發血腥的鬥爭。弗拉基米爾大公曾是諾夫哥羅德（Novgorod）的王子，並曾改信伊斯蘭教（根據阿拉伯的文獻），以便與附近的保加利亞穆斯林做生意。而為了贏得基輔，弗拉基米爾大公前往斯堪的納維亞尋求軍援，以對抗自己的兄弟。最後，他成功獲勝，控制羅斯部族。弗拉基米爾大公將基輔當地的異教儀式納為正統，並將當地的基督徒獻給雷神。後來，弗拉基米爾大公與拜占庭皇帝的妹妹結婚，但前提是他得改信基督教，可說是一場政治的政變。要到這時候，基督教才從異教成為基輔統治者合法性的來源。

基督教之所以無法阻止手足或骨肉相殘，就是因為未能提供承繼接班原則。弗拉基米爾大公在一〇一五年過世時，已經把一個兒子史維托波克（Sviatopolk）關進牢裡，也正在向另一個兒子雅羅斯拉夫（Yaroslav）進軍。弗拉基米爾大公去世後，史維托波克殺死另外三個兄弟，最後才被弟弟雅羅斯拉夫在戰場上擊敗。當時，史維托波克找來波蘭國王及一支波蘭軍隊當幫手；雅羅斯拉夫則是找來佩切涅格人（Pechenegs，曾拿他祖父的頭骨飲酒的一個民族），最後，史維托波克在戰鬥中喪命。後來，另一位兄弟姆斯季斯拉夫（Mstislav）打敗雅羅斯拉夫，兩兄弟最後決定休戰，聯合統治。等到姆斯季斯拉夫在一〇三六年去世，便由雅羅斯拉夫獨自統治。於是，從父親弗拉基米爾大公到兒子雅羅斯拉夫終於接班，共花了十七年，期間弗拉基米爾大公十個兒子在過程中喪命。所以，講到基輔這位弗拉基米爾大公的一生及統治，如果將之視為歷史，而非迴圈政治，確實能讓我們學到一個教訓：承繼接班原則的重要性。

當然，靠著對人民公布選擇性的緊急狀況、要打什麼樣的仗，是可以讓俄羅斯這個國家撐下去，至少是撐一段時間。因為缺少承繼接班原則而產生的焦慮，可以把錯怪到國外的頭上，產生出真正的仇恨，於是又能重新開始一個迴圈。二〇一三年，俄羅斯開始引誘或逼迫歐洲鄰國，希望它們放棄自己的制度和歷史。如果俄羅斯不能成為西方，就讓西方成為俄羅斯。如果靠著美國民主的缺陷，就能讓一個俄羅斯的客戶選上總統，那麼普丁也就能證明，外面的世界並不比俄羅斯好。要是在普丁在世時，歐盟或美國面臨解體，他就能培養出一種永恆迴圈的幻覺。

Chapter

03

統合或帝國（2013 年）

雖然歐洲有著諸多嚴重缺點與不端，但不可否認，培養出許多非常珍貴，甚至可說是無價的技能與訣竅，能夠與全世界其他地區分享；而全球也從未比現在更迫切需要這些知識技能。

——齊格蒙．包曼（Zygmunt Bauman），2013 年

擁有承繼接班原則的國家，就會存在於時間之中；懂得籌謀外交關係的國家，就會存在於空間之中。對於二十世紀的歐洲人來說，核心問題是：在帝國體制結束之後，會是什麼來接續？當時，歐洲強權已經不可能再主宰大片領土，各地殘餘與碎裂的政權又要如何維持國家的地位？從一九五〇年代到二〇〇〇年代的這幾十年間，答案似乎不言而喻：靠的就是建立、深化與擴大歐洲聯盟，而這種國家間的關係稱為統合（integration）。過去，歐洲的各個帝國帶來第一次全球化，最後以災難收場：第一次世界大戰、經濟大蕭條、第二次世界大戰、納粹大屠殺。歐洲統合則為第二次全球化提供基礎，而且至少在歐洲，這次的全球化承諾會有所不同。

歐洲統合的時間維持得夠久，讓歐洲人能夠將之視為理所當然，而忘記其他政治模式的共鳴及力量。然而，歷史永遠不會結束，也總會出現其他選項。俄羅斯聯邦就在二〇一三年提出一項希望取代統合的提議，名為「歐亞一體」（Eurasia）：對俄國來說就是帝國，而對其他所有人來說，則是民族國家。這項提議的一個問題，在於民族國家的概念早已證明在歐洲無法維繫。在歐洲強權的歷史上，是帝國主義融入於統合之中，而民族國家幾乎無以得見。過去的各個歐洲強權從來就不是民族國家：在第二次世界大戰之前，強權一直是帝國的形式，而在帝國之下，公民（citizen）與臣民（subject）其實是兩套概念；等到各個帝國崩潰，則開始歐洲統合的過程，共同分享主權。至於過去在東歐建立的民族國家，則在一九三〇年代或一九四〇年代崩潰。到了二〇一三年，有充分的理由可以懷疑，如果沒有上位的歐洲體系，歐洲的各個國家也會崩潰。只要出現某種形式的解體（歐盟的解體），就很可能會導致其他形式的解體（歐洲各國的解體）。

俄國的領導者似乎很清楚這一點。與歐洲領導者不同，俄國正公開討論一九三〇年代的遺事。俄國的歐亞一體計畫就根源於一九三〇年代，正是歐洲民族國家崩潰而陷入戰亂的那十年。歐亞一體的概念之所以在俄國看來可行，是因為其領導者完全阻斷統合的可能。與此同時，克里姆林宮一面復興當時的法西斯思想家，同時也拔擢當代重新思索法西斯主義的俄羅斯思想家。二〇一〇年代的主要歐亞一體主義者包括有杜金、普羅哈諾夫與謝爾蓋．格拉濟耶夫（Sergei Glazyev），都是針對俄羅斯所希望的目的，復興或重塑納粹主義思想。

在伊林那個時代，他相信未來也將一如過去，是屬於帝國的時代；這種想法就是當時的主流。在一九三〇年代，主要的問題似乎只在於新的帝國將是屬於極左或極右。

第一次世界大戰讓歐陸的舊帝國一一崩潰，除了伊林的俄羅斯帝國外，還有哈布斯堡王朝、德意志帝國和鄂圖曼帝國。接著，在這些土地上就展開建立民族國家的實驗。法國曾試著支持這些新國家，但在經濟大蕭條時期，法國對中歐和東歐各國的影響力就已不及法西斯義大利及納粹德國。在波蘭地區首長或羅馬尼亞法西斯主義者宣布自由民主時代已告結時，其實就連美國也如此認為。在一九三〇年代，大量的美洲原住民及非裔美國人還只是臣民，而非完整的公民身分，可以說美國就是一個帝國。美國能否成為民主國家，在當時仍有疑議，而且許多當時的重要人士都不這麼認為。美國外交官，後來也成為傑出戰略思想家的喬治・凱南（George Kennan），就曾在一九三八年指出，美國應該走上「透過憲政改革而走向專制國家的道路。」而著名的飛行員查爾斯・林白（Charles Lindbergh）也高呼著「美國優先」的口號，呼籲應同理納粹的想法。

第二次世界大戰也讓歐洲人知道，這時不是選擇法西斯主義，就是選擇共產主義；不是選擇極右翼的帝國，就是極左翼的帝國。一切的開始，是兩個極端勢不可當的結盟：德蘇於一九三九年八月簽下軍事協定，接著迅速分進合擊，將某些國家整個消滅，也摧毀歐洲體系。德國當時已經消滅奧地利與捷克斯洛伐克；德意志國防軍（Wehrmacht）與紅軍共同入侵、摧毀波蘭；接著蘇聯則是占領併吞立陶宛、拉脫維亞與愛沙尼亞。靠著蘇聯的經濟支持，德國於一九四〇年入侵擊敗法國。戰爭的第二階段從一九四一年六月開始，希特勒背叛史達林，德國入侵蘇聯。這下子，兩個極端成為彼此的敵人。柏林的戰爭目標屬於帝國性質：要控制蘇聯烏克蘭的一片沃土，希特勒認為這能讓德國成為一個自給自足的經濟體與世界強國。無論是要作為盟友或敵人，極右和極左似乎都是彼此唯一的選項，就連對納粹統治的抵抗，通常也是由共產黨人所領導。

整體而言，一九四五年納粹德國落敗，令法西斯主義名聲掃地：不論是因為歐洲人將法西斯主義視為道德災難，或是因為法西斯主義號稱終將勝利，最後卻以失敗收場。紅軍將德意志國防軍趕出蘇聯與東歐後，於愛沙尼亞、拉脫維亞和立陶宛再次建立蘇聯政權，共產政權也接管羅馬尼亞、波蘭與匈牙利；不過是短短幾年前，右翼極權主義都還似乎是這些國家的天命必然。到了一九五〇年，共產主義大幅擴張，幾乎已涵蓋所有第一次世界大戰後建國的民族國家。一如第一次世界大戰後的情形，在第二次世界大戰之後，同樣證明民族國家在歐洲無法長久。

美國的經濟實力，深深左右著戰爭的發展。雖然美國很晚才介入歐洲的軍事衝突，卻對英國及蘇聯盟友大有助益。在戰後歐洲，美國補貼促成經濟合作，藉以支持政治中心、抑制極端主義，希望未來為自己的出口創造穩定的市場。美國之所以認為市場需要有社會基礎，原因與美國國內政策一致：在戰後的三十年中，美國的貧富差距縮小。一九六〇年代，非裔美國人取得投票權，也就降低美國政治的帝國性質。蘇聯及其東歐附庸國在戰後拒絕美國的援助，但西歐國家則是靠著美國的財政支援，重新開始實驗法治與民主選舉。雖然各國政策差異甚大，但整體而言，歐洲在這幾十年間建立一套後世看來理所當然的醫療保健及社會保險體系。在西歐和中歐，國家不再需要依賴帝國，只要透過統合便可得到拯救。

歐洲統合始於一九五一年，而伊林在短短三年後便已離世。不論是伊林，或是半個世紀後復興其學說的俄羅斯思想家及領導人，從未認真思考歐洲統合的概念。伊林至死抱持著摩尼教的政治觀點：俄羅斯帝國代表救贖，而所有其他政權都只是在一道滑坡上的不同位置，終將落入撒旦主義。伊林眼中的戰後歐洲就是西班牙和葡萄牙：由右翼獨裁者所統治的海權帝國。他相信法蘭西斯科・佛朗哥（Francisco Franco）和安東尼奧・薩拉查（António de Oliveira Salazar）保存法西斯遺緒，將重建歐洲法西斯主義規範。而說到戰後英國與法國，伊林看到的也不是君主立憲制與共和國，而是看到兩個帝國，並認定帝國的元素才可長可久。

伊林寫道，如果歐洲國家就是帝國，俄羅斯自然也算是帝國，並且應該這麼繼續下去。帝國就是一種事物的自然狀態；法西斯帝國將會是最成功的形式；而俄羅斯將是完美的法西斯帝國。

從伊林過世到其學說復興的這半個世紀，統合的歐洲取代帝國的歐洲。一切由德國開始。德國戰敗並分裂之後，接受法國提議，與比利時、荷蘭、盧森堡和義大利於一九五一年建立歐洲煤鋼共同體（European Coal and Steel Community）。西德的領導者（特別是康拉德・艾登納〔Konrad Adenauer〕）發現，通往國家主權及統一的那條路，要通過歐洲統合才能抵達。隨著其他歐洲帝國在殖民戰爭及各個殖民市場落敗，這項計畫也不斷擴大。就算是大不列顛這個超級帝國強權，也隨著丹麥與愛爾蘭，在一九七三年走上這條路。葡萄牙和西班牙則呈現另一種失去殖民地的模式：以國會民主取代極權主義，再加入歐洲計畫（時間都在一九八六年）。在帝國之後，歐盟成為軟著陸的方式。

到了一九八〇年代，在歐洲大部分地區，以統合實現民主成為常態。當時的組織稱為歐洲共同體（European Community），所有成員都是民主國家，也多半比位於其東方的共產政權更加繁榮。在一九七〇年代和一九八〇年代，東西歐生活水準差距不斷擴大，加上通訊方式改變，真相愈來愈難以隱瞞。正當戈巴契夫試圖修復蘇聯國家，以拯救蘇聯經濟，西歐各國則正以經濟合作為中心、建立新的政治框架。一九九二年，蘇聯垮台幾個月後，歐洲共同體改名為歐洲聯盟（European Union）。歐盟所實施的作法，是在法律上互相協調、接受有共同的高等法院，以及在內部允許自由貿易及自由遷徙。對大多數歐盟會員來說，歐盟在後來的意義則是在此區域內擁有共同的邊界、共同的貨幣。

對東歐大多數共產國家而言，歐盟形式也是帝國崩潰後可靠的選項，但方式則有所不同。在一九三〇年代和一九四〇年代，第一次世界大戰後建立的東歐國家落入德意志帝國，或是蘇聯帝國，甚至是同時落入這兩個帝國的手中。在一九八九年的幾次革命之後，從過去蘇聯統治當中脫身的東歐國家選出新的領導者，表示希望加入歐洲計畫。「回歸歐洲」是對一九一八年和一九四五年兩次教訓的反應：如果缺少某種更大的結構，民族國家就難以為繼。

一九九三年，歐盟開始與東歐國家簽署聯盟協定，建立法律關係。一九九〇年代建立三項成員原則：需要有能夠面對競爭的市場經濟、需要有民主與人權、需要有能夠執行歐洲法律規章的行政能力。

在二〇〇四年和二〇〇七年，七個後共產國家（波蘭、匈牙利、羅馬尼亞、保加利亞、捷克、斯洛伐克、斯洛維尼亞），以及三個前蘇聯共和國（立陶宛、拉脫維亞、愛沙尼亞），加入歐盟。二〇一三年，克羅埃西亞也加入歐盟。過去在一九一八年及一九四五年後曾經成立但又傾覆的小型政治單位，現在得以延續，原因就在於有個大的歐洲秩序得以支持主權。截至二〇一三年，無論是第二次世界大戰後解體的舊海權帝國各大都市，或是第一次世界大戰期間或之後解體的陸權帝國前沿，都涵蓋在現在的歐盟範圍之內。

歐盟在二〇一三年還沒做到的，就是再延伸到一九二二年蘇聯成立時的原始邊界以內。而在二〇一三年，雖然慢了自己的西方鄰國二十年，但烏克蘭也開始與歐盟協商聯盟協定，一旦加入歐盟，就可能讓歐盟突破這最後的邊界。在新的歐洲統合與舊的歐洲帝國之間，烏克蘭曾經位於軸心地位。俄羅斯如果希望以歐亞一體為名而復興帝國，就要從烏克蘭開始。

統合政治與帝國政治兩者有著根本上的不同。歐盟像帝國的地方，在於它是一個巨大的經濟空間；而歐盟不像帝國的地方，在於有著平等，而非不平等的組織原則。

帝國強權只要把某個地方視為自己的殖民地，就不會承認這片土地上的政治實體，除了會加以摧毀或顛覆，還會聲稱這些政治實體從不存在。例如歐洲人來到非洲，就聲稱非洲沒有政治實體存在，因此不受國際法約束；美國人向西部擴張，一開始還會和原住民族簽署條約，後來又說因為這些民族沒有主權，於是翻臉不認帳；德國人在一九三九年入侵波蘭，號稱波蘭這個國家不存在；蘇聯與德國在波蘭中部會合時，也提出完全相同的論點。莫斯科在一九四〇年占領併吞鄰國立陶宛、拉脫維亞、愛沙尼亞時，同樣否認它們的主權地位，甚至聲稱這些國家先前的政府都是違法犯罪。當德國在一九四一年入侵蘇聯時，也不承認自己正在入侵一個國家，而是將蘇聯人民視為殖民地的臣民。

縱觀歐洲帝國主義歷史，在歐洲強權看來，如果是歐洲同儕之間的往來，就適用國際法，但講到能讓它們聚斂權力與財富的殖民地，就沒有這回事。在第二次世界大戰中，歐洲國家也把這套殖民原則套用到彼此身上。至於戰後的統合，則是因為歐洲各國先失去在歐洲的殖民地，後來又失去在世界各地的殖民地，最後終於回歸初衷，打算以法律規範歐洲人之間的往來。在歐盟，各項條約的目的是要改變經濟，再讓經濟來改變政治，而這整個組織的前提，就是要承認主權。歐洲統合的前提認為，國家有固定的邊界，各項改革是發生於國家之中，以及國家之間，而不是要侵犯其他國家。歐盟的每個成員都應該是一個法治國家，彼此的統合由法律規範。

歐盟到了二〇一三年，雖然脆弱，但仍是值得敬重的組織。歐盟的經濟規模高於美國，也高於中國，比起俄羅斯更是高了八倍。憑藉其民主程序、福利國家及環境保護等特色，歐盟在美俄中三國的各種不平等之外，提供另一種模式。全世界清廉程度名列前茅的國家，多半都是歐盟會員。而且由於歐盟沒有共同的軍隊與足以服人的外交政策制度，無論在外交或內部運作上，都得依靠法律和經濟來推動。歐盟所隱含的外交政策，就是要針對那些想進入歐洲市場的領導者與社會，說服他們接受法治和民主。非成員國公民如果希望取得歐盟市場或價值觀，就會對自己的政府施壓，希望政府與歐盟進行談判，並以投票的方式讓反對這麼做的領導者下台。這套制度似乎在一九八〇年代、一九九〇年代和二〇〇〇年代曾經很有效。

歐盟的脆弱之處在於歐洲的線性必然政治，也就是一套關於**明智國家**的寓言。在西歐成員國的公民看來，認為自己的國家存在如此久，從歷史中學到教訓，做出更好的選擇，特別是從歐洲的戰爭裡學到和平是好事。隨著歐洲帝國被迫放棄殖民地並加入統合，這套明智國家的寓言順利推動著這個過程，並讓歐洲人能夠放下自己在殖民戰爭上的失敗，以及在失敗過程中犯下的暴行。

在歷史上，歐洲並沒有屬於民族國家的時代：大致而言（除了芬蘭），帝國結束的時候也正是統合開始的時候，兩者之間沒有間隔。在德、法、英、義、荷、西、葡等重要案例中，民族享有主權、國家獨立而繁榮，從帝國走向統合的過程中並沒有任何空檔。確實，這些國家的公民沒有經過任何反思，就相信自己的國家有一段身為民族國家的歷史：但一般來說，只要經過一段時間的反思，就會意識到事實並非如此。只不過這種反思通常不會發生，因為整個歐洲的歷史教育都是以民族出發。由於並未得到關於自身帝國過往的嚴肅教育，也缺乏比較的知識讓他們看到模式的不同，歐洲人最後就相信虛假的寓言，他們從小時候就被教導著明智國家的寓言，讓他們忘記歷史上真正的苦難，也在成年後得到慰藉。靠著不斷複誦明智國家的寓言，各個領導者與社會就能稱讚自己選擇成為歐洲，但實際上，歐洲統合就是在帝國之後為了生存所必須的存在方式。

到了二〇一〇年代，東歐國家的公民犯了同樣的錯誤，只是方式有所不同。雖然在一九八九年之後，多數的反共異議人士都看到「回歸歐洲」的必要，但二〇〇四年或二〇〇七年，連那些健忘的國家也能獲准加入歐盟。第一次和第二次世界大戰之後，證明民族國家無以為繼，但這種危機被重新塑造成民族受害的時刻。無人教導年輕東歐人該去反思一九三〇年代或一九四〇年代國家失敗的原因，這些人完全認為自己就是德意志與蘇聯帝國的無辜受害者，並認為在東歐的土地上還能在兩次大戰期間找到一些短暫而屬於民族國家的時刻，實屬難得。他們忘記了，這樣的國家之所以無法延續，並不只是因為外界的惡意，而是從結構上就有問題：如果沒有歐洲秩序，這樣的國家幾乎沒有機會生存。

歐盟從未打算為歐洲人建立共同的歷史教育。於是，出於這套明智國家的寓言，讓那些選擇進入歐洲的民族國家以為自己也可以選擇離開。迴圈回到想像的過去似乎不難辦到，甚至還是好事。於是，線性政治為迴圈政治創造了機會。

在二〇一〇年代，不滿歐盟的民族主義者和法西斯主義者向歐洲人保證能夠重返想像中的國家歷史，而且反對者很少看到真正的問題。由於人人都接受明智國家的寓言，不論是歐盟的支持者或反對者看來，都覺得加入歐盟是民族的選擇，而不是民族的必然。例如奈傑．法拉吉（Nigel Farage）率領的英國獨立黨（United Kingdom Independence Party, UKIP）、瑪琳．勒龐（Marine Le Pen）率領的法國國民陣線（Front National），以及海因茲－克里斯提安．史特拉赫（Heinz-Christian Strache）率領的奧地利自由黨（Freiheitliche），都在迴圈政治當中過得自由自在。至於匈牙利這個歐盟會員國的領導者，也從二〇一〇年開始在歐盟內部建立一個右翼專制政權；另一個歐盟會員國希臘，則在二〇〇八年世界金融危機後面臨財政崩潰，而讓選民走向極左或極右。匈牙利及希臘的領導者開始將中國和俄羅斯的投資，視為另一種走向未來的途徑。

像俄羅斯這樣明確拒絕歐洲版本的未來，倒是一件新鮮事。在後帝國時代的強權中，俄羅斯是第一個不將歐盟視為安全著陸方式的大國，也率先攻擊統合的概念，以否認其他國家擁有主權、繁榮與民主的可能性。俄羅斯開始攻擊，就讓歐洲的漏洞暴露無遺，民粹主義猖獗，未來失去光明。關於歐洲歷史的重要問題再次被提起，原因就在於俄羅斯已經關閉某些的可能性。

普丁統治下的俄羅斯，無法成為一個具有承繼接班原則及法治的穩定國家。但由於就算失敗也必須故做成功貌，俄羅斯必須讓自己彷彿是歐洲的楷模，而不是自己要去學習歐洲。於是，這裡的成功定義不能以繁榮和自由為標準，而要以性徵和文化為標準，而且歐盟（和美國）必須被定義成威脅，原因不在於它們所做的任何事，而在於它們所代表的價值觀。二〇一二年，普丁一回到總統職位，就以驚人的速度執行這項策略。

在二〇一二年之前，俄羅斯領導者還對歐洲統合大表讚賞。葉爾欽將歐洲視為楷模（至少在言辭上），普丁也表示歐盟逐漸靠近俄羅斯邊境是一種合作的機會。一九九九年北約東拓時，普丁並未將之定為威脅，而是曾經嘗試與美國或北約合作，解決他所認為的共同安全問題。二〇〇一年，美國遭到伊斯蘭恐怖主義分子襲擊後，普丁也曾提出與北約在和俄羅斯接壤的地區合作。對於歐盟在二〇〇四年的擴張，普丁也並未稱為威脅，該年還曾經讚賞烏克蘭未來可能加入歐盟的舉動。二〇〇八年，普丁出席在布加勒斯特（Bucharest）舉行的北約高峰會。二〇〇九年，梅德維傑夫允許美國飛機飛越俄羅斯領空，馳援阿富汗美軍。二〇一〇年，俄羅斯駐北約大使，激進的民族主義者狄米崔・羅戈辛（Dmitry Rogozin）還曾表達自己對於北約將離開阿富汗的不滿。羅戈辛抱怨北約缺乏戰鬥精神，有著「屈服的情緒」，而希望北約部隊駐紮在俄羅斯邊境。

在二〇一一年前，俄羅斯外交政策的基本路線還不認為歐盟與美國是威脅，而認為彼此應該平等合作。在二〇〇〇年代這十年，錯失讓俄羅斯成為如此國家的機會。俄羅斯並未產生行政權的民主改革。原本在一九九〇年代是寡頭統治內部的派系對抗，但接著就變成盜賊統治，國家成為唯一的寡頭集團。普丁所領導的俄國並非壟斷法律，而是壟斷貪腐。當然，靠著天然氣和石油出口，俄國在二〇〇〇年代為公民提供一定程度的穩定性。然而，俄國並未給大多數人民帶來社會地位提升的希望。俄羅斯人只要創辦任何企業，就可能在任何時候，因為任何想像出來的違法行為被捕，而且這種事情常常實際發生。

至於談到和平與戰爭的問題，莫斯科所採取的行動也讓歐洲人愈來愈難將俄國視為同伴。二〇〇七年四月，愛沙尼亞遭受嚴重的網路攻擊，癱瘓數週。雖然當時大家不明所以，但後來認定這是俄羅斯對歐洲及美國網路戰開出的第一炮。二〇〇八年八月，俄羅斯入侵鄰國喬治亞，占領部分領土。常規戰伴隨著網路戰：喬治亞的總統失去對自己網站的控制，新聞機構遭到駭客襲擊，全國網際網路也遭到封鎖。俄羅斯入侵喬治亞，一方面是讓這個鄰國無法參與歐洲統合，但另一方面，其實也代表自己放棄這個選項。

時間到了二〇一〇年代，俄羅斯聯邦的寡頭統治使改革不僅是不再可能，甚至已經變得難以想像。在二〇一〇年十一月給德國媒體的文章裡，普丁希望能夠魚與熊掌兼得，主張歐盟既應該與俄國進行統合，也不該要求俄國做出任何改變。在他看來，因為俄羅斯聯邦不可能遵循歐洲的原則，所以是歐洲應該放下這些原則。普丁開始想像的是一種反向統合：要讓歐洲國家變得更像俄羅斯，而這就意味著歐盟的終結。

「帝國的歐洲」與「統合的歐洲」兩者間的重要差異，就在於對法律的態度。在這項議題上，普丁這個政治人物所經歷的過程，與伊林這個哲學家如出一轍：早期抱持著對法律的信念，但後來則認為該為了愛國而無視法律。在革命之前，伊林身為俄羅斯年輕人，非常在意法律的精神，相信俄國需要接受這種精神，但就是想不出怎樣才能辦到。

時間經過一個世紀，無趣的歐盟解決這個問題：在申請加入歐盟的繁瑣程序中，正是在輸出其法律精神。歐洲統合可說是一種手段，將法治的概念從較有法治的地方轉移到一些較無法治的地方。一九九〇年代，歐盟與申請國簽署聯盟協定，啟動雙方的法律關係，其實就暗示未來將有更進一步的法律關係，也就是成為正式會員國。未來可能成為歐盟會員，就是實施法治所能帶來的優點，而這件事所有公民個人都能瞭解。

成熟後的伊林不再相信法治，轉而贊成法西斯的**專制霸道**（proizvol），他這時已經不再希望讓俄羅斯走法治路線，而將**專制霸道**視為一種愛國的美德。普丁也經歷同樣的過程，並提到自己將伊林尊為權威。他在二〇〇〇年第一次競選總統時，就曾說到「法律獨裁」的必要。這兩個概念相互矛盾，而最後其中之一敗下陣來。在二〇一二年競選總統時，普丁拒絕歐洲俄羅斯的想法，也就是無視支持法治的外部獎勵動機。相對地，專制霸道成為帶來救贖的愛國主義。這件事的操作性概念，在今日的俄文稱為「bespredel」，也就是沒有邊界、沒有限制，領導者能夠做出任何事。這個詞彙本身是出自刑事的術語。

以這個邏輯，普丁絕不是失敗的政治人物，而是國家的救世主。在歐盟看來可能認定為治理失敗的情況，到了俄國就成為俄羅斯的純真無辜所開出的花朵。

* * *

在帝國或統合之間，普丁最後選擇了帝國。普丁曾在二〇一一年和二〇一二年解釋，如果歐盟不接受俄羅斯的主張，與俄羅斯統合，就會改由俄羅斯來幫助歐洲走向歐亞一體，也就是變得更像俄羅斯。二〇一〇年一月一日，普丁當時是俄國總理，而俄國就與後蘇聯的獨裁政權白俄羅斯與哈薩克共同成立歐亞關稅同盟（Eurasian Customs Union）。到了二〇一一年底、二〇一二年初，普丁身為總統候選人，提出更野心勃勃的「歐亞聯盟」（Eurasian Union）概念，希望取代歐盟的地位，吸納歐盟的成員國，再推動其滅亡，他將這種歐亞的概念描述為世界新意識形態及新地緣政治的開端。

普丁於二〇一一年十月三日在《消息報》（*Izvestiia*）撰文，宣布歐亞一體的宏大計畫。只要是那些應該不會成為歐盟會員的國家（也暗示著那些在歐盟崩潰後退出的國家），俄羅斯就打算把它們集合在一起，這也就代表在現在和未來的獨裁統治。普丁在二〇一二年一月二十三日的《獨立報》（*Nezavisimaia Gazeta*）上引用伊林的話表示，統合的概念並非如歐洲人所想的是關於共同的成就，是如普丁所謂的「文明」。照普丁的邏輯看來，法治已經不再是大家共同的想望，而只是外來西方文明的一部分。普丁所認定的統合並非與他人合作，而是要讚頌自己；不是去做什麼事，而是處於怎樣的狀態。在他看來，完全沒有必要讓俄羅斯更像歐洲，而是該讓歐洲更像俄羅斯。

當然，對歐盟來說，像俄羅斯就等於準備毀滅。普丁還有第三篇文章，於二〇一二年二月二十七日發表於《莫斯科新聞報》（*Moskovskie Novosti*），也提出同樣的結論，認為由於「俄羅斯在世界政治地圖上獨一無二的地位，以及在歷史和文明發展中的角色」，俄羅斯永遠不可能成為歐盟的一員。因此，歐亞一體將會與俄羅斯攜手，「統合」其未來成員，而無須煩惱任何與歐盟有關的麻煩負擔。沒有任何獨裁者需要下台；完全無須舉行自由選舉；沒有什麼法律需要遵從。歐亞一體就是一個想來搶風頭的體系，希望防止各國加入歐盟，還要讓各國社會覺得歐盟不可能成功。普丁解釋，長遠看來，歐亞一體會成為比歐盟更大的「歐洲聯邦」

（Union of Europe），橫跨從大西洋到太平洋、「從里斯本到海參崴」的一個「空間」。普丁表示，如果不加入歐亞一體，「以最廣泛的字面涵義來說，就是在推動分離主義。」

普丁在二〇一一年到二〇一二年間身為總統候選人，承諾將讓俄羅斯從一般標準當中解放，要將俄羅斯的特色擴展到其他國家。如果可以把俄羅斯塑造得純真原始，保留其他國家都已經失去的文明價值，也就不用再擔心什麼要改革俄國盜賊統治的問題。既然身為他國的指路明燈，俄羅斯該做的是得到萬民頌讚，而不會有什麼要改變的地方。普丁當時是在為自己所的事找理由，因為對俄羅斯人來說，普丁已經讓他們再也難以想像加入歐洲統合的可能。普丁重返總統大位的方式，已經讓走向歐亞一體的趨勢無法挽回。二〇一一年和二〇一二年毀棄大選民主程序的狀態，已經牴觸成為歐盟會員的基本標準，至於以暴力清除街頭示威者，並將這些都說是歐洲的代理人，更是直接將歐盟定義為敵人。

俄羅斯沒有合理的承繼接班原則，俄國的未來一切在未定之數，但這些都不能說出口。普丁有能力控制俄國，卻無法做出改革。於是，他必須用外交政策來取代內政政策，而且外交必須以文化為名，而非以安全為名。至於在實際上，也就代表俄國嘴上說著自己的秩序、手上卻在輸出自己的混亂，以統合為名，傳播著分裂。等到在二〇一二年五月正式就任總統，歐亞一體就像是普丁要用以解散歐盟的工具，希望簡化世界秩序，好讓各個帝國方便爭奪領土。雖然這套體系的核心有著無法填補的黑洞，但能夠把鄰國都吸引過來。普丁在就職典禮上表示，要讓俄羅斯成為「整個歐亞一體的領導者及重心」。在十二月的國會咨文上，他也談到有一項災難即將到來，開啟新一個爭奪殖民地資源的時代。在這種時刻，還說什麼改革、想像什麼進步，就太不明智了。普丁宣布，在這種永久的緊急狀態，俄羅斯能依賴的就是在這片「廣袤的俄羅斯空間」裡，屬於俄羅斯自己的天賦才智。

普丁所提及的「廣袤空間」（great spaces）典出納粹法律思想家施密特，但這個概念還不是那次演講最令人注目的一刻。普丁用了少見的「熱情性」（passionarity）一詞，要喚起某種俄羅斯在全球混亂當中仍能茁壯成長的特殊能力。普丁認為，這樣的「熱情性」將會決定「誰會成為領導，誰又會維持局外人的角色，並且無可避免地失去獨立。」這個奇怪的詞彙，是俄羅斯思想家列夫．古米列夫（Lev Gumilev）的發明。相較於得被找回來再復興的伊林，古米列夫一直都是蘇聯公民，他最具代表性的「熱情性」一詞，雖然在其他地方沒沒無聞，但在俄羅斯家喻戶曉，正如俄羅斯人所知，古米列夫是歐亞一體思想的現代模範。

早在普丁宣布他的歐亞一體政策之前，歐亞一體思潮就已經為俄羅斯提出一項明確建議，希望主宰並改造歐洲。這項重要的思潮源於一九二〇年代，是對於早期俄羅斯「親斯拉夫者」（slavophile）和「西化者」（westernizer）歧見的回應。十九世紀的西化者相信歷史只有一種，通往進步的道路也只有一條。對他們來說，俄羅斯的問題在於落後，因此需要進行改革或革命，才能推動俄羅斯走向現代歐洲的未來。至於當時的親斯拉夫者則認為進步是虛幻的，他們相信俄羅斯生來就被賦予獨特的天賦才智。他們認為，在東正教基督教與流行的神祕主義中，有著西方所不瞭解的深度精神。在親斯拉夫者的想像當中，俄羅斯的歷史始於一千年前基輔改信基督教。伊林一開始是西化者，但最後成為親斯拉夫者，這種轉變也十分常見。

第一批歐亞一體主義者，就是一九二〇年代流亡的俄羅斯學者，與伊林同一時代，他們既非親斯拉夫者，也非西化者，雖然與親斯拉夫者同樣認為西方頹廢腐敗，但卻不信親斯拉夫者那套要承繼古代基輔基督教的神話。在歐亞一體主義者看來，古代的弗拉基米爾大公與現代俄羅斯之間沒有任何有意義的關係，他們比較關注的反而是蒙古人；蒙古人在一二四〇年代輕鬆擊敗羅斯部族的餘黨。在這些人看來，是因為當時眾人愉快地接受改由蒙古統治，才建立莫斯科這個新的城市，不受歐洲貪腐的影響（像是希臘羅馬那些古典遺緒、文藝復興、宗教改革、啟蒙運動）。至於現代俄羅斯的天命，就是要將歐洲變成蒙古。

一九二〇年代的歐亞一體主義者很快就四散各地，有些人也放棄自己早期的觀點。但在蘇聯，出現一位饒富天賦的追隨者：古米列夫（一九一二年到一九九二年）。古米列夫出生在一個不平凡的家庭，過著我們能想像到最悲慘，但也最精彩的蘇聯生活。列夫的父母是詩人尼古拉・古米列夫（Nikolai Gumilev）和安娜・愛赫瑪托娃（Anna Akhmatova）。古米列夫九歲時，父親遭到契卡處決，而母親隨後寫了一首現代俄羅斯最著名的詩歌，其中一句是：「它愛著，它愛著血滴，俄羅斯的土地。」在這樣的雙親背景下，在一九三〇年代，古米列夫很難專心於大學學業，也會受到同事的譴責。一九三八年，正值大恐怖時期，他被判進古拉格（Gulag）集中營五年，前往的地點位於諾里爾斯克（Norilsk）。這讓他的母親寫下著名的〈安魂曲〉（*Requiem*），將古米列夫稱為「我的兒子，我的恐懼。」一九四九年，古米列夫再次被判進古拉格，這次時間長達十年，地點位於卡拉干達（Karaganda）附近。史達林在一九五三年去世後，古米列夫獲釋，但在古拉格的這幾年在他身上留下印記。古米列夫看到壓抑可能給人的靈感鼓勵，相信在極端的環境下，能夠顯示出生命的基本生物法則。

古米列夫在一九六〇年代到一九八〇年代作為蘇聯學者，其著作復興歐亞一體的傳統。他同意先賢的看法，認為蒙古是俄羅斯性格的起源，也是面對西方頹廢腐敗時的避風港。一如一九二〇年代的流亡學者，他將歐亞一體描繪成一個足以自豪的心臟地帶，起於太平洋，延伸至最西端那個漫無意義、落入沉痾的歐洲半島。

雖然最初的歐亞一體主義者是認真的學者，受過俄羅斯帝國大學裡的學術訓練，但古米列夫則是典型的蘇聯自學者，抱著熱情自修鑽研多項領域。舉例來說，為了想要定義出歐亞一體和歐洲之間的邊界，他用氣候作為標準，找出一月的平均氣溫，畫出一條貫穿德國的分界線，一邊是歐亞一體，另一邊則是歐洲。也如此剛好，在古米列夫提出這個論點時，東德在蘇聯統治之下，而西德則不然。

古米列夫對歐亞一體主義的貢獻，在於他的民族起源（ethnogenesis）理論，也就是解釋民族如何產生。首先，是對天體物理學及人類生物學的一種特殊看法。古米列夫主張人類的社交性是源於宇宙射線，而某些人類個體會比其他人類個體更能吸收太空的能量，重新轉發給其他人。普丁也在二〇一二年的咨文中提到，這些擁有「熱情性」的特殊領導者，就是每個民族的創始者。根據古米列夫的說法，民族的起源能追溯到某次宇宙能量的爆發，當時開啟一場持續一千多年的循環。過去曾讓西方民族充滿活力的宇宙射線是在遙遠的過去所釋放，所以西方已經走入死亡；至於讓俄羅斯民族崛起的宇宙射線，則是在一三八〇年九月十三日所釋放，所以俄羅斯民族仍然年輕、充滿活力。

古米列夫還為歐亞一體學說增加一種特別的反猶太主義，讓俄羅斯得以同時把自己的失敗歸咎於猶太人和西方人。這項概念認為有一些「奇美拉」（chimera），也就是妄想出的民族。古米列夫警告，像俄羅斯這樣的健康民族，必須小心有些「妄想而成」的團體，不是從宇宙射線取得活力，而是從其他團體取得活力，他在這裡指的就是猶太人。在古米列夫看來，羅斯部族歷史的重點並不在於俄羅斯很古老，而在於猶太人是永恆的威脅。古米列夫聲稱，在中世紀羅斯部族的時代，是猶太人從事販奴交易，把自己變成「軍事—商業的八爪章魚」。根據古米列夫的說法，西方文明永遠抱持著敵意，一心想削弱羅斯部族、誣衊羅斯部族的名聲，而這些猶太人就是西方文明的代理人。他還聲稱，羅斯部族當時必須以血向猶太人致敬。於是，古米列夫提出現代反猶主義的三項要素：猶太人是沒有靈魂的販子、猶太人是飲著基督徒血液的人、猶太人是異邦文明的代理人。

儘管曾在古拉格度過多年，但古米列夫仍然認為蘇聯是自己的俄羅斯家園。他交遊廣闊、誨人不倦，即使在一九九二年過世後，仍有舉足輕重的影響力。曾經擔任葉爾欽及普丁顧問的經濟學家格拉濟耶夫，就會提到並引用古米列夫的想法，例如格拉濟耶夫曾談到一種經濟聯盟，是由國家「基於歐亞一體主義的哲學」來規劃。古米列夫與哲學家尤里・博羅岱（Yuri Borodai）和其子亞歷山大・博羅岱（Alexander Borodai）有私交，亞歷山大・博羅岱就夢想著一種「武裝的熱情」，也就是由人民作為「強大運動的催化劑」，解放「歐亞一體的完整領土」。

身為總統，普丁則不但引用古米列夫的歐亞一體計畫，還任命格拉濟耶夫為歐亞一體的顧問。不久後，俄羅斯入侵烏克蘭，亞歷山大・博羅岱也將在其中扮演重要的角色。

講到二〇一〇年代俄羅斯所謂的「歐亞一體」，涉及兩種截然不同的思潮，但其中有兩項共同點：西方的貪腐、猶太人的邪惡。二〇一〇年代的歐亞一體主義混合兩種概念：第一種是古米列夫提出的俄羅斯傳統學說；第二種是後來由俄羅斯法西斯主義者亞歷山大・杜金（一九六二年生）所建構的納粹思想。杜金既算不上是原始歐亞一體主義者的追隨者，也不是古米列夫的學生。他只是用了「歐亞一體」和「歐亞一體主義」這兩個詞彙，讓納粹思想聽起來比較俄羅斯一點。杜金的出生比古米列夫晚了半個世紀，是一九七〇年代和一九八〇年代蘇聯反建制派的孩子，彈著吉他、唱誦著將數百萬人殺死在烤箱裡的歌謠。他這一生的工作，就是要將法西斯主義帶到俄羅斯。

隨著蘇聯解體，杜金前往西歐尋找知識上的盟友。即使在歐洲邁向統合時，仍有些極右派的邊緣思想家，抱持著納粹思想、讚頌著民族的純潔，並譴責各種經濟、政治及法律的合作是全球陰謀的一部分。這些人和杜金就很能互相應和。一位早期的重要人物是米格爾・塞拉諾（Miguel Serrano），著有《希特勒：最後的化身》（*Hitler: The Last Avatar*），聲稱雅利安人（Aryan）之所以較為優越，是因為來自外星球。杜金一如古米列夫，也是從地球以外的地方，找到伊林所謂的俄羅斯救世主。如果這位領導者必須來得清清白白、不受任何事件玷污，他的來處就必須超脫於歷史之外。伊林解決這個問題的方式，是讓這位救世主從一種情色的神祕主義當中現身於虛構故事。至於年長的古米列夫和年輕的杜金，則是把理由歸給天上的星星。

一九九〇年代初，杜金與法國陰謀理論家尚・巴維斯庫（Jean Parvulesco）變得十分親近，巴維斯庫向他講述海洋人民（大西洋主義者）與陸地人民（歐亞主義者）之間古老的衝突。在巴維斯庫看來，英美兩國之所以會聽信抽象的猶太思想，是因為他們的海洋經濟讓自己與陸地樸實的人類經驗事實脫節。而阿蘭・德・博努瓦（Alain de Benoist）這位法國新法西斯運動（稱為新右派〔Nouvelle Droite〕）的代表人物，則向杜金解釋美國在這些詭計裡都居於中心地位，代表著抽象（猶太）的文化。這些都是更新版的納粹思想，而杜金對納粹再熟知不過。當時，杜金用筆名「西弗斯」（Sievers）寫作，以紀念沃弗拉姆・西弗斯（Wolfram Sievers）；西弗斯最為人所知的事件就是收集被殺害的猶太人的骨頭，他也在一九四七年因為戰爭罪而遭到處決。

杜金的歐洲門路，讓他能把納粹的思想帶回俄羅斯。一九九三年，杜金和愛德華・李莫諾夫（Eduard Limonov，曾稱杜金是「法西斯主義的聖西里爾與聖美多德」），共同創立國家布爾什維克黨（National Bolshevik Party），其成員一面高舉著拳頭，一面稱頌著死亡。一九九七年，杜金呼喚著「赤色而無國界的法西斯主義」，表現出標準的法西斯主義觀點：民主是空洞的；中產階級是邪惡的；俄羅斯必須由「命定之人」統治；美國是邪惡的；俄羅斯是純真無辜的。

杜金和伊林同樣都得感謝施密特。是施密特打造出這樣一套世界政治願景：沒有法律、沒有國家，而是以文化群體主觀希望取得更多土地為基礎。施密特駁斥「國家領土的這種空洞概念」，認為民族「根本上就是一個生物」。在他看來，歐亞大陸的土地是一片「廣袤空間」，敢接手的就能掌控。施密特聲稱，像英、美這樣的海洋強權，信奉的是猶太人那種抽象的法律概念。在施密特提出的國際法概念中，是將世界分成幾個「廣袤空間」，而只要是「在空間上屬於外界的力量」就該被排除。也就是說，他認為美國不該對歐洲說三道四。杜金接受這些想法，並且改掉那個理論上受到猶太人、美國和法律威脅的對象：受威脅的不再是納粹德國，而是當代的俄羅斯。

杜金看不起伊林，認為這位哲學家技不如己，不過就是普丁政權的「技術人員」。雖然如此，杜金的許多著作讀來卻都有伊林的影子。杜金以他典型的勸誡語氣，聲稱「西方就是路西法墮落的地方，是全球資本主義八爪章魚的中心。」杜金還繼續說道，西方「混雜了腐爛的文化變態與邪惡、欺騙與自私、暴力與虛偽。」認為西方是如此頹廢腐敗，隨時可能崩潰，但又是持續的威脅。民主並不能讓西方有所改善，反而是災難將臨的跡象。二〇一二年歐巴馬成功連任美國總統，杜金就表示：「讓他毀掉這個國家，讓正義終於能夠勝出，讓這個在全世界傳播著令人憎惡的政經勢力，與所有人對抗的一具有缺陷的巨大怪物，這個新的迦太基，可以迅速消失。」他對西方所提出的這些特徵，並非出於觀察，而是他一心相信不證自明的公理。無論是過去的事實或現在的事實，都一樣是無關緊要的。對杜金或對伊林來說都一樣，「過往」只是儲存各種的符號、或是杜金所說的「原型」（archetype），提供俄羅斯所謂的「精神資源」，能提供各種形象，用來改變現在。

杜金在二十一世紀初寫作時，要面對的是歐盟的成功：在帝國之後，歐盟這個超高等法律實體拯救各個國家。而杜金從來不提歐盟。每次有人請他對歐盟發表評論，杜金都只是斷言歐盟必將失敗。早在普丁開始談到烏克蘭，認為歐亞一體必須有烏克蘭作為俄羅斯文明元素之前，杜金就將獨立的烏克蘭視為俄羅斯歐亞一體這項天命的障礙。二〇〇五年，杜金創辦一項得到國家支持的青年運動，呼籲讓烏克蘭解體，走向俄羅斯化。二〇〇九年，杜金則預見「為了克里米亞和烏克蘭東部的戰鬥」。在杜金看來，烏克蘭的存在構成「對歐亞一體的巨大危險」。

普丁在二〇一二年令俄國陷入兩難局面後，所提出的解決方案，就包含俄羅斯法西斯主義三項互相交雜的概念：伊林的基督教極權主義，古米列夫的歐亞一體主義，以及杜金的「歐亞一體」納粹主義。在歐巴馬政府試圖「重置」與俄羅斯聯邦的關係期間，法西斯主義思想闖入俄羅斯的公共領域。俄羅斯走向的這個巨大變化，完全不是因為任何來自外部、新的不友善行為。他們感受到的西方敵意，並不是哪個西方成員真的做了什麼事，而只是西方被描繪成這樣的一種存在。

二〇一二年，法西斯思想家就這樣成為俄羅斯的主流，推手則是一位似乎認為自己需要這些思想的俄國總統。以一個國家能給哲學家的最高規格待遇，伊林得到徹底的復興。普丁在自己最重要的演講上，引用古米列夫的理論。至於杜金，也成為俄國最大電視頻道的常客。歐亞一體的想法，也成為新智庫「伊茲博斯克俱樂部」（Izborsk Club）所著重的重點。該智庫成員包括杜金、格拉濟耶夫，以及謝夫庫諾夫（普丁最愛的神父，在普丁前往伊林墓地時就在他身邊）。正是謝夫庫諾夫提出普丁是弗拉基米爾大公轉世輪迴的概念，他也是俄羅斯二〇一二年書籍暢銷排行榜第一名的作者。

伊茲博斯克俱樂部創辦人暨精神領袖，則是法西斯小說家亞歷山大・普羅哈諾夫。普丁於二〇一一年十二月的廣播節目中引用伊林理論時，普羅哈諾夫就在一旁。普羅哈諾夫也像杜金一樣，以歐亞一體的概念來包裝蘇聯政權以法西斯的形式回歸，並重複施密特的想法；如果要說普羅哈諾夫有什麼核心信念，就是認為在空虛、抽象的海洋人民，與熱情、正義的陸地人民之間，有著永無休止的鬥爭。也像希特勒一樣，普羅哈諾夫指責是全球猶太人發明那些奴役自己祖國的想法。普羅哈諾夫還把納粹大屠殺也怪到猶太人頭上。一如杜金，普羅哈諾夫公開欣然採納政治上的虛構故事，希望創造一些強烈的形象，避免民眾有機會為自己思考。他的這種創造性思維，一個例子就在於聽說歐巴馬選上美國總統時的反應。討論到歐巴馬有一次和俄羅斯人開會，普羅哈諾夫發出哀嘆，說當時「彷彿他們眼前就有個黑色的乳頭，而他們都飢渴、咂巴咂巴地吸著……最後，真令我感到恥辱。」

在普羅哈諾夫源源不絕的著作出版中，與歐亞一體概念最相關的就是一次訪談的內容，當時是二〇一一年八月三十一日，正在伊茲博斯克俱樂部創立之前，訪談地點在烏克蘭基輔。該年三月，烏克蘭和歐盟草擬聯盟協定，烏克蘭政府也已經制定行動計畫，準備在隔年簽署。當時，普羅哈諾夫對歐洲的態度令採訪者有些困惑，於是採訪的問題就點出一些歐亞一體的基本主題：虛構先於事實、相信歐洲的成功象徵著邪惡、相信有全球猶太陰謀、相信烏克蘭的俄羅斯命運。

提問指出歐盟有極高的生活水準時，普羅哈諾夫的回應是：「游過第聶伯河，就會看到蘑菇在陽光下長得很好！」也就是說，相較於經過幾十年發展、有益於數億人、可長可久的生活方式，他覺得一種暫時、原始的斯拉夫生活體驗更為重要。普羅哈諾夫的下一步，則聲稱歐洲對事實的注重是一種虛偽：「歐洲就是一種害蟲，學會怎麼將令人討厭、噁心的事物稱為美麗。」不論歐洲似乎做什麼、說什麼，他都認為「你看不到他們在面具下真實的臉。」在他看來，不管怎麼說，總之，歐洲正邁向死亡：「白種人正在滅絕：同性婚姻，雞姦男童的人統治著城市，女人找不到男人。」而且他也認為歐洲正在殘害俄羅斯：「我們本來沒有感染愛滋，是他們故意感染我們。」

普羅哈諾夫受訪時表示，根本問題就在猶太人。他表示，「會有反猶主義，並不是因為猶太人的鼻子歪，或是無法正確發出『r』的音。而是因為猶太人占領世界，而且正在用他們的勢力為惡。」以一種典型俄羅斯法西斯的方式，普羅哈諾夫運用納粹大屠殺時的象徵手法，把全球猶太人描繪成集體犯罪者，至於其他所有人則是受害者：「猶太人讓所有人團結起來，是為了將人類投入自由秩序的熔爐；而人類目前就在這樣的災難中受苦。」想對抗這套全球猶太人的陰謀，唯一的指望就是俄羅斯救世主。歐亞一體主義，就是俄羅斯要拯救世人的彌賽亞使命，「必須納入整個世界。」

普羅哈諾夫表示，這個偉大的救世計畫將始於俄羅斯、烏克蘭和白俄羅斯三者的合併。他說：「我講到俄羅斯的時候，也看到生活在烏克蘭和白俄羅斯的人民。」烏克蘭的眼前就是一項「巨大的彌賽亞使命」，因為基輔的命運就是要屈服於莫斯科之前，並且從這裡開始讓俄羅斯征服世界。普羅哈諾夫說：「如果第一個帝國就是建立在此」（他指的是一千年前的羅斯部族），「普丁就已經宣告未來的帝國：就是歐亞聯盟，而烏克蘭可能對這個帝國做出偉大的貢獻。」普羅哈諾夫最後問道：「如果你可以成為歐亞一體的中心，何必屈就於成為倫敦的外圍郊區？」普羅哈諾夫擔心的，只有烏克蘭總統亞努科維奇或許能力不足以完成這項任務，在他看來，或許必須讓烏克蘭政府有些改變。

伊茲博斯克俱樂部這個新俄羅斯民族主義的知識中心，就在採訪的幾天後，於二〇一二年九月八日成立。俱樂部的成立宣言以伊林的老調開始，認為事實性是西方對俄羅斯的武器：

俄羅斯國家再次面臨自由主義中心發出的致命威脅：既來自俄羅斯社會內部，也來自境外。這種致命的意識形態及資訊「機器」，在過去先摧毀「白色」羅曼諾夫帝國的所有基礎和價值，再摧毀「紅色」蘇聯帝國的所有基礎，現在也無處不在、全力運作。這些帝國的淪陷，讓偉大的歐亞空間陷入混亂、一片血泊，各種人民、信仰和文化彼此爭鬥。建立這種自由主義「機器」的背後，是一群人類學家、歷史學家、社會科學家、「混沌理論」的專家、經濟學家，以及資訊戰的大師。這套機器瓦解統一的歐亞一體國家得以建立的基本原則，也壓抑民族意識的基本準則，也就是民族必須取得勝利、拓展自己在歷史中的存在。這套「機器」不斷猛擊著東正教教會，而東正教是俄羅斯的精神基礎。這套機器讓俄羅斯無法建設國家安全機構，讓俄羅斯面對著軍事衝突日益加劇卻毫無武裝。這套機器在俄羅斯主要宗教信仰的和諧當中散布著不和諧，也讓俄羅斯歷史上的各個時期無法和解，令俄羅斯混亂時期（Time of Troubles）延長，並將俄羅斯領

> 導者及所有權威機構妖魔化。

在這項宣言中，並未提及任何特定的歐洲或美國政策。因為問題並不在於歐洲或美國做了什麼，而在於歐盟與美國的存在本身。正如普羅哈諾夫所明言，永遠要將西方視為對俄羅斯懷有敵意，就算西方對俄羅斯展現善意的政策也一樣。這項宣言的作者以迴圈永恆取代歷史：西方背信棄義、俄羅斯純真無辜，兩者形成永恆的迴圈。宣言提到，過去的歐亞帝國曾經：

> 比史上其他任何帝國更繁榮，接著就撞上一個「黑洞」，從此看來無法再回頭。然而，這個國家再次以另一種形式、以另一個歷史中心重生，再次崛起並興盛，接著又衰亡而消失。這種迴圈循環、這種國家的死亡及戰勝死亡，為俄羅斯歷史帶來一種重生的特性，讓俄羅斯文明永遠能夠死而復生。第一個帝國是基輔—諾夫哥羅德，第二個是莫斯科，第三個是羅曼諾夫王朝，第四個則是蘇聯。今日的俄羅斯國雖然失去大片領土，但仍然有著帝國的印記。歐亞大陸的地緣政治再次強力聚集著曾經失去的空間。這正是普丁提出「歐亞一體計畫」的合法性所在。

歐亞一體計畫並不打算從俄羅斯歷史出發，來讓俄羅斯社會產生興趣或評估其觀點，而是要用各種詩意的說法，為過去的流血事件創造一種抒情的統一。就算蘇聯恐怖分子曾在一九三〇年代殺害無數的東正教神父，這一切也沒關係，因為這些神父的精神在一九四〇年代再現，為紅軍獻上祝福：

這是兩個歷史時期的統一。在自由主義威脅下，「紅色」與「白色」組成戰略聯盟；這是真政治家的巨大世界觀使命。這種聯盟之所以可能，是因為俄羅斯在一九四五年神聖地取得勝利；雖然教會在過去曾遭受迫害，許多聖人因而喪命，但這時卻都支持這個「紅色」系統，於是「紅色勝利」的軍隊也成為神聖俄羅斯的軍隊。至於未來的「俄羅斯勝利」則需要「紅色」與「白色」的結合。正如普丁所言，這需要創建出一個國家，讓「紅色」的政委可以與「白色」的行政官共同生存。

這種同時讚許過去極左與極右的作法，隱藏俄羅斯現在的問題：欠缺中心、欠缺政治的支點，而且也欠缺承繼接班原則，無法在保住國家的同時，允許權力從左轉右或從右轉左。由於所有的政治活動都被斥為外來，因此各種的意見不同或反對的行動必定是由於歐美人士的惡意設計，他們憎惡的就是俄羅斯人的純真無辜：

俄羅斯的救世主意識，以「地上的天堂」這項教導為基礎、以理想的存在為基礎、以東正教對神聖正意的夢想為基礎。於是，西方的這一切都是在否定俄羅斯，否定她的世界觀、攻擊她的信仰、文化及歷史規範。出

> 於對俄羅斯的這種不容忍與深切的敵意，最後必然會計劃以武力入侵俄羅斯。因此，俄羅斯的軍備議題背後其實是出於神聖的因素。俄羅斯的武器不僅是為了要保護城市、領土，更是要保護地球無限的豐足，保護俄羅斯所有的宗教和文化秩序、所有世俗或神聖的殿堂。

提出這些主張的時候，正值一項新的軍備計畫：從二〇一一年到二〇一三年，俄羅斯的年度武器採購預算翻了一倍。宣言的作者群所夢想的，就是一個軍事化的極權俄羅斯，永遠動員所有人民，承諾帶來的只有犧牲：

> 俄羅斯不需要倉促的政治改革，只需要武器工廠與祭壇。在「紅色」帝國遭到摧毀、百廢待舉的那個歷史時刻，相較於「自由主義」西方，在戰略顯得落後，於是俄羅斯必須有大幅飛躍的發展，而這就需要一項「動員計畫」，把國家的所有資源集中於維護主權、捍衛人民。

經過一開始的大鳴大放，伊茲博斯克俱樂部成員開始一一發表文章，深入闡述俱樂部的立場。一位成員寫道，產生事實性的那套自由秩序是出自於「世界的後台，其核心是那些猶太復國主義領導者。」伊茲博斯克俱樂部的其他成員則解釋，普丁的歐亞聯盟正是「要恢復俄羅斯作為歐亞一體帝國的計畫」。而正因為歐盟走法治路線，產生豐饒富足，就被他們視為對俄羅斯生死存亡的威脅。這樣說來，俄羅斯的外交政策就應該要支持歐盟歐盟會員國內那些極右人士，直到歐盟崩潰；普羅哈諾夫就激動地預測，歐盟終將成為「歐洲法西斯國家的附庸」。而伊茲博斯克俱樂部的一位成員也寫道，烏克蘭「都是我們的，總有一天會回到我們身邊。而根據杜金的說法，俄羅斯併吞烏克蘭也是歐亞帝國計畫的「必要條件」。

對於伊茲博斯克俱樂部的歐亞一體主義者來說，事實是敵人、烏克蘭是敵人，而關於烏克蘭的事實更是最大的敵人。伊茲博斯克俱樂部在智識上的一項任務就是要產出故事，讓人遺忘上述的那些事實。伊茲博斯克俱樂部的使命，其實就是要阻礙事實。這個智庫之所以要以「伊茲博斯克」為名，正是因為伊茲博斯克鎮是俄羅斯史上某個要塞的遺址，而該俱樂部的網站就提到，該要塞抵禦「利沃尼亞人（Livonian）、波蘭人和瑞典人」，至於現在要抵禦的入侵者則是事實性的「自由機器」。

俄羅斯有一架長程轟炸機Tu-95，原本是為了在美國投放原子彈而製造，更為了紀念該俱樂部而更名為「伊茲博斯克」。如果覺得這樣還算不上是克里姆林宮在背後支持的跡象，值得一提的是，普羅哈諾夫曾受邀乘坐該機飛上天空，而在接下來幾年，無論是該架或其他Tu-95，都將經常接近歐盟會員國的領空，迫使各國啟動防空系統，將前來的轟炸機驅出境外。而這架Tu-95「伊茲博斯克」也將在二〇一五年用於轟炸敘利亞，製造出一批難民逃往歐洲。

謝爾蓋．格拉濟耶夫這位普丁的顧問、古米列夫的讀者、施密特的追隨者、伊茲博斯克俱樂部的成員，將歐亞一體的理論化為實務。格拉濟耶夫在一九九三年因為貪腐而被葉爾欽開除之後，得到與他所見略同的美國陰謀理論家林登．拉魯奇（Lyndon LaRouche）的協助。一九九九年，拉魯奇出版格拉濟耶夫的小冊子《種族滅絕：俄羅斯與新世界秩序》（*Genocide: Russia and the New World Order*）英譯版，文中認為在一九九〇年代有一小群（猶太）陰謀新自由主義者刻意摧毀俄羅斯。格拉濟耶夫一如其他俄羅斯法西斯主義者，運用與納粹大屠殺相關的術語（例如「種族滅絕」），來暗示猶太人才是真正的罪魁禍首，而俄羅斯人則是真正的受害者。他於一九九九年以共產黨員身分獲選國會議員，並在二〇〇三年協助創立激進的民族主義政黨祖國黨（Rodina）。這件事看來矛盾，但其實沒有那麼不可思議。在俄羅斯的「引導式民主」中，祖國黨的意義在於將某些共產黨的選票轉移到普丁所信任的團體。格拉濟耶夫認為，計畫經濟應該符合的是俄羅斯民族的利益，在他看來，俄羅斯民族就包括烏克蘭：「我們不能忘記小俄羅斯（烏克蘭）對我們來說的歷史重要性。在我們心裡，從未將俄羅斯和烏克蘭分開。」

格拉濟耶夫寫道，俄羅斯的外交政策是出自於「歐亞一體主義的哲學」。在施密特之後，格拉濟耶夫也認為國家是一個過時的概念。歐亞一體計畫「奠基在一種從根本上就極為不同的空間概念」，也就是施密特所稱的「廣袤空間」，由某個強權所主宰。格拉濟耶夫表示，美洲都不該插手這件事，因為美洲並不屬於歐亞一體這個廣袤空間的一部分。至於歐盟，因為它是國家主權的捍衛者，最後必將傾頹，而歐盟會員國的公民則一定會得到他們都希望的法西斯整體性。格拉濟耶夫寫道：「歐洲人已經失去方向感，生活在如同馬賽克、沒有共同關係的零碎世界。」但萬幸的是，俄羅斯的力量可以讓他們回到格拉濟耶夫所認定的「現實」之中。

格拉濟耶夫並未顧慮歐盟居民的意願。俄羅斯的平均壽命在二〇一二年全球排名第一百一十一名、警察不值得信任、賄賂和勒索成為日常、監獄是中產階級的體驗，面對這種體系，歐洲人是否真有必要親身體驗其中的博大精深？講到財富分配，俄羅斯是全球貧富最不公平的國家；歐盟不但財富遠超過俄羅斯，財富分配給公民時的公平程度也遠遠勝出。格拉濟耶夫協助主子維持俄國盜賊統治的方式，就是將討論主題從繁榮轉為價值觀、轉為普丁所謂的「文明」。

從二〇一三年起，俄羅斯聯邦的外交政策就是由歐亞一體的原則所引導。該年的正式〈外交政策概念〉（Foreign Policy Concept）於二月十八日由外交部長謝爾蓋・拉夫羅夫（Sergei Lavrov）簽署發布，並得到總統普丁特別認可；內容除了年復一年的陳腔濫調之外，也提出一系列變化，呼應著伊林、歐亞一體主義及法西斯傳統思想。

〈外交政策概念〉重申普丁認為未來將是一團混亂及資源爭奪的預期，隨著國家制度衰微，將會重新出現廣袤空間。在這樣的世界上，絕不會有什麼「綠洲」能自外於「全球動盪」，因此歐盟注定滅亡。此外，法治也將讓位給文明間的競賽。「當代史上第一次，全球競爭這件事談起文明上的面向。」俄羅斯除了要對自己公民的福祉負責，還要對境外那些定義不明的「同胞」安全負責。歐亞一體也就成為一個「統一的典範」，無論是對前蘇聯的各個共和國，或是對現在的歐盟會員，一律開放，其合作基礎就在於「保護與拓展共同的文化和文明遺產」。

〈外交政策概念〉明確表示，將從二〇一三年立刻開始推動以歐亞一體取代歐盟，而當時烏克蘭就正在與歐盟就聯盟協定的條款展開協商。根據〈外交政策概念〉內容，如果烏克蘭想和歐盟協商，應該要以莫斯科作為中間人。在歐亞一體的概念下，由俄羅斯主導是理所當然的。而且從長遠來看，歐亞一體終將勝過歐盟，而「建立從大西洋到太平洋的統一人道主義空間。」拉夫羅夫後來也重申這項期許，並表示這種願望起源於伊林。

◇

正因為歐盟是一個共識決的組織，也就很容易受到鼓動各種情緒的活動所影響。也由於歐盟是由民主國家組成，如果某些政黨主張脫離歐盟，就可能讓歐盟的力量被削弱。由於歐盟從未受到什麼真正的對抗，歐洲人從未想過網路上的論爭是否受到外部操縱、帶有敵意。俄羅斯意欲摧毀歐盟的政策有幾種形式：在歐洲吸收一些領導者及政黨，為歐盟解體對俄羅斯的利益做代言；滲透數位及電視上的公眾言論，播下對歐盟不信任的種子；招募極端民族主義及法西斯主義者，向公眾宣傳歐亞一體；支持各種分離主義。

只要在歐洲的政客願意捍衛俄羅斯的利益，普丁就會和他們做朋友，並提供支援。其中一位是德國前總理格哈德・施羅德（Gerhard Schröder），曾任職於俄羅斯天然氣工業公司（Gazprom）；另一位則是在二〇一三年捷克總統大選勝出的米洛什・澤曼（Miloš Zeman），他當年的競選過程得到俄羅斯石油公司盧克石油（Lukoil）資助，而在二〇一八年連任的競選過程則得到不知名來源的資助；第三位則是西爾維奧・貝魯斯柯尼（Silvio Berlusconi），他在二〇一一年卸任義大利總理，但在任內與任後都曾和普丁一同度假。二〇一三年八月，貝魯斯柯尼被判逃稅罪名成立，褫奪公權直到二〇一九年。在普丁看來，貝魯斯柯尼真正碰上的問題其實是對異性戀的迫害，普丁說：「如果他是同性戀，根本不會受到任何指責。」普丁在這裡清楚展示他心中歐亞一體文明的基本原則：如果原本要談的是不平等的問題，就把它改成去談性向的問題。二〇一八年，貝魯斯柯尼開始重返政治生涯。

歐盟會員國有部分曾為後共產東歐國家，例如捷克、斯洛伐克、匈牙利和波蘭，而俄國就在這些國家資助組織討論網站，質疑身為歐盟會員的價值。這些網站號稱提供各種主題的新聞，但無一例外都暗示著歐盟頹廢腐敗，抑或缺乏安全。而在規模較大的西歐媒體市場，更重要的則是俄國以英語、西語、德語和法語播出的國際電視台「RT」。對於反對歐盟的歐洲政客來說，RT就是他們在媒體上的主場，例如英國獨立黨的法拉吉，又或是法國國民陣線的勒龐。

法拉吉和勒龐都提議要回到那個歐洲過著民族國家的生活、各國國內沒有移民的時代，但這樣的過去其實並不存在。這些人就是迴圈政治的政客，不斷鼓吹著要同胞把一九三〇年代視為某個黃金年代。當時，英法都是強大的海上帝國，但隨著各個殖民地紛紛獨立，這兩國也加入歐洲統合計畫。在現代歷史上，這兩國從來就不是什麼獨立於世界的民族國家。由於明智國家的寓言，英法公民多半並不瞭解自己的歷史，也無法瞭解關於歐盟會員國的辯論背後有何利害關係。但由於英法並沒有作為民族國家的這段歷史，一旦退出歐盟，面對的將不是民族主義承諾的溫暖懷抱，而是邁向未知，等於是加入俄羅斯，成為不在歐洲統合以內，而是屬於歐洲帝國邊角國家的一員。如果俄羅斯面對歷史的方式正在於將歷史徹底湮滅，法拉吉和勒龐與這樣的俄羅斯可說是一拍即合。

二〇一三年，一群在俄羅斯和法國的迴圈政治人物因為同性戀議題而聚在一起。該年五月，法國國會讓同性戀配偶也能享有權益。勒龐和她的國民陣線於是加入俄羅斯活動分子陣營，抵制他們口中所謂的全球雞姦陰謀。到了六月，勒龐出訪俄羅斯，熱情參加俄羅斯號稱要推動「文明」的新運動，支持俄羅斯的論點，認為全球新自由主義正在對抗各個純真無辜的國家，而同性戀權利正是其中一項最棘手的手段。她曾說：「戀同情結（homophilia）是全球化的元素之一」，認為俄羅斯和法國必須攜手對抗「一個被商業化病毒感染的新國際帝國」。這種用語展現出她相信一種俄羅斯民族主義者普遍相信的說法，認為俄羅斯人如此純真無辜、不可能感染愛滋，所以愛滋出現在俄羅斯必然是生物戰所造成。勒龐很樂意同意，俄羅斯人是「歐盟正對俄羅斯進行的新冷戰」的受害者。她的外交政策顧問艾默瑞克・蕭普拉德（Aymeric Chauprade）就曾向台下的俄羅斯群眾承諾，只要國民陣線執政，就會摧毀歐盟。

與此同時，他們還請一些可靠的美國人士來捍衛俄羅斯新的性別政治。例如就美俄關係問題，RT就採訪美國著名的白人至上主義者理查德・史賓塞（Richard Spencer）。事實上，史賓塞的妻子尼娜・庫普利亞諾娃（Nina Kouprianova）也正是杜金的譯者。史賓塞崇敬普丁，認為俄羅斯是「世界上唯一的白人強權」，也就不難想像，他毫不猶豫地指責歐巴馬政府對俄羅斯的反雞姦運動發起「冷戰」。三年後，史賓塞帶領著追隨者，呼喊著改版後的納粹口號：「川普萬歲，人民萬歲，勝利萬歲。」

說巧不巧，在俄羅斯官方號稱自己是異性戀保護者而飽受攻擊的時刻，川普是該年夏天第二位高調支持普丁的美國人，當時川普也正在以一項長期的運動，試圖打擊自己國家總統的威信，方式就是誣指歐巴馬並非在美國出生。RT很努力地希望讓這個指控看來更可信，這時的川普也急切地討好著另一個國家的總統。二〇一三年六月十八日，川普發出一則推文，想知道普丁會不會「成為我新交到最好的朋友？」

川普對全球異性戀的貢獻，就是把一場選美大賽帶到莫斯科郊區，或者說得更確切一點，是負責在旁邊看著俄羅斯人把一場選美大賽帶到莫斯科郊區。川普理論上是主辦，但事實上是有人支付他兩千萬美元，只要看著俄羅斯同事把事辦好就行。這是俄羅斯與川普長期以來的默契：川普拿到的是錢，至於那些懂得金錢與權力的俄羅斯人，拿到的是川普的名氣。二〇一三年四月（選美大賽的幾週前），聯邦調查局（FBI）逮捕二十九名男子，罪名是涉嫌在川普大廈（Trump Tower）經營兩座賭場。調查人員表示，賭場的幕後主使者是阿里木江．托克塔霍諾夫（Alimzhan Tokhtakhounov），他是俄羅斯公民，而且就在川普樓下從事洗錢活動。聯邦調查局進行搜索時，托克塔霍諾夫正在環球小姐的選美現場，離川普才幾個座位。（當時，發出搜索票搜索川普大廈的檢察官是普利特．巴拉拉〔Preet Bharara〕。而等川普一成為總統，就立刻開除巴拉拉。）

在把環球小姐比賽帶到俄羅斯這件事上，與川普合作的人是俄羅斯房地產開發商阿拉斯．阿加拉羅夫（Aras Agalarov）。阿加拉羅夫的岳父曾是蘇聯亞塞拜然的KGB領導，而阿加拉羅夫本人則是一位寡頭領導者，深諳與其他寡頭領導者往來之道。他曾建造購物中心、有著高聳大門的社區，後來更為了二〇一八年的世界盃（World Cup）足球賽，為普丁興建兩座足球場。環球小姐選美就是他在背後運作：用的是他的場地，妻子是評審之一，兒子則上台引吭高歌。川普表示，自己在選美期間「身邊都是頂層人物」。而他與阿加拉羅夫家族的關係也沒有絲毫中斷。阿加拉羅夫的兒子艾敏·阿加拉羅夫（Emin Agalarov）是一位流行歌手，而在艾敏生日時，川普還拍攝影片祝賀。等到川普決定競選總統，阿加拉羅夫家族也鼎力相助。川普競選過程與許多俄羅斯名人有所接觸，其中就包括二〇一六年六月在川普大廈有一場會議，是有一位俄國律師取得俄羅斯聯邦首席檢察官的簡報之後，向川普陣營提供關於希拉蕊的資料。安排聯繫，讓大家坐在一起的，正是阿加拉羅夫家族。至於川普的兒子小唐納·川普（Donald Trump Jr.），在他聽說或有可能與外國勢力合作，共抗希拉蕊陣營時，他的回答是：「我愛這個點子。」

這份愛始於二〇一三年夏天，就在環球小姐選美大賽舉行前夕，普丁頒給阿加拉羅夫一枚榮譽勛章。在川普想知道普丁會不會成為自己「新交到最好的朋友」的那一天，勒龐正在俄羅斯國會參訪。未來幾年，勒龐與川普也將扶持彼此對總統大位的想望。兩人在二〇一三年造訪莫斯科，表面上是為了同性戀和異性戀議題，但同時是兩人在政治和金融上向俄羅斯欠下更多的債。二〇一三年底、二〇一四年初，瑪琳·勒龐和她的父親、國民陣線創黨人尚－馬里·勒龐（Jean-Marie Le Pen）宣布，國民陣線的資金來自俄羅斯。而蕭普拉德正是雙方金融往來的中間人，由於協助安排一項俄羅斯銀行提供給尚－馬里·勒龐的貸款，他也能貸款四十萬歐元作為獎勵。

雖然國民陣線很願意加入克里姆林宮的反雞姦運動，但是法國真正面對的問題在於移民和伊斯蘭教。於是，俄羅斯開始散播關於伊斯蘭恐怖主義的恐懼，希望讓法國選民選擇國民陣線。二〇一五年四月，俄羅斯駭客攔截法國某電視台的訊號，偽稱自己是伊斯蘭恐怖主義組織伊斯蘭國（ISIS），用電視台訊號發出旨嚇唬法國選民的訊息。十一月，巴黎發生真正的恐怖攻擊事件，造成一百三十人死亡、三百六十八人受傷，普羅哈諾夫則預測恐怖主義將推動歐洲走向法西斯主義與俄羅斯。

二〇一七年法國總統大選活動中，勒龐公開讚許她的贊助者普丁。她在四月的第一輪投票獲得第二，擊敗法國各傳統政黨的所有候選人。她在第二輪的對手是艾曼紐・馬克宏（Emmanuel Macron），而俄羅斯也不斷宣傳暗示他是「同性戀遊說活動」所推出的同性戀人選。在第二輪投票中，勒龐獲得了三四％的選票，雖然輸給馬克宏，但表現已經超越二戰後法國史上所有其他極右翼候選人。

支持國民陣線，其實就是攻擊歐盟。法國是歐盟僅次於德國的重要成員，但勒龐則是批評歐盟最力的人。二〇一三年，講到俄羅斯如何改變歐盟的未來，似乎比較可能成功的是資助國民陣線；至於支持法拉吉與他的英國脫歐計劃（Brexit）的成功可能性就小得多。法拉吉一如勒龐、史賓塞與川普，都支持普丁走向他的歐亞一體計畫。二〇一三年七月八日，法拉吉在RT上聲稱「歐洲計畫實際上已經開始死亡」。

講到俄羅斯在英國的外交政策，首要之務其實是蘇格蘭分離主義。蘇格蘭民族黨（Scottish National Party）曾呼籲蘇格蘭人公投支持獨立。公投的日期訂在二〇一四年九月十八日，而在即將公投的幾週前，俄羅斯媒體誣指若蘇格蘭留在英國，就會失去醫療保健服務和足球隊。在大多數蘇格蘭選民仍然選擇留英之後，網路上又出現一些影片，質疑公投遭到舞弊。其中一支影片的內容其實是俄羅斯真正的投票舞弊情形，但被謊稱是在蘇格蘭。這些影片接著再由許多位在俄羅斯的推特（Twitter）帳號廣傳。接著，一名俄羅斯官員出面宣稱公投結果「完全是造假」。雖然從未有任何報導指出任何實際的投票作假行為，卻已經有大約三分之一的蘇格蘭選民信以為真。要是蘇格蘭真的公投通過脫英，這將會是俄羅斯的勝利；但只要英國國民開始不相信自己的政府機構，這也將是俄羅斯的勝利。在保守黨（Conservative Party）贏得二〇一五年五月英國大選之後，RT在網站上發表評論，聲稱英國的選舉制度遭人操弄。

雖然保守黨在大選後能夠自行組閣，但黨內對於英國的歐盟會員身分有所分歧。為了結束這項黨內爭端，時任首相的大衛・卡麥隆（David Cameron）同意就此問題舉行一次不具約束力的全民公投。這對莫斯科來說當然是大好消息，只是這項發展也不算完全的意外。對於這種可能，俄羅斯準備已久。二〇一二年，俄羅斯情報機構已經在英國成立一個名為「俄羅斯保守黨之友」（Conservative Friends of Russia）的前線組織，創始成員之一是英國的遊說者馬修・艾略特（Matthew Elliott），曾任投票脫歐（Vote Leave，推動英國脫歐的正式組織）主席。至於法拉吉，他所率領的政黨正是為了推動脫歐而成立，而他也不斷在RT頻道上露臉，並對普丁表示欽佩之情，他的一名資深幕僚也曾參與俄羅斯抹黑立陶宛總統的運動（立陶宛總統曾批評普丁）。

英國脫歐公投在二〇一六年六月二十三日舉行，在這之前的幾週，各大俄羅斯電視頻道（包括RT）都大力支持脫歐。至於在網路上的宣傳，雖然當時並未引起注意，但可能更為重要。不論是來自俄羅斯的網軍、真正與英國選民交流意見的真實民眾，又或是發送數百萬則針對性訊息的俄羅斯推特機器人，多半是大力支持脫歐的一方。有四百一十九個貼出脫歐文章的推特帳號，位置是來自俄羅斯的網軍公司網路研究社（Internet Research Agency），而後來這些帳號也都發文支持川普的總統大選活動。推特上關於英國脫歐的討論，有大約三分之一都是由機器人產生，而發出政治內容的機器人，又有超過九〇%的位置並不在英國。正在衡量自己有何選擇的英國人，當時並不知道自己閱讀的是由機器人傳播的內容，也不知道這些機器人正屬於俄羅斯希望削弱其國家的外交政策之一。最後的投票結果，脫歐五二%、留歐四八%。

俄羅斯這一次對投票結果毫無質疑，大概是因為投票結果如其所願。英國脫歐是俄羅斯外交政策的勝利，也顯示由莫斯科發動的網路活動確實可能改變現實。

已經有好一段時間，俄羅斯政客一直鼓吹英國脫離歐盟。二〇一五年，俄羅斯國家杜馬（Duma，即俄國下議院）國際事務委員會主席康斯坦丁．科薩切夫（Konstantin Kosachev）向英國諄諄教誨，表示認為歐盟「毫無過錯、無懈可擊」，是個「神話」。而在公投後，普丁也提出一種支持歐盟解散的安慰說法，說英國留在歐盟其實是被欺負剝削了。事實上，大不列顛許多得到最多歐盟補助的地區，正是投票通過要脫歐的地區。對於那些最後導致事物分崩離析的誤解與謊言，普丁溫柔地表達支持：「沒有人會願意餵養與補貼其他較弱的經濟體、支持其他國家、支持這些國家所有的人民；這是一項明顯的事實。」莫斯科把明智國家的寓言化成武器。但事實上，英國從來就不是一個決定支持他人的國家，而是一個崩潰的帝國，是靠著歐洲統合，才挽救它搖搖欲墜的國家地位。一直有種迷思，認為英國向來都是自立自強，就算只有自己也不會有問題，而俄羅斯最重要的電視台「第一頻道」（Pervyi Kanal）就安慰式地附和著這種說法，表示：「對於這個國家來說，重要的是各種聯盟和承諾不應構成約束。」英國人（主要是英格蘭人）有一種錯誤的印象，以為自己曾有著民族國家的歷史，於是用公投票把自己投進俄羅斯守候已久的深淵。

對於在奧地利反對歐盟的人，俄羅斯也明目張膽的支持。一如英法兩國，奧地利過去也曾是古老歐洲帝國的重要核心，後來加入歐洲統合的過程。奧地利曾是哈布斯堡王朝的核心，接著在一九二〇年代至一九三〇年代成為失敗的民族國家，並有七年時間成為納粹德國的一部分。奧地利自由黨的一些領導者，其家族或意識形態（或兩者）都可追溯到納粹時期。例如約翰·古德努斯（Johann Gudenus）就是如此，他曾在莫斯科求學，並能操俄語。

在二〇一六年奧地利總統大選期間，自由黨正在協商與普丁在俄羅斯的政黨合作，顯然是希望候選人諾貝特·霍弗（Norbert Hofer）能夠勝出。而且霍弗也差點成功了。他在四月贏得第一輪選舉，第二輪也只以些微之差落敗，但聲稱選舉出現舞弊，要重新舉辦。二〇一六年十二月，霍弗再次落敗，只不過他確實奪下四六%的總票數，這已是自由黨史上在奧地利全國大選的最高紀錄。

一如在法國的情況，俄羅斯屬意的候選人並未勝出，但相較於俄國剛開始發動摧毀歐盟的行動時，他們最後的表現都遠遠超出預期。二〇一六年十二月，幾位自由黨領袖飛往莫斯科，簽署他們與普丁政黨協商後的合作協議。二〇一七年十月，自由黨在奧地利國會大選取得二六%的選票，並在十二月成為聯合政府的一分子。於是，一個曾與莫斯科公開合作的極右派政黨，正在協助管理一個歐盟會員國。

統合或帝國？俄羅斯的新歐亞一體主義會不會摧毀歐盟？抑或是歐洲統合能夠延伸到一九二二年蘇聯的領土？這正是二〇一三年歐洲所面對的問題。當年，莫斯科顯然意欲摧毀歐盟，而基輔則在與歐盟討論聯盟協定的細節。當時，這項聯合貿易協定在烏克蘭很受歡迎：寡頭統治者希望進入歐盟市場；小企業主希望迎來法治，好與寡頭統治者競爭；學生和年輕人則希望有個歐洲人的未來。雖然當時的總統亞努科維奇努力逃避，還是面臨一個選擇：如果烏克蘭與歐盟簽署協議，就無法加入普丁的歐亞一體。

歐亞一體主義者本身的立場非常明確。杜金長期以來一直就呼籲應該摧毀烏克蘭。普羅哈諾夫曾在二〇一三年七月提出建議，認為或許必須換掉亞努科維奇。二〇一三年九月，格拉濟耶夫也表示，如果烏克蘭不加入歐亞一體，俄羅斯可以入侵烏克蘭。二〇一三年十一月，亞努科維奇讓雙方都失望了：他既沒有簽署完整的聯盟協定，也沒有將烏克蘭帶入歐亞一體。二〇一四年二月，俄羅斯入侵烏克蘭。俄羅斯的迴圈政治，正在侵犯歐洲的線性政治。歐洲手足無措：歐盟從未受到什麼抵抗，更別說遭到攻擊了。很少有人意識到，對於整個歐洲統合的攻擊，也是對於各個脆弱國家的攻擊。在莫斯科眼中，烏克蘭這片豐饒的土壤上，俄國將繼續展開反對歐盟的運動。

由於歐洲並未理解烏克蘭衝突的利害關係，事實證明在俄國的攻擊之下，歐洲比烏克蘭更為脆弱。因為烏克蘭深知自己國家有多麼脆弱，所以許多人相信歐盟是他們未來走向法治與繁榮的先決條件。在他們看來，為了建立烏克蘭國家，歐盟會員資格會是一個必要的階段，於是俄羅斯此時的干預已經足以讓他們發動一場愛國革命。但其他歐洲人已經忘記這種連結，於是以為俄羅斯攻打烏克蘭的政治問題只是文化差異。事實證明，面對俄羅斯催眠般地宣傳著，說烏克蘭的問題正是因為與歐洲主流有著遙遠的距離，歐洲比烏克蘭更容易輕信。

俄羅斯的迴圈政治，很容易就在歐洲線性政治的中心找到一個盲點。俄羅斯用的說法很簡單（正如他們在二〇一四年和二〇一五年所言）：說烏克蘭並未吸取第二次世界大戰的教訓，算不上是一個明智國家。歐洲人也就這麼接受這種說法，於是對自己歷史的基本誤解愈來愈深，也讓自己國家的主權陷入危險。

唯一能夠逃出線性政治或迴圈政治的方法，就是歷史：要去理解歷史或是創造歷史。烏克蘭看著自己面對的狀況，得找出一些新的辦法。

Chapter

04

創新或永恆（2014年）

讓事情開始（之後則會成為歷史事件），是人類最重要的能力；在政治上，這就等於人的自由。

——漢娜・鄂蘭（Hannah Arendt），1951年

俄羅斯的迴圈政治上溯一千年，尋找一個神話般純真無辜的時刻。普丁聲稱，他在千禧年所說弗拉基米爾大公受洗這件事，讓俄羅斯和烏克蘭成為單一的民族。普丁在二〇一三年七月訪問基輔，說著靈魂、講述著上帝的地緣政治：「我們在精神上的團結，始於一〇二五年前神聖羅斯部族的洗禮。從那之後，我們這些民族的生活裡發生許多事，但我們精神的團結如此強大，不會受到任何威權的任何作為影響：不論政府的威權，甚至是教會的威權，都無法影響。原因就在於，不論現在人民受怎樣的威權所管轄，都不可能大過主的威權，沒有任何事物能比這更強大。這是我們所有人民靈魂團結最堅實的基礎。」

二〇一三年九月，普丁在瓦爾代的正式總統外交政策高峰會上，以世俗的言詞表達他的願景。他引用伊林對俄羅斯國家的「生物模型」，認為烏克蘭是俄羅斯這個處子之身不可分割的器官。普丁說：「我們有共同的傳統、共同的心態、共同的歷史、共同的文化，我們的語言非常相似。在這一點，我想再次重複：我們是同一個民族。」當時，歐盟和烏克蘭即將在兩個月後簽署聯盟協定，而俄羅斯試圖制止，理由則是在俄羅斯的精神影響領域，也就是普丁開始說的「俄羅斯世界」裡，不能發生什麼新的事情。普丁試圖將俄羅斯的迴圈政治延伸至俄羅斯邊境以外，而這就帶來意想不到的結果：烏克蘭創造出新的政治。

民族是一種會參照舊事物的新事物，而重點就在於如何參照。方法之一是像俄國領導者的方式，頒布一些儀式咒語，強化國內的現狀、迴護國外的帝國。要說「羅斯部族」就是現在的「俄羅斯」，或說一九八〇年代的弗拉基米爾大公就是二〇一〇年代俄羅斯聯邦的普丁，等於無視於這幾世紀間可供詮釋、能帶來歷史思維與政治判斷的材料。

自基輔的弗拉基米爾大公受洗以來的這一千年，其實也能把它視為歷史，而非永恆迴圈的故事。這裡說要視為歷史，並不是要將某種民族神話換成另一種民族神話，重點不在於強調是烏克蘭承繼羅斯部族，也不是要說弗拉基米爾大公是烏克蘭人，而不是俄羅斯人。這樣的說法只不過是用烏克蘭的迴圈政治取代俄羅斯的迴圈政治。所謂的視為歷史，是要想想為何會出現像烏克蘭這樣的東西，就像為何會出現俄羅斯這樣的東西。要從歷史的角度思考，是要看架構有何限制、不確定性有多大的空間、自由有多大的可能。

讓今天可能出現烏克蘭的客觀條件，在中世紀和現代早期也曾出現。弗拉基米爾大公那個時候的羅斯部族，早在一二四〇年代早期被蒙古人擊敗而分裂。蒙古人入侵後，羅斯部族的領土多半在十三世紀和十四世紀由立陶宛大公國吸收。羅斯部族信奉基督教的軍閥，也在信奉異教的立陶宛裡成為領導人物。

立陶宛大公國的法律和法院，採用羅斯部族的政治語言。自一三八六年起，立陶宛大公大致上也統治波蘭。

要說有個「烏克蘭」統領古代羅斯部族部分領土的概念，是出現在一五六九年之後，當時立陶宛與波蘭之間的政治關係開始有所改變。那一年，波蘭王國和立陶宛大公國組成聯邦，兩個王國成為合法聯盟。在協商過程中，現今烏克蘭的大部分領土，在這個新成立的實體裡從立陶宛轉移到波蘭一方，因而引發衝突，催生有個烏克蘭存在的政治理念。

一五六九年後，在今日烏克蘭的領土上，羅斯部族的東方基督教傳統受到西方基督宗教的挑戰（此時西方基督教正發生許多重要的變革）。波蘭的天主教與新教思想家在印刷術的協助下，在羅斯部族的土地上挑戰著東方基督教。羅斯部族的某些東正教軍閥改信新教或天主教，日常溝通也改用波蘭語。遵照著這種波蘭模式（以及向東遷移的波蘭貴族的例子），這些地方重要人士開始將肥沃的烏克蘭草原轉變成大型農場。這也就意味著，要將當地居民與土地綁在一起、成為農奴，剝削其勞力。烏克蘭農民如果試圖逃離農奴生活，常常會落入另一種形式的奴役：在今天烏克蘭的最南端，遭到鄰近的穆斯林販賣為奴。這些穆斯林被稱為韃靼人，屬於鄂圖曼帝國。

農奴向哥薩克人（Cossack）尋求協助，這些自由人以劫掠、狩獵和捕魚為生，住在草原的東南邊緣、波蘭與鄂圖曼帝國間的無人地帶。他們在第聶伯河中間的島上建造要塞（Sich），距離今日的第聶伯羅（Dnipro）不遠。戰時，有成千上萬的哥薩克人在波蘭軍隊擔任佣兵。在哥薩克人擔任步兵、波蘭貴族擔任騎兵時，波蘭軍隊少有敗績。十七世紀初，波蘭立陶宛聯邦是歐洲最大的國家，甚至曾經短暫占領莫斯科。這是一個貴族諸侯的共和國，每個貴族在議會中都有代表。當然，實際上有某些貴族比其他貴族更有勢力，而富有的烏克蘭貴族正是聯邦裡最重要的公民。哥薩克人也希望成為貴族，至少要在聯邦裡擁有固定、合法的權利，但這項希望並未得到允准。

一六四八年，這些緊張局勢引發反叛。波蘭立陶宛聯邦當時正準備與鄂圖曼帝國對抗。哥薩克人原本已經在準備攻擊鄂圖曼帝國，但他們找到一位領導者博赫丹・赫梅利尼茨基（Bohdan Khmelnyts'kyi），說服哥薩克人，起身反抗當地的波蘭地主。赫梅利尼茨基知道自己需要盟友，於是以當地的烏克蘭基督徒作為奴隸，招募韃靼人協助。而當他遭到韃靼人遺棄，需要新的盟友時，莫斯科是他唯一能找到的對象。兩者的聯盟絕沒有什麼命中注定這種事。哥薩克人和莫斯科人都認為是自己承繼羅斯部族，但雙方並沒有共同的語言，溝通還需要翻譯。雖然身為反叛者，但赫梅利尼茨基承繼文藝復興、宗教改革和反宗教改革，使用的語言是烏克蘭語、波蘭語和拉丁語（但沒有俄語）。哥薩克人很熟悉簽約之後雙方都應該遵守，但以為只是暫時的安排，在莫斯科人看來，卻是要他們永遠臣服於沙皇的麾下。一六五四年，莫斯科入侵波蘭立陶宛聯邦。一六六七年，現今烏克蘭的土地沿著第聶伯河分成兩塊，哥薩克所在的一方落入莫斯科手中。基輔的地位起初還在未定之數，但最後也被割讓給莫斯科。

莫斯科長期以來放眼亞洲，現在開始轉向西方。基輔這個城市當時已經存在大約八百年，從未與莫斯科有任何政治關係。基輔作為一個歐洲大都市，曾經歷中世紀、文藝復興和巴洛克、宗教改革和反宗教改革，在加入莫斯科之後，基輔的學院立刻成為該國最重要的高等學府，而這個國家在一七二一年後就稱為俄羅斯帝國。在基輔受過教育的人，先是成為莫斯科的專業階級，接著也成為聖彼得堡的專業階級。至於哥薩克人，則同化為俄羅斯帝國的軍事部隊。凱薩琳女皇（Empress Catherine）就曾有過一位哥薩克情人，並派出哥薩克人征服克里米亞半島。十八世紀末，在普魯士和哈布斯堡王朝的幫助下，俄羅斯帝國將波蘭立陶宛聯邦予以瓜分。如此一來，幾乎所有古代羅斯部族的領土都落入新俄羅斯帝國手中。

十九世紀，俄羅斯的帝國統合引起烏克蘭的愛國反應。位於哈爾科夫（Kharkiv）的俄羅斯帝國大學，是第一個抱著幻想，將當地農民及其文化理想化的中心。到了十九世紀中葉，一些古代貴族家族的成員開始認同的是說著烏克蘭語的農民，而不是俄羅斯或波蘭的強權人士。一開始，俄羅斯統治者還認為這只是這些人對「南俄」或「小俄羅斯」文化有興趣，值得讚揚。但等到俄羅斯輸了一八五三年至一八五六年的克里米亞戰爭，波蘭也在一八六三年至一八六四年起義，俄羅斯帝國當局將烏克蘭文化定義為政治上的威脅，並禁止以烏克蘭語出版刊物。原本立陶宛大公國的法令（以及其中對古代羅斯部族法律的呼應）失去力量。基輔傳統上作為東正教核心的地位，也由莫斯科接手。烏克蘭東方禮教會（Uniate Church）成立於一五九六年，遵循東方的禮教儀式，但接受西方的階級，此時也遭到廢止。

唯一一塊屬於羅斯部族，但未被俄羅斯帝國納入的土地，則是加利西亞（Galicia）。當波蘭立陶宛聯邦在十八世紀末遭到瓜分而消失時，最後是由哈布斯堡王朝占領這些領土。作為哈布斯堡王朝轄地，加利西亞仍能保留羅斯部族文明的某些特徵，例如東方禮教會。哈布斯堡王朝將其改名為「希臘天主教」，並在維也納培訓其神父。這些人的兒孫未來將成為烏克蘭的民族運動者、報紙主編，以及國會議員候選人。在俄羅斯帝國限縮烏克蘭文化時，烏克蘭作家和社運人士便移居加利西亞。一八六七年以後，哈布斯堡王朝採取君主立憲、有新聞自由，於是這些政治移民仍能享有繼續從事烏克蘭相關工作的自由。奧地利有民主選舉，因此政黨政治也成為整個君主國的國家政治。在逃出俄羅斯帝國的難民看來，烏克蘭的政治和歷史是為了要延續文化和語言，而不是為了什麼帝國的權力。至於就農民本身而言，這些說烏克蘭語的大部分人口，主要關心的仍是擁有自己的土地。

一九一七年十一月十月革命後，烏克蘭政府宣布獨立。然而不同於其他東歐民族，烏克蘭人無法成立國家。在第一次世界大戰獲勝的各個大國，並未認可烏克蘭的主張。基輔在各個軍隊之間多次易手，包括俄國的紅軍、白軍、烏克蘭軍及波蘭軍隊。走投無路的烏克蘭當局與新獨立的波蘭結盟，兩軍於一九二〇年五月攜手攻下基輔。等到紅軍反擊，烏克蘭軍也一直與波蘭軍並肩作戰，一路打回華沙。然而，等到波蘭和布爾什維克俄羅斯於一九二一年在里加（Riga）簽署和平條約，烏克蘭社運人士眼見該歸給烏克蘭的土地卻遭到瓜分：幾乎所有原屬於俄羅斯帝國的土地都落入新興的蘇聯手中，而加利西亞和同樣位於西部的沃里尼亞（Volhynia）則落入波蘭手上。這絕非例外，而是再典型不過，烏克蘭民族國家只能維持幾個月，而在它西方的鄰國卻能維持好幾年，但是從中學到的教訓都相同，而且從烏克蘭的例子就能得到最好的結論：要成立民族國家本來就很困難，而且很多時候就是難以維繫。

烏克蘭的歷史讓我們注意到現代歐洲歷史的一項核心問題：在帝國之後，要由什麼來接手？根據明智國家的寓言，歐洲民族國家從戰爭學到一課，而且開始統合。這個神話如果要說得通，就必須為民族國家想像出各種實際上並不存在的時期。至於在歐洲二十世紀中葉，有些重要事件不能提起：歐洲人曾經試圖在歐洲內建立帝國。這裡的關鍵案例，就是德國在一九四一年試圖殖民烏克蘭，但慘遭失敗。以烏克蘭肥沃的黑土為中心，兩邊就是二十世紀的兩大歐洲新帝國計畫：先是蘇聯，再來是納粹。從這方面來說，烏克蘭的歷史也同樣再典型不過，因此絕不能拋棄這段歷史。在歐洲，從沒有其他土地吸引這麼多的殖民意圖。於是，這也點出相關的規則：歐洲歷史開啟殖民化和去殖民化。

在史達林看來，蘇聯計畫就是自我殖民化。蘇聯沒有海外領土，必須利用自己的腹地。因此，在一九二八年至一九三三年的第一個五年計畫期間，烏克蘭要向蘇聯中央計畫者提供豐富的農業。國家控制農業，使得蘇聯體制下的烏克蘭大約有三百萬到四百萬居民餓死。希特勒也看上烏克蘭的肥沃土地，認為這是德國變為世界大國的關鍵，他的戰爭目標就是要占領這片黑土。蘇聯烏克蘭自一九四一年開始被德國占領，超過三百萬居民遭到殺害，包括大約一百六十萬猶太人，遭德國及當地警察與民兵殘殺。除此之外，蘇聯烏克蘭也有大約超過三百萬人以紅軍的身分死於戰鬥之中。整體而言，由於在這同一片烏克蘭土地上的兩大殖民勢力對立，十年間共有約一千萬人在此遭到殺害。

等到一九四五年紅軍擊敗德意志國防軍，蘇聯烏克蘭的邊界向西拓展，包含從波蘭取得的領土，以及少部分由捷克斯洛伐克與羅馬尼亞取得的地區。一九五四年，克里米亞半島也不再屬於蘇聯中的俄羅斯蘇維埃聯邦社會主義共和國，而加入蘇聯烏克蘭。那是這兩個蘇聯共和國之間一系列邊界調整的最後一次。由於克里米亞半島和烏克蘭土地相連（而就俄羅斯來看，根本是一座島嶼），這次的調整是為了讓克里米亞半島連結烏克蘭的水電網路，而蘇聯領導者則趁機想說這代表烏克蘭和俄羅斯是命運一體。一九五四年正是哥薩克與莫斯科協議聯手共抗波蘭立陶宛聯邦的三百週年，而蘇聯工廠就生產印有三百年標誌的菸盒與睡袍。這可說是早期蘇聯迴圈政治的例子：塑造合法性時，靠的不是當前的成就或未來的承諾，而是靠著賣弄某些整數數字，重返懷舊的循環。

蘇聯烏克蘭是蘇聯人口第二多的共和國，僅次於蘇聯俄羅斯。在蘇聯烏克蘭西部地區

（第二次世界大戰前曾屬於波蘭），烏克蘭民族主義者十分抗拒遭蘇聯強行統治。在一九四〇年代末、一九五〇年代初的一系列流放驅逐中，數十萬烏克蘭民族主義者及家人被送到蘇聯古拉格集中營。舉例來說，在一九四七年十月的短短幾天內，就有七萬六千一百九十二名烏克蘭人在西部行動（Operation West）被運往古拉格。等到一九五三年史達林去世、赫魯雪夫繼任，大部分仍然存活的人得到釋放。在一九六〇年代和一九七〇年代，烏克蘭共產黨員加入俄羅斯同志，共同治理全球最大的國家。在冷戰期間，烏克蘭東南部是蘇聯的軍事中心。第聶伯羅彼得羅夫斯克（Dnipropetrovsk）是蘇聯的火箭基地，距離哥薩克人曾經建立要塞的位置並不遠。

雖然蘇聯當時的政策對烏克蘭人來說十分致命，但蘇聯領導者並未否認烏克蘭是一個民族。他們認為，可以先讓各個民族在蘇聯統治下充分發揮潛力，等到共產主義真正實現，再讓民族解散。在蘇聯的最初幾十年，不論是從約瑟夫．羅斯（Joseph Roth）的新聞報導，或是從國際聯盟（League of Nations）的統計數據看來，烏克蘭這個民族的存在都是無庸置疑的。一九三二年至一九三三年的飢荒也是一場對烏克蘭民族的戰爭，破壞村莊的社會凝聚力，時機也正逢烏克蘭民族主義分子遭到血腥清洗。然而還是有一種隱約的想法，認定烏克蘭民族必將走向社會主義的未來。一直要到一九七〇年代，在布里茲涅夫統治下，蘇聯政策才正式放下這份偽裝。布里茲涅夫以「祖國領土之戰」這套神話為名，將俄羅斯人和烏克蘭人合併在一起，作為對抗法西斯主義的士兵。布里茲涅夫為了「真正存在的社會主義」而放棄烏托邦，也就暗示著那些非俄羅斯民族的階級已經結束。布里茲涅夫呼籲，應該讓俄語成為所有蘇聯精英溝通時的語言，而烏克蘭也該由他派人治理。中小學先遭到俄羅斯化，接著大學也步上後塵。一九七〇年代，烏克蘭人如果想為烏克蘭文化發聲抗議、反抗蘇聯政權，就得冒著被關進監牢與精神病院的風險。

確實，有為數眾多的烏克蘭共產黨員是真心誠意加入蘇聯計畫，協助俄羅斯共產黨員統治蘇聯的亞洲地區。在一九八五年後，戈巴契夫希望繞過共產黨體制，就讓這些人感覺遭到孤立，而戈巴契夫的開放（glasnost，公開討論）政策，則讓蘇聯公民得到鼓勵，想要說出各個民族的哀傷。一九八六年，戈巴契夫在車諾比（Chernobyl）核災後一直並未表態，讓他在許多烏克蘭人心中名譽掃地。當時，數百萬蘇聯烏克蘭的居民遭受不必要的高劑量輻射。而在致命的輻射雲還籠罩著上空時，戈巴契夫卻明確下令，要基輔在五一勞動節的遊行繼續舉行，這點令人難以原諒。一九八六年這種毫無意義的毒害事件，讓烏克蘭人開始想起一九三三年同樣不合理的大規模飢荒。

一九九一年夏天，那場針對戈巴契夫但失敗的政變，開啟葉爾欽從蘇聯手中接管俄羅斯的道路。而在烏克蘭，無論共產黨員或反對派，都同意烏克蘭應該效仿。於是在一次公投當中，蘇聯烏克蘭的居民有高達九二%（而且無論任何烏克蘭地區都有超過半數）投票贊成獨立。

正如新俄羅斯的情形，在一九九〇年代的新烏克蘭，值得注意的最大重點就是如何接管蘇聯的資產、如何執行聰明的套利計畫。烏克蘭和俄羅斯的不同之處，在於新的寡頭統治階級讓自己形成可長可久的部族，但每個部族都只統治這個國家幾年。而與俄羅斯的另一個不同之處，在於烏克蘭的統治權會透過民主選舉易手。在二〇〇八年世界金融危機之前，曾有幾年景氣相對較佳，但無論是俄羅斯或烏克蘭，都未能把握機會進行經濟改革。還有另一項與俄羅斯不同的地方，是烏克蘭認為歐盟體系是一種克服貪腐的方法，也認為是貪腐阻礙社會進步與更公平的財富分配。烏克蘭領導者一直在鼓吹應該加入歐盟，至少口頭上如此。例如在二〇一〇年上台的烏克蘭總統亞努科維奇，就提出歐洲未來的想法，但他的實際政策作為卻讓這樣的未來難以實現。

從亞努科維奇的政治生涯，就能看出烏克蘭寡頭多元主義與俄羅斯盜賊統治之間的區別。亞努科維奇在二〇〇四年第一次競選總統，當時他的贊助者是即將卸任的總統列奧尼德·庫契馬（Leonid Kuchma），還曾為他在最後票數上動手腳。至於當時俄羅斯的外交政策，也同樣支持這位候選人，並且宣布由他勝出。但經過人民在基輔獨立廣場抗議長達三週、烏克蘭最高法院做出裁決，加上新選舉出爐，亞努科維奇終於承認敗選。這是烏克蘭史上的重要時刻，確認以民主作為承繼接班原則。如果政治無論再高層都必須服從法治，人民就能抱持希望，覺得總有一天法治能夠落實到日常生活。

遭到挫敗之後，亞努科維奇聘請美國政治顧問曼納福特來改善自己的形象。雖然曼納福特在紐約的川普大廈有住處，但許多時間是待在烏克蘭。在曼納福特的指導下，亞努科維奇換了更好的髮型、穿上更好的西裝，說話的時候也開始有了手勢。曼納福特協助他為烏克蘭制定一套「南方策略」，很能令人想起曼納福特所屬的共和黨在美國用的那套：強調文化差異，讓政治的重點變成「是什麼」而非「做什麼」。在美國，則代表要強調白人的苦難（雖然白人根本就占大多數，而且幾乎擁有所有的財富）；在烏克蘭，這代表要強調說俄語的人的苦難（雖然俄語是烏克蘭政治和經濟領域的主要語言，也是控制該國資源的最重要語言）。正如曼納福特的下一位客戶川普，亞努科維奇之所以能出頭，靠的是一場強調文化苦難的運動，而且也夾雜著一種希望，希望某位寡頭統治者能夠保護人民免受寡頭政治的侵害。

贏得二〇一〇年總統大選後，亞努科維奇把重點放在聚斂個人財富。他的作法似乎是以俄羅斯為師，培養一群永恆的盜賊統治精英，不再允許各個寡頭統治部族互相換手。他的牙醫兒子成為烏克蘭最富有的人之一。亞努科維奇破壞烏克蘭政府各個部門間的制衡機制，例如有一位弄丟他犯罪紀錄的法官，後來卻成為烏克蘭最高法院的首席大法官。而且亞努科維奇還試著以俄羅斯的風格來執行民主，他在總統大選有兩位主要對手，他讓其中一位鋃鐺入獄，再通過一項法律，取消另一位競選總統的資格。於是，最後他競選連任時，只需要面對一位經過精挑細選的民族主義對手。亞努科維奇肯定能夠勝出，而他在那之後也能向歐美聲稱，是自己從民族主義當中拯救烏克蘭。

作為一個新國家，烏克蘭問題叢生，最明顯的就是貪腐問題。如果能簽署歐盟聯盟協定（亞努科維奇也曾承諾簽署），就能成為在烏克蘭境內推動法治的工具。歐盟的歷史功能，正是要在帝國之後拯救這個歐洲國家。雖然亞努科維奇可能沒有看清這一點，但許多烏克蘭公民都發現了。對他們來說，唯一能夠忍受亞努科維奇政權的原因，就在於可能簽署聯盟協定。因此等到二〇一三年十一月二十一日，亞努科維奇突然宣布烏克蘭將不簽署聯盟協定時，人民就不再能夠容忍他的政權。但亞努科維奇在做出這個決定之前，曾和普丁談過。對多數烏克蘭人來說，都未曾注意到俄羅斯的迴圈政治，但此時它突然就來到家門口。

讓民眾發現寡頭統治與不平等現象的是一群調查記者，他們正是當代的編年史家，首先對迴圈政治做出回應。在二十一世紀寡頭統治的烏克蘭，是記者讓他們的同胞有了自衛的機會。穆斯塔法・納耶姆（Mustafa Nayyem）正是其中一位調查記者，他在十一月二十一日覺得受夠了，在自己的臉書（Facebvok）頁面呼籲好友出門抗議。他寫道：「光按讚沒有用。」人民就是得把自己的身體帶到街頭。他們也這麼做了：一開始是學生和年輕人，成千上萬，來來自基輔和全國各地；一旦未來遭到凍結，他們就是失去最多的人。

他們來到獨立廣場，不再離開。而在這個過程中，他們創造一項新事物：一個民族。

無論烏克蘭政治制度有多少缺陷，在一九九一年後，烏克蘭人都覺得應該無須使用暴力就能解決政治上的爭端。若有例外，例如高人氣的調查記者格奧爾基・貢加澤（Georgiy Gongadze）在二〇〇〇年遭到謀殺，則會引發抗議活動。烏克蘭在二十世紀見證的暴力事件不在任何其他國家之下，但在二十一世紀民間能如此和平，是一項值得自豪的成就。烏克蘭與俄羅斯不同的地方，除了能夠定期選舉、沒有戰爭，也包括有和平集會的權利。因此在十一月三十日鎮暴警察攻擊位於獨立廣場的抗議人士時，人民大為震驚。「我們的孩子」遭到毆打的消息傳遍基輔，在流下「第一滴血」之後，人民開始行動。

烏克蘭公民出於對暴力的不滿，來到基輔幫助學生。其中有一位謝爾蓋・尼霍揚（Sergei Nihoyan），是一位講著俄語的亞美尼亞人，來自烏克蘭東南部的頓巴次（Donbas）地區。這位工人表達自己對「學生、烏克蘭公民」的支持。這些人都是下意識希望保護未來，對學生來說，是因為他們害怕失去歐洲；而對其他人來說，是因為他們害怕失去這些由獨立的烏克蘭所培養的下一代。也有一些老一輩人士來到獨立廣場保護學生，其中就有「阿富汗人」，是在紅軍入侵阿富汗後留下的老兵。二〇一三年十二月的抗議示威活動，與其說是為了歐洲，不如說是為了維護烏克蘭政治的正確形式，是為了「正派」或「尊嚴」。

二〇一三年十二月十日，鎮暴警察第二次出動，驅趕獨立廣場上的示威民眾。消息再次傳出，這次是基輔不分各行各業的民眾，決定用自己的身體阻擋警棍。一位年輕的女商人回憶道，自己的朋友「刮了鬍子、穿上乾淨的衣服，做好在當晚喪命的準備。」一位中年文學史家也挺身犯險，同伴有一對老夫妻、一位出版商和一位醫生，她說：「我的朋友有一位是超過六十歲的病人，而他的太太年齡也相近，站在他們旁邊，我算是相當年輕、強壯而健康（我是一個五十三歲的女人，到了這個年紀，當然很難想像該怎樣用體力打敗有武裝的男性）。我的兩位朋友都是猶太人，而我是波蘭公民，但我們攜手同行，都是愛烏克蘭的人，我們都相信，如果這些示威抗議活動現在遭到鎮壓平息，我們的生命也將失去價值。我們確實到了獨立廣場，過程不能說沒有凶險。我的朋友莉娜是醫生，她是全世界最溫柔的人，身高只有一百五十公分；我得讓她跟鎮暴警察保持距離，因為我知道她會直言不諱地告訴那些警察，她對他們和這整個情形的看法。」十二月十日，鎮暴警察無法驅離民眾。

二〇一四年一月十六日，亞努科維奇溯及既往，一方面判定抗議違法，一方面也將自己使用武力合法化。官方國會紀錄有著被抗議者稱為「獨裁法」的一系列立法。這些措施嚴重限縮言論自由與集會自由，禁止根本未明確定義的「極端主義」，並要求非政府組織若取得外國資金，必須登記為「外國代理人」。引進這些法條的是一群與俄羅斯有聯繫的議員，而且就是取材自俄羅斯的法律。過程中，沒有公聽會、沒有國會辯論，甚至沒有實際投票：用的是舉手表決而非電子投票表決，而且舉起的手其實不到半數。但不論如何，這些法條都列入法典。示威抗議者瞭解到，如果被捕，將被視為罪犯。

六天後，兩名抗議者遭到槍殺。這兩起死亡案件，在美國或俄羅斯這兩個遠遠更為暴力的社會看來，或許很難理解在烏克蘭人心中有多大的重量。四週後，狙擊手又展開大規模屠殺，也就讓這兩起死亡個案變得小巫見大巫。而在五週後，俄羅斯入侵烏克蘭，造成更多的流血事件，幾乎已經讓人無法再想起這些殺戮究竟是怎麼開始。但對於真正身處其中的社會而言，仍然會記得是在某些特定的時刻，犯下那些打破正派的行為。在一月的最後一週，開始有許多過去未曾支持獨立廣場抗議活動的烏克蘭公民，從全國各地大批前來。亞努科維奇手上似乎已經沾染血跡，讓許多烏克蘭人無法再接受未來由他繼續統治。

對抗議者來說，他們在這一刻體驗到自己政治社會的扭曲。這場抗議示威活動原本是為了捍衛成為歐洲的未來，但現在已經成為要保護少數烏克蘭現今的成果。而到了二月分，獨立廣場已經成為抵抗歐亞一體主義的絕望堡壘。在那之前，很少有烏克蘭人思考過俄羅斯的迴圈政治。但抗議民眾並不喜歡眼前看到的情形：各種可能性煙消雲散，而由暴力導向一個沒有未來的生活。

二月初，亞努科維奇仍是總統，而華盛頓和莫斯科對他該如何繼續掌權各有想法。有一通電話，顯然是由俄羅斯特勤局盜錄，並於二月四日洩露內容，是美國助理國務卿和美國駐基輔大使之間的通話，內容指出美國的政策支持亞努科維奇成立新的政府。這項提議並不符合獨立廣場民眾的要求，甚至可說是完全搞不清楚狀況。至少對於那些在二〇一四年一月二十二日的兩起殺戮事件後，還選擇冒著生命危險待在獨立廣場的人來說，亞努科維奇的執政已經畫下句點。一項調查顯示，只有一%的抗議者願意接受讓亞努科維奇繼續執政。二月十八日，國會開始討論，希望找出妥協方案。但在隔天就發生血腥衝突，亞努科維奇政權也更無延續的可能。

從二〇一三年十一月至二〇一四年二月，獨立廣場有超過一百萬人獻身在那冰冷的石板地上，這段歷史與那些失敗的鎮壓企圖歷史，絕無法相提並論。在過去，烏克蘭境內的示威者難以想像會發生流血事件；只有在流血事件後，才讓美國和歐洲注意到這個國家；而流血事件也成為莫斯科的藉口，派出俄羅斯軍隊，造成更多流血事件。於是，有一股強大的誘惑，要恢復烏克蘭過去在外界看來的形象，敘事的軌跡就跟隨著子彈的軌跡。

對於那些前往獨立廣場的人來說，示威抗議是為了捍衛那些他們認為仍然可能的事物：自己國家的美好未來。他們之所以在意暴力，是因為那代表他們難以容忍的事物。暴力總是短暫爆發，可能只有幾個片刻或是維持數小時。然而，民眾來到獨立廣場的時間不是只有幾個片刻或數小時，而是幾天、幾週、幾個月，他們的堅忍剛毅可以看出一種新的時間感、新的政治形式。那些人之所以能在獨立廣場留這麼久，唯一的理由就是找到新的組織方式。

◇

獨立廣場的事件帶來四種政治形式：公民社會、禮物經濟、志願福利國家，以及獨立廣場友誼。

基輔是一個雙語首都，這在歐洲並不常見，而在俄國與美國更是難以想像。對歐洲、俄國與美國人來說，很少認為日常使用雙語是政治成熟的表現，而會想像烏克蘭既然會說兩種語言，必定是分成兩群、分成兩半，「烏克蘭裔」和「俄羅斯裔」的行為各有不同。而這就好像在說「美裔美國人」就該投票給共和黨一樣，比較像是摘要呈現某種政治，這種政治以種族來為人定義，讓人感受到的是永恆的哀苦，而不是未來的政治。在烏克蘭，語言是一種光譜，而不是一條一分為二的線。就算是一條線，也是在人的心中、體內穿梭來去，而不是將人群之間畫出區分。

在獨立廣場上的烏克蘭公民，他們口語用的語言就像日常生活的作為一樣，會視需要切換烏克蘭語與俄語。這場革命的起點是一名記者，他會用俄語指示其他人鏡頭擺放的位置，接著在鏡頭前用烏克蘭語發言。他著名的臉書發文（「光按讚沒有用」）用的是俄文。在獨立廣場上，使用哪種語言並不是什麼重要的問題。正如抗議者艾文・蘇仁科（Ivan Surenko）記得的，他以俄文寫道：「獨立廣場的群眾對語言問題很寬容。我從來沒聽到有人爭議這件事。」在一項調查中，獨立廣場的群眾有五九%認為自己的母語是烏克蘭語、一六%認為自己的母語是俄語，以及二五%則認為兩者都是自己的母語。這些人會依據情境的需求，切換不同語言。在獨立廣場設立的舞台上，發言的民眾講的是烏克蘭語，因為那是政治的語言。但接著，等到這位發言民眾回到人群中，可能就是以俄語和朋友交談，這正是一個新政治民族的日常。

這個民族的政治重點在於法治：首先希望與歐盟簽署聯盟協定之後可以減少貪腐，接著希望避免法治在國家暴力浪潮下徹底消失。在調查中，抗議者多半表示「捍衛法治」是他們主要的目標。這裡的政治理論很簡單：國家需要公民社會引導它走向歐洲，也需要歐洲引導它遠離貪腐。而等到暴力開始，這種政治理論就會以更詩意的形式表現出來。哲學家莫洛狄米爾・雅莫蘭柯（Volodymyr Yermolenko）寫道：「歐洲也是隧道盡頭的一盞燈。你什麼時候才需要這樣的燈？當周遭都一片漆黑的時候。」

與此同時，公民社會就是處在一片黑暗當中。烏克蘭人的應對方式，是開始成立各種無關政黨的橫向網絡，正如抗議者伊霍・比洪（Ihor Bihun）所說：「沒有固定的成員資格，也沒有階級高低。」從二〇一三年十二月到二〇一四年二月，獨立廣場的政治及社會運動都只是由各種臨時的組織領導，完全出於個人的意願及技能。這裡的基本概念認為自由也是一種責任，因此廣場上的活動組織包括有教育組織（圖書館與學校）、安全組織（自衛隊〔Samoobrona〕）、外交事務組織（獨立廣場理事會）、暴力受害者援助與尋找失蹤親人組織（Euromaidan SOS）和反宣傳組織（InfoResist）。抗議者安德烈・邦達（Andrij Bondar）回憶道，自我組織等於是挑戰烏克蘭這個功能失靈的國家：「獨立廣場上出現一個烏克蘭公民社會，具備令人難以置信的自我組織及團結，發展一片蓬勃。一方面看來，這個社會的內部是分化的：意識形態、語言、文化、宗教和階級都有不同；但另一方面，有某些基本的情感因素把大家聯合起來。我們不需要你的許可！我們也不打算向你要什麼！我們不怕你！一切就由我們自己來。」

獨立廣場的經濟是一種「禮物經濟」。如娜塔利亞・史特瑪赫（Natalya Stelmakh）的記憶，一開始幾天，基輔人民展現無比的慷慨：「短短兩天，其他志願者和我從基輔一般民眾手中收到的烏克蘭幣，已經高達相當於四萬美元。」她還記得，有一位老人家堅持把自己每月領的養老金支票捐出半數，她試著婉拒，但未能成功。除了現金捐贈外，民眾還提供食物、衣服、木材、藥物、有刺鐵絲網和頭盔。如果在當時到訪，會很驚訝地發現在表面的混亂當中其實有著深刻的秩序，乍看之下是無比的熱情好客，但骨子裡則是完全出於自發的福利國家。波蘭政治活動人士斯瓦沃米爾・謝拉科夫斯基（Slawomir Sierakowski）感到印象深刻：「走過獨立廣場，會有人提供你食物、衣服、睡覺的地方，以及醫療服務。」

二〇一四年初，在高達數十萬人的示威抗議者中，絕大多數（八八%）是來自基輔以外。只有三%的人是政黨代表，只有一三%是非政府組織成員。根據當時的調查，幾乎所有的示威者（大約八六%）都是自行決定參加，以個人、家庭或是一群朋友的形式到場。他們參與的是藝術策展人瓦西爾・契瑞潘（Vasyl Cherepanyn）所謂的「肉身政治」（corporeal politics）：不再只是緊盯著螢幕，而是讓自己身處於其他人之中。

像這樣在日益增加的風險中耐心抗議著，產生「獨立廣場朋友」（Maidan friend）這種概念，指的是因為同甘共苦而讓你產生信任的人。歷史學家雅羅斯拉夫・赫爾扎克（Yaroslav Hrytsak）就談到一種結交新朋友的方式：「在獨立廣場上，你就像是一個像素，而像素總是要成群結隊才能有作用。群體多半是自發組成：你或你的朋友碰到某個你或你的朋友認識的人；而你遇到的那個人也不會只有自己一個人，他或她身邊也會有他或她的朋友。於是，你們就開始走在一起。有一天晚上，和我同行的是一群貌似八竿子打不著的『佣兵』：我的哲學家朋友，以及一位我認識的商人。他身邊還有一個眼神哀傷、身材瘦小的男人，看起來像悲傷的小丑，而我後來才知道他還真是專業的小丑，組織一個慈善組織，服務癌症病童。」

烏克蘭的公民以個人身分來到獨立廣場，加入各種新的機構組織。一方面實踐著肉身政治，一方面也是讓自己身陷險境。正如哲學家雅莫蘭柯所言：「我們面對的這項革命，是人們把自己當作禮物。」人們常常把這視為一種個人的轉變，是一種非比尋常的選擇。赫爾扎克和其他人回憶法國哲學家阿貝爾・卡繆（Albert Camus），想起卡繆所言，反抗就是選擇寧死不從的那個時刻。獨立廣場的海報上，引用美國國父班傑明・富蘭克林（Benjamin Franklin）在一七五五年的一封信：「若為了一時的安全，就放棄最基本的自由，這種人既不配得到自由，也不配得到安全。」

有一群烏克蘭律師就這樣日復一日在獨立廣場上待命，有個標示寫著「獨立廣場律師」。如果民眾遭到國家的毆打或其他虐待，就能向他們提報不當行為，開始訴訟程序。俄羅斯政治哲學一直有一項問題，連伊林也無法解決，就是「怎樣才能在專制中製造出法律精神？」；而獨立廣場上的律師或其他人，雖然並非刻意，但靠著他們這種代表法治看法的行動，就為這項問題找出解答。

一百年前，在俄羅斯帝國日薄西山的歲月裡，伊林曾希望有個法治的俄羅斯，卻無法想出這種精神要怎樣傳達給人民。他在十月革命之後妥協，認定極左翼的目無法紀只能以極右翼的目無法紀來應對。而在普丁將伊林的法律概念應用於俄羅斯的那一刻，烏克蘭人正在證明確實能夠抵抗這種專制的捷徑，烏克蘭人展現他們深愛法治的方式，就是與他人共同合作，並且願意身陷風險。

如果烏克蘭人可以透過歐洲與團結，來解決伊林所困惑的法治問題，俄羅斯人不也可以嗎？這正是俄羅斯領導者絕不允許公民發現的想法。於是，在莫斯科示威抗議兩年後，俄羅斯領導者對基輔採用相同的策略：先將示威同性戀化，引發一種文明永恆迴圈的感覺，再訴諸暴力，讓人覺得不可能有所改變。

二〇一一年底，俄羅斯人正抗議著選舉舞弊造假的問題，但他們的領導者卻硬把示威抗議的人與同性戀扯上關係。二〇一三年底，碰上烏克蘭獨立廣場的問題，克里姆林宮那票人也採取同樣的行動。俄羅斯聯邦經過兩年的反同性戀宣傳，那些理論家和表演者都已經熟門熟路，一開始就說歐盟是同性戀，所以烏克蘭想加入歐盟的運動自然也肯定是同性戀的運動，伊茲博斯克俱樂部聲稱，歐盟「在LGBT遊說團體的征服下呻吟」。

二〇一三年十一月和十二月，俄羅斯媒體報導獨立廣場事件時，總是穿插各種無關的同性戀主題。例如報導抗議的烏克蘭學生支持聯盟協定時，就將烏克蘭的政治、俊帥的男性、同性戀三者結合在一起，吸引閱聽者的目光。維塔利·克里欽科（Vitali Klitschko）是一位重量級拳擊手，也是一個烏克蘭政黨黨魁，而他的社群媒體頁面遭到駭客入侵，加入同性戀內容。接著，NTV這個有數百萬俄羅斯人收視的大電視台，就將這件事製作成新聞報導。俄羅斯人所看到的內容，並不是讓他們瞭解鄰國正上演著一場支持加入歐盟的抗議活動，而是要讓他們看到禁忌的性。

在學生開始在獨立廣場上示威抗議之後，俄羅斯電視頻道NTV開始警告烏克蘭出現「同性戀獨裁」。維克多・舍斯塔科夫（Viktor Shestakov）在《祖國》（*Odna Rodina*）中寫道：「有一個幽靈正占據著獨立廣場，就是同性戀的幽靈。我們早就知道一個事實：在烏克蘭最早也最熱心推動統合的那些人，就是當地的性變態。」

俄羅斯電視界名人狄米崔・基謝列夫（Dmitry Kiselev）在這個主題火上加油。二〇一三年十二月，他獲任命為今日俄羅斯（Rossiia Segodnia）這個新媒體集團的總編，該集團致力於瓦解俄羅斯國家媒體對新聞的追求，而轉向另一種新的追求：有用的虛構故事。他歡迎新員工時，致詞提到「客觀是一種迷思」，並將新的編輯準則訂為「對俄羅斯的愛」。

二〇一三年十二月一日，全球新聞界關注報導的是前一天晚上烏克蘭鎮暴警察毆打學生。烏克蘭學生蜷縮聚集在教堂裡治療傷口，但基謝列夫卻設法把這些抗議活動牽扯上與性有關的地緣政治。該晚在政論節目《本週新聞》（*Vesti Nedeli*）上，基謝列夫向觀眾重提十八世紀早期的大北方戰爭（Great Northern War），並將歐盟描述成一個對抗俄羅斯的新聯盟，說這些來自瑞典、波蘭和立陶宛的敵人，這次都是為了性變態而戰的戰士。事實上，波蘭與立陶宛在大北方戰爭其實並非俄羅斯的敵人。對迴圈政治來說，扭曲自己的歷史至關重要。

在另一集節目中，基謝列夫表示自己十分欣慰，發現克里欽科於十年前曾在一本雜誌上有一張裸照。但在現場，隨著鏡頭拉近，卻看到基謝列夫撫摸著烏克蘭警察的黑色鎮暴裝備。與此同時，《今日報》（*Segodnia*）得意洋洋地刊出一張照片，刻意讓克里欽科與一位同性戀烏克蘭作家同框。在烏克蘭這邊看來，他們兩位就是記者會上的兩位社運人士；但在俄羅斯媒體看來，這裡的重點是其中一位的性取向，以及另外一位的男性魅力。

在俄羅斯政治人物的詮釋下，歐洲統合的重點就是同性伴侶關係合法化（而這根本就不是烏克蘭與歐盟聯盟協定的一部分），因此也就代表同性戀的擴張。在德國外交部長於十二月四日訪問基輔時，《共青團真理報》（*Komsomol'skaia Pravda*）就將這次會議定題為「獨立廣場大火的同性戀柴薪」。

雖然普丁在二〇一一年與二〇一二年鎮壓自家的示威抗議，但他希望讓政治成為一種純真無辜，而不是什麼行動。他希望讓俄羅斯人不要過問過去的經歷能夠如何影響現在的改革者、開創未來的可能性，而是要適應接受新聞就是這樣循環發生，並從中相信自己純真無辜。這樣看來，俄羅斯文明的一項永恆真實就是性慾焦慮。若是如伊林所言，俄羅斯就像一個處子之身，受到世界無知的惡意威脅，俄羅斯使用的暴力就是一種要反抗滲透的正當防衛。無論對普丁或伊林來說，烏克蘭都是這個民族身體的一部分。想讓歐亞一體成形，烏克蘭的國內政治就必須變得更像是俄羅斯的國內政治。

亞努科維奇於二〇一三年十一月宣布將不會簽署歐盟聯盟協定時，俄羅斯政府一片歡欣，將此視為勝利。然而，亞努科維奇也並未同意加入歐亞一體，否則將令烏克蘭人更為光火。二〇一三年十二月和二〇一四年一月，克里姆林宮曾試著協助亞努科維奇鎮壓示威抗議，希望協助他完成從歐盟走向歐亞一體的程序。亞努科維奇則聲稱，既然歐洲和俄羅斯都想要烏克蘭，雙方都該向他提出價碼。雖然歐盟拒絕，但普丁早就準備好要出價。

二〇一三年十二月十七日，普丁向亞努科維奇出價一百五十億美元購買債券，並調降天然氣的價格。這項援助似乎有附帶條件：基輔必須清除街上的示威抗議者。到此時，烏克蘭鎮暴警察已經在十一月三十日與十二月十日兩次失敗，也試過綁架那些他們認定是領導者的示威人士，並加以毆打。但這些都未能發揮作用，於是俄羅斯前來協助。俄羅斯一行二十七人來到基輔，包括鎮壓抗議的專家、聯邦安全局人員，以及來自內政部的教練人員。二〇一四年一月九日，俄羅斯駐烏克蘭大使告知亞努科維奇，在即將發動的獨立廣場鎮壓行動後，烏克蘭鎮暴警察將會取得俄羅斯國籍。這項保證十分重要，代表這些警察不需要擔心自己的行為會有何後果，就算抗議人士最後獲勝，這些警察仍能安全脫身。

莫斯科顯然已經在二〇一四年一月有所算計，發現只要加大暴力行為，就能擊垮抗議活動，並將亞努科維奇變成傀儡。但俄羅斯遺漏的一項因素，在於烏克蘭公民是出於愛國心而來到獨立廣場。於是，在亞努科維奇於二〇一四年一月十六日提出俄羅斯式的獨裁法律時，已經預示將發生大規模暴力事件。俄羅斯式的法律，在烏克蘭未能發揮在俄羅斯那樣的功效。在烏克蘭抗議看來，這些法律就是外國的侵略物。一月二十二日兩名示威者遭槍殺後，獨立廣場成長到前所未見的規模。莫斯科想從遠端控制反革命的意圖失敗了，光是靠著協助亞努科維奇鎮壓反對派，無法將烏克蘭逼入歐亞一體。於是，戰略轉變的時候到了。到了二〇一四年二月初，莫斯科似乎已經不再試圖操控亞努科維奇，把烏克蘭逼進歐亞一體，而是要在全烏克蘭掀起混亂，並犧牲亞努科維奇。

在這項新政策裡，一位重要角色就是伊戈爾・葛金（Igor Girkin）；他是俄羅斯情報單位格魯烏（GRU）的上校，受俄羅斯富豪康斯坦丁・馬洛費耶夫（Konstantin Malofeev）所僱。馬洛費耶夫在俄羅斯有「東正教的寡頭統治者」之稱，是一位反雞姦運動分子、十分敢言的俄羅斯帝國主義者。在他看來，「烏克蘭是俄羅斯的一部分。我無法將烏克蘭人視為非俄羅斯人。」烏克蘭必須由俄羅斯從歐洲手中拯救出來，否則烏克蘭公民「將被逼得將雞姦行為作為傳統烏克蘭社會的規範而傳播。」而這就是沒有任何事實根據的謊言。馬洛費耶夫點出的是俄羅斯的政策方向：將歐洲視為文明的敵人、將同性戀視為戰爭、將烏克蘭視為戰場。

馬洛費耶夫所僱用的葛金，有著豐富的非常規戰爭經驗。他曾以俄羅斯志願軍的身分，站在塞爾維亞一方參與南斯拉夫戰爭，並在波士尼亞城鎮及聯合國所劃定的「安全區」中參與交火，而在這些地區就曾發生種族清洗和大規模強姦事件。此外，他也參加過俄羅斯在德涅斯特河沿岸和車臣的戰爭，並將這些經歷發表在媒體上，由法西斯主義者普羅哈諾夫編輯。從二〇一四年一月二十二日到二月四日，葛金待在基輔，接著似乎就向克里姆林宮建議應該入侵烏克蘭，讓烏克蘭分裂。

二〇一四年二月初，俄羅斯總統府內流傳一份備忘錄，顯然正是基於葛金的研究，其中預測俄羅斯政策將如何改變。備忘錄一開始的前提，就是「亞努科維奇政權完全破產，俄羅斯不應再提供任何外交、金融和宣傳支持。」俄羅斯在烏克蘭的利益，在於烏克蘭東南部的軍事工業複合體，以及對全國「天然氣運輸系統的控制」，而俄羅斯應以「烏克蘭國的解體」為主要目標。這裡提出的策略，是要以暴力同時打倒亞努科維奇和反對派，並入侵烏克蘭南部，破壞烏克蘭國家穩定。備忘錄提出三項宣傳策略，以掩護俄羅斯的干預手段：（一）要求烏克蘭以維護受壓迫的俄羅斯少數民族利益為名，將自身聯邦化；（二）將反對俄羅斯入侵的人斥為法西斯主義者；（三）將入侵行動定為由西方所引發的內戰。

在二〇一四年二月十三日的政策文件中，伊茲博斯克俱樂部重提克里姆林宮機密備忘錄的內容。獨立廣場的事件可能引發俄羅斯人有樣學樣，因此絕不可容忍；亞努科維奇已經沒戲唱了；因此俄羅斯應該入侵烏克蘭，奪取任何能奪取的東西。一如總統備忘錄的內容，伊茲博斯克俱樂部政策文件的指導概念，在於俄羅斯應該先占領一些烏克蘭領土，接著等烏克蘭崩潰。伊茲博斯克俱樂部還建議，俄羅斯電視頻道應該刻意捏造一種說法，表示「法西斯政變就在眼前」，好讓人認為插手烏克蘭事務全屬正當；而等到戰爭爆發，這也確實就是俄羅斯宣傳的主線。

在伊茲博斯克俱樂部宣傳這種大致概念的那一天，普丁的宣傳大師蘇爾科夫抵達烏克蘭南部的克里米亞省。隔天，蘇爾科夫從克里米亞飛往基輔。外交部長拉夫羅夫也選擇在當天（二〇一四年二月十四日）正式定調，表示俄羅斯文明就是純真無辜的處子之身，必須保護不受西方性變態的侵擾。拉夫羅夫在《商人報》（*Kommersant*）重申伊林的觀點，認為「社會是一個有生命的生物」，必須保護不受歐洲那套享樂主義「拒絕傳統價值的影響。」對於那些為了追求歐洲法治思想而奮力一搏，當時正在犧牲生命的烏克蘭人，拉夫羅夫把他們說成是一群在歐洲性慾政治下的犧牲者。而且就算當時俄羅斯軍隊正在動員入侵烏克蘭、推翻烏克蘭政府，拉夫羅夫也表示俄羅斯其實是受害者。根據拉夫羅夫的說法，真正的侵略者是那些國際上的同性戀遊說者，他們「用一種如傳教士般的堅持，在自己的國內與鄰國之間傳播宣傳」。蘇爾科夫在二月十五日離開基輔。二月十六日，實彈已經派發到烏克蘭鎮暴警察手中。二月十八日，烏克蘭國會討論在憲法上的妥協作法，國民則等待著。然而，在獨立廣場上的示威抗議者卻震驚發現，自己面對大規模而致命的暴力事件。

　　這時，歐盟終於開始行動。雖然烏克蘭的示威抗議活動從一開始就擁護歐盟，但無論是歐盟、歐盟會員國，或任何西方人士都並未提供有力的支持。在暴力開始之前，獨立廣場的情勢幾乎完全沒有引發歐洲輿論任何注意。政客對雙方發出聊表心意，而幾乎沒有差別的呼籲，要雙方避免暴力。要等到暴力事件開始，外交人員才開始表達官方的關注。在獨立廣場上，這些冒著生命危險的人發現自己孤立無援，那些外交辭令也迅速成為他們所嘲弄的對象。隨著暴力力度加劇，嘲弄也成了哀傷。在獨立廣場的烏克蘭抗議者，揮舞著想像中「俄羅斯合眾國」的旗幟，表達這些大國在他們看來都同樣地漠不關心或抱持敵意。

　　最重要的一項提案，來自一位歐洲外交官。二月二十日，波蘭外長拉多斯瓦夫・西科爾斯基（Radosław Sikorski）說服法國和德國外長一同前往基輔，與亞努科維奇會談。一名俄羅斯外交官也加入。經過整天漫長而艱困的談判，亞努科維奇同意在二〇一四年底提前離職。雖然這看來是成就一次非常了不起的外交協議，但在事情決定的當下卻為時已晚。俄羅斯當局已經認定亞努科維奇注定失敗，俄羅斯的入侵行動也已經展開。雖然俄國在四天後就入侵烏克蘭，徹底改變簽署這項協議的條件，但俄國還是根據協議內容指責其他國家違反協議。

烏克蘭抗議者有可能接受亞努科維奇繼續擔任總統的時機已經過去，如果曾有人懷疑他會不會在二月二十日早上辭職，當天結束時，這份懷疑已經煙消雲散。二月二十日，在基輔還有另一個俄羅斯代表團，由蘇爾科夫率領，成員包括聯邦安全局的一位將領謝爾蓋・貝塞達（Sergei Beseda）。這些俄羅斯人來到此處，並非為了談判。正如其他地方的狙擊手，隱身於獨立廣場周遭的狙擊手射殺大約一百人，其中多數為示威抗議群眾，也有少數是烏克蘭鎮暴警察。當時，並不清楚烏克蘭政府是否有人涉入這些槍擊事件、涉入程度又可能為何。

在這場大屠殺之後，無論是曾經支持他的國會議員，或是曾經保護他的警察，都拋棄了亞努科維奇。他逃離華麗顯眼的住居，留下大量文件，其中就有大量文件記錄著他曾付給曼納福特多筆大額現金；曼納福特在兩年後則成為川普的競選總幹事。

這場狙擊手大屠殺及亞努科維奇的逃亡，標示著俄國已從第一個歐亞一體計畫走向第二個計畫。俄羅斯領導者接受亞努科維奇已經無戲可唱。這場在莫斯科料想當中的血腥垮台帶來混亂，也就掩飾莫斯科的第二個策略：發動軍事干預，讓整個烏克蘭瓦解。從二月二十日狙擊手大屠殺，到二月二十四日俄羅斯入侵烏克蘭，這短短幾天內出現令人震驚但全非事實的報導，有的是關於烏克蘭在克里米亞的暴行，也有的是關於半島上有需要緊急援助的難民。俄羅斯軍情部門在網路上用假帳號來傳播這些虛構的故事。位於聖彼得堡的網軍公司網路研究社，努力混淆烏克蘭及國際的輿論。到此時，這已經成為俄羅斯外交政策的重要特色：發動真實戰爭的同時，還搭配著網路戰。

等到亞努科維奇出現在俄羅斯，俄羅斯對烏克蘭的入侵已經在進行中。一切從烏克蘭南部的克里米亞半島開始，俄國依據條約在該地擁有多座海軍基地，光是在港口城市塞瓦斯托波爾（Sevastopol），就有大約兩千名海軍陸戰隊。自二〇一三年十二月以來，俄羅斯聯邦不斷加派士兵到這些部隊。而在俄羅斯所派出的兩萬兩千名士兵中，就包括二七七七七、七三六一二、七四二六八和五四六〇七這幾支部隊。葛金曾在一月前往克里米亞，而在二月，則有朋友亞歷山大．博羅岱同行；博羅岱是一位歐亞一體主義者、古米列夫的崇拜者、普羅哈諾夫手下媒體的作家，也是馬洛費耶夫的公關負責人。

從二〇一四年二月二十四日開始，大約一萬名穿著制服但沒有識別標誌的俄羅斯特種部隊向北移動，橫跨克里米亞半島。在他們離開基地的那一刻，就已經構成非法入侵烏克蘭。烏克基輔當時連指揮鏈也尚未確定，消息傳來猝不及防，一心只想避免進一步的暴力事件。烏克蘭臨時政府下令，半島上的烏克蘭軍隊不要做出任何抵抗。等到二月二十六日晚間，俄軍已經占領辛菲洛普（Simferopol）的議會大樓，升起俄羅斯國旗。根據葛金的說法，同時正由他指揮攻下辛菲洛普機場。二月二十七日，普丁的歐亞一體顧問格拉濟耶夫致電克里米亞，安排成立新政府。一位名叫謝爾蓋·阿克肖諾夫（Sergei Aksionov）的地方俄羅斯幫派分子獲宣布成為克里米亞總理；博羅岱則是他的媒體顧問。二月二十八日，俄羅斯國會批准將烏克蘭領土納入俄羅斯聯邦。當天，美國總統表示他「對於俄羅斯聯邦在烏克蘭境內採取軍事行動的報告深感憂慮。」這是歐巴馬首次對這項危機發表公開聲明。

至於俄羅斯入侵的公然示威，是由夜狼騎士（Night Wolves）所提供，這是一個俄羅斯摩托車團夥，擔任普丁政權的準軍事暨宣傳部門。二月二十八日，也就是俄羅斯國會投票支持併吞的那天，夜狼騎士獲派前往克里米亞。這群摩托車騎士已經在克里米亞組織集會多年，在二〇一二年甚至曾有普丁親自共騎。（普丁不能騎雙輪摩托車，所以騎了一台三輪摩托車。）而在此時，夜狼騎士也成為俄羅斯選擇展現的面貌。在幾個月前，曾有一位夜狼騎士的成員談到他們的世界觀：「你必須學著在日常生活中看到聖戰。民主是一個已經墮落的國度，區分『左翼』和『右翼』就是搞分裂。在上帝的國度裡，只有上下之別，一切都是單一的整體。也因為這樣，俄羅斯的靈魂是聖潔的，可以團結一切，就像大家崇拜的聖像，史達林和上帝那樣。」用這短短幾句話，其實就闡述伊林的哲學、蘇爾科夫的地緣政治論，以及普丁的文明論。

夜狼騎士有一種簡單的辦法，在性慾焦慮與地緣政治兩者來回自由轉換。夜狼騎士作為一個男性限定，致力於黑色皮革的團夥，自然對同性戀態度強烈，認為那是來自歐美的一種攻擊。他們在一年後慶祝俄羅斯入侵時，最高領導者亞歷山大．扎爾多斯坦諾夫（Alexander Zaldostanov）還記得他們如何得意地繞行克里米亞：「那是第一次，我們展示出自己抵抗全球的撒旦主義、西歐不斷成長的野蠻、對消費主義的一心追求，而否定了各種靈性、對傳統價值的破壞，這一切的各種同性戀話語、這種美國民主。」如果按照扎爾多斯坦諾夫的說法，俄羅斯對烏克蘭宣戰的口號應該是「男同性戀都去死。」硬把民主與同性戀撒旦扯上關係，只是為了把法律與改革說成像是來自異邦、難以想像。

入侵烏克蘭後，俄羅斯領導者開始認定自己的鄰居並不算是一個主權國家，而這是一種帝國的語言。三月四日，普丁解釋，烏克蘭的問題在於民主選舉使權力發生變化。在他看來，這種有真實功能的選舉，只是來自美國的外來植入。他表示，烏克蘭的狀況就像是一九一七年十月革命期間的俄羅斯，而俄羅斯可以回到過去，糾正過去的錯誤。杜金在三月八日表示：「邏輯上來說，歷史上那個經歷二十三年的烏克蘭已經不復存在。」在那過去的二十三年間，俄羅斯的國際律師曾經極為小心地尊重著領土邊界與國家主權，但他們現在認為這些入侵和併吞完全合理，因為烏克蘭國已然消失（換句話說，也就是因為俄羅斯入侵造成的混亂）。在杜金看來，那場摧毀烏克蘭的戰爭，就是一場對歐盟的戰爭：「我們必須接管並摧毀歐洲。」

三月十六日，一些在克里米亞的烏克蘭公民參加一場俄羅斯占領者號稱為公投的選舉鬧劇。在投票之前，所有公共宣傳完全一面倒。海報上寫著，這是在俄羅斯和納粹主義之間的選擇。選民完全無法接觸國際或烏克蘭媒體。選票上只有兩個選項，而兩個選項都是肯定俄羅斯對克里米亞的併吞。第一個選項，是贊成俄羅斯併吞克里米亞；第二個選項，則是贊成恢復克里米亞當局的自治權，但這個當局才剛剛由俄羅斯扶植成立，而且已經提出由俄羅斯併吞自己的要求。根據俄羅斯總統府的內部資訊，投票率約為三〇％，而且兩種選項各有支持者。但根據官方公布的結果，投票率高達大約九〇％，而且幾乎所有選民都選擇那個最直接導致併吞的選項。在塞瓦斯托波爾（Sevastopol），官方投票率高達一二三％。雖然莫斯科確實邀請一些極右翼的歐洲政治人物為官方結果背書，但選舉過程並沒有合格的觀察員在場。國民陣線派出蕭普拉德前往克里米亞，而勒龐本人也為這項結果背書。在俄羅斯總統府內，大家被提醒要「感謝法國人」。

在莫斯科舉行的盛大儀式上，普丁接受他所謂克里米亞人民的「期望」，擴大俄羅斯聯邦的邊界。這項決定違反國際法的基本共識原則、違反《聯合國憲章》（United Nations Charter）、違反獨立的烏克蘭與獨立的俄國所簽署的所有條約，也違反許多俄羅斯向烏克蘭提出要保護其邊界的保證。其中一項便是一九九四年的《布達佩斯備忘錄》（Budapest Memorandum），當時烏克蘭同意放棄所有核武，而俄羅斯聯邦（以及英國和美國）則同意烏克蘭能維持其邊界。在這項可能是史上規模最大的核子裁軍行動中，烏克蘭交出大約一千三百枚洲際彈道飛彈。而像這樣入侵一個完全實現核子裁軍的國家，俄羅斯讓世界學到一項教訓：務必追求核武。

在三月和四月，俄羅斯媒體不斷宣傳著總統府和伊茲博斯克俱樂部在二月曾討論的主題。大家對於烏克蘭的「聯邦化」突然爆發一股熱情，認為既然克里米亞都能「自願」要求分離出來，基輔也該給予其他地區類似的自由。但俄羅斯外交部也很小心，指出「聯邦化」只是俄羅斯特別對烏克蘭國所提出，要分離烏克蘭國的方案，不是什麼能夠適用於俄羅斯本身的一般原則。三月十七日，俄羅斯外交部宣布，有鑑於「烏克蘭國的深切危機」，俄羅斯有權將烏克蘭定義為「多民族族群」，並為該國提出「新的聯邦憲法」。四月分，「聯邦化」一詞在俄羅斯重要電視媒體上出現一千四百一十二次。然而，就算整個民族都對此充滿興奮，俄羅斯領導者很快就看到「聯邦化」的風險。俄國的國名就是「俄羅斯聯邦」，而且區分為不同的單位；但這個名稱的法律意義有限，其實都是由總統任命的人選來統治。於是在短短三個月內，「聯邦化」一詞就幾乎從俄羅斯公共領域消失。

對普丁來說，併吞克里米亞成為他神奇的個人轉變，運用他人的失敗而歡欣通往永恆的迴圈。普丁表示，克里米亞必須屬於俄羅斯，因為那位被普丁硬稱為與自己同名的弗拉基米爾大公、羅斯部族的領導者，曾於一千年前在克里米亞受洗。而在普丁看來，那是一位永恆超級英雄做出的有力舉措，「預先確立整個文化、文明及人類價值的整體基礎，統一俄羅斯、烏克蘭與白俄羅斯的人民」（但這些概念在當時都不存在）。如果我們這個時代的事件，是由一個千年前的神話所「預先確立」，就不再需要瞭解過去，人類做了什麼選擇也不再重要。反正普丁就是弗拉基米爾大公、俄羅斯就是羅斯部族、政治就是永遠屬於少數富人的娛樂，我們對此實在沒有什麼可說，也沒有什麼可做的。

國會議員塔蒂亞娜·莎恩科（Tatiana Saenko）引用伊林的理論，認為併吞克里米亞代表俄羅斯的「復活與重生」。她聲稱西方反對俄羅斯入侵烏克蘭是「雙重標準」。俄羅斯常常有人認為，法律並不是什麼一般原則，而是由非俄羅斯人創造出來的文化產品。而他們也認為，既然西方國家也不總是遵守所有法律，法律本身算不上有什麼效力。雖然俄羅斯也可能違反法律，但是因為俄羅斯本來就不接受法治概念，所以不能說俄羅斯虛偽。而既然俄羅斯不虛偽，當然就是純真無辜。按照這種說法，如果沒有標準，也就沒有雙重標準的問題。如果在入侵烏克蘭這件事上，俄羅斯已經如此純真無辜，而歐洲或美國還去談什麼國際法，就會使他們成為精神威脅，因此再去提國際法，只會看出西方有多麼虛偽狡詐。

這正是伊林的永恆迴圈政治：以回到過去的循環，取代時間的前進；法律的意義要由俄羅斯領導者說了算；上帝所搞砸的世界，要由俄羅斯用暴力來修補。至於普丁，則是超越歷史的救世主，要出現來改變時間。普丁自己也在四月十七日談到這個主題，將俄羅斯入侵烏克蘭描述為一種精神上的防禦，要抵抗西方永恆的攻擊，他說西方的「意圖是要分裂俄羅斯和烏克蘭，分裂這兩個在許多方面根本是單一的國家，而這種意圖已經是國際政治上長達數個世紀的問題。」對馬洛費耶夫來說，俄羅斯的入侵是一場對抗永恆邪惡的戰爭：「對那些在那裡戰鬥的人來說，這場戰爭要對抗的人看起來就是高舉著反基督的旗幟，上面還寫著撒旦的口號。」如果要說到永恆，還有什麼能比對抗索多瑪（Sodom）更永恆？

克里米亞的陷落，鼓勵俄羅斯領導者在烏克蘭南部和東部依樣畫葫蘆。三月一日，格拉濟耶夫打電話給烏克蘭南部和東南部地方首府的同夥，協助計劃政變事宜。普丁的歐亞一體顧問下令，要在烏克蘭其他地區重演克里米亞的劇碼：由一群人「闖進地方政府大樓」，再由新組成的議會被迫宣布獨立，請求俄羅斯提供援助。在哈爾科夫，確實就有一群當地人與俄羅斯公民（從俄羅斯以巴士載送到當地），闖入地方的行政大樓（但他們還先跑錯地方，闖進歌劇院）。當時有些烏克蘭公民試著防衛大樓，就遭到這些人的毆打及羞辱。烏克蘭作家謝勒希·札丹（Serhiy Zhadan）拒絕下跪，連頭骨都被打破。

在四月，普丁公開宣示如二月備忘錄所概述的俄羅斯政策目標，仍然認為烏克蘭國的「解體」符合俄羅斯的利益。數十家烏克蘭國家機構與國營企業，以及歐盟最重要的一些機構，都突然遭遇網路攻擊。在烏克蘭東南部的頓涅茨克（Donetsk）地區，一位名叫帕維爾·古巴瑞夫（Pavel Gubarev）的俄羅斯新納粹分子，在五月一日宣布自己是「人民的州長」，原因則是「烏克蘭從未存在。」至於由馬洛費耶夫派到克里米亞的葛金和博羅岱，則在四月返回烏克蘭。在烏克蘭東南部一個想像中的新人民共和國，博羅岱將自命為總理，理由也十分相似：「烏克蘭已經不復存在。」而他的朋友葛金則聲稱自己擔任戰爭部長一職，要求俄羅斯入侵頓巴次，建立軍事基地。

俄羅斯介入干預頓巴次，被名為「俄羅斯之春」（Russian Spring），當然這裡指的是俄羅斯法西斯主義的春天。二〇一四年三月七日，杜金十分欣喜地看著「（從美國）解放的意識形態拓展到歐洲。這正是完整歐亞一體主義的目標：一個從里斯本到海參崴的歐洲。」法西斯聯邦正隱隱浮現，吹噓著法西斯主義。幾天後，杜金宣稱歷史已被逆轉：「現代性基本上總是錯的，而我們正處於現代性的終點。對於那些把現代性和自己的命運作為同義詞，或是對此毫無所覺的人來說，這將意味著**結束**。」即將到來的鬥爭，將會代表著「真正從開放社會及其受益者之中解放。」杜金曾說某位猶太裔的美國外交官是「一頭骯髒的豬」，也說某位猶太裔的烏克蘭政治家是「食屍鬼」和「野種」，烏克蘭之所以如此混亂，都是因為以色列情報局「莫薩德」（Mossad）幹的好事。同樣地，普羅哈諾夫在三月二十四日上了俄羅斯的電視節目，與艾佛琳娜．札卡姆斯卡雅（Evelina Zakamskaia）對談，並指責是烏克蘭猶太人造成俄羅斯入侵烏克蘭，也認為他們該為大屠殺負責。

這是一種新的法西斯主義，可稱為**精神分裂法西斯主義**（schizofascism）：這些人是真正的法西斯分子，卻會說反對者才是「法西斯分子」，他們把納粹大屠殺歸咎於猶太人，也認為第二次世界大戰證實就是該有更多暴力。這是俄羅斯迴圈政治自然而然的下一步：認為俄羅斯純真無辜，因此俄羅斯人都不可能是法西斯分子。在第二次世界大戰期間，蘇聯的宣傳內容把敵人稱作「法西斯分子」。根據蘇聯的意識形態，法西斯主義其實是源於資本主義。在與納粹德國的戰爭中，俄羅斯人可以想像蘇聯的勝利是某種更大歷史轉折的部分，認為資本主義將會消失，未來將是四海之內皆兄弟。在戰後，史達林慶祝的是整個民族的勝利，而不光是蘇聯或俄羅斯的勝利；也就是說，這裡的「法西斯」敵人是所有外人，而非資本家，於是形成更為永恆的衝突。一九七〇年代，史達林的接班人布里茲涅夫就把蘇聯（和俄羅斯）歷史的意義定在第二次世界大戰當中紅軍的勝利。於是，布里茲涅夫明確改變「法西斯主義」一詞的意義；由於不再預期歷史會帶來變化，法西斯主義也就不再是某個或許能夠克服的資本主義階段，而是來自西方的永恆威脅，而第二次世界大戰正是例子。

在一九七〇年代接受教育的俄羅斯人，包括在二〇一〇年代的這些領導者和戰爭宣傳者，都被灌輸「法西斯主義」等於「反俄」。以俄文文法來說，光是想像俄羅斯人可以是一個法西斯主義者，就會形成文法錯誤。在當代俄語對話中，要讓一個真正的俄羅斯法西斯主義者說某個非法西斯主義者是「法西斯主義者」，會比非法西斯主義者說某個俄羅斯法西斯主義是「法西斯主義者」來得容易。因此，像杜金這樣的法西斯主義者，可以一面大罵對手是「法西斯主義者」，但一面卻用著法西斯主義的言語，慶祝著法西斯主義的勝利。說到捍衛自己國家的烏克蘭人，就把他們斥為「那些烏克蘭豬玀法西斯主義者的軍政府佣兵。」同樣地，像普羅哈諾夫這樣的法西斯主義者，也把法西斯主義說得像是某種由西方灑入，威脅著俄羅斯處子之身的實體物質。在六月，普羅哈諾夫寫道，法西斯主義是「黑色精液」，威脅著「歐亞一體的金色女神」。他這種如此精確表達出種族與性慾焦慮的話語，活脫脫正是一篇完美的法西斯文本。格拉濟耶夫也同樣遵循這種精神分裂法西斯主義，一方面支持著納粹地緣政治，一方面又將所有俄羅斯的敵人稱為「法西斯主義者」。他在二〇一四年九月為伊茲博斯克俱樂部所撰寫的文章中，將烏克蘭稱為「法西斯主義國家，具備一切為科學所知的法西斯主義跡象」。

這種精神分裂法西斯主義，只是二〇一四年春季所看到的諸多矛盾之一。如果按照俄羅斯的宣傳來看，他們說烏克蘭社會滿是民族主義者，但又說烏克蘭算不上是一個民族；他們說烏克蘭國在壓抑著它的人民，但又說這個國家並不存在；他們說俄羅斯人被迫要說烏克蘭語，但又說其實沒有這種語言。面對這種種的矛盾，格拉濟耶夫的處理方式就是都怪到西方頭上。他極力主張，是因為美國債台高築，所以一心想挑動第三次世界大戰。本來他只要打幾通電話，烏克蘭就應該乖乖崩潰，而既然烏克蘭沒有崩潰，顯見就是有美國在背後撐腰，是「美國在基輔設立的納粹軍政府」。為了擊敗他所謂的美國占據，格拉濟耶夫堅稱「必須終結其所有推力：美國統治精英、歐洲官僚機構、烏克蘭納粹分子。其中以第一個為主要，其他兩個則為次要。」這位普丁的歐亞一體顧問，基本上就是說為了歐亞一體，需要摧毀美國的政治。格拉濟耶夫認為，想打贏在烏克蘭和歐洲的戰爭，決勝之地在華盛頓。

一如他的顧問格拉濟耶夫，普丁也把那些抵抗俄羅斯入侵的烏克蘭人定義為法西斯主義者。談到俄羅斯入侵鄰國所造成的混亂，普丁在三月十八日聲稱是「民族主義者、新納粹分子、俄羅斯恐怖分子與反猶太主義者造成這場政變，時至今日還在為此定下基調。」這種說法也帶著相當的精神分裂法西斯主義光環。俄羅斯在二〇一四年的外交政策，其實和一九三〇年代更惡名昭彰的某些作法頗為相似。像這樣以純真無辜、正義正直、廣袤空間，來取代法律、邊界與國家，正是法西斯的地緣政治。外交部長拉夫羅夫用來作為入侵烏克蘭藉口的外交政策概念，所重申的概念其實就是某國只要把任何人定義為屬於自己的文化，就能插手干預保護。而希特勒在一九三八年和一九三九年併吞奧地利、瓜分捷克斯洛伐克、入侵波蘭，史達林在一九三九年入侵波蘭，以及在一九四〇年併吞愛沙尼亞、拉脫維亞和立陶宛，都是採取這種論點。

二〇一四年三月十四日，一位**烏克蘭人**在頓涅茨克遭到**俄羅斯人**殺害，而拉夫羅夫卻說這是俄羅斯介入干預鄰近主權國家的正當理由：「俄羅斯意識到，對於自己在烏克蘭的同胞和國民，俄羅斯應該負起責任，並保留保護這些人的權利。」普丁也在四月十七日表示：「這裡的關鍵問題，在於如何確保烏克蘭東南部那些屬於俄羅斯民族、以俄語為母語的人的合法權益。」但對於事實上烏克蘭公民比俄羅斯公民享有更大的表達自由，普丁倒是隻字未提。普丁後來承諾，將動用「一切手段」來保護俄羅斯的「同胞」。

像這樣把烏克蘭公民稱為普丁所謂「俄羅斯世界」的「同胞」，就令他們似乎淪為外國統治者一時興起下的人質。就這樣，因為在遙遠的另一個國家首都裡，有人做出這樣的定義，就讓個人消失在一種名義上的社群之中。在這種所謂俄羅斯文明或「俄羅斯世界」的修辭手法裡，烏克蘭公民失去個人性，成為一種集體，而就俄羅斯所下的定義看來，其文化就是俄羅斯入侵烏克蘭的正當性。個人消失在永恆迴圈之中。

南方邦聯戰旗（Confederate battle flag）

新俄羅斯國旗（Novorossiia flag）

在這場號稱要對抗法西斯主義的戰爭中，與俄羅斯站在同一邊的許多盟友卻都是法西斯主義者。美國白人至上主義者理查德・史賓塞、馬修・海姆巴赫（Matthew Heimbach）與大衛・杜克（David Duke）都稱頌普丁，並為他的這場戰爭辯護，至於普丁回報的方式，則是在占領烏克蘭東南部領土之後，用著類似美國南方邦聯戰旗的旗幟為象徵。歐洲極右翼分子也對俄羅斯發動的這場戰爭大為讚許。波蘭法西斯主義者康拉德・倫卡斯（Konrad Rękas）大致上支持普丁的歐亞一體概念，特別是支持俄羅斯入侵烏克蘭。早在二〇一三年九月，他就預料俄羅斯將入侵烏克蘭，而且期望能由自己領導一個有俄羅斯在背後支持的波蘭政府。羅伯特・盧希尼亞（Robert Luśnia）曾與波蘭共產特務合作，也是波蘭右翼要角安東尼・馬西雷維茲（Antoni Macierewicz）的金主。盧希尼亞與倫卡斯合作，譯注意圖傳播俄羅斯的宣傳內容，也就是烏克蘭遭到猶太人主導統治。

匈牙利法西斯政黨尤比克黨（Jobbik）黨魁，受杜金之邀前往莫斯科，也對歐亞一體主義大為讚賞。保加利亞法西斯政黨的領導者，也在莫斯科發起一場競選活動。希臘新納粹政黨金色黎明黨（Golden Dawn）也稱讚俄羅斯是保護烏克蘭對抗「國際高利貸的渡鴉」，指的是猶太的國際陰謀。至於義大利的國家陣線（Fronte Nazionale），也稱讚普丁「採取勇敢的立場，對抗強大的同性戀遊說團體。」美國首屆一指的白人至上主義者史賓塞也曾試圖在布達佩斯安排舉行歐洲極右派會議，但並未成功。當時的受邀者就包括杜金與德國新納粹分子馬努艾爾．奧克森萊特（Manuel Ochsenreiter）；奧克森萊特曾在俄羅斯媒體上為俄羅斯入侵烏克蘭辯護。

大約有數十名法國極右翼運動分子曾加入俄羅斯，在烏克蘭參戰。這些人是經過俄羅斯軍方的篩選而送上戰場。另外，大約有一百名德國公民，以及其他一些歐洲國家公民，也前來與俄羅斯軍隊和準軍事人員共同參戰。俄羅斯在烏克蘭的戰爭，為恐怖主義創造訓練場。二〇一六年秋季，一名塞爾維亞民族主義者因計劃在蒙特內哥羅（Montenegro）發動武裝政變而被捕，他曾在烏克蘭以俄羅斯軍隊身分參戰，並表示自己是由俄羅斯民族主義者所招募。二〇一七年一月，由俄羅斯準軍事人員在俄羅斯訓練的瑞典納粹分子，以炸彈攻擊位於哥德堡（Gothenburg）的難民庇護中心。

二〇一四年，與克里姆林宮往來甚密的機構和個人，為俄羅斯安排認識一群法西斯朋友。二〇一四年四月，祖國黨（Rodina）的一個分支機構發起「世界民族保守主義運動」，引用伊林的理論，將歐盟稱為「全球陰謀團夥」的一部分，也就是認定歐盟為一項國際猶太陰謀。白俄羅斯公民亞歷山大．烏索夫斯基（Alyaksandr Usovsky）著有《上帝救救史達林！蘇聯沙皇史達林》（*God Save Stalin! Tsar of the U.S.S.R. Joseph the Great*），就曾協助馬洛費耶夫協調歐洲法西斯主義者的活動，在烏克蘭遭俄羅斯入侵的同時，烏索夫斯基付錢找來一票波蘭人，舉行反烏克蘭抗議活動。

馬洛費耶夫親自邀請歐洲極右翼的領導者，在二〇一四年五月三十一日造訪維也納的一座宮殿。在那次集會上，法國由蕭普拉德與勒龐的侄女瑪麗安．馬雷夏爾─勒龐（Marion Maréchal-Le Pen）為代表。而全場的注目焦點是杜金，他充滿激情地闡述，只有團結的極右派能夠從同性戀撒旦的手中拯救歐洲。

◇

這套精神分裂法西斯主義謊言，取代烏克蘭發生的事件、烏克蘭人的親身體驗。對於在二〇一四年春天發生的事件，有這麼多互相矛盾的概念、叫人眼花繚亂的說法，誰還能真正看到或記得在獨立廣場上的那些個人、他或她的事實與熱情，以及他或她想要成為歷史、創造歷史的渴望？

無論是俄羅斯人、歐洲人或美國人，大概最後都會忘記那些為了想要有個未來，而在一個十一月寒冷冬夜遭到毆打的學生，也會忘了有那些父親、母親、爺爺、奶奶、退伍軍人及工人，走上街頭捍衛「我們的孩子」，還會忘了曾有那些律師或顧問，在街上投擲著原本和他們生命距離再遠不過的汽油彈。曾有數十萬人，離開了電視和網路，親自前往基輔，把自己的肉身帶到危險之中。這些烏克蘭公民想的不是什麼俄羅斯、什麼地緣政治、什麼意識形態，而是他們的下一代。有一位研究納粹大屠殺的年輕歷史學家，是全家唯一的經濟支柱，卻在狙擊手大屠殺期間，重回獨立廣場營救一位傷患；還有一位大學講師，在當天頭上就挨了狙擊手的一枚子彈。

雖然俄羅斯的宣傳技倆不斷向各種受眾如此強調，但我們要知道，這些烏克蘭公民並不是什麼法西斯主義者、納粹分子，也不是什麼同性戀國際陰謀，猶太國際陰謀，又或是同性戀納粹猶太國際陰謀的成員。我們可以從這些宣傳中看出虛構與矛盾，但光是這樣還不夠。這些話語並不是要作為邏輯論證或事實評估，而是經過算計的心機，是要破壞邏輯與事實。一旦智識的基礎不再牢固，俄羅斯人（又或是歐洲人或美國人）就很容易輕信電視上那背後有著充足資金的一套故事，而我們不可能真正瞭解所有人面臨怎樣的處境：瞭解他們來自哪裡、認為自己在做什麼，又想像著要面臨怎樣的未來。

烏克蘭人一開始是為了維護一個歐洲式的未來，但在各種宣傳技倆及暴力開始展開後，就發現自己追求的是能夠繼續感受到過去、現在和未來。獨立廣場的一開始，是烏克蘭公民希望為烏克蘭的問題找出解決方案。而到了最後，是烏克蘭試圖提醒歐洲和美國，在情緒愈高漲的時刻，愈需要清醒的思考。遠方的觀察者跳入故事的陰影裡，只是陷入比無知更黑暗的一片空虛之中。在二〇一四年俄羅斯所做的各種指責當中，很容易就會像許多歐美人士做出某種妥協，接受俄羅斯聲稱獨立廣場只是一場「右翼政變」的說法。

事實上，這場烏克蘭革命故事裡的「政變」發生得更早，而且是發生在俄羅斯：在二〇一一年至二〇一二年，就在普丁違反自己國家的法律，而以國會多數票重回總統大位的那一刻。靠著這種手段上台的領導者，必須將所有的注意力、譴責與責任轉移到外部敵人身上。對普丁來說，歐洲存在這件事就是一項罪惡，而俄羅斯入侵烏克蘭就是為了抵抗這種罪惡的最新動作。要說獨立廣場事件是一場「政變」，可說是克里姆林宮最虛偽的言論之一，因為提出這種說法的俄羅斯人，就曾經打算要以武力推翻亞努科維奇，並曾在九個烏克蘭地區策劃（失敗或成功的）政變。

烏克蘭真正的問題，在於法治薄弱，隨之而來的貪腐與貧富不均無所不在。對於那些示威抗議的烏克蘭人來說，顯然唯有靠著法治，才能以更公平的方式分配寡頭政客聚斂的財富，而讓其他人也能在經濟上取得成功。在整個獨立廣場抗議期間，中心目標一直就是推動社會進步，讓社會情境更公正、更可預期。在二〇一三年十一月的第一批示威民眾，關注的是靠著歐洲化來改善烏克蘭的法治；後面加入的民眾，則是希望保護法治，別讓一個被莫斯科牽著走的貪腐寡頭領導者左右。在二〇一四年一月和二月，抗議者則開始訴諸人權。

當然，獨立廣場上也有右翼和極右翼的人士，而在政府開始殘暴殺戮時，這些人也發揮重要的自衛作用。然而，右翼自由黨（Svoboda）在獨立廣場事件期間卻是支持度大跌。另一個新的政黨右區（Right Sector），只能派出大約三百人來到獨立廣場。等到俄羅斯入侵烏克蘭，新的右翼團體浮出水面，在東部與俄羅斯軍隊及分離主義分子作戰。但總體而言，令人意想不到的是，這場戰爭竟然並未讓烏克蘭的民意大幅偏向民族主義，至少程度上遠遠不及那個身為侵略者的國家。獨立廣場上的運動並非由極右翼推動展開，這些人從未占據多數，也並未左右最後權力易手的情形。

雖然不同的人自然有不同看法，但一般來說，這些抗議活動在基輔與第聶伯羅得到烏克蘭最大的猶太社群支持。獨立廣場上有些人組織自衛營，其中就有以色列國防軍的退伍軍人，而在基輔的人還稱他為「兄弟」。而在一月分獨立廣場最早喪命的兩人，分別是亞美尼亞裔的謝爾蓋．尼霍揚與白俄羅斯公民米哈爾．齊茲涅夫斯基（Mikhail Zhiznevsky）。從二月狙擊手大屠殺所喪生的民眾，更可看出烏克蘭與這場抗議活動的多元性。其中有葉文．柯蒂耶夫（Yevhen Kotlyev），他是一位說俄語的環保人士，來自位於烏克蘭最東北部的哈爾科夫；還有三名是手無寸鐵的烏克蘭猶太人，其中一位是紅軍退伍軍人。在這場以歐洲為名的革命中，喪命的民眾來自烏克蘭、俄羅斯、白俄羅斯、亞美尼亞、波蘭及猶太文化，而革命的揭竿者則是一個來自穆斯林難民家庭，有著多語背景的年輕人。

一場政變需要軍隊、警察，或是兩者的某種組合。自始至終，烏克蘭軍隊都留在軍營，而鎮暴警察也一直與抗議者對立。就算在總統亞努科維奇逃亡之後，無論是軍、警或掌權的部門，都沒有人表現出如同政變那樣的奪權舉動。亞努科維奇選擇逃亡飛往俄羅斯，讓烏克蘭公民與國會議員面臨著再奇特不過的狀況：一名國家元首在國家遭到入侵時，選擇前往入侵國尋求永久庇護，這是一個從無法律先例的情形。而過渡時期的機關，則是個經過合法過程選出的國會。

這時的代理總統和臨時政府成員，非但不是烏克蘭右翼民族主義者，大多還是來自烏克蘭東部的俄語母語者。被選定代理總統的國會議長，是一位來自烏克蘭東南部的浸信會牧師。在過渡期間，國防部、內政部和國家安全部都由俄語母語人士接管。代理國防部長是羅姆人；內政部長是一半亞美尼亞、一半俄羅斯血統；在兩位副總理中，有一位是猶太人。至於在受到俄羅斯入侵威脅的東南部第聶伯羅彼得羅夫斯克，地方首長也是猶太人。在二〇一四年春天成立的臨時政府裡，十八個內閣職位中有三個是由民族主義的自由黨出任，但無論從任何意義來看，都算不上是一個右翼政府。

如果目的是為了政變，並不會削弱行政部門的權力，但在烏克蘭的狀況正是如此。在二〇一四年五月二十五日舉行的總統大選，最後勝出的是來自烏克蘭南部的中間派俄語母語者裴德洛・波洛申科（Petro Poroshenko），他以身為巧克力大王而聞名。在那個時候，如果要說有任何像是政變意圖的事，就是俄羅斯試圖想駭進烏克蘭中選會，宣布由一位極右翼政治人物獲勝（而俄羅斯電視台已經這麼宣布）。

二〇一四年五月，這場總統大選也有兩名極右翼政治人物參選，兩人的得票率都不到一%，比某位高舉猶太政策的猶太候選人票數還少。勝出的波洛申科，接著要求在九月舉辦國會大選。同樣地，大選結果也完全看不出政變的跡象，而且極右翼受歡迎程度同樣極為有限。無論是自由黨或從準軍事組織發展而成的政黨右區，都未能取得參與國會所需的五%得票率門檻。自由黨失去原本的三個部長職位，而且新的聯合政府也沒有右翼政黨的位置。新國會的議長是猶太人，而且後來擔任總理一職。

與歐洲的聯盟協定，於二〇一四年六月簽署，二〇一七年九月生效。歷史得以繼續。

◇

年輕人究竟是走上街頭捍衛未來，或是搭上坦克去鎮壓未來，會造成相當的不同。對許多烏克蘭人來說，未來實在來得不夠快。如果獨立廣場革命能夠成功，或許政治民族、公民社會、禮物經濟、個人犧牲也都能夠成功，而且可能再次出現。由於烏克蘭公民社會保護自己、烏克蘭國家撐了下去，烏克蘭的政治歷史仍可繼續，但也由於烏克蘭並未在第一擊後就崩潰解體，俄羅斯的迴圈政治人物必須繼續進逼。

那些先被派往克里米亞，後來再派去其他地區指揮作戰的俄羅斯軍官，都是那些活在俄羅斯永恆純真無辜時景裡的人。根據博羅岱的說法，烏克蘭和俄羅斯屬於「同一文明」，他稱為「經過千年而形成的巨大俄羅斯世界。」因此，烏克蘭國的存在就被認為是對俄羅斯的一種侵略，是外人「想把烏克蘭從我們的俄羅斯世界移除。」博羅岱讀過古米列夫的作品，也曾為馬洛費耶夫工作；但是有些俄羅斯人和烏克蘭人，雖然沒讀過法西斯思想家的作品，也沒在滿腦子只想著雞姦的投資銀行家手下做事，卻也有著類似的想法。

俄羅斯對烏克蘭的入侵，剛好是俄羅斯「意外穿梭時空」這類科幻小說大行其道的時候。在這些故事裡，個人、團體、武器和軍隊不斷來回於不同時代，修正整體全貌。這也正如迴圈政治的情形，沒有事實與連續性，取而代之的是從一點到另一點的跳躍。而每到重要關頭，總是由一個純真無辜的俄羅斯，對抗著邪惡的西方。於是，史達林與普丁能夠聯手，在俄羅斯開始戒嚴，並對美國發動戰爭；又或是俄羅斯人能回到一九四一年，協助蘇聯擊敗入侵的德國。

一如蘇聯的官方政策，目前的俄羅斯政策已經認定第二次世界大戰是由一九四一年，而非一九三九年展開。故事必須從一九四一年開始，才能說俄羅斯如此純真無辜，而不去想起蘇聯在一九三九年一開始曾是德國的盟友，在那些占領的土地上有著與德國幾乎相同的舉措。就連在二〇一〇年時，普丁都還曾願意與波蘭總理談到卡廷大屠殺，這是蘇聯當時犯下最惡名昭彰的罪行。但到了二〇一四年，這種態度已完全逆轉。說到一九三九年的《德蘇互不侵犯條約》（Molotov-Ribbentrop Pact），普丁再次回歸蘇聯傳統，誣稱這只是互不侵犯的協議。但如果事情真的只是普丁在二〇一四年所謂的「蘇聯並不想打仗」，為何蘇聯軍隊要在一九三九年入侵波蘭，將波蘭軍官逮捕入獄？蘇聯特務又為何在一九四〇年於卡廷殘殺數千波蘭人民？根據二〇一四年訂出的俄羅斯法律，光是表示認為蘇聯曾在一九三九年至一九四一年入侵波蘭、占領波羅的海三小國，或是犯下戰爭罪行，都是犯罪行為。俄羅斯最高法院後來也證實，俄羅斯公民若在社群媒體轉發各種關於俄羅斯歷史的基本事實，就可能遭到定罪。

這種「俄羅斯絕對純真無辜」的原則，讓人對俄羅斯可以發揮無窮的想像。葛金曾與博羅岱在克里米亞及俄羅斯後續在烏克蘭東南部的干預行動中合作，而他也是一直不斷穿梭於各個時景的旅行者，雖然他既是俄羅斯軍事情報人員，也是馬洛費耶夫的員工，但還是找出時間寫一些科幻兒童小說。在入侵烏克蘭之前，葛金也是一個「歷史重演者」（reenactor），也就是喜歡穿上過去的制服，演出歷史上的戰役。在烏克蘭，葛金就曾在一個專門討論古物的部落格上評論了一場真正的戰爭。身為第一次世界大戰與俄國內戰的狂熱愛好者，他希望讓二〇一四年的俄羅斯士兵身上也能有那些時候的勛章。而他也曾扮演第二次世界大戰時的紅軍軍官，在二〇一四年俄羅斯入侵時，他指揮著實際的人員，還能背誦史達林在一九四一年下達的命令。

對許多年輕俄羅斯人而言，這場入侵烏克蘭的事件彷彿發生在想像中的一九四一年，沉浸在偉大的先祖對抗納粹德國、保衛蘇聯的回憶榮光之中。電視上也不斷強調與祖國領土之戰相關的詞語，強化這種觀點。第一頻道談到烏克蘭士兵時，「懲罰性行動」這個詞彙出現超過五百次，但這個詞彙讓人想到的是第二次世界大戰期間德國的作為，於是時間被撥回到一九四一年，而烏克蘭人也就被比作納粹分子。駐紮在克里米亞的俄羅斯士兵被問到他們的行動時，總會把話題轉到第二次世界大戰。後續在烏克蘭東南部的干預行動中，俄羅斯安排讓戰俘遊街，模仿的正是史達林曾用來羞辱德國士兵的作法。選擇站在俄羅斯一方參戰的烏克蘭公民，曾經從一座紀念館裡偷走一輛二戰時期的坦克。（前一年曾為了參加遊行而經過修理，所以坦克的引擎能夠正常運作。）其中一位這樣的分離主義者就談到，她無法想像烏克蘭獲勝，因為那就會變成是「一九四二」了。只要戰火還在燃燒，時間就能永遠停留在一九四一年。在二〇一四年夏天一次重大進犯期間，年輕的俄羅斯人曾在坦克上漆著「為了史達林！」

在俄羅斯，史達林的支持度（請注意，是史達林，不是普丁）上升到五二％，創下有史以來最高紀錄。對布里茲涅夫的支持率也同樣來到史上最高。正是死去已久的布里茲涅夫打造出這一套異端信仰，要人相信是死亡更久的史達林，在祖國領土之戰中拯救俄羅斯。史達林和布里茲涅夫不僅人氣上漲，還引發各種迴響。隨著時間過去，愈來愈多俄羅斯人表達自己對這些已過世領導者的想法。史達林和布里茲涅夫並未退回過去而變得模糊，反而循環回到永恆的現在。事實上，二十一世紀已經進入第二個十年，而光是俄羅斯人還在定期接受對二十世紀領導者的政治民調，就很能讓人引發聯想。迴圈政治絕不只是某些不死生物吐出的一口氣。

在烏克蘭的戰爭，並非各種歷史記憶的競爭。俄羅斯的入侵，反而是打破蘇聯眾所周知的一則神話：俄羅斯和烏克蘭有著共同的過去。在基輔的官方戰爭博物館，草坪上停著二〇一四年戰爭俘虜來的俄羅斯坦克時，館名也從「祖國領土之戰」改成「第二次世界大戰」。

俄羅斯對烏克蘭的戰爭有著更深刻的意義：這是一場永恆迴圈反對創新的運動。難道只要有人想追求創新，就必須用陳腔濫調的力量與力量的陳腔濫調來應對嗎？又或者，是否有可能一如獨立廣場上的烏克蘭人，創造出一些新的東西？

Chapter

05

真相或謊言（2015年）

人受了騙，就成了物件。

——米哈伊爾·巴赫汀（Mikhail Bakhtin），1943年

黎明的黑奶我們在傍晚喝著
我們在傍晚喝著在早晨喝著
我們喝著喝著
我們在空中掘出墳墓，所有人都能有足夠的位子

——保羅·策蘭（Paul Celan），1944年

俄羅斯先達成的是迴圈政治。而在形成盜賊統治之後，承繼接班、統合與創新等等政治美德已不可能發生，接著必須透過虛構的政治故事，讓人連想都別想。

伊林的想法讓迴圈政治成形：一個俄羅斯民族，沉浸在以為自己純真無辜的非事實當中，就能學會完全的自愛自戀。蘇爾科夫讓我們看到，永恆可以怎樣推動現代媒體。他在為普丁工作期間，撰寫並出版一部小說《幾近於零》（*Almost Zero*，二〇〇九年），有點算是一種政治告解。在這個故事中，唯一的真相是我們需要謊言，而我們唯一的自由，就是要接受這項想法。故事裡的一個小情節中，有個公寓室友整天都在睡，令主角有些困擾。但一位專家發表報告指出：「在他睜眼的那一瞬間，我們都會死。整個社會的責任，特別是你的責任，就是繼續讓他做夢。」而繼續讓人做夢，也正是蘇爾科夫所負責的工作。如果唯一的真相就是沒有真相，說謊者也就是俄羅斯高尚的僕役。

讓事實畫下終點，就是永恆的開始。如果公民對一切都抱持懷疑，就不會看到俄羅斯境外還有其他模式，不會進行關於改革的合理討論，也不會互相信任到足以組織政治改革。要有一個有可能的未來，就需要有一個重視事實的現在。根據伊林的理論，蘇爾科夫談到「整體的思索」，能夠推動一種「地緣政治現實」的幻象，認為外國人總是在規模發動攻擊，要讓俄羅斯人遠離他們與生俱來的純真無辜。俄羅斯人應該因為其無知而受到喜愛；愛俄羅斯人，就是要愛完美這份無知。所謂的未來，只會對更遙遠的未來更加無知。正如他在《幾近於零》中所寫的：「知識只能提供知識，但不確定性能夠提供希望。」

正如先前的伊林，蘇爾科夫將基督教視為一道門戶，目的是導向自己更卓越的創造物。蘇爾科夫的上帝就像是個有其局限而隱居著的同事，就像自己的平輩，該給祂幾個充滿男子氣概的巴掌，讓祂振作一點。蘇爾科夫一如伊林的做法，引用著眾人所熟悉的聖經段落，但目的是顛倒其意。他的小說裡有一位修女，引用《哥林多前書》13:13，提到「不確定性帶來信、望、愛。」只要能夠定期製造危機，讓公民維持一種不確定性的狀態，就能管理、引導公民的情緒。然而，蘇爾科夫所引用的這段聖經經文意義其實正好相反：經文實際說的是信望愛是美德的三位一體，只要我們學會欣賞世界本來的樣貌，就會表現出來。這段前面其實就是另一段著名的經文，講到長大成熟就是要從他人的觀點來看事情：「如今我們對著鏡子觀看，模糊不清，但那時候就要面對面了；如今我所知道的有限，但那時候就要完全知道了，就像我已經被完全知道那樣。」只要學會從他人的觀點來看，就會立刻發現自己絕非純真無辜，但蘇爾科夫打算讓這面鏡子繼續維持模糊。

在二〇一〇年代的俄羅斯，這面深色鏡子就是電視螢幕。有九〇%的俄羅斯人都是從電視取得新聞。在成為第一頻道（俄國最重要的電視頻道）公關主管之前，蘇爾科夫曾擔任葉爾欽與普丁的媒體負責人，親自監督俄羅斯電視如何從代表不同利益的真多元，轉變成雖然樣貌各有不同，但訊息相同的假多元。在二〇一〇年代中期，第一頻道的國家預算約為每年八億五千萬美元，該頻道與其他俄羅斯國營電視網的員工被教導有方，知道權力是真實的，但世界上的事實卻沒那麼真實。俄羅斯通訊部副部長阿列克謝・沃林（Alexei Volin）談到這些員工的職涯：「他們要為老大（The Man）工作，老大會告訴他們該寫什麼、不該寫什麼，以及這個或那個該寫成怎樣。而且老大有權這麼做，因為他付了這些人薪水。」至於是否為事實並不是問題：頂尖政治技術專家格列布・巴弗洛夫斯基（Gleb Pavlovsky）解釋道：「你什麼都可以說，創造出各種現實。」地區和地方新聞幾乎從電視上消失，全由國際新聞取代，而所謂的外國報導，就是每天永恆地向民眾灌輸報導著西方的貪腐、虛偽和敵意。歐洲或美國的一切都不值得效法，一切都不可能有真正的改變：這就是電視上想傳達的訊息。

至於RT電視台這個俄羅斯向國際觀眾進行宣傳的管道，也有同樣的目的：抑制各種可能激發行動的知識，將情緒哄騙安撫成各種的無作為。RT表情一派嚴肅地擁抱著巴洛克式矛盾，徹底顛覆新聞的形式：請來否認納粹大屠殺的人發表看法，說他是人權運動人士；邀請新納粹主義者，說他是中東議題專家。以普丁的話來說，RT是「由政府出資，所以必須反映俄羅斯政府的官方立場。」於是真實的世界就此缺席消失，而這裡所稱的出資是每年大約四億美元。對歐美民眾來說，這個頻道會放大他們既有的懷疑（有時候這些懷疑也確有道理），懷疑歐美領導者是否真誠，也懷疑歐美媒體是否真有好好做事。RT的口號是「更勇於提問」（Question More），激發觀眾對更多不確定性的興趣。而光是質疑RT的內容是否屬實，並沒有意義，因為RT所傳達的內容就是要否定事實。正如其台長所言：「並沒有客觀報導這種東西。」RT想傳達的訊息是：所有媒體都在撒謊，但只有RT肯大方承認自己就是在撒謊，也就可說是一種誠實。

事實性被一種彷彿大家都心知肚明的嘲弄所取代，他們對觀眾毫無所求，只希望觀眾看著電視、打著瞌睡，而最後深深入睡。

「資訊戰現在是主要的戰爭類型。」狄米崔・基謝列夫說起這話很有說服力，他是俄羅斯國營新聞機構國際新聞的製作人，同時主持週日晚間的高人氣節目《本週新聞》（*Vesti Nedeli*）；也正是該節目領軍主導針對烏克蘭的資訊攻勢。

克里姆林宮派到烏克蘭的第一批人，俄羅斯入侵的開路先鋒，就是一群政治技術專家。蘇爾科夫所指揮的這場戰爭，戰場是在非現實的網路線上開打。他於二〇一四年二月身在克里米亞和基輔，之後擔任普丁的烏克蘭議題顧問。至於俄羅斯政治技術專家博羅岱，則曾在併吞克里米亞期間擔任新聞處官員。二〇一四年夏天，烏克蘭東南部兩個新編造出來的「人民共和國」的「總理」，其實都是俄羅斯的媒體負責人。

俄羅斯對烏克蘭南部及東南部的入侵行動，雖然在軍事上難度不高，卻有著戰爭史上最複雜的宣傳活動。宣傳在兩個層面發揮作用：第一，直接攻擊事實性，否認各種顯而易見的事實，甚至是這場戰爭本身；第二，無條件宣告俄羅斯純真無辜，堅稱俄羅斯絕不可能需要對任何錯誤負責，他們說根本就沒有發生戰爭，而且一切都有完全正當的理由。

俄羅斯在二〇一四年二月二十四日開始入侵烏克蘭時，普丁總統已經刻意撒謊。他在二月二十八日聲稱：「我們無意進行任何武力恫嚇或派兵前往克里米亞。」但他早已派兵前往克里米亞。在他說出這些話的那一刻，俄羅斯軍隊已經在烏克蘭領土行軍四天。在這件事上，夜狼騎士當時也在克里米亞，發出隆隆的引擎聲，跟在俄羅斯士兵後面，這種媒體噱頭讓人不可能對俄羅斯的存在有任何誤解。就算如此，對於那些注意到這種基本事實的記者，普丁還是選擇嗤之以鼻而大發嘲弄。在三月四日，他還聲稱其實是烏克蘭公民在地方商店買了制服，喬裝成俄羅斯士兵。他說：「你們為什麼不去看看那些後蘇聯國家呢？那裡有很多制服看來都差不多，只要去店裡，哪種制服都買得到。」

普丁所做的，其實並不是要讓後蘇聯世界裡的任何人以為俄羅斯並未入侵烏克蘭。他很清楚，那些烏克蘭領導者不可能相信他的謊言。臨時烏克蘭政府很清楚烏克蘭已遭到俄羅斯攻擊，才會選擇向國際求助，而非以軍事力量回擊。要是在基輔的領導者真的相信普丁，他們當然會下令抵抗。普丁所作所為的目的，並不是要騙過烏克蘭人，而是想在俄羅斯公民的心中建立一種自願無知的關係：俄羅斯人應該知道普丁在撒謊，但選擇不論如何都會相信他。正如記者查爾斯・克勞福（Charles Clover）在他對古米列夫的研究中所說：「普丁正確推斷到，謊言不會讓俄羅斯的政治階層分裂，反而會使它團結統一。如果謊言愈大、愈明顯，而這些臣民還願意相信接受，就代表他們的忠誠度愈高，也更深入參與克里姆林宮這種神聖而神祕的巨大權力。」

普丁對事實性的直接攻擊，或許可以稱為不易否認性（implausible deniability）。[1]像普丁這樣否認人盡皆知的事實，在自己國內可以用捏造的虛構故事達到團結的效果，而在歐美則能讓新聞界左右為難。西方記者的養成都是要報導事實，而到了三月四日，壓倒性的事實證據都指出，俄羅斯確確實實入侵烏克蘭。俄羅斯和烏克蘭的記者都拍攝到俄羅斯士兵在克里

1　原本的概念是「易否認性」（plausible deniability），由美國在一九八〇年代提出，指的是刻意將話說得不那麼精確，好在他人指控是種族主義時容易予以否認。最早提出這項策略的是策略家李・阿特沃特（Lee Arwater）：「在一九五四年，你可以說『黑鬼（nigger）、黑鬼、黑鬼』，但到了一九六八年，就不能再說『黑鬼』了，否則會傷到自己，會有不良後果。所以你開始改談強制運輸、各州權利之類的議題，把事情說得如此抽象，講的似乎是減稅議題，完全只是在談經濟，但這些話題的副作用就是會對黑人造成比對白人更大的傷害。」如果有人說講這些話的人是種族主義者，他很容易就能說自己不是在批評黑人。

米亞半島行軍前進的影片。烏克蘭人已經把俄羅斯特種部隊戲稱為「小綠人」，說像這樣穿著沒有任何標誌的制服，這群人必定是來自外太空。這些士兵不會說烏克蘭語；當地的烏克蘭人也迅速發現，他們說著一些俄羅斯城市才會用的俄語俚語，烏克蘭人並不會這樣說話。正如記者葉卡特琳娜・思嘉柯娃（Ekaterina Sergatskova）所指出：「這些『小綠人』並未掩飾自己來自俄羅斯。」

西方記者的另一項養成，在於要報導對事實的各種詮釋觀點。確實，過去會說「故事總有兩面」，但前提是兩面都接受世界上有事實，而且詮釋的也是同一套事實。然而，普丁這種不易否認性的策略卻是既利用這種慣例作法，又同時摧毀其基礎。他一方面把自己定位為故事的一方，另一方面卻在嘲弄事實。「我就是公然在說謊，而且我倆都心知肚明」實在算不上是什麼故事的一方，而是一個陷阱。

雖然早在二〇一四年二月底、三月初，西方新聞編輯桌上就已經得到俄羅斯入侵的消息，但他們選擇先報導普丁天花亂墜的否認之詞。於是，關於俄羅斯入侵烏克蘭的故事有了一種微妙但深遠的改變：重點不在於烏克蘭究竟發生什麼事，而是俄國總統選擇對此發表怎樣的看法。原本是一場真實的戰爭，現在成為實境秀，而普丁成為主角。至於大部分的媒體，則成為這場大戲裡的配角。就算西方的各家編輯隨著時間而慢慢加重批判，這些批評也被認為，只是他們自己對克里姆林宮說法的疑慮。直到最後，普丁終於承認俄羅斯確實入侵烏克蘭，一切只證明西方媒體就是他這場秀裡的龍套。

除了不易否認性之外，俄羅斯的第二個宣傳策略就是聲稱自己是無辜的。在他們看來，這場入侵絕不是某個強國在較弱鄰國最脆弱的時刻趁機攻擊入侵，而是有一個被壓迫的民族，反對著強大的全球陰謀，是一場起義。正如普丁在三月四日所言：「我有時候會覺得，跨過那個巨大的水坑而到了美國，人民就像是老鼠一樣關在實驗室裡做著實驗，並不真正瞭解自己做的事情有何後果。」在他們看來，這場戰爭其實沒有發生；但就算發生了，該怪的應該是美國；因為美國就是超級大國，懷抱著全能的惡意，其他人對此有任何回應都是正當的。就算俄羅斯真的有入侵舉動（既能說俄羅斯真的做了，也能說它沒做），總之，都有正當的理由。

在這場入侵行動裡所選擇的戰術，都符合這種聲稱無辜的策略。俄軍的制服上沒有識別標誌，武器、裝甲、裝備和車輛上也沒有標記，但這種作法在烏克蘭毫無說服力。總之，重點在於要打造出一種如同電視影集的氛圍：英勇的在地人採取各種非常措施，抵抗殘暴而巨大的美國力量。他們希望俄羅斯人相信這種種荒謬，相信他們在電視螢幕上看到的那些士兵不是自己國家的軍隊，而是一群烏克蘭反叛分子在捍衛著自己人民的榮譽，要抵抗由無窮美國力量所支持的納粹政權。沒有識別標誌並不是要證明什麼，而是一種線索，讓俄羅斯觀眾知道該相信怎樣的情節。這不是一種事實上的說服，而是敘事上的引導。

那些為了戲劇效果而假扮為當地游擊隊的真正士兵，可能會運用游擊戰的戰略，進而對真正的平民造成危險。作為一種戰爭策略，這或許可以稱為反向不對稱（reverse asymmetry）。通常，「不對稱戰爭」指的是運用游擊戰或恐怖組織的非常規戰術，以對抗實際力量更為強大的正規軍隊。但在俄羅斯這次入侵中，是強者使用弱者的武器（游擊戰與恐怖主義戰略），假裝成弱者的樣子。在這場原本就是非法入侵的過程裡，俄羅斯軍隊從一開始就刻意打破基本的戰爭規則。就連普丁本人，在他還在否認俄羅斯入侵的當下，也支持這種戰爭手法。在三月四日，他就曾預測俄羅斯士兵將隱身於平民之間。「讓我們看看那些（烏克蘭）部隊打算對自己的人開槍，而我們就去站在他們後面——不是前面，是後面，讓他們去向婦孺開槍吧！」

這場攻占克里米亞的戰役，在二〇一四年三月輕鬆獲勝。之後，俄羅斯仍對烏克蘭東南部繼續進行干預。在第二波活動中，同樣採取不易否認性的作法，考驗著俄羅斯人的忠誠與新聞記者的勇氣；也同樣使用反向不對稱的手法，以受害者的光環掩蓋一場非法的戰爭。這兩種戰略都可看出迴圈政治的特色：俄羅斯堅稱，一切只有外國的惡意、自己合法的抵抗，除此之外，什麼事都沒發生，而事實也就此消失無蹤。在蘇爾科夫的協助下，普丁讓俄羅斯人進入一個永恆的迴圈循環，俄羅斯一如既往，只是為了保護自己。

永恆迴圈選定過去的某些時點，把這些時點描繪成正義的時刻，至於在這些時點之間的那些時間都遭到拋棄。在這場戰爭中，俄羅斯領導者提到兩個這樣的時點：第一是在九八八年，弗拉基米爾大公改信基督教，據稱就讓烏克蘭和俄羅斯永遠成為同一個國家；第二則是在一九四一年，德國入侵蘇聯，也不知怎的，就讓烏克蘭的示威抗議活動成為一種法西斯威脅。為了替繼續在烏克蘭東南部擴大干預找藉口，普丁在二〇一四年四月又提出過去的第三個時點：一七七四年。當時，俄羅斯帝國擊敗鄂圖曼帝國，併吞黑海北岸的領地，其中有部分就位於現在的烏克蘭。這些領土在十八世紀稱為「新俄羅斯」（Novorossiia）。普丁使用這個詞的時候，完全不顧俄羅斯與烏克蘭國的現況，而將談話內容轉向某些古代的權利。在這套「新俄羅斯」的邏輯裡，這些土地曾經叫做俄羅斯，所以永遠都屬於俄羅斯，而因為烏克蘭占有這些土地，所以其實烏克蘭才是侵略者。像這樣徹底重新建構這個問題，就讓俄羅斯人與外界觀察者忘記目前再簡單不過的事實：例如在俄羅斯聯邦與烏克蘭曾經共存的二十二年間，莫斯科從未正式控訴俄羅斯人在烏克蘭受到的對待。

在二〇一四年三、四月之前，俄羅斯聯邦的大多數公民都從未聽說「新俄羅斯」的概念，是蘇爾科夫和杜金在當時開始率先宣傳，再由普丁拍板定為政策。十八世紀的帝國領土，其實與普丁和後來俄羅斯媒體定義的地區有所不同：分為克里米亞、頓涅茨克、盧甘斯克（Luhansk）、哈爾科夫、第聶伯羅彼得羅夫斯克、扎波羅西亞（Zaporizhia）、米科拉耶夫（Mikolaiv）、敖德薩（Odessa）和赫爾松（Kherson）等九個地區。如果從歷史的角度來看，「新俄羅斯」一詞也還有普丁所設想以外的含義。凱薩琳女皇講到「新俄羅斯」的時候，就像英國殖民者講到「新英格蘭」、「新南威爾斯」等等。在那個帝國時代，從殖民者的角度看來，只要是其他人所居住的地區都是「新」的。只要有「新」這個字，就代表該地區並不總是屬於該帝國，也不一定一直都在殖民者的掌控之下。新英格蘭和新南威爾斯現在並非英國的一部分，就如同新俄羅斯現在並非俄羅斯的一部分。

二〇一四年三月，蘇爾科夫和格拉齊耶夫試圖在烏克蘭東南部組織武裝叛變，而「新俄羅斯」的地圖就大量出現在俄羅斯的電視上。根據這些地圖顯示，俄羅斯只要占領這些領土，將會讓烏克蘭與其黑海港口分離兩地，而讓已經遭俄國占領的克里米亞（俄羅斯與克里米亞之間並沒有土地相連），和俄羅斯聯邦的領土連結在一起。

在三月，俄羅斯軍隊集結在與烏克蘭毗鄰的別爾哥羅德（Belgorod）和羅斯托夫（Rostov）這兩個地區。根據莫斯科在二月提出的計畫，是打算以武力搶占烏克蘭另外八個地區行政大樓，再由支持者在這些大樓裡宣布脫離烏克蘭，讓烏克蘭從內部解體。

於是在二〇一四年春天，俄羅斯的政治技術專家前往烏克蘭進行第二次任務：在奪下克里米亞之後，計劃主宰整個烏克蘭東南部。這項計畫可說更加野心勃勃，但定義則也沒有那麼明確。博羅岱負責打造俄羅斯將要扶植的政治實體。博羅岱解釋，俄羅斯入侵烏克蘭時，「我們是為了全球俄羅斯的概念而奮鬥。」至於他的朋友葛金，則要處理東南部的軍事行動；他在二〇一四年四月現身於斯拉維揚斯克（Sloviansk）。莫斯科否認博羅岱與葛金是在為俄羅斯做事，也否認他們在烏克蘭。對葛金在烏克蘭現場的格魯烏人員來說，這樣的否認令人光火，最後終於難以忍受。四月十七日，俄羅斯士兵在斯拉維揚斯克設立戰地指揮部，但當地人相信俄羅斯宣傳技倆，以為他們就是一群志工，讓這些俄羅斯士兵十分惱怒，直言「我們是格魯烏的特種部隊。」

與此同時，烏克蘭國承受著巨大的壓力。克里米亞遭到俄羅斯占領；國土東南部有一群俄羅斯士兵；經過一場有人反對的革命之後，有些公民還抱持高度期許；而且還有總統大選得安排。即便如此，俄羅斯希望奪下「新俄羅斯」的企圖還是在夏季失敗告終。三月和四月，在烏克蘭各個地方首府的俄羅斯政變多半失敗。在俄羅斯與當地串謀者試圖占領地方行政大樓時，幾乎都未能成功。確實，在這些東南部的烏克蘭公民多半母語更可能是俄語而非烏克蘭語，多半在二〇一〇年把票投給亞努科維奇，也不太可能曾經在獨立廣場示威抗議。然而，這並不代表他們支持由俄羅斯來統治，或允許外界勢力改變政體。

在併吞克里米亞之後，「新俄羅斯」運動只在八個地區中的兩個（盧甘斯克與頓涅茨克）

成功，而且只是部分成功。這些地區合稱頓巴次，產煤，但俄羅斯並不缺煤。只不過兩個地區都和俄羅斯聯邦接壤，而當地的寡頭統治者也在關鍵時刻猶豫不決。至於更利益攸關的地區，像是哈爾科夫、敖德薩和第聶伯羅彼得羅夫斯克，俄羅斯則未能搶下立足之地。哈爾科夫和敖德薩是俄羅斯人認定的俄羅斯文化中心，第聶伯羅彼得羅夫斯克則是兩國共有的軍事工業複合體中心。其中，第聶伯羅彼得羅夫斯克的新任州長伊霍·科洛莫斯基（Ihor Kolomois'kyi）對俄羅斯士兵的人頭提出懸賞，讓該地區成為抵抗俄國入侵的中心。雖然曾有一名愛爬上建築物自拍年輕的俄羅斯人，在地方行政大樓短暫升起俄羅斯國旗，但行政大樓就在同一天回到烏克蘭手中。在敖德薩，打算閃電攻下地方行政大樓的計畫也宣告失敗。

在三月和四月，敖德薩當地民眾已經準備好抵禦俄羅斯的入侵。當地的社會賢達向普丁提出呼籲，表示自己不需要俄羅斯的保護；其他人則開始參與準軍事訓練，準備抵抗前來的俄羅斯特種部隊。俄羅斯電視台每天堅稱，烏克蘭民族主義者即將闖進該州帶來嚴重破壞，然而根本就沒有發生這種事的現實或可能。某些敖德薩民眾（與一些俄羅斯公民）在五月一日發動遊行，高呼支持「新俄羅斯」。隔天，親俄羅斯和親烏克蘭的團體在街頭爆發衝突，雙方都有武裝，但親烏克蘭方面的人數占優勢。雙方都投擲汽油彈。某些親俄羅斯民眾撤回到教授之家（House of Professors）大樓，但汽油彈的對抗仍在繼續。該棟大樓陷入火海，讓許多親俄羅斯的示威抗議者命喪祝融。至此，俄羅斯在烏克蘭內部引發叛亂的意圖也畫下句點。

普羅哈諾夫將俄羅斯在敖德薩鼓動的失敗政變比做納粹大屠殺；也就是有反猶太主義分子，竟提起對猶太人的大屠殺來為自己的進犯戰爭辯護。迴圈政治摧毀過去的實質，只留下無窮無盡的純真無辜，作為一切行動的藉口。

等到二〇一四年五月，就算是在俄羅斯控制下的盧甘斯克與頓涅茨克地區，對俄羅斯來說也是山雨欲來。烏克蘭軍隊規模雖小，卻已然足以羞辱葛金的格魯烏在斯拉維揚斯克的任務，並擊敗他找來的俄羅斯志願軍及烏克蘭分離主義者。葛金企盼著當地的協助：「我承認，從未想過在這整個地區，竟找不到一千個人願意為自己的城市冒生命危險。」照情勢看來，頓涅茨克與盧甘斯克全區很快就會都回到烏克蘭的掌控之中。如果想對烏克蘭的進展做出有力回擊，就需要俄羅斯提供更多援助。因此，主要由車臣人組成的東方營（Vostok Battalion）從俄羅斯進入烏克蘭。五月二十六日，東方營及來自俄羅斯的志願軍襲擊頓涅茨克機場，但遭到烏克蘭防衛者擊敗，承受相當大的損失。

在那場失敗的襲擊中，至少有三十一名俄羅斯志願軍喪生，就因為媒體虛構出一套在「新俄羅斯」的「法西斯主義」與「種族滅絕」故事，這些人客死異鄉，留下俄羅斯故鄉的親人朋友。而在俄羅斯的主要媒體上，卻對這些人的過世隻字未提。俄羅斯記者瑪麗亞・圖爾琴科娃（Maria Turchenkova）曾陪同遺體從烏克蘭返回俄羅斯舉行葬禮，她言簡意賅地提到：「這些國內的電視台，幾個月來一直想給大眾創造一種想法，以為在烏克蘭東部有一場針對俄羅斯人的種族滅絕舉動；但這些電視台卻沒有任何一台報導在五月二十六日有三十一名俄羅斯人於涅茨克遇害。」

其中一名死者是葉夫耶尼・科拉連柯（Evgeny Korolenko），他需要錢，而且告訴妻子他對頓巴次的事有自己的「觀點」。接著，就是妻子在網路上看到他遺體的照片。她第一個也是最自然的反應，就是覺得那不可能是他。她覺得「那看起來不像他」，但接著又看了一眼，他戴的鍊子、鼻子的形狀。他和其他人的遺體都被帶到羅斯托夫。一名殯葬承辦人拒絕處理這具遺體，擔心會被視為挑釁：「請您體諒，這是一位死於戰鬥中的俄羅斯公民。而我們的國家並未處於戰爭狀態。」是這樣一位當局人士，讓她知道自己的處境：「妳是個成熟的人。俄羅斯並沒有進行任何有組織的軍事活動。妳的丈夫在那條街上遭人槍擊，是出於他的自願。」

時至二〇一四年六月底，莫斯科當局改變策略，幾乎不再談到「新俄羅斯」，而是運用自己所占領的頓巴次地區，永久讓烏克蘭國處於不穩定的狀態。東方營有些車臣士兵殉職後，是由奧賽梯人（Ossetian）取代，而這些人似乎以為自己是要和美國作戰。之所以保留「東方」這個名字，是因為該營也接受當地找到理由與烏克蘭國為敵的烏克蘭公民加入。這些人有些原本擔任烏克蘭安全官員，有著意識形態上的動機；例如亞歷山大．霍達科夫斯基（Alexander Khodakovskii），他就說：「我們在這裡其實不是為自己而戰，而是為了俄羅斯。」但是看起來，就大多數站在俄羅斯那一方戰鬥的烏克蘭公民而言，他們之所以被拖進這場衝突，是因為親身體驗到暴力、城市遭到炮轟摧毀，而原因就是俄羅斯選擇採用游擊戰的方式。

七月五日，眼看即將遭到烏克蘭軍隊擊敗，葛金發動普丁建議的作法：把當地人民作為肉盾。他將士兵撤回頓涅茨克，其他格魯烏指揮官同樣照辦。如葛金所指出的，這樣一來，戰爭的主要受害者肯定都會是平民。烏克蘭炮轟城市，希望打擊俄軍及其地方盟友，而俄羅斯人也採取同樣作法。以游擊戰的術語來說，這是從「正面」動員到「負面」動員的轉變：如果沒有平民想為革命游擊戰而戰（正面動員），那麼游擊戰指揮官就會創造條件，讓敵人殺死平民（負面動員）。正如葛金本人所言，這是他選擇的戰術。曾訪問他的一位俄羅斯採訪者說得好，葛金就是一個願意犧牲婦女和兒童生命來達到軍事目標的人。毀掉城市來招募士兵，確實是葛金的招牌成就。

當然，在炮彈爆炸時，烏克蘭公民並不會考慮什麼整體情況。許多人指責是烏克蘭軍隊自己對烏克蘭城市使用重型武器。在採訪中，許多父母談到孩子已經學會怎麼從彈殼的聲音分辨炮彈的類型。有一位母親就因為孩子平常在玩耍的院子遭到烏克蘭軍炮擊，於是毅然加入俄軍，抵抗烏克蘭軍隊。許多在二〇一四年夏天成為分離主義分子的烏克蘭公民表示，是因為看到老弱婦孺遭到炮擊身亡，才逼迫他們拿起武器。一項調查顯示，會讓烏克蘭人民選擇起身反抗烏克蘭軍的主要動機，就是像這樣的經歷，而不是像「分離主義」或「俄羅斯民族主義」這樣的意識形態。

親眼見到暴力造成的死亡，會讓人更容易輕信各種解釋其背後理由的說法。而俄羅斯電視台就提供這些說法。一般人根本不可能知道究竟是誰發射那枚落在自家附近的炮彈；但在俄國所控制的地區，人民只看得到俄羅斯電視台，而所有電視台都說這是烏克蘭方幹的好事。一名站在俄軍一方的烏克蘭公民就記得，他們受到的教導是烏克蘭軍隊就是一群要帶來種族滅絕的人，而這樣也就讓人更容易覺得個別的烏克蘭士兵只是「人形的生物」，應該被射殺，而且最好被射殺。等到分離主義者自己也造成那種他們見證過的死亡，要辯稱自己無罪的虛構故事就變成不容質疑的真理，關於那些自己已經殺死的人，說個小謊又如何？

把頓巴次在二〇一四年夏天帶到這種局面之後，葛金又被抽調回俄羅斯。新的安全負責人弗拉基米爾・安托費耶夫（Vladimir Antyufeyev）是俄羅斯「凍結衝突」（frozen conflict）地緣政治局面的頂尖專家。所謂的凍結衝突，是指俄羅斯先占據鄰國的一小部分（例如摩爾多瓦，自一九九一年；喬治亞，自二〇〇八年；烏克蘭，自二〇一四年），再聲稱這些占領是內部問題，而讓鄰國難以與歐盟或北約建立更密切的關係。

在凍結衝突中，當地人的情感只被視為一種政治上可利用的資源，他們鼓勵當地人去殺戮、去喪命，但當地人的願望無論如何都不可能實現，因為凍結衝突的目的正是要避免出現任何解決方案。安托費耶夫政治生涯的前一階段是在「德涅斯特河沿岸」（摩爾多瓦遭俄軍占領的一部分），負責捍衛一個從未受到認可的微型國家。他來到頓涅茨克，也就預示著將會成立某種類似的「頓涅茨克人民共和國」。安托費耶夫聲稱，這個國家將會存在於一個永恆的地獄之中。他說這會是一個「獨立國家」，但他也表示沒有人（包括俄羅斯）會這樣認同。至於是否要與俄羅斯統一，也「不是今天的問題」。

在安托費耶夫看來，歐盟和美國就是撒旦的西方，而頓巴次人民肯定一心期盼加入這場規模更宏大的鬥爭，作為臣民而共抗西方。他也承諾，他們所發動的攻勢將會讓這場全球戰爭的局勢逆轉。他表示，蘇聯解體並不是因為自己的問題，而是因為西方使用某種神祕的「破壞性科技」；而一如伊茲博斯克俱樂部的宣言所示，他們說的這種科技其實就只是「事實」。安托費耶夫表示，俄羅斯入侵烏克蘭，其實是無辜的俄羅斯人面對「歐美的共濟會」（Freemason）和「烏克蘭的法西斯主義者」聯手，而不得不發動自衛。安托費耶夫可說是深諳精神分裂法西斯主義之道。俄羅斯說自己在與「法西斯主義者」作戰，但這些法西斯主義者又不知怎的，竟是與國際「共濟會」聯手。於是共濟會的全球陰謀也與法西斯主義畫上等號。

安托費耶夫把全世界都說是法西斯，好讓自己表現得就像一個反法西斯主義者。

在安托費耶夫的理論看來，由於烏克蘭是全球反俄陰謀的焦點，在這裡得勝就可能改變世界。安托費耶夫解釋，俄羅斯之所以介入烏克蘭，是為了從貪婪的美國手中，捍衛俄羅斯的天然氣與淡水。這一切就是一場鬥爭，但他相信俄羅斯終將勝出。在安托費耶夫看來，「烏克蘭是一個正在解體的國家，就像美國。」而美國的解體既是一種理想、也是無可避免的。「如果能把世界從美國這樣的惡魔結構中拯救出來，每個人的生活都會變得更輕鬆。這種日子總有一天會來臨。」

俄羅斯軍隊對烏克蘭軍隊的反擊，於二〇一四年七月從俄羅斯聯邦的領土上發動。一開始，是從國界的俄羅斯這邊大規模發射炮彈。正在巡視盧甘斯克地區一段邊界的烏克蘭士兵葉夫根尼・朱可夫（Evgeny Zhukov），記錄七月十一日俄羅斯首波炮擊後的情形。該晚，他在自己的臉書寫道，有報導表示烏克蘭軍隊曾與俄軍交戰，但他希望能澄清情況並非如此，而是「從俄羅斯那一方，經過精心準備、精確排演，並成功炮擊我們在盧甘斯克邊境的軍事基地。」對於遇害的七十九人，他盡己所能回憶描述他們都是怎樣的人。在文章結尾，他向死難者「深深鞠躬」。

朱可夫所描述的，只是俄羅斯針對烏克蘭軍隊大規模炮擊的第一波。炮擊共持續四週。在八月八日之前，俄羅斯炮兵固定會從邊境的俄羅斯這邊至少六十六個陣地開火。像朱可夫所屬這樣的部隊單位，完全無力抵擋。烏克蘭在資訊戰一直處於劣勢：某些歐美觀察家到此時仍不確定是否有戰爭正在開打，也不確定俄羅斯是否為侵略者。在這一片迷霧當中，如果烏克蘭對俄羅斯領土發動攻擊，肯定會造成政治災難。於是，是由資訊戰決定當地的戰況。俄羅斯可以從自己的領土上恣意炮擊烏克蘭，無須擔心任何後果，但烏克蘭卻無法如此同樣回擊。某些遭到炮擊的烏克蘭士兵甚至選擇越過邊境逃往俄羅斯，因為他們知道在俄羅斯的領土上就是安全的。與此同時，在兩國邊境上的俄羅斯記者可以清楚看到「俄羅斯正由俄羅斯領土炮擊烏克蘭」。位於邊境地區的俄羅斯公民甚至還拍攝俄羅斯士兵作戰中的影片。駐紮在俄羅斯馬托耶夫庫爾干（Mateiovo Kurgan）地區的俄羅斯士兵瓦迪姆．格雷戈里耶夫（Vadim Gregoriev）得意地說：「我們整夜重擊烏克蘭。」

一般來說，軍隊會把炮擊範圍內的平民都撤離，以免在敵人回擊時造成平民傷亡，但俄羅斯當局並未下達這樣的命令，大概是因為他們很清楚烏克蘭不會反擊。不同於另一邊的烏克蘭兒童，俄羅斯這邊的兒童學會的是在隆隆炮聲中入睡，反正瞄準的對象不是自己。某些當地的俄羅斯人對這場單方面的戰爭感到不安，他們的農莊被徵用為炮兵陣地，發動如雨般的炮擊，殘殺與自己其實差別不大的人民。然而，一方面出於安全感，一方面出於電視上的宣傳，兩相結合就有助於將內疚的感受一掃而空：「情況十分糟糕，但我們都知道這些射擊並非瞄準我方，而是出自我方。」如果射擊是「出自我方」，肯定是某種正確而善良的舉動：「我們的人民正在清洗法西斯分子的邊界。」一位當地俄羅斯人就表示，畢竟，如果「納粹在烏克蘭那邊犯下種族滅絕罪」，發動這種不尋常的措施也肯定是合理的。

那些報導這些炮擊事件的俄羅斯記者，是將自己送入險境。在每日的炮擊攻擊開始後，其中一位記者愛琳娜·拉切娃（Elena Racheva）在庫依比謝伏（Kuibyshevo）訪問聯邦安全局官員。在一發炮彈呼嘯而去之後，她問道「那是格勒式（Grad）火箭彈嗎？」在場所有聯邦安全局人員都笑了，一個說：「那是打雷。」另一個說：「我什麼都沒聽到。」第三個開著玩笑說：「那是我老婆打電話來。」最後一位也打趣地說道：「那是禮炮。」拉切娃說道：「各位知道，我是有可能把這些都報導出來的。」而她就得到威脅般的回覆：「那我的同事會找上妳，用更有說服力的方法向妳解釋那是一發禮炮。」

烏克蘭軍隊不能炮擊俄羅斯，只能炮擊那些在烏克蘭境內的俄軍及俄軍盟友。葛金將人手撤到頓涅茨克六天之後，俄羅斯才開始長達三週的炮擊。正當烏克蘭士兵承受由俄羅斯射來的格勒式火箭彈而身亡時，他們也毫不猶豫地將自己的格勒式火箭彈瞄準那些藏匿於烏克蘭城市之中的俄軍、俄羅斯志願軍及俄軍盟友。葛金承認：「到目前為止，在頓涅茨克的炮擊，我確實該負起責任。」俄羅斯記者娜塔莉亞・泰勒吉娜（Natalya Telegina）清楚指出，電視上報導英勇的士兵在保護平民，但她親眼見到的炮擊並非如此：「那種現實只存在於電視螢幕，而不在你身邊。你周遭的就是戰爭，雙方都在互相開火，沒有人放過平民。」

這是事實。

俄羅斯開始炮擊烏克蘭後一天，俄羅斯電視台開始加大力道，強調俄羅斯才是天真無辜的一方。二〇一四年七月十二日，第一頻道播出一則使得人心激動（但全屬虛構）的故事，表示有一名三歲的俄羅斯男孩在斯拉維揚斯克遭到烏克蘭士兵釘死在十字架上。這則報導沒有提出任何證據，而一些俄羅斯獨立記者也發現這則報導漏洞百出：報導中提到的人物並不存在，現實中也沒有號稱發生這場暴行的「列寧廣場」。俄羅斯通訊部副部長阿列克謝・沃林被問到這些問題時，表示收視率才是唯一的重點，觀眾看到這則關於釘上十字架的虛構故事，這樣就好了。

就情況看來，似乎是杜金親自捏造這則十字架故事：他的個人社群媒體在此之前就提過這件事。這種無辜者遭到殘殺的形象，讓俄羅斯成為民族的基督，而俄羅斯所發動的侵略戰，也成為對惡魔凶殘行徑的回應。俄羅斯介入干預，號稱要保護俄語母語者，或是普丁所說的「俄羅斯世界」。但由於衝突雙方都說俄語，所以俄羅斯的介入干預其實是殺了他們，而不是保護他們。俄羅斯不願面對的事實真相，就這樣被杜金慣稱的「原型」（archetype，也就是耶穌之死）所掩蓋。事實是有幾位有問題的俄羅斯領導者，發動一場血腥而令人費解的戰爭，導致成千上萬的俄語母語者喪命，但現在的重點卻成為有一個無辜的俄羅斯人殉道身亡。

俄羅斯電視台正是不易否認性的工具，完全否認俄羅斯特種部隊、情報單位、指揮官、志願軍與武器的存在。像是葛金、博羅岱、安托費耶夫這些名聲顯赫的俄羅斯公民，現身在俄羅斯電視螢幕上，俄羅斯電視台卻說這些人是「新俄羅斯」的活動分子、「頓涅茨克人民共和國」的長官。這些電視台也曾說那些俄軍士兵其實是烏克蘭志願軍假扮，但是所發布的影片卻可明顯看出，那些士兵手中拿的顯然是俄軍武器系統的先進武器，那些俄軍最現代化的坦克，從未出售給外國、從未出現在外國，現在卻出現在烏克蘭的國土上。雖然事實明擺在眼前：俄軍就是在烏克蘭，但電視台並不打算讓俄羅斯觀眾對此做出判斷，而希望觀眾乖乖相信電視上演的這齣劇就好：如果電視旁白說那些俄軍、那些武器都是來自當地，觀眾也這麼相信就好。

其中一項運自俄羅斯，也由俄軍士兵所用的重要俄軍武器系統，就是防空飛彈。二〇一四年五月和六月，正是這些飛彈改變戰爭的進程。在先前，雖然烏克蘭軍隊規模有限，但只要仍能掌握制空權，就能擊敗俄軍與俄軍的當地盟友。但到了五月，俄羅斯開始提供防空武器及操作團隊，於是烏克蘭空軍實力迅速耗盡；四架直升機遭到擊落。六月，兩架固定翼飛機遭擊落；七月，四架固定翼飛機遭擊落。烏克蘭指揮部不得不停止讓飛機再飛越頓巴次上空，俄軍也有了可乘之機。

二〇一四年六月二十三日，俄羅斯眾多軍用車隊之一離開位於庫爾斯克（Kursk）的基地。這隻支隊隸屬於俄羅斯第五三防空旅，前往頓涅茨克，帶著一套山毛櫸防空飛彈系統，編號三三二。七月十七日清晨，這套飛彈從頓涅茨克運到斯尼茲涅（Snizhne），接著再以自己的動力來到該鎮南方的一個農莊。與此同時，預定從阿姆斯特丹前往吉隆坡的馬來西亞航空公司十七號航班，正越過烏克蘭東南部。班機以正常高度，在經過授權的航線上飛行，與空中航管的對話也一切正常；直到有一枚地對空飛彈突然摧毀這架班機。

下午一點二十分，一枚發射自斯尼茲涅的山毛櫸飛彈搭載著9N314M彈頭，爆炸後釋放出幾百枚高能金屬彈，擊落馬航一七號班機。金屬彈射穿駕駛艙，機師當場身亡，後來還從他們的遺體取出一些金屬彈。班機當時在離地十公里處飛行，乘客遺體與物品散落在半徑五十公里的範圍內。葛金誇誇其談，是他的人民又擊落一架飛越「我們的天空」的飛機，而其他指揮官也發表類似的言論。霍達科夫斯基告訴記者，當時戰場上就有一套俄國的山毛櫸飛彈。這套山毛櫸飛彈系統倉皇由烏克蘭撤回俄羅斯，途中還被拍到有一個空飛彈發射倉的照片。究竟發生什麼事，昭然若揭。

至少在二〇一四年七月十七日下午的幾個小時內，似乎就是萬有引力定律挑戰永恆迴圈政治的定律。在這場事件中，當然受害者應該是那些死亡的乘客，而不是那些發射飛彈的俄羅斯士兵，對吧？就連俄羅斯駐聯合國大使，一時之間也不知如何回應，只能以「情況不明」為藉口，解釋為什麼會有俄羅斯的武器擊落一架民用客機。然而，由蘇爾科夫掌控的機制，很快就恢復俄羅斯那種純真無辜的感覺。俄羅斯電視台總能把一切都說得像是某種高明的戰略，而這次也並未否認實際的事件：確實有一架馬來西亞客機，由入侵烏克蘭的俄羅斯士兵以俄羅斯武器擊落。這麼明顯的事，否認只會讓人更懷疑；想在事實這麼明顯的時候還能勝出，就得從其他角度切入。雖然當時承受沉重的壓力，但俄羅斯媒體高層仍然能夠發揮心思，捏造一套虛構的故事版本，以改變主題。

就在飛機遭擊落的當天，各大俄羅斯電視台都表示馬航一七號班機是遭到「烏克蘭飛彈」或說「烏克蘭飛機」擊落，並聲稱「真正的目標」是「俄羅斯總統」。據俄羅斯媒體報導，是烏克蘭政府本來打算暗殺普丁，但誤擊馬航班機。這一切都是完全絕無可能，兩架飛機根本不在同一個地方。這套「暗殺失敗」的說法實在太荒唐，RT雖然也試圖向外國觀眾這麼說，但並未堅持下去。然而在俄羅斯國內，整個道德風向確實逆轉：就在這個俄羅斯入侵烏克蘭，俄羅斯士兵殺害兩百九十八名外國平民的一天，到頭來卻彷彿俄羅斯才是受害者。

隔天，二〇一四年七月十八日，俄羅斯電視台又開始散布關於這起事件的新版說法。諸多的捏造故事又加上無數的幻想情節，不是為了讓邏輯連貫，反而是要讓人對那些真正比較簡單，也比較可信的說法更添懷疑。於是，有三家俄羅斯電視台聲稱，烏克蘭航管曾要求馬航一七號班機降低飛行高度；這是一個謊言。其中一台宣稱，是管理著第聶伯羅彼得羅夫斯克地區的烏克蘭猶太寡頭統治州長伊霍．科洛莫斯基，親自向航管員發出這道命令；這也是虛構的說法。為了呼應納粹種族歸納法（racial profilin），另一個電視台後來又找來一位「面相學」的「專家」，聲稱光從科洛莫斯基的長相就能看出他有罪。

與此同時，有五家俄羅斯電視台（其中幾家還曾經大談那套航管說法），聲稱有烏克蘭戰機出現在事故現場。但他們就連可能是哪種戰機都搞不清楚，放出的照片有各式各樣不同的戰機（而且照片的拍攝地點與時間也各有不同），號稱的飛行高度對該機來說也是不可能的任務，關於曾有戰機在現場的說法並非事實。空難一週後，俄羅斯電視台又提出關於馬航一七號班機的第三種說法，表示是烏克蘭軍隊在訓練演習中不慎將該機擊落。但這種說法也沒有事實基礎。葛金接著又提出第四種說法，聲稱雖然是俄羅斯擊落該機，但不能說是俄羅斯的錯，而是美國中情局（CIA）刻意在這架飛機上裝滿死屍，派到烏克蘭上空，就是要向俄羅斯挑釁。

這些捏造情節，後來還提升到俄羅斯外交政策的級別。俄羅斯外交部長拉夫羅夫被問到馬航一七號班機，就重申俄羅斯媒體上關於航管員，以及關於附近有烏克蘭戰機的說法。但這兩種說法都沒有證據支持，也都並非事實。

俄羅斯媒體的報導不但算不上新聞，就連文學也稱不上。如果有人打算一個接一個，全盤接受俄羅斯電視台的各種說法，會發現其中的各項元素根本無法共存，這樣的虛構世界完全無法存在。馬航一七號班機不可能是既從空中，又從地面被擊落。如果是被從空中擊落，也不可能是既被米格機、又被蘇愷二五擊落。如果是被從地面擊落，也不可能既是出於訓練事故，又是出於暗殺企圖的結果。關於要暗殺普丁的那種說法，就是這樣與俄羅斯媒體宣稱的所有其他說法都互相牴觸。要說烏克蘭的航管員和馬航一七號班機的馬來西亞飛行員溝通，目的是陰謀擊落俄羅斯總統的飛機，更是沒有道理。

然而，就算所有謊言根本無法前後連貫，卻至少可以用來打破一種說法——剛好就是唯一屬實的那種說法。當然，有些個別的俄羅斯人看出發生什麼事，提出道歉，但就俄羅斯人民整體而言，並沒有機會得以反思俄國在這場戰爭及所犯罪行的責任。根據俄羅斯某個可靠的社會研究機構調查，在二〇一四年九月，有八六%的俄羅斯民眾指責是烏克蘭擊落馬航一七號班機；就算到了二〇一五年七月，真相已然經過調查水落石出，仍有八五%的人繼續如此相信。俄羅斯媒體呼籲俄羅斯民眾，要對自己受到指責感到憤怒。

無知令人覺得自己無辜，迴圈政治也就因而長存。

二〇一四年夏天，俄羅斯民眾如果看著電視，並不會知道俄羅斯仍然炮擊著烏克蘭的陣地，也不會知道俄軍正集結於烏克蘭邊境，準備進擊。一如二月在克里米亞的情形，俄羅斯在夏季的這場活動將由一群機車騎士出面代表。二〇一四年八月九日，烏克蘭軍隊在俄羅斯炮擊下逃離邊境的隔天，夜狼騎士在塞瓦斯托波爾（與克里米亞一同遭到俄國併吞的城市）安排了一場重機展示。RT向歐美觀眾表示這是一場「史詩級的夜狼騎士拉力賽」，但事實上，他們的騎乘技術平庸，而且根本並非重點。真正重要的是電視轉播時那場為時甚長的介紹，將法西斯主題傳到數百萬俄羅斯人心中。

在塞瓦斯托波爾的這場「重機秀」，開場是在一個偌大而漆黑的大廳。聚光燈一打，就看到起重機將夜狼騎士的領袖扎爾多斯塔諾夫緩緩升向屋頂。他穿著黑色緊身衣，圍著色彩鮮豔的大圍巾、穿著皮背心，沉穩認真地說道：「我的祖國，向法西斯主義那多毛的軀體發出十次史達林突擊（Stalinist blows）。即使塵土還在落向那三千萬英雄的墓地，即使村莊遭到燒毀的灰燼仍在發熱，史達林就已經下令要開闢果園。在花繁葉茂的果園裡，我們重建遭到肆虐摧毀的城市，我們以為繁花將永遠盛開。」扎爾多斯塔諾夫朗誦的，是普羅哈諾夫在幾個月前寫的〈我們的新勝利日〉。

該文中，普羅哈諾夫認定二戰勝利與史達林主義有關，藉以復興史達林主義，並聲稱俄羅斯入侵烏克蘭就像當時蘇聯在抵禦納粹德國，因而算是正當之舉。烏克蘭忽然變得不是被德國入侵的蘇聯共和國之一、不是希特勒殖民計畫的主要目標、不是第二次世界大戰的主要戰場、不是一片失去三百萬士兵及另外三百萬平民而遭到德國占領的土地，而成為與俄羅斯交戰的敵人。普羅哈諾夫在這篇文章裡，把俄羅斯與西方的戰爭說成是在性方面的清白與墮落之戰，夢想著要有永遠不落的繁花。在扎爾多斯塔諾夫的朗誦聲中，舞台燈光亮起，照亮一群俄羅斯懷孕的處女：有一群女性抱著衣服下的枕頭，營造懷孕的樣子，還有一群其他人推著空的嬰兒車。

普羅哈諾夫把俄羅斯的問題歸咎於外國人，認為是他們造成他所謂的「噩夢一九九〇年代」。在該文中，他呼告俄羅斯人別在意身邊周遭的事實，而要沉浸在「紅色花朵」的「象徵」迷幻之中。他所指的就是蘇聯在第二次世界大戰中的勝出，讓俄羅斯人所有的犯行都不再有罪。就在俄羅斯肢解烏克蘭的同時，俄羅斯人應該充滿感性地崇拜著繁花。「在這個象徵上，猩紅的花朵再次綻放，一個神奇的猩紅花蕾。我們深嗅它的氣味，啜飲它美味的汁液。」入侵克里米亞是一個高潮。「由於我們的耐心與堅忍、勞動與信心，上帝將克里米亞作為給我們的贈禮。曾被敵人分裂的俄羅斯人民，再次團結在勝利的懷抱之中。」

然後，在重機騎士扎爾多斯塔諾夫對幾萬名現場觀眾和幾百萬名電視觀眾的朗誦聲中，普羅哈諾夫指出他對滲透的恐懼。俄羅斯田園風光的敵人，是撒旦巨大的黑色陰莖。（當時的美國總統是歐巴馬。）普羅哈諾夫深信基輔是俄羅斯童貞出生地的這套神話，也將基輔大教堂視為俄羅斯聖地中的聖地。他接著幻想出一個邪惡的高潮：「法西斯主義的黑色精液噴向基輔，這個所有俄羅斯城市的母親身上。在聖索菲亞大教堂的金色半圓形後殿，在神殿與聖壇之間，孕育一個變形的胚胎，有著毛臉和黑角，一如教堂壁畫上的魔鬼。」

在普羅哈諾夫的幻想中，法西斯主義可不是關於什麼意識形態或審美觀；否則，有一個穿著黑色皮衣的男人，沉穩認真地表示有整個國家無可指責、有場戰爭實為必要，不活脫脫就是一個完美的法西斯主義者？就精神分裂法西斯主義看來，法西斯主義來自於放蕩的外部世界，威脅著俄羅斯這個處子之身：「它就像一個頹廢腐敗的麵團，溢出基輔這個大碗，傳到整個烏克蘭。」對於這種說來不堪入耳的侵略，最終該怪罪的就是歐巴馬和梅克爾，「帶著一種肉體燒焦的氣味。」普羅哈諾夫的最後一筆，正是精神分裂法西斯主義一貫的誇張收尾。

於是，這就是一個反猶太主義者為了要給一場侵略戰爭找藉口，於是寫出一篇法西斯文本，用著納粹大屠殺的符號（在這裡是奧斯威辛集中營〔Auschwitz-Birkenau〕的烤爐），要將過錯推給他人。這是出於刻意的諷刺：普羅哈諾夫提到的「黑色精液」，正褻瀆著關於大屠殺最著名的詩作：保羅・策蘭《死亡的賦格》（Death Fugue）。

在扎爾多斯塔諾夫朗誦普羅哈諾夫那份宣言時，俄羅斯的炮彈在烏克蘭領土上炸開，俄羅斯士兵交出手機、檢查武器，準備越過烏克蘭邊境，而宣言的一字一句，都在摒除或鎮壓著烏克蘭的社會、烏克蘭的歷史。雖然基輔是烏克蘭的首都，卻不屬於烏克蘭；雖然烏克蘭在二次大戰期間承受比俄羅斯人更多的苦難，現在卻成為敵人；而獨立廣場上發生的也不是公民抗議活動，而是處子之身的俄羅斯遭到黑色撒旦強姦而生的邪惡雜種。必須用這種激烈的形象，才有可能掩蓋這只是烏克蘭「人民希望得到有法治的未來」這種平淡無奇的現實。

這場「重機秀」的政治暖場仍在繼續，扎爾多斯塔諾夫高聲表示：「對抗法西斯主義的一場新戰役無可避免。第十一次的史達林突擊無可避免。」接著，喇叭裡傳出歐巴馬、梅克爾——以及希特勒的聲音。在舞台上的一片帆布下，聲音開始召喚浮現出一個移動的形狀：麵團開始要溢出大碗。帆布下出現一些黑色的人物，舞出「卐」字標誌。接著舞台上方出現巨大的機械手臂，一根手指戴著老鷹戒指，暗指美國操弄著魁儡。而那些黑色人物化成烏克蘭的示威抗議者，攻擊無助的鎮暴警察。扎爾多斯塔諾夫大聲譴責著「歐洲的永恆走狗、精神奴隸。」接著就是這群黑色示威者的領袖遭到處死。

這一切讓俄羅斯樂團13 Sozvezdie有時間準備他們最受歡迎的一首民族主義斯卡（ska）曲風歌曲〈為什麼烏克蘭人要殘殺其他烏克蘭人？〉。歌詞裡問道為什麼羅斯部族被賣到歐洲，但那是個莫名其妙的問題，因為羅斯部族根本就是中世紀的歐洲王國。正如13 Sozvezdie所示，流行文化能夠激起迴圈政治，號稱俄羅斯就是羅斯部族（雖然歷史並非如此）、號稱入侵是種自衛。根據這個樂團意志堅定但技巧差強人意的表演而言，今日的烏克蘭之所以不能選擇加入歐洲，是因為烏克蘭就是羅斯部族，而羅斯部族就是俄羅斯。所以，烏克蘭人一定是遭到操弄，歌詞說道：「烏克蘭，今天是誰對你說了謊？」而在歌聲中，兩輛有著烏克蘭標記的裝甲車出現在舞台中央，似乎要將民眾燒死，而英勇的俄羅斯志願軍從屋椽垂降，向裝甲車發射出數千發機槍子彈，俄羅斯志願軍大獲勝利，俘虜裝甲車，揮舞著「頓涅茨克人民共和國」的旗幟。

扎爾多斯塔諾夫的話聲再次響起，向那些「因為回應召喚，以他們的心臟護衛羅斯部族，現在沉睡於大片墓地中」的紅軍士兵請求寬恕，於是把烏克蘭的存在與德國入侵蘇聯相提並論。至於有許多紅軍士兵根本是烏克蘭人，這件事就不用計較了，講到以身殉難，只能是俄羅斯的專利。為求如此，對於曾經遭受更大苦難的民族（烏克蘭人），俄羅斯不惜發動戰爭；對於曾經更慘烈受到殘害的民族（猶太人），俄羅斯不惜妄用這份記憶。饒舌團體

Opasnye在〈頓巴次〉一曲中就表示，烏克蘭需要俄羅斯大哥「對兄弟的援助」。而在布里茲涅夫為了維護其他國家共產政權而發動軍事干預時，也一直是以「對兄弟的援助」為名。

歌曲結束，扎爾多斯塔諾夫呼籲俄羅斯應該征服更多烏克蘭的土地，重機秀也終於正式開始。一如前面的斯卡音樂和饒舌音樂，這場重機秀就是一場水準平庸的北美藝術形式。真要說這場重機秀有何特出之處，是在於它再次喚醒一種早已受到摒棄的歐洲藝術形式：納粹的**整體藝術**（Gesamtkunstwerk），也就是要以世界觀來取代世界、以永恆來取代歷史。

二〇一四年夏天，捏造的十字架事件（七月十日）、馬航一七號班機的各種版本（七月十七日）、重機秀（八月九日），只是俄羅斯各種電視宣傳技倆的其中三個例子。這種深具創造性的無知，讓俄羅斯人產生一種純真無辜的感覺。很難說這究竟對俄羅斯公民整體而言造成怎樣的影響，但絕對曾經說服一些人前往烏克蘭參加戰鬥。

在俄羅斯炮兵已經掃除部分邊界上的烏克蘭軍隊後（八月八日），就能開始更大規模部署俄羅斯志願軍（與武器）。正如俄羅斯招募人員所說的（雖然俄羅斯發言人在國外否認），俄羅斯政府使用沒有標誌的白色卡車（並稱為「人道主義」）來運輸部隊。俄羅斯志願軍之所踏上這場旅程，是因為相信電視上關於烏克蘭戰爭的內容。一位擔任招募人員的退伍特種兵解釋道：「我們的新聞和電視台呈現的是經過戲劇化的事實。」

有些俄羅斯志願軍認為烏克蘭並不存在。有一位從遙遠的亞洲而來的俄羅斯人（也就是來自俄羅斯與中國、蒙古和哈薩克接壤的地方），就認為俄羅斯人和烏克蘭人是同一個民族。相較之下，「新俄羅斯」在這些人心中再真實不過（雖然甚至是在他們抵達烏克蘭的那一刻，這個概念就已經在俄羅斯電視螢幕上消失）。有些志願軍想像自己是要阻止美國發動世界大戰，也有些想像著自己要避免世界成為索多瑪。被問到他們為何而戰，俄羅斯志願軍總會提到「法西斯主義」和「種族滅絕」。事實證明，關於釘十字架的虛構故事令人難以忘懷，拯救兒童總是年輕人「心靈深處的呼喚」。

抵達邊境上的俄羅斯志願軍，人數遠遠不及常規俄羅斯軍隊。二〇一四年七月和八月，烏克蘭邊境附近共有二十三個俄軍營地。八月初，大約三十個俄羅斯武裝部隊的人員已經駐紮在前線，準備入侵烏克蘭。俄羅斯村民愈來愈習慣看到來自俄羅斯各地的年輕新兵，正如他們已經習慣炮火的聲音。

這些士兵不時會引起人們的注意，即將遭受敵方炮火的年輕人，在交戰之前的幾天，舉止總會有些反常。例如在八月十一日晚上，俄國在邊境上的庫依比謝伕，就有村民發現有人跳著奇特的舞蹈。跳舞的是駐紮在俄羅斯聯邦達吉斯坦共和國（Dagestan）布伊奈斯納克（Buinask）的俄軍第一三六摩托化步兵旅士兵；該地位於高加索地區，與車臣接壤，以穆斯林占多數，俄羅斯人占該地區人口不到五%。正如許多俄羅斯聯邦派到烏克蘭喪命的士兵，這些士兵屬於非俄羅斯族的少數民族，傷亡人數不會有媒體注意。八月十一日之後不久，第一三六摩托化步兵旅越過俄羅斯和烏克蘭的邊界，與烏克蘭軍隊交戰。八月二十二日，那些舞者的遺體回到達吉斯坦共和國。

第一八獨立摩托化步槍旅駐紮在車臣，是入侵期間首批跨過邊界的俄羅斯部隊之一，主要由來自俄羅斯車臣戰爭的難民組成，也才剛剛在克里米亞參與戰鬥。七月二十三日，也就是俄羅斯擊落馬航一七號班機六天之後，該部隊得到命令，要到位於車臣的基地報到。三天後，他們已經在前往俄羅斯與烏克蘭邊境營地的路上。八月十日，該部隊的一名士兵安東・圖馬諾夫（Anton Tumanov）告訴母親：「他們要把我們派到烏克蘭。」隔天，他拿到彈藥和手榴彈。在社群網站VKontakte（相當於俄羅斯的臉書），他發文寫道：「他們拿走我的手機，然後我去了烏克蘭。」第一八獨立摩托化步槍旅約有一千兩百名士兵在八月十二日進入烏克蘭，圖馬諾夫就是其中一位。

八月十三日，第一八獨立摩托化步槍旅來到斯尼茲涅（Chechnya），也就是四週前俄羅斯士兵擊落馬航一七號班機的地方。烏克蘭的炮火擊中他們的彈藥庫，約有一百二十人陣亡、四百五十人受傷。圖馬諾夫的家人收到一份報告：死亡地點寫著「部隊所在地」，死亡時間為「服役期間」，死因為「失去雙腿後流血過多」。得靠著兒子的軍中同袍甘冒風險，才讓圖馬諾夫的母親知道更多關於兒子究竟如何過世的消息。她說：「我不懂的是他究竟為何而死。為什麼我們不讓烏克蘭人自己解決問題？」自己的兒子就這樣喪命於一場從未正式發生的戰爭，令她深感痛苦。「如果他們把我們的士兵派到那裡，就該承認。」她後來在社群媒體上公布關於兒子死亡的事實，因而被斥為國家的叛徒。

另一位第一八獨立摩托化步槍旅的士兵康斯坦丁・庫茲明（Konstantin Kuzmin），或許也在同一時間喪命。他在八月八日匆忙打電話給父母：「媽媽、爸爸，我愛你們。幫我向大家問好！幫我親我女兒一下。」九天後，俄軍派人告訴他的母親，庫茲明死於在烏克蘭邊境的一場演習。她問：「你相信你告訴我的話嗎？」傳訊的人至少還肯承認他並不相信。

坦克駕駛員魯法特・奧尼亞佐夫（Rufat Oroniiazov）是庫茲明的同袍，在八月十三日的炮擊中倖存。他的女友當時透過社群媒體掌握部隊的進展，也知道炮擊事件及所造成的傷亡。他在隔天打電話告訴她：「我們隊上有好多人就死在我眼前。」而在八月十四日之後，他再也沒有打來電話。他的女友回憶道：「我們本來已經要結婚了。我每次不管說什麼，他都會微笑。」

大約在二〇一四年八月十七日前後，駐在普斯科夫（Pskov）的第七六空中突擊師跨過烏克蘭邊境。在派出對抗烏克蘭軍隊的大約兩千人裡，約有一百人在行動中喪生。從八月二十四日開始，葬禮陸續在普斯科夫舉行。有些人想拍攝墳墓的照片，但遭到驅離。八月十九日，第一〇六空降近衛隊駐紮在梁贊的第一三七傘兵團加入入侵烏克蘭的行動。不久之後，謝爾蓋・安德里亞諾夫（Sergei Andrianov）身亡。他的母親寫道：「原諒我，我的兒子。原諒我無法阻止你進行這場邪惡的戰爭。」他的一個朋友在VKontakte上貼文寫道：「願派你前往異邦作戰的人下地獄。」

駐在烏里揚諾夫斯克（Ulyanovsk）的第三一空降突擊旅，在八月三日被召集受訓。部隊成員都知道自己將被派往烏克蘭，正如他們不久之前被派到克里米亞的模式。其中一位尼古拉・科茲洛夫（Nikolai Kozlov）曾在克里米亞以假扮為烏克蘭警察，顯然是俄羅斯謊言欺瞞活動的一部分。八月二十四日，第三一空降突擊旅進入烏克蘭境內。也在當天，科茲洛夫遭到烏克蘭軍攻擊，失去一條腿，至少有兩名同袍尼可萊・布欣（Nikolai Bushin）與伊努爾・奇辛貝夫（Il'nur Kil'chenbaev）在行動中喪生。烏克蘭軍隊俘虜這個部隊的十名士兵，包括魯斯蘭・阿克梅多夫（Ruslan Akhmedov）和阿森米・伊米托夫（Arseny Il'mitov）。

大約在同一時間，八月十四日前後，駐紮在下諾夫哥羅德（Nizhegorod）的俄羅斯第六獨立坦克旅也加入在烏克蘭的戰鬥。該旅士兵還曾在烏克蘭路標前擺姿勢拍照。在行動中，弗拉迪斯拉夫・巴拉科夫（Vladislav Barakov）喪命於坦克內，並且至少有兩名同袍遭烏克蘭軍隊俘虜。

二〇一四年八月的某個時刻，駐在佩琴加（Pechenga）的第二〇〇獨立摩托化步兵旅參與攻打盧甘斯克（在頓巴次僅次於頓涅茨克的第二大城）。該旅的年輕士兵在坦克上漆著「為了史達林！」、「蘇聯」與鐵錘和鎌刀的圖像，也在榴彈炮漆上「法西斯主義去死！」在一座自走炮上，還漆上史達林的拳頭，指的正是普羅哈諾夫所言的第十一次史達林突擊。有一具格勒式火箭炮上，士兵寫著「一切是為了兒童和母親們」，在另一具上則寫著「為了頓涅茨克的孩子們」。烏克蘭軍隊炮轟城市時，正是這種格勒式火箭彈造成再真實不過的平民傷亡。至於寫上「為了兒童和母親們」的俄羅斯格勒式火箭彈，大概也會在反擊時殺害兒童和母親。

第二〇〇獨立摩托化步兵旅的葉夫根尼・特倫達耶夫（Evgeny Trundaev）在烏克蘭於行動中陣亡，後來獲追封為俄羅斯的英雄。至於他的同袍，則參與成功攻下盧甘斯克機場的戰役，再加入其他俄軍部隊，在決定性的伊洛瓦伊斯克戰役中，包圍並殲滅烏克蘭大部分的陸軍。雖然俄軍曾承諾放烏克蘭士兵一條生路，但撤離的烏克蘭士兵仍遭殺害。

這場俄羅斯的勝仗，讓雙方在九月五日於明斯克（Minsk）協議停戰，但只規定「外國勢力」必須撤退。由於莫斯科根本不承認曾有任何俄羅斯軍隊在烏克蘭，於是在俄國看來，也就無須採取任何行動。在明斯克協議之後，俄軍仍留在烏克蘭，甚至還加派一些新的士兵。某些曾參與八月入侵烏克蘭戰役的部隊，輪調回到位於兩國邊境的營地或是自己原本的基地，但幾個月後又再次被派回烏克蘭境內作戰。

二〇一五年初，俄羅斯武裝部隊再次在烏克蘭境內發動第三波重大攻勢。最初的目標是頓涅茨克機場。經過長達八個月的戰鬥和包圍，機場早已沒有機場的樣子。然而對兩國來說，烏克蘭士兵（及準軍事民兵部隊）能夠長期堅守，已極具象徵意義。在如此惡劣的情況下，這些人仍能存活，於是在烏克蘭人之中贏得「生化人」的稱號。但也是因此，莫斯科決定必然不能留這些人活口。二月中旬，俄軍終於以絕對優勢攻下機場，所有烏克蘭戰俘遭到處決。

俄羅斯在二〇一五年一月攻勢的第二個目標是德巴爾切夫（Debaltseve），這裡是連接頓涅茨克與盧甘斯克地區的鐵路樞紐。對於「頓涅茨克人民共和國」與「盧甘斯克人民共和國」這兩個俄羅斯支持的偽政權來說，德巴爾切夫是維持它們運作的重要關鍵。攻打德巴爾切夫的部隊，包括曾參與二〇一四年八月入侵的第二〇〇獨立摩托化步兵旅，另外參與的還有駐紮於恰克圖（Kiakhta）的第三七機動步兵旅，以及駐紮在烏蘭烏德（Ulan-Ude）的第五獨立坦克旅，這兩支部隊都位於俄羅斯與蒙古邊境的布里亞特地區（Buriatia），距離烏克蘭約六千公里，當地居民屬於布里亞特人（Buriat，多半信奉佛教）。

第三七摩托化步兵旅的巴托．丹巴耶夫（Bato Dambaev）曾在社群媒體上張貼該部隊往返布里亞特區與烏克蘭的照片。在頓涅茨克地區的當地民眾，就曾取笑「原來布里亞特人是頓巴次的原住民。」所有在頓巴次的人，不論對這場戰爭抱持何種看法，都很清楚俄羅斯軍隊就是有參戰；不論是支持俄羅斯、烏克蘭或是沒意見，都會取笑這件事。布里亞特人在烏克蘭抱著小狗或踢著足球的照片廣泛流傳。就布里亞特人看來，俄羅斯否認自己確實出現在烏克蘭，實在十分可笑。但對於俄羅斯的其他宣傳故事，他們則信以為真。對他們來說，自己的任務正如俄羅斯媒體所言，是要來擊敗「殺害兒童的凶手」。

雖然二〇一五年二月十二日在明斯克又簽署第二次停火協議，但俄羅斯對德巴爾切夫的攻勢並未停歇。再一次，該協議規範的是「外國勢力」，而俄羅斯也同樣否認自己有士兵在烏克蘭。戰爭仍然持續，直到該城遭到摧毀、烏克蘭軍隊遭到擊潰。一名俄羅斯坦克指揮官回憶道：「他們逃出圍攻，想清理道路，想要逃跑，我們不得不把他們徹底擊潰。」說這些話的是第五獨立坦克旅的坦克駕駛員多爾齊・巴托姆昆耶夫（Dorzhy Batomunkuev），他駕駛的坦克在戰鬥中遭擊中，讓他受到嚴重燒傷。在德巴爾切夫戰役中，還有許多其他站在俄軍一方的俄羅斯人和烏克蘭人傷亡。然而，絕大多數傷亡是來自遭到包圍的烏克蘭士兵。至此，俄羅斯在頓巴次地區的最後一場主要軍事干預畫下句點，不出意外是以俄軍勝出作結。

俄羅斯軍隊後來有些部隊就留在烏克蘭，一方面訓練當地人，一方面參與戰鬥。例如格魯烏的第一六獨立特種部隊旅，二〇一五年就駐紮在烏克蘭。而在五月五日，該旅至少有三名士兵在烏克蘭行動中身亡，分別是安東・薩維里耶夫（Anton Saveliev）、帖木兒・馬馬烏蘇波夫（Timur Mamaiusupov）與伊萬・卡多波洛夫（Ivan Kardopolov）。來自卡多波洛夫家鄉的一位女士談到這種情況：「我不知道，他們在電視上說我們並未交戰，但一直有遺體送回家。」

這位鄰居可以把自己親眼所見與電視上的報導做對比，對大多數俄羅斯人來說，這場戰爭究竟發生什麼事，都是藏在蘇爾科夫操控的電視螢幕之後。媒體告訴俄羅斯人，「頓涅茨克人民共和國」和「盧甘斯克人民共和國」都是獨立實體，但分離主義者則承認這些國家得依靠俄羅斯的稅收來支持。正如一位分離主義領導者所言，這意味著「來自莫斯科的電話，就像是來自上帝本人辦公室的電話。」而這裡他所說的「莫斯科」，其實就是蘇爾科夫。至於兩個「共和國」國內的媒體，則是遵照莫斯科的指示將美國描繪成法西斯邪惡的根源，聽從著杜金和格拉濟耶夫的意見，並向歐洲法西斯分子提供記者證。烏克蘭公民的苦難仍在繼續，已約有一萬人死亡、兩百萬人流離失所。

◇

俄羅斯對烏克蘭的戰爭被稱為「混合戰」（hybrid war）。像這樣在「戰」這個名詞前面加上形容詞（例如這裡的「混合」）的問題在於，字面上看來似乎「比一般的戰爭更為限縮」，但實際的意思卻是「比一般的戰爭更為廣闊」。俄國對烏克蘭的入侵既是常規戰，也是游擊戰，要誘使烏克蘭公民起身對抗烏克蘭軍。除此之外，俄羅斯對烏克蘭的戰役也是史上最廣的一次網路攻擊。

二〇一四年五月，烏克蘭中央選舉委員會的網站遭到入侵，原本可能會展現出一張圖片，顯示某個民族主義者（實際得票率不到一%）贏得總統大選，但烏克蘭當局在最後一刻阻止這項陰謀。然而俄羅斯電視公司沒發現計謀已被視破，結果就在電視上播出那張圖、偽稱那位民族主義者獲選為烏克蘭總統。二〇一五年秋季，駭客攻擊烏克蘭媒體業與烏克蘭鐵路系統。同年十二月，駭客讓烏克蘭電網的三座輸電站、五十座變電站當機，造成二十五萬人無電可用。二〇一六年秋天，駭客攻擊烏克蘭的鐵路、海港、財政部，以及金融、基礎建設與國防部門。另外，駭客又對烏克蘭電網發動第二次、手法遠遠更為細緻的攻擊，讓基輔的一座輸電站當機。

這場網路戰當時並未在西方登上頭條，但它正代表著未來的戰爭。從二〇一四年底開始，俄羅斯滲透美國白宮、國務院、參謀長聯席會議與許多美國非政府組織的電子郵件網路，曾導致烏克蘭大停電的惡意軟體，也被植入美國電網。直到二〇一六年，俄羅斯駭客開始插手美國總統政治，美國人才終於醒覺。

俄羅斯在二〇一四年入侵烏克蘭的戰役中，最值得注意的一點就在於其資訊戰，目的一方面在破壞事實性，一方面堅持自己純真無辜。這件事在美國持續進行，而且做得更為細緻，也造成比在烏克蘭更令人印象深刻的結果。要說烏克蘭輸了這場對俄羅斯的資訊戰，是因為其他人因此而無法瞭解烏克蘭面臨的困境，但大致上來說，烏克蘭公民自己還知道發生什麼事。美國的情況就不一樣了。

在對烏克蘭的戰爭中，俄羅斯領導者採用不易否認性的手法，撒著再明顯不過的謊，挑戰西方媒體會不會找出事實。二〇一四年四月十七日，普丁斷然否認俄羅斯已進入烏克蘭東南部，他說：「胡說八道。烏克蘭東部沒有俄羅斯部隊，沒有什麼特殊任務，也沒有什麼戰術顧問。這一切都是出自當地居民之手，而證據就是那些人都已經拿下他們的面罩。」這種說法耐人尋味的地方在於，四月十七日確實是俄羅斯特種部隊在斯拉維揚斯克取下面罩的那一天，但他們說的卻恰恰相反：「我們是格魯烏的特種部隊。」八月二十三日，在這場夏季戰爭的最高峰，俄羅斯部隊開始收緊包圍伊洛瓦伊斯克烏克蘭軍的圈子，拉夫羅夫說道：「所有這些（關於俄羅斯軍隊在場的）報導，在我們看來都是資訊戰的一部分。」八月二十九日，他聲稱那些拍攝到俄羅斯士兵的照片都是「從電腦遊戲裡拿出來的圖」。

拉夫羅夫想說的，並非事實有不同的觀點，而是將事實視為敵人。這正是伊茲博斯克俱樂部在宣言中提出的想法，也是俄軍指揮官安托費耶夫在這場夏季入侵前所做的事：所有的事實都是來自西方的「資訊科技」，如果能摧毀事實性，就是摧毀西方。民調顯示，這種否認事實性的作法，確實抑制俄羅斯民眾對此的責任感。二〇一四年底，只有八%的俄羅斯人認為俄羅斯對於在烏克蘭的事件有任何責任，絕大多數（七九%）則是同意以下主張：「不管俄羅斯做什麼，西方都不會滿意，所以就不用管他們在說什麼了。」

俄羅斯用各種手法挑動民眾前往烏克蘭戰鬥，而遺體回鄉時則面臨著沉默的恐懼，傷亡者的家屬被告知，一旦向媒體透露任何消息，就不會從國家得到任何撫恤或救濟。非政府組織士兵母親委員會（Soldiers' Mothers Committee）的聖彼得堡分會整理一份戰死的俄羅斯人名單，就被俄羅斯政府宣布該組織為「外國代理人」。該會在皮亞季戈爾斯克（Piatigorsk）的主任高齡七十三歲，還患有糖尿病，卻仍遭到逮捕。只要是報導俄羅斯傷亡情況的記者，有許多都遭到毆打。到了二〇一四年底，俄羅斯記者已不再，或說是不能做出相關報導。死者名單不再更新。戰爭仍在繼續，但燈光已然熄滅。

俄羅斯對烏克蘭、歐洲及美國的這場戰爭，基本邏輯是採用**策略性相對主義**（strategic relativism）。由於俄羅斯當地落入盜賊統治、經濟上也依賴商品出口，無法增強國力，而俄羅斯的科技也很難迎頭趕上歐美，縮小差距。然而，只要削弱他人的力量，也就等於是自己變強：例如藉由入侵烏克蘭，讓該國無法加入歐洲。與此同時的資訊戰，則是為了削弱歐盟和美國。歐美擁有，而俄羅斯所缺乏的，在於統合的貿易區、穩定可預測的政治情勢，以及得到尊重的承繼接班原則。要是能破壞這些因素，只要敵人受傷更重，俄羅斯的損失也就在可接受的範圍。策略性相對主義的作法，關鍵在於將國際政治轉變為零和博弈（negative-sum game），也就是如果玩得好，就能比其他人損失更少。

在某些方面，俄羅斯對烏克蘭的這場戰爭確實輸了。有些俄國參戰的民族，得從高加索和西伯利亞出發，越過幾百或幾千公里，殺死一些俄語講得比自己更好的烏克蘭人，但在這個過程中，他們並未營造出什麼令人難忘的俄羅斯文化。俄羅斯併吞克里米亞，扶植「盧甘斯克人民共和國」和「頓涅茨克人民共和國」，確實讓烏克蘭的對外關係變得複雜。然而，現在達成的凍結衝突狀態，卻還是遠不及俄羅斯政策文件所談的烏克蘭「解體」，或是「新俄羅斯」希望達成的大規模擴張。烏克蘭集結軍隊，舉行自由而公正的選舉；俄羅斯集結軍隊，卻是為了取代自由而公正的選舉。

俄羅斯的入侵，反而讓烏克蘭社會更為團結。正如烏克蘭首席拉比（chief rabbi）所言：「我們面臨俄羅斯這個外部威脅，而讓每個人都站在一起。」雖是誇大其詞，卻透露出一個重要事實：這是烏克蘭民意史上首次反對俄羅斯。在二〇〇一年的烏克蘭官方調查中，有一七．二%的居民認為自己屬於俄羅斯民族；二〇一七年，這個數字降到了五．五%。雖然下降有部分因素在於難以取得克里米亞與頓巴次部分地區的調查資料，但多半是俄羅斯入侵所帶來的結果。為了保護俄語母語者而入侵，造成數千人喪生，結果就是讓上百萬人開始認同自己就是烏克蘭人。

入侵烏克蘭、併吞克里米亞、擊落馬航一七號班機，俄羅斯逼得歐盟和美國不得不做出回應。歐盟和美國祭出各項制裁，但相對於俄羅斯所聲明，如拉夫羅夫所說的要重建「世界秩序」，這些回應只能說有些軟弱無力；但這些制裁確實讓俄羅斯與這幾位主要的合作夥伴關係更遠，也加深俄羅斯的經濟危機。普丁假裝中國是另一個選項；但北京降低向俄羅斯購買烴類化合物的價錢，也暴露出俄羅斯的弱點：俄羅斯的力量取決於能否在西方和東方之間達到平衡；為了入侵烏克蘭，讓俄羅斯必須依賴中國，而無法逼迫中國提出任何回報。

俄羅斯的歐亞一體思想家聲稱，美國圖謀竊取俄羅斯資源。例如安托費耶夫，就把俄羅斯入侵烏克蘭說成是防衛性戰爭，目的是防止美國竊取俄羅斯的天然氣與淡水。從這裡能看出他有豐富的想像力，但是對於美國的能源生產可能不太熟悉。實際上，把話題拉到資源上似乎完全打錯方向，真正缺乏天然氣和淡水的，是俄羅斯隔壁的中國，而非美國。俄羅斯這次聲稱國際法不保護國家邊界，等於是為北京開出一條道路，以後只要中國有此意圖，就能對中俄邊界抱持類似的論點。在這場俄烏之戰中，無論是俄羅斯、烏克蘭、歐盟、美國，幾乎人人都是輸家，唯一的贏家只有中國。

二〇一四年八月二十九日，拉夫羅夫在這天把俄烏戰爭比擬成電腦遊戲，而俄羅斯與歐洲的法西斯分子和極右翼則集結在俄國由烏克蘭掠奪而來的領土上，一方面否認，一方面卻又慶祝著現在進行式的俄羅斯入侵。

格拉濟耶夫以「反法西斯主義」為題，在雅爾達（Yalta）召開國際會議。按照議程，出席的還有杜金與普羅哈諾夫這兩位俄羅斯法西斯主義同胞。大會嘉賓則是歐洲極右翼領導者：來自義大利的羅伯托・菲奧雷（Roberto Fiore）、來自比利時的法蘭克・克雷爾曼（Frank Creyelman）和盧克・米歇爾（Luc Michel）、來自保加利亞的帕維爾・切爾涅夫（Pavel Chernev），來自匈牙利的馬爾頓・吉昂斯（Márton Gyöngyös），以及來自英國的尼克・格里芬（Nick Griffin）。這群俄羅斯和歐洲的法西斯主義者，打算成立一個「反法西斯主義委員會」（Anti-Fascist Council）。他們雖然就在一個俄羅斯併吞來的城市開會，卻否認俄羅斯入侵烏克蘭；雖然特別來賓就有些俄羅斯將領是特地離開戰場前來出席，但他們否認俄羅斯當時仍在烏克蘭東部作戰。

在歐盟，過去很難找到任何主要政黨選擇這樣的立場，但這樣的政黨正在德國出現，而且得到俄羅斯扶植：一個新的右翼政黨**德國另類選擇黨**（Alternative für Deutschland, AfD）這個政黨的立場，大致處於傳統政黨與雅爾達那些激進人士之間，即將成為莫斯科的新寵。AfD黨魁亞歷山大・高蘭（Alexander Gauland）曾是中間偏右基督教民主聯盟（Christian Democratic

Union）成員，相信俄羅斯對於克里米亞的說詞，並將AfD定位為一個親俄的替代選擇（雖然莫斯科就在攻擊德國的體制）。二〇一四年秋季，俄羅斯對德國國會與安全機構發動網路攻擊。二〇一五年五月，德國國會再次遭到攻擊。二〇一六年四月，基督教民主聯盟（由梅克爾率領的德國最大政黨）也遭到網路攻擊。然而，俄羅斯支持德國極右翼對抗中間派的最重要活動，則是完全公然為之，操弄著俄羅斯與德國同樣的焦慮（伊斯蘭教），用來對抗莫斯科與AfD的共同敵人，也就是德國總理梅克爾。

有鑑於敘利亞戰亂（以及逃離非洲）造成的難民人數日益增加，梅克爾採取一項令人意想不到的立場：德國將會接收大量難民，數量不但多於鄰國，甚至也多於她的選民所願意接受的數目。二〇一五年九月八日，德國政府宣布計劃每年接收五十萬難民。說巧不巧，俄羅斯也在三週後開始轟炸敘利亞。二〇一五年九月二十八日，普丁在聯合國發表談話，提議歐亞一體和歐盟應該互相「協調」。大概就是說俄羅斯會轟炸敘利亞、製造難民，再鼓勵歐洲盡量陷入恐慌。這種作法將有助於AfD，而讓歐洲變得更像俄羅斯。

普丁演說隔天，俄羅斯的炸彈開始在敘利亞落下。俄羅斯轟炸機是從高空投下無精準導引機制的炸彈（又稱「笨炸彈」）。雖然原本瞄準軍事目標，但由於採用非精準轟炸，就會保證造成更多破壞，也就有更多難民逃往歐洲。然而，俄羅斯當時的目標多半不是瞄準伊斯蘭國（ISIS）的基地。根據人權組織報告，俄羅斯一般轟炸的是清真寺、診所、醫院、難民營、污水處理廠和城市。梅克爾最初之所以決定接收敘利亞難民，動機是基於一九三〇年代的歷史，當時納粹德國讓自己的猶太公民變成難民。但俄羅斯的回應就等於在說：如果梅克爾想要難民，我們就給她難民，再用這項議題來摧毀她的政府與德國民主。俄羅斯提供的除了難民本身，還包括將難民營造成恐怖分子和強姦犯的形象。

二〇一六年一月十一日星期一，一名十三歲的俄裔德籍女孩麗莎（Lisa F.）不太想回到在柏林的家。她在學校又闖了禍，而家人對她的教養方式確實也已經引起當局注意。於是，她去一個十九歲男孩的家過夜，男孩的母親也在。麗莎的父母向警方通報失蹤。她隔天回到家，但沒有把背包和手機帶回家。她告訴母親一個誇張的故事，說自己遭到綁架性侵。警方則跟據失蹤女孩的報告，前往朋友的住處，找到她的東西。詢問男孩與母親之後，警方找到背包、讀了她的簡訊，弄清楚麗莎曾經的去向。接受偵訊時，麗莎也向警方坦誠：自己只是不想回家，跑去別的地方。經過醫院檢查，證實她告訴母親的故事並非事實。

但接著，原本只是柏林的一齣家庭劇，到了俄羅斯電視台就成為國際新聞。二〇一六年一月十六日星期六，第一頻道報導麗莎曾告訴父母的那個版本，說她被穆斯林難民綁架，遭到整夜輪姦。針對這則警方早已調查清楚從未發生的事件，第一頻道製作播出不少於四十則新聞，這還只是第一則而已。在電視報導中，還用了來自其他時間與地點的許多照片，以增加報導貌似的真實性。俄羅斯國營的宣傳媒體史普尼克（Sputnik）新聞通訊社也附和，表示懷疑德國對這些難民強姦犯的態度太過鬆散。一月十七日，德國極右翼國家民主黨（National Democratic Party）組織一場示威遊行，要求為麗莎伸張正義。雖然到場的只有十來個人，卻有一位就是RT的攝影記者。他所拍攝的片段，當天就出現在YouTube上。

俄羅斯的資訊戰已經持續好一段時間，但大多數德國人並未發現，於是麗莎的事件剛好就成了軟肋。柏林警方發布一份很委婉的新聞稿，解釋調查結果，略去人名以保護這個家庭，並要求民眾使用社群媒體時應該負起責任。但光是這樣並不足以阻擋俄羅斯的宣傳戰，俄羅斯媒體開始聲稱「一名俄裔柏林女孩遭強姦，真相遭到隱瞞」，而且是「警方試圖加以掩飾」。這個故事透過第一頻道傳遍俄羅斯電視與平面媒體，在各地同聲一氣：德國政府迎接穆斯林強姦犯，未能保護無辜的女孩，而且還說謊。一月二十四日，俄羅斯媒體報導了一個反移民組織舉辦的抗議活動，標題是「麗莎，我們站在妳這邊！德國人在梅克爾的窗下遊行，抗議移民強姦犯。」

這場針對梅克爾的資訊戰，是公然由俄羅斯政府所發動。俄羅斯駐倫敦大使館發推文表示，德國為難民鋪了紅地毯，再把難民的罪行都掃到地毯下面掩蓋。一月二十六日，外交部長拉夫羅夫代表俄羅斯聯邦，把一個德國公民說是「我們的麗莎」，對德國進行干預。拉夫羅夫說自己實在逼不得已，因為在德國的俄羅斯人已經群情激憤；確實如此，但原因是出於他們在那些俄羅斯國營電視台看到的內容。正如在烏克蘭的情形，俄羅斯政府聲稱要代表的人，其實根本是一個住在其他國家的人，而且就是其他國家的公民。正如在烏克蘭的情形，是捏造出某種犯行，讓人以為俄羅斯受到殘害，令俄羅斯有機會展現自己的力量。一如當初那個被釘十字架的男孩形象，這裡「被強姦的女孩」也成為壓倒一切的形象。

在「我們的麗莎」事件之前不久，國際特赦組織（Amnesty International）針對俄羅斯轟炸敘利亞平民出版系列報告，此時發出第一份。人權醫生組織（Physicians for Human Rights）也正在記錄俄羅斯如何攻擊診所及醫院，例如在二〇一五年十二月八日，俄羅斯的空襲摧毀親王醫院（al-Burnas Hospital，這是敘利亞伊德利卜〔Idlib〕西部鄉村地區最大的兒童診所），令醫護人員受傷，並造成多人死亡。雖然有人真真切切因為俄羅斯的攻擊而身亡或致殘，許多男孩、女孩因為炸彈攻擊而喪命，但一切都被「穆斯林這群人都是強姦犯」這種憂慮所掩蓋。來自敘利亞的難民也一如來自烏克蘭的難民，被納入俄羅斯純真無辜的虛構故事裡。像這樣想像出有某個女孩個人遭到侵犯，就是為了要逆轉整個故事的價值。

梅克爾然是德國最大黨的黨魁，也是唯一能夠組閣的領導者。但她的地位因為移民問題而遭到動搖，部分原因正是出於俄羅斯干預在德國的討論。在二〇一七年大選期間，在德國由俄羅斯扶植的社群媒體描繪出一種形象，認為移民就是危險、政治機構就是懦弱而虛偽，而AfD則是德國的救世主。在二〇一七年九月的選舉中，AfD取得總票數一三%，排名第三。這是自從一九三三年的納粹黨以來，首次有極右翼政黨取得德國國會席次，而黨魁高蘭則表示將要「獵捕」梅克爾，「奪回我們的國家」。

有些歐洲政治人物，還沒有梅克爾那麼幸運。波蘭政府由公民議壇黨（Civic Platform）執政時，總理唐納・圖斯克（Donald Tusk）曾支持烏克蘭追求加入歐洲的未來。獨立廣場上曾飄揚著波蘭的旗幟，波蘭年輕人也曾經前往基輔，給朋友支持。有些老一輩的人曾參與波蘭反共運動，他們在獨立廣場看到從未想過會再次看到的東西：跨社會階層、跨黨派的團結。波蘭外長西科爾斯基也曾親身前往基輔，希望為抗議者與政府協商出解決辦法。

而這樣的波蘭政府，之後被打倒下台。起因是開始流出一些錄音帶，內容是公民議壇黨政治人物在餐廳的私人談話。問題不在於內容有什麼醜聞（雖然確實有），而在於讓波蘭人聽到這些政治人物私下是怎麼說話。一旦讓選民聽到政治人物私下怎麼點菜、怎麼講笑話，這個人物在政壇上的形象就很難再維繫。像是西科爾斯基被錄到的內容，只是一些頗為合理的政治判斷，但所用的語言與他在公共場合使用的不同。出錢請服務生錄下這些對話的人，欠了某家公司兩千六百萬美元，而這家公司與普丁過從甚密。至於兩家錄下談話內容的餐廳，都是由某個與塞米昂・莫吉列維奇（Semion Mogilevich）相關的財團所有，一般公認莫吉列維奇是莫斯科黑幫老大中的老大。

那條劃分公共責任與私人生活的線，造成的影響遠比表面看來還高。在波蘭這個曾在二十世紀成為納粹與蘇聯爭搶焦點的國家，私下的談話非出於自願就遭到曝光，已經可說是極權主義的開端，但這一點很少有人提及。波蘭人對德國與蘇聯侵略的記憶，多半是關於英雄行為及邪惡行徑，被忘記的是極權主義如何在一九七〇年代與一九八〇年代繼續橫行：不是出於各種能夠明顯區分加害者與受害者的暴行，而是出於各種私人與公共生活的界線遭到侵蝕，進而毀壞法治，並且是讓全民一同參與這個毀壞的過程。波蘭又再度回到那個對話會遭竊聽、隨時可能遭到莫名批判、永遠在疑神疑鬼的世界。

要是沒有私人生活，公共生活就無以為繼。就算是最優秀的民主人士，如果無法享有某些對話隱私，就不可能進行治理。唯一能夠不擔心被爆料的政治人物，就是那些掌握他人祕密的政治人物，又或是因為平常的公開行為就已經如此無恥，再也不擔心遭到勒索威脅。到頭來，這些電子醜聞號稱揭露某些政客的「偽善」，指責他們打破規則，但真正得益的是那些自始至終都無視規則的政客。數位爆料讓某些有祕密的人結束職涯，但也讓某些深諳表演之道的人開啟政治生涯。公民一旦接受這種想法，認為公眾人物的私人生活也是政治，就等於是合作破壞公共領域。從二〇一四年波蘭的錄音帶醜聞，可以看到極權主義默默浮現，而同樣的情形也於二〇一六年在美國出現。

或許已是意料之中，在二〇一五年十月，公民議壇黨在國會大選輸給右翼對手法律與公正黨（Law and Justice Party）。公民議壇黨執政已將近十年；除了錄音帶醜聞外，還有一些其他因素也讓波蘭人感到厭倦懷疑。然而，十一月成立的新政府卻有些完全出人意料的作為：做人毫無節制的民族主義者安東尼・馬西雷維茲（Antoni Macierewicz），拿下重要的職位。馬西雷維茲在過去幾十年間，素有危害波蘭國安的聲名，而法律與公正黨在競選期間也曾做出承諾，不會任命馬西雷維茲擔任國防部長，但接著他就成了國防部長。

身為一個總是深諳祕密與爆料之道的政治人物，馬西雷維茲正是錄音帶醜聞再自然不過的得利者。一九九三年，正是因為他以不尋常的方式來處理波蘭的共產紀錄，扳倒自己的政府。當時，他被交付一項應該小心處理的任務，要檢視共產黨祕密警察的檔案，找出告密者，但他卻胡亂公布一份名單。大部分真正的告密者，像是馬西雷維茲自己在政治上的好搭檔米哈爾・盧希尼亞（Michał Luśnia），其實都未出現在這份一九九三年的「馬西雷維茲名單」上。而名單上的人，卻有一些根本和祕密警察毫無關係，在接下來很長一段時間，都得費盡心力證明自己的清白。

二〇〇六年，法律與公正黨仍然執政，馬西雷維茲又被託付一項敏感任務：改革波蘭軍情系統。但他做的是發表一份報告，裡面把波蘭的軍情作法、特務人名寫得一清二楚，讓整個系統在可預見的未來失去作用。他還確保這份報告迅速翻譯成俄文，而且找來的翻譯過去曾與蘇聯情報機構合作。二〇〇七年，在他所新創的新軍事反情報機構裡，馬西雷維茲自己擔任負責人，卻將機密軍事文件轉交給傑克・科塔斯（Jacek Kotas）；科塔斯在華沙素有「俄羅斯連絡人」之稱，任職的公司與俄羅斯黑幫老大莫吉列維奇有所往來。馬西雷維茲於二〇一五年在國防部長任內，還有一次嚴重違反國安的行為：非法組織在夜間偷襲北約在華沙的一個中心，該中心的任務正是要追蹤俄羅斯的宣傳技倆。

馬西雷維茲這位迴圈政治的大師，成功將波蘭全屬事實的苦難歷史轉成政治上的虛構故事。他在二〇一五年國防部長任內，將一項不久前的人道及政治悲劇轉成一個關於純真無辜的寓言，讓「敵人」有了新的定義。這裡說的就是二〇一〇年四月的斯摩棱斯克空難：一架載有波蘭政治與民間領導者的班機，在前往俄羅斯紀念卡廷大屠殺的途中發生致命空難。當時，領導波蘭政府的總理是公民議壇黨的圖斯克，至於總統則是法律與公正黨的雷赫・卡欽斯基（Lech Kaczynski）。圖斯克率領政府代表團，前往斯摩棱斯克參與官方追悼活動。法律與公正黨也匆忙組織另一個代表團來對打，計劃參與另一系列不同的紀念活動。

只有生者才能追悼死者，這個想作對的代表團，所犯的第一個錯誤在於，竟把這麼多波蘭精英分子放在兩架於同一時間飛往同一地點的飛機上，而幾乎沒有任何事先計畫；所犯的第二個錯誤，則是在天候極惡劣的環境下，試著讓沒有相關訓練的機師降落在軍用機場。雖然第一架飛機在濃霧中成功降落，但第二架飛機卻墜毀在森林之中，機上乘客無人生還。第二架飛機並未依循基本安全程序：駕駛艙門並未關閉，於是機師無法維持正常該有的職權。根據黑盒子的紀錄，機師並不希望降落，但卻遭到後方乘客施壓，其中就包括空軍司令。黑盒子紀錄指出，是總統卡欽斯基決定要降落：他的代表直接告訴機師，這是「總統的決定。」這個決定非但不合適，更造成災難，喪命的不只總統自己，還賠上所有乘客與機組人員的性命。

這場空難完全是由可避免的人為錯誤所造成，這是一個令人很難面對的事實。在卡廷所帶出的氛圍中，情緒已然一片高漲。而對卡欽斯基家族來說，情緒更是難以扼抑，原本因政治而團結在一起的雙胞胎兄弟，突然以一種意想不到的可怕方式被迫分離。在法律與公正黨內，這項空難造成奇特的後果：這兩個雙胞胎兄弟，擔任法律與公正黨黨魁的哥哥雅羅斯瓦夫・卡欽斯基（Jarosław Kaczyński）仍然在世，但擔任總統的弟弟雷赫・卡欽斯基卻已經在一場令人費解的悲劇中離世。雪上加霜的是，兩兄弟在墜機前幾分鐘還曾通話：不論其他講了什麼，似乎顯然雅羅斯瓦夫並未制止雷赫決定降落。

馬西雷維茲很清楚，我們總想在有人死後從中找出意義，而這就能用來製造出一套有用的政治故事。他為這次空難營造出一種神祕的異端氛圍，充滿各種互相矛盾、令人難以置信的解釋說法，大致上就是暗示普丁可能是與圖斯克共謀合作，安排一場政治大屠殺。他的手法與俄羅斯當局處理馬航一七號班機的方式相當類似。在馬航一七號班機的事件中，是俄羅斯擊落一架民用客機，事後試圖否認；而在斯摩棱斯克的事件中，則是俄羅斯並未擊落這架客機，但馬西雷維茲卻似乎急欲證明俄羅斯幹了這件事。然而，兩件事的差異之處並不如相似之處來得重要。這兩次事件其實都有大量且足以令人信服的證據，事後調查也都因此有了明確的結論。然而，在這兩次事件中，迴圈政治家也都運用著各種虛構故事，刻意壓抑事實性，強調受害性。

馬西雷維茲要求，斯摩棱斯克事故受害者的名單必須在公開場合朗讀追悼，他也出席每月一次，情感洋溢的追悼活動。波蘭文有一個字「polegli」，原本專用於在戰爭或起義時捐軀的英雄，但馬西雷維茲也用來指稱這場空難的喪生者。二〇一五年之後，對波蘭領導者來說，追悼斯摩棱斯克空難的重要性已經超越追悼卡廷大屠殺，超越第二次世界大戰，也超越了整個二十世紀。斯摩棱斯克空難追悼活動對波蘭社會的撕裂，只有虛構的故事才可能做到。因為這套故事，使得波蘭與盟國變得疏離，因為沒有任何西方領導者有可能相信馬西雷維茲提出的這種事件版本，就連假裝相信也做不到。歷史學家曾花費長達四分之一世紀，苦心傳達波蘭歷史上曾經歷的恐怖，但在短短幾個月內就付諸流水：由於馬西雷維茲，波蘭苦難的真實歷史被籠罩在一個民族主義的謊言之中。圖斯克當選歐洲理事會（European Council）主席，這是歐盟最高領導職位之一。於是，就算馬西雷維茲暗指圖斯克與普丁密謀一場政治大屠殺，歐洲政客也很難順水推舟。

馬西雷維茲對俄羅斯的指控強烈得如此不合常理，似乎他絕不可能是俄羅斯特務。但或許那才是重點。馬西雷維茲一邊推動對斯摩棱斯克空難的異端解釋，一邊也拔擢與莫斯科有往來的人才，像是任命巴托斯．科納斯基（Bartosz Kownacki）當他的外交大臣，而科納斯基就曾在二〇一二年前往莫斯科，為普丁那場作假的大選背書。至於國家密碼機構負責人，馬西雷維茲則是任命由托馬斯．米科拉耶夫斯基（Tomasz Mikołajewski）擔任；我們對此人知之甚少，只知道他曾經無法通過安全背景檢查。至於其他人事任命，他都依賴著傑克．科塔斯這位「俄羅斯連絡人」來協助處理；科塔斯有一個智庫，為馬西雷維茲提供幹部人選名單。在該智庫曾提出的立場文件（position paper）中，有一份建議應該讓波蘭軍隊去專業化，但另外補充一支國土防衛部隊（Territorial Defense），負責阻止對政府的示威抗議。該文件的作者之一是克日斯托夫．加吉（Krzysztof Gaj），曾散布俄羅斯關於烏克蘭法西斯主義的宣傳說法。後來，馬西雷維茲讓國土防衛部隊成為他個人的直屬部隊，避開波蘭武裝部隊的指揮結構。很快地，這支部隊的預算已經與整支波蘭海軍不相上下。波蘭絕大多數的高階參謀及戰地將領遭到馬西雷維茲開除，換上一群沒有經驗的人，其中某些更以親俄羅斯及反北約的觀點而聞名。

與此同時，華沙做了一項讓自己與所有北約和歐盟同儕不同的決定：放棄支持烏克蘭獨立的政策。波蘭與烏克蘭曾發生一系列衝突事件，而在法律與公正黨執政下，華沙選擇強調波蘭在這之中完全純真無辜。馬洛費耶夫在二〇一四年就曾投入資金，希望推動這樣的波蘭政策，但當時並未成功。時至今日，似乎不用錢就已水到渠成。西方盟友都大感困惑。科納斯基告訴法國人，叉子的使用方式還是波瀾人教會法國人的。英國情報部門的結論則認為，波蘭已不是可靠的合作夥伴。

馬西雷維茲維持與一些美國人的往來，但這些關係背後也能追溯到俄羅斯。二〇一〇年，馬西雷維茲曾前往美國，就如何應對斯摩棱斯克悲劇尋求建議。他在美國眾議院的連絡人是達納・羅拉巴克（Dana Rohrabacher），這位議員的與眾不同之處在於他支持普丁與俄羅斯的外交政策。二〇一二年，聯邦調查局向羅拉巴克提出警告，指出俄國間諜將他視為資訊來源。眾議院共和黨多數黨領袖凱文・麥卡錫（Kevin McCarthy），後來就曾點名羅拉巴克（及川普）是最有可能收了俄羅斯好處的共和黨政治人物。二〇一五年，馬西雷維茲成為國防部長後，羅拉巴克曾前往華沙與他會面。二〇一六年，羅拉巴克前往莫斯科，領取一批莫斯科認為有助於川普選情的文件。但有趣的是，在川普被人指控選舉活動背後與俄羅斯有關時，馬西雷維茲竟也不辭辛勞地為川普辯護。

對於那些能夠顯示他與莫斯科有關係的事實，馬西雷維茲並不是提出否認，而是將這些事實的事實性視為敵人。二〇一七年，一名記者出版的著作詳細描述馬西雷維茲與俄羅斯之間的連結，馬西雷維茲既沒有針對這些主張提出異議，也沒有把這名記者告上民事法庭（否則馬西雷維茲就得提出證據），他的作法是聲稱這項調查報導是對政府部長的實際攻擊，並提起訴訟，要求由軍事法庭審判這名犯下恐怖主義的記者。二〇一八年一月，馬西雷維茲的國防部長一職遭到撤換。到此時，歐盟（明確說來，是歐盟的執行機構，也就是歐盟執委會〔European Commission〕）已在提案，要對波蘭違反基本法治原則提出制裁。

關於捏造出虛構的政治故事，並非俄羅斯天生就必然會如此。伊林和蘇爾科夫之所以最後都認為該這麼做，是因為他們在俄羅斯的經歷，以及對俄羅斯的期許。就算是其他社會，也可能會形成同樣形式的政治手法；可能是出於一次的重大衝擊與醜聞（例如波蘭），又或是出於不平等與俄羅斯的干預（例如英國和美國）。彼得．波莫蘭契夫（Peter Pomerantsev）關於俄羅斯媒體和社會的研究在二〇一四年出版，出書經過反思的結論認為「這裡將會變成那裡」，西方將會變得就像俄羅斯。而俄羅斯的政策，就是要讓這種進展更快速。

要是領導者無力改革俄羅斯，就得讓改革看來是不可能的任務。只要俄羅斯人相信所有的領導者和所有的媒體都在撒謊，就會自己鄙夷西方的模範。只要歐美公民也開始普遍不信任彼此及其組織，歐美就有可能瓦解。在一切都被懷疑的時候，記者就無法發揮作用；在公民不能相互依賴的時候，公民社會就會衰落；而若法治想要維繫，就必須相信民眾在無人執法時也願意遵守法律，而若真要執法時則必須公平。而所謂的公平，其實也就是假設確實存在某些事實，不論用任何觀點也能理解。

傳播那些俄羅斯宣傳故事的人，是一群歐洲極右翼分子，他們和俄羅斯有共同的利益，都希望打破歐盟的體制。舉例來說，是伊茲博斯克俱樂部提出這種概念，認定俄羅斯對索多瑪的戰爭（還有相關的俄羅斯入侵烏克蘭事件）是一場「新冷戰」或「冷戰二．〇」。這種概念在俄羅斯很有用，能夠將對同性戀的欺凌（以及一面欺凌同性戀，一面還入侵一個無助的鄰國）塑造得彷彿是一場壯觀的對決，是對上全球超級強權、要爭奪對文明形態的定義權。這種「新冷戰」的說法，得到國民陣線領導者瑪琳．勒龐的推廣，她從二〇一一年開始在RT上這麼說，二〇一三年七月訪問莫斯科時也又提了一次。至於美國知名的白人至上主義者理查德．史賓塞，接受RT採訪時用了這個詞彙。

俄羅斯官方聲稱，獨立廣場上那些烏克蘭人是在為西方做事，而歐美極右翼分子也散布這種說法，波蘭法西斯主義者馬特烏斯．皮茨科斯基（Mateusz Piskorski）聲稱，烏克蘭的抗議活動是「美國大使館」幹的好事；奧地利自由黨領袖海因茲—克里斯蒂安．史特拉赫（Heinz-Christian Strache）則是怪罪於西方安全部門；匈牙利尤比克黨的馬爾頓．吉昂吉斯（Márton Gyöngyös），早在反猶太與新納粹分子成為RT的主播之前，就被俄國媒體稱為反猶太分子暨新納粹分子；而吉昂吉斯就表示獨立廣場的示威是由美國外交官安排。德國新納粹分子馬努艾爾・奧克森萊特也說烏克蘭革命是「由西方所強加」。但以上這些人沒有任何一位提出證據。

歐洲極右翼散播俄羅斯陰謀論的說法，而在美國右翼得到共鳴，其中前共和黨眾議員榮恩・保羅（Ron Paul，曾在二〇〇八年和二〇一二年競選總統）的聲明特別耐人尋味。自稱自由主義者的保羅，曾對美國在國外涉入戰爭提出大力批評，但這時卻為俄羅斯到國外發動戰爭提出辯護。保羅引用格拉濟耶夫的言論，並表示讚許；只不過格拉濟耶夫的法西斯政治及新共產主義經濟學，根本就與保羅的自由至上主義（libertarianism）互相矛盾，格拉濟耶夫的主戰論也與保羅的孤立主義背道而馳。此外，保羅也贊成歐亞一體計畫，這再次令人意想不到，因為該計畫背後的哲學觀就是法西斯主義，而且其經濟觀也需要採取國家計劃。保羅呼應許多歐洲法西斯分子的想法，聲稱是「美國政府在烏克蘭發動一場政變」。但正如那些法西斯分子，保羅也未能提供證據，反而只是引用RT的宣傳說法。

至於比較沒有那麼令人意想不到的，則是美國某祕密納粹組織的領導者林登・拉魯奇（Lyndon LaRouche）也附和格拉濟耶夫的說詞。拉魯奇和格拉濟耶夫已經同聲一氣超過二十年，包括像是認定世界上有國際（猶太）寡頭統治、（猶太）自由主義分子在對俄羅斯人進行種族滅絕，以及認為歐亞一體計畫值得一試。在拉魯奇看來，烏克蘭正是猶太人刻意打造的產物，目的就是要阻擋歐亞一體。一如格拉濟耶夫與其他俄羅斯法西斯主義者，拉魯奇運用熟悉的大屠殺象徵符號，將猶太人定義為加害者，而其他人則是受害者。二〇一四年六月二十七日，拉魯奇發表格拉濟耶夫的一篇文章，聲稱烏克蘭政府是由美國扶植的納粹軍政府。

幾乎同時，史蒂芬．科恩（Stephen Cohen）在二〇一四年六月三十日引用俄羅斯媒體上的說法。科恩與拉魯奇同樣支持俄羅斯的宣傳說法，認為俄羅斯入侵烏克蘭是出於烏克蘭正在發動種族滅絕。認定烏克蘭正在發動種族滅絕的這種想法，經由RT譯為英語，得到美國不論是極左翼分子或極右翼分子的傳播。這些宣傳手法都是在刻意濫用與納粹大屠殺有關的形象，如此一來，拉魯奇可以讓美國的反猶太人士以為俄羅斯受到猶太人迫害；科恩也可以讓美國左翼與美國猶太人以為，二〇一四年的俄羅斯人正受到如同一九四一年猶太人一樣的迫害。無論如何，結果不僅讓烏克蘭的事件遭到偽稱篡改，也讓納粹大屠殺事件變得輕如鴻毛。

科恩在《國家》（*The Nation*）雜誌的文章聲稱，烏克蘭總理曾說對手是「subhuman」（次等人），而科恩認為這正可證明其納粹信念，也能看出烏克蘭政府的行徑。但事實上，烏克蘭總理當時是向在行動中遇害的烏克蘭士兵家屬表達哀悼，而在聲明中用了烏克蘭文「neliudy」（沒人性的人）來形容那些攻擊者。是俄羅斯媒體將這個烏克蘭文的詞彙不實翻譯成俄文的「nedocheloveki」（次等人），再由RT在英語新聞裡使用「subhuman」一詞。於是，科恩成了連鎖反應的最後一步，把這種誹謗的說法帶進美國媒體。在RT的一則報導中，則是將這項不實翻譯與其他非事實一起播出，還附上盧安達發生大屠殺時的照片。這則RT的報導在英國違反新聞製播標準，被撤下網路。然而，如果讀者想取得這項關於「次等人」的不實指控，上《國家》雜誌還是能夠找到。

俄羅斯在二〇一四年七月擊落馬航一七號班機時，科恩說：「我們以前也發生過這種事，就在冷戰期間。」像這樣輕描淡寫地提及過去，就淡化一群平民慘遭殺害的事實。事實上，馬航一七號班機是在俄羅斯入侵烏克蘭期間，以一枚俄羅斯的武器、由俄羅斯的士兵操作，擊落一架民用客機，造成兩百九十八人死亡。那是一個國家刻意調動的士兵與武器；是一名軍官下令發射；機師在駕駛艙內被炮彈碎片撕裂身體，命喪現場；一架飛機在離地十公里的高度被扯裂；兒童、婦女、男性，都在突如其來的恐懼中喪生，遺體散落在整個鄉間。就在科恩提出前述說法的二〇一四年七月十八日，俄羅斯電視台所做的則是針對這起事件播出許多不同的說法。此時，記者早已掌握許多再實在不過的事實：多架烏克蘭戰機在幾週前於同一地點遭俄羅斯武器擊落，俄羅斯格魯烏軍官葛金聲稱是他們擊落那架後來才知道是馬航一七號航班的飛機；但科恩並未向美國人提及這些事，而是把話題風向改成「冷戰」。

要說俄羅斯的反同性戀政策及入侵烏克蘭是一場「新冷戰」，這種概念最先由伊茲博斯克俱樂部的法西斯分子在俄羅斯提出並加以傳播，接著是由右翼政治人物在RT誇誇其談：勒龐，始於二〇一一年，以及史賓塞，始於二〇一三年。接著再因為科恩與《國家》的發行人卡翠娜・凡登霍薇爾（Katrina vanden Heuvel），而讓這個詞彙成為二〇一四年《國家》的流行詞。

二〇一四年七月二十四日，凡登霍薇爾在電視上聲稱，莫斯科正在這場「內戰」中「呼籲停火」，彷彿俄羅斯並非這場衝突的侵略者，而是清白地置身事外。當時，「頓涅茨克人民共和國」和「盧甘斯克人民共和國」的總理根本不是烏克蘭人，而是由俄羅斯武力所帶來的俄羅斯公民，是俄羅斯的政治技術專家，與烏克蘭素無淵源。而這兩位總理也正在發揮所有公關能力，推廣要把這一切視為「內戰」的想法；至於凡登霍薇爾，也成為推廣的幫手。就在她登上電視的那時，負責安全事宜的是安托費耶夫這個俄羅斯公民，他將這場衝突說成是對抗國際共濟會陰謀的戰爭，並預言美國終將毀滅。

凡登霍薇爾發表這些說法的一週前，俄羅斯武器系統擊落馬航一七號班機，當時整個夏天都有許多報導指出，俄羅斯將武器運過俄烏邊界。在她嘴上說著「內戰」的那時，就有許多大規模的炮擊從俄羅斯的領土發射。一名身處發射現場的俄羅斯記者報導指出：「俄羅斯正從自己的領土炮擊烏克蘭」，也寫到這是「俄羅斯對烏克蘭的軍事侵略。」就在凡登霍薇爾發表看法的那時，來自俄羅斯聯邦各地的數千名俄羅斯士兵，也正集結在俄烏邊境。是因為有著英勇的俄羅斯與烏克蘭記者，我們才能得知這場俄羅斯對烏克蘭戰爭的基本事實，但這些事實都遭到《國家》的各種宣傳說法淹沒。

英國左派重要作家也重申同樣的俄羅斯說法。二〇一四年五月三十日，約翰・皮爾格（John Pilger）就在《衛報》（*The Guardian*）寫道，普丁「是唯一譴責法西斯主義崛起的領導者。」有鑑於當時的各項事件，這不能說是聰明的結論。就在沒幾天前，新納粹分子就曾在莫斯科街頭遊行，而從未受到總統譴責。在幾週前，在俄羅斯國家電視節目上，一名俄羅斯主播聲稱是猶太人自己招來納粹大屠殺；與她對話的普羅哈諾夫也應和這種說法。這名女主播的薪水是普丁政府支付；普丁本人則是曾和普羅哈諾夫一起在媒體上曝光（普羅哈諾夫曾開心登上俄羅斯的轟炸機體驗一番，也很顯然可以看出得到官方支持）。這兩個人也未受到總統的譴責。當時的俄羅斯，正在邀集歐洲極右翼分子，擔任選舉的「觀察員」、擔任俄羅斯的馬前卒、擔任俄羅斯訊息的傳播者。莫斯科主辦歐洲法西斯主義者的大會，也對法國極右翼政黨國民陣線提供資助。

普丁這個極右翼的全球領導者，究竟是怎麼誘惑到左翼的意見領袖？俄羅斯提出的各種宣傳說法，都會特別針對對網路戰專家所稱的「易感性」（susceptibilities），也就是根據一個人過去的發言或行為，判斷這個人可能會相信什麼。於是，可能針對某一個人、聲稱烏克蘭是一個猶太陰謀，但同時針對另一個人，又說烏克蘭是一個法西斯陰謀。於是，左翼人士看到社群媒體上針對左翼所安排的內容，也就容易受到吸引。皮爾格之所以會寫下那篇《衛報》文章，是受到一篇網路文章影響，據稱該文作者是醫生，文中詳細描述烏克蘭在敖德薩的諸多暴行；然而，這位醫生並不存在，那些暴行也從未發生。但在《衛報》的更正說明中，只提到皮爾格的資料來源（一個虛假的社群媒體頁面）「後來遭到移除」，這實在是太過溫和的說法，而我們也可以說：《衛報》在二〇一四年關於烏克蘭點閱度最高的文章，其實就是把一則俄羅斯的政治造假文章譯成英文。

《衛報》副主編蘇馬斯．米爾恩（Seumas Milne）曾在二〇一四年一月表示，烏克蘭示威抗議的核心是「一群極右翼民族主義者與法西斯主義者」。這種說法並不符合《衛報》對烏克蘭的報導路線，而是符合俄羅斯的宣傳路線。米爾恩無視於紀錄顯示有大約一百萬烏克蘭公民費盡心力，希望以法治對抗寡頭統治，而對於一家左翼傳統的報紙來說，這實在是一個令人想不通的轉折。甚至在普丁承認確有俄羅斯軍隊在烏克蘭之後，米爾恩還是聲稱那些「小綠人」主要是烏克蘭人。普丁在二〇一三年於瓦爾代舉行的外交政策總統高峰會上，俄羅斯總統聲稱俄羅斯和烏克蘭是「同一個民族」。而在二〇一四年的總統高峰會，米爾恩則擔任其中一場議程的主席（受普丁之邀）。

無論是米爾恩、皮爾格、科恩、凡登霍薇爾、拉魯奇或保羅，所有人提出的所有說法，無一不是出自於RT。在某些案例中（例如保羅與拉魯奇），可以清楚看到俄羅斯宣傳的痕跡。然而，就算是在《國家》或《衛報》那種看似實際報導的案例裡，卻也無視真正俄羅斯與烏克蘭記者所做的調查。這些極具影響力的英美作者並未親身前往烏克蘭，但親身前往才是新聞業正統的作法。這些人爽快談著陰謀、政變、軍政府、陣營、法西斯分子、種族滅絕，卻逃避接觸現實的世界。這些人運用自己的才能，從遠方讓一個國家溺斃在非現實之中；但這樣一來，他們也在淹沒著自己的國家與自己。

二〇一四年和二〇一五年，英國、美國和歐洲浪費大把時間，討論烏克蘭到底存不存在、俄羅斯到底有沒有入侵烏克蘭。在資訊戰上的這場勝利，讓俄羅斯領導者深受啟發。俄羅斯入侵烏克蘭取得的主要勝利，其實不在於戰場，而在於歐美民眾的心中。極右翼政客散播著俄羅斯的訊息，左翼新聞記者則讓這些訊息進入核心。其中一位左翼記者，後來還來到權力的左近。二〇一五年十月，米爾恩在普丁舉辦的瓦爾代高峰會上擔任某議程主席之後，現在成為英國工黨領袖傑瑞米．柯賓（Jeremy Corbyn）的連絡負責人。有了米爾恩作為他的新聞長之後，柯賓證實並非推動留歐的好人選。最後英國選民通過脫歐，莫斯科歡聲雷動。

二〇一六年七月，英國脫歐公投後不久，川普說：「你可以記下來，普丁不會進犯烏克蘭。」但當時俄羅斯入侵烏克蘭已經超過兩年多，早在二〇一四年二月就已開始，就在狙擊手於獨立廣場謀殺烏克蘭人之後，而這一切都源自於川普有了一位選舉總幹事。到了二〇一五年底，雖然亞努科維奇已經逃往俄羅斯，但他的顧問曼納福特仍在烏克蘭為一個親俄政黨效力。他的新雇主反對集團黨（Opposition Bloc），組成分子正是那些在烏克蘭政治體系中，在俄烏交戰當下還希望能與俄羅斯做生意的政治人物。對曼納福特來說，這份工作的轉換再完美不過。而到了二〇一六年，他來到紐約，接手川普的競選活動。二〇一四年，川普已經知道俄羅斯入侵烏克蘭。但在曼納福特的建議下，川普宣稱俄羅斯實屬無辜。

林登・拉魯奇和榮恩・保羅當時也採取相同立場：俄羅斯沒有做錯任何事情，俄羅斯的入侵是歐美應該負責，而且這場入侵還說不準到底有沒有發生。在二〇一六年夏季與秋季號的《國家》雜誌，科恩為川普和曼納福爾提出辯護，並夢想著川普和普丁有天能攜手合作、重塑世界秩序。俄羅斯會對歐盟與美國發動謊言和法西斯主義的攻擊（而且川普陣營也插上一腳），對左翼來說再自然不過。然而在二〇一六年時，很少左翼分子曾經認真看待川普與他所提出的政治虛構故事。原因或許在於，面對俄羅斯試圖破壞事實性的動作，左翼所信任的作家非但不是分析者，可能還是參與者。無論如何，烏克蘭曾是一個重要的警訊，但並未得到重視。

在美國的總統大選上，出現一個來自虛構世界的候選人；烏克蘭人和俄羅斯人都能看到這套熟悉的模式，但美國左右兩翼人士很少有人肯傾聽。當莫斯科在美國運用與在烏克蘭同樣的手法時，美國左右兩翼人士很少有人能注意，於是美國遭到擊敗，川普當選，共和黨遭到蒙蔽、民主黨感到震驚。俄羅斯人提供這套政治虛構故事，但那是美國人自找的。

Chapter

06

平等或寡頭（2016 年）

最該做的，就是用上所有可行手段，來應付各種陰謀、詭計與腐敗。可以想見，共和政府最致命的對手會從各種方向出擊，但主要就是外國勢力企圖在我們國會取得不正當的優勢。而如果能夠把他們自己的人提升到聯邦的首席法官，豈不是他們最大的滿足？

——亞歷山大・漢密爾頓（Alexander Hamilton），1788年

厄運降臨這片大地，加速厄運的則是
財富累積，與人們腐敗。

——奧利佛・哥德史密斯（Oliver Goldsmith），1770年

普丁的永恆政權，損害了各種政治美德：拆毀俄羅斯的承繼接班原則、攻擊歐洲統合、入侵烏克蘭以阻止新政治形態產生。而他最輝煌的活動，就是發動網路戰來摧毀美國。由於與美國社會不平等相關的因素，讓俄羅斯寡頭統治者在二〇一六年取得非凡的勝利。因為如此，不平等的問題在美國又進一步擴大。

川普的崛起，正是漢密爾頓擔心的「共和政府最致命的對手」所發動的攻擊。俄羅斯領導者公開且熱情地支持川普參選。整個二〇一六年，俄羅斯精英都微笑表示：「川普是我們的總統。」俄羅斯媒體的重要人物基謝列夫歡欣指出：「一顆新星正在升起：川普。」歐亞一體主義者也有同感：杜金發布一段影片，標題為「我們信任川普」，並呼籲美國人「投票支持川普！」俄羅斯國會下議院外交關係委員會主席阿列什・普希科夫（Alexei Pushkov）也表示眾人期許「川普領導西方火車頭順利出軌」。有些俄羅斯人試圖向美國發出提醒：前外交部長安德烈・科濟列夫（Andrei Kozyrev）便解釋，普丁「意識到，美國是個穩定的支柱、遏制普丁的主要力量，而川普將能夠踐踏美國民主、破壞，甚或摧毀美國的這種地位。」

俄羅斯媒體機器站在川普一方運作著，正如一名俄羅斯記者後來所言：「我們得到的指示非常明確：為川普營造正面形象，給他的對手希拉蕊營造負面形象。」史普尼克新聞通訊社這個俄羅斯的宣傳媒體，在推特上使用#crookedhillary（#狡詐的希拉蕊）這個標籤；一方面展現出對川普的尊重與支持（因為是他發明這個說法），一方面也是影射希拉蕊涉入核戰。

川普還曾經登上RT的節目，抱怨美國媒體不符事實，而這對RT來說再完美不過：這個電視台的存在，完全只想聲稱「人人都在說謊」，而現在就來了一個美國人附和這句話。

川普在十一月贏得總統大選時，得到俄羅斯國會的一片掌聲。川普也很快致電普丁，接受祝賀。俄羅斯媒體的領頭人物基謝列夫在週日晚間節目《本週新聞》大讚川普的當選是男子氣概重回政壇，並在觀眾面前幻想著川普如何滿足金髮女郎，而這就包括希拉蕊在內。他很高興「在川普的詞彙中並不包括『民主』和『人權』這些字眼。」基謝列夫談到川普和歐巴馬的一次會面，聲稱歐巴馬「揮舞著他的手臂，就像在叢林裡。」而談到川普的就職典禮，基謝列夫則說蜜雪兒・歐巴馬（Michelle Obama）看來就像女管家。

◇

迴圈政治總充斥著各種幻覺、機器人和網軍、鬼魂與僵屍、死者靈魂及其他虛幻生物，能夠將一個出於虛構的角色送上權力高位。「唐納・川普，一個成功的商人」其實並非一個真實的人物，而是一個幻想，誕生於一種奇特的氛圍：美國衰微的線性政治與不受拘束的資本主義，遇見俄羅斯迴圈政治興盛，而飄起的烴類化合物煙霧及盜賊統治極權主義。俄羅斯就這樣把「他們自己的人」推上美國總統寶座。川普正是一項網路武器的酬載，目的就是要製造混亂和虛弱，而他也確實已經成功。

川普前進橢圓形辦公室分成三個階段，各自都需要依賴美國的一項弱點，也需要美國人的配合。首先，俄羅斯必須先用資金，控制某個投資失敗的房地產開發商。接著，這位失敗的房地產開發商必須在美國電視上打造出成功商人的形象。最後，俄羅斯看準目的進行干預，成功將「唐納·川普，一個成功的商人」這個虛構角色送上二〇一六年總統大位。

在整套操作中，俄羅斯都很清楚何為事實、何為虛構。俄羅斯很清楚川普有幾斤幾兩：絕不是他的推文裡所說「非常成功的商人」，而是一個美國失敗者，成為俄羅斯的傀儡。雖然美國人可能會有其他想像，但在莫斯科真正有分量的人物，沒有人會相信川普是權高勢大的巨頭。光看他過去失敗的紀錄，未來發展應該已經注定，是俄羅斯的資金才讓他逃脫那場命運。

從美國的觀點來看，川普大廈就是紐約第五大道上一棟俗豔的建築；從俄羅斯的觀點來看，川普大廈則是一個適合國際犯罪的地方。

一九九〇年代，俄羅斯黑幫就開始靠著買賣川普大廈的公寓來洗錢，聯邦調查局長年嘗試逮捕最惡名昭彰的俄羅斯殺手，也住在川普大廈。在川普自己公寓的正下方，曾有俄羅斯人因為在公寓裡經營賭場而被捕。在曼哈頓東側，靠近聯合國總部的川普世界大廈（Trump World Tower，建於一九九九年至二〇〇一年），有三分之一的買家是前蘇聯的人民或團體。在川普世界大廈被財政部調查有洗錢嫌疑的一名男子，正上方住戶就是川普競選時的新聞發言人凱莉安・康威（Kellyanne Conway）。在南佛羅里達州，川普的房地產有七百個單位都是由空殼公司買走；兩名與這些空殼公司相關的男子，被法院判定在川普大廈經營賭博和洗錢。對於自己的房地產上究竟發生什麼事，或許川普也真的那麼清清白白、毫無所知。

到了一九九〇年代晚期，公認川普信用不良、財務也已破產。他在超過七十家銀行欠下大約四十億美元的債務，其中約八億美元屬於個人擔保，但他從未展現任何償還這筆債務的意願或能力，在二〇〇四年破產後，沒有任何美國銀行願意為他提供信貸。唯一例外的是德意志銀行（Deutsche Bank），其多彩多姿的醜聞歷史，掩蓋其嚴肅古板的名稱。有趣的是，在二〇一一年至二〇一五年間，德意志銀行曾為俄羅斯客戶洗錢，金額高達約一百億美元。耐人尋味的是，川普拒絕償付對德意志銀行的債務。

一名俄羅斯寡頭統治者向川普買下一間豪宅，價錢比川普當初的買價高出五千五百萬美元。這位買家是狄米崔・雷波諾列夫（Dmitry Rybolovlev），他對這處房產從未表現任何興趣、也沒住過任何一天，但後來在川普競選總統時，倒是有許多活動都能看到他的身影。川普表面上的生意（房地產開發），成為俄羅斯所利用的偽裝。意識到可以用公寓大廈來洗錢之後，俄羅斯人以川普為名，興建更多建物。正如川普的兒子在二〇〇八年表示：「在我們的許多資產中，俄羅斯人占了極高的比例。我們看到許多錢從俄羅斯流入。」

俄羅斯的好意令人難以抗拒：川普能得到事先預付數百萬美元、川普能得到分紅、川普能冠名在建物上——但一毛都不用出。這些條件，雙方都很滿意。二〇〇六年，幾位前蘇聯公民提供川普蘇活（Trump SoHo）飯店的建築經費，川普也能分得利潤的一八％；但他個人分毫未出。在菲利克斯・沙特（Felix Sater）的案子裡，則是把公寓作為洗錢基地。沙特是俄裔美國人，擔任川普集團（Trump Organization）資深顧問，辦公室就在川普大廈裡，比川普的辦公室低兩層。沙特透過貝洛克集團（Bayrock Group），為川普提供他所依賴的俄羅斯資金。沙特也安排後蘇聯世界的人，透過空殼公司購買公寓。從二〇〇七年開始，沙特與貝洛克集團就在全球協助川普，在至少四項計畫上進行合作。雖然有些計畫以失敗告終，但不論如何川普都賺到錢。

俄羅斯並不是富裕的國家，但財富高度集中。因此俄羅斯習以為常的一種作法，就是先讓人輕鬆取得資金、欠下債務，事後再談該怎樣償還這筆債務。身為總統參選人，川普打破數十年來的傳統，並未公布自己的納稅申報表，或許正是因為這些報表將會暴露他有多麼依賴俄羅斯的資金。就算他在二〇一五年六月已經宣布將競選總統之後，仍繼續與俄羅斯人進行這種無風險交易。二〇一五年十月，共和黨總統大選辯論將近，他簽署一份意向書，讓俄羅斯人在莫斯科以他為名建造一座大廈。他在推特上宣布：「普丁愛唐納・川普。」

這項計畫最後未能落實，或許是因為他的總統競選活動正在起步，而這項計畫可能太容易令人發現，他表面的成功背後有俄羅斯的資源協助。「唐納・川普，一個成功的商人」這個角色還有更重要的事情得做。沙特曾在二〇一五年十一月寫道：「我們的孩子能夠當上美國總統，我們可以安排這件事成真。」二〇一六年，就在川普需要資金展開造勢活動時，他的房地產忽然變得大受空殼公司喜愛。從他獲得共和黨提名，到他在大選獲勝的這半年間，所售出的房產單位約有七〇％並非由自然人買下，而是由有限責任公司購買。

⋄

這位俄羅斯的「孩子」之所以能留在美國人的心中，得感謝高人氣美國電視節目《誰是接班人》（*The Apprentice*），川普在節目中扮演的就是能隨意僱用或開除他人的大人物，這個角色對他來說再自然不過，或許是因為他平常早就習慣假冒成這樣的一個人。在節目上，那就是一個無情的寡頭統治世界，個人的未來取決於某人反覆無常的一時興起。每集節目的高潮，都在於川普最後造成痛苦的那一刻：「你被開除了！」在競選總統時，他也以世界確實如此作為前提而依樣畫葫蘆：一個虛構的角色，拿著捏造的財富，無視法律，鄙視體制，缺乏同情心，用製造痛苦的方式來治理人民。而在辯論會上，出於多年在電視上扮演虛構角色的訓練，川普比起共和黨競爭對手更為亮眼。

川普就是在傳播不真實，而且長期以來早已如此。二〇一〇年，RT正在協助美國陰謀理論家，傳播關於美國總統歐巴馬並非出生於美國的不實消息。這套虛構故事瞄準種族主義美國人的弱點（這些人總想像著能夠換掉已當選的歐巴馬），誘請這些人活在一個另類現實之中。到了二〇一一年，川普成為這場幻想活動的發言人。他之所以能有平台來做這件事，是因為在美國人心中，他就是電視上那個成功的商人，而那個角色又是靠著俄羅斯人的援手，才有可能維繫。於是，這成為虛構上的虛構上的虛構故事。

從俄羅斯的觀點來看，川普就是一個被拯救的失敗者，但也成為一項資產，能用來攪亂美國的現實。莫斯科在二〇一三年環球小姐選美比賽也演出這項關係：川普在普丁面前大說好話，希望這位俄羅斯總統成為他「最好的朋友」。川普的俄羅斯合作夥伴知道他需要錢，在安排這場選美活動的時候就給了兩千萬美元，是他們容許川普演出「有錢有權的美國人」這樣的角色。在為這場比賽所拍攝的音樂影片中，川普獲准向一位成功的年輕流行歌手說：「你被開除了！」，而這位歌手的父親正是實際的主辦人。給川普好處，其實就是完全掌握了他。

「川普這個贏家」其實是一個虛構的故事，終將使他的國家落入敗亡。

蘇聯的祕密警察（隨著時間不同，可能稱為契卡、GPU、NKVD或是KGB，最後在俄羅斯稱為聯邦安全局）有一項專長，稱為「積極措施」（active measures）。其中，情報的重點在於要看見、要瞭解；而反情報的重點在於令別人難以看見、難以瞭解。例如對於「唐納・川普，一個成功的商人」這個虛構角色的操作，就是一種所謂的積極措施，目的是要誘使敵方自己以其長處攻擊敵方自己的短處。由於科技與生活的關係起了變化，讓俄羅斯的積極措施取得優勢，於是在二〇一六年對美國的網路戰大獲全勝。

在一九七〇年代至一九八〇年代的冷戰是一項科技上的競爭，看誰更能生產出現實世界具有吸引力的商品供人消費。在當時，北美和西歐各國明顯占有優勢，而蘇聯也在一九九一年解體。時至二〇〇〇年代至二〇一〇年代，大多數美國家庭都有了不受監管的網際網路（但俄羅斯並未如此），科技與生活間的關係產生變化，權力平衡也隨之開始偏移。二〇一六年，美國人平均每天要在螢幕前花費超過十小時，而多數的螢幕都有連上網路。艾略特曾在〈空心人〉（The Hollow Men）一詩寫道：「在想法／與現實之間／在提案／與行動之間／落著陰影。」而美國在二〇一〇年代的陰影就是網際網路，分隔人民與他們以為自己在做的事。時至二〇一六年，科技不再讓美國社會更瞭解外部世界；而是讓人更瞭解美國社會內部、瞭解每個美國人的心靈。

在喬·治歐威爾（George Orwell）的《一九八四》（*1984*）一書中，主角被告知：「你將會變成一片空洞。我們會把你擠空，再以我們的思想將你填滿。」在冷戰期間，競爭重點在於供人消費的實物，但是到了二〇一〇年代，新的競爭重點則在於心靈中的心理狀態。俄羅斯經濟無須生產任何具備實際價值的東西，他們也確實並未這麼做。俄羅斯政客必須做的，是利用由他人創造的科技來改變人的心理狀態，而且他們也這麼做了。等到競爭的重點在於對人格特性的無形操縱，俄羅斯勝出並不那麼令人意外。

普丁領導的俄羅斯之所以要宣戰，並不是真要立刻達成什麼目的，而只是因為情勢有利。伊林與之後的俄羅斯民族主義者，都認為西方是一種精神上的威脅，光是其存在這件事實，就可能對俄羅斯人造成傷害或困惑。按照這種邏輯來說，只要一等到技術上可行，就應該對歐美發動網路戰，先發制人。時至二〇一六年，雖然美國多半並未注意到，但俄羅斯網路戰已經開始將近十年。一名俄羅斯國會議員就表示，俄羅斯都已經能夠選擇由誰來當美國總統，美國情報機構還「一直在睡覺」，而且他這番話並非空穴來風。

基謝列夫把資訊戰稱為最重要的戰爭類型。而在遭受資訊戰的美國，民主黨主席則認為資訊戰「顯然是一種戰爭，只是處於另一種戰場。」但這就是一場戰爭。卡爾・馮・克勞塞維茨（Carl von Clausewitz）對戰爭的研究素負盛名，他將戰爭定義為：「迫使敵人遵行己方意志的一種武力行為。」但如果正如二〇一〇年代俄羅斯軍事學說所假設的，用科技就能直搗敵人意志，無須再以暴力作為媒介，那又如何？俄羅斯在二〇一三年提出的軍事規劃文件便提到，有可能運用「人民的抗議潛力」，打造出不利於人民利益的結果；或是像伊茲博斯克俱樂部在二〇一四年所言，可以在美國製造出「破壞性的偏執想法」。[1] 這可說正是簡明扼要地講完川普參選的情形。一個虛構角色贏得勝利，而原因在於人民投票時，心中想的是要抗議整個體制，相信的是根本不真實的偏執幻想。

二〇一四年烏克蘭總統大選期間，俄羅斯攻擊了烏克蘭中央選舉委員會的伺服器。烏克

1 俄羅斯領導者是這麼看待烏克蘭革命的：如果烏克蘭人不想被俄羅斯統治，一定是因為其他人發動對俄羅斯的資訊戰，而這裡的其他人只可能是美國。於是，一邊是對烏克蘭抱著執念的克里姆林宮，一邊是幾乎不把烏克蘭看在眼裡的白宮，兩邊就出現溝通錯誤的情況：美國保持沉默愈久，俄羅斯就愈以為是敵人正在祕密運作。於是，俄羅斯與烏克蘭軍隊作戰時，其實是把它看做一場對抗歐盟和美國的資訊及網路戰。

蘭當局在最後一刻阻止這場駭客攻擊。但在其他地方，烏克蘭就沒有那麼幸運了。網路戰最可怕的一種可能，是專業人士所謂的「網路到實體」（cyber-to-physical）：從鍵盤上改變電腦程式碼，就能對三維現實世界產生影響。俄羅斯駭客曾在烏克蘭多次嘗試這種作法，例如讓部分電網因而斷電。在二〇一六年的美國，俄羅斯結合這兩種形式的攻擊：攻擊總統大選，但這次採用網路到實體的形式。俄羅斯網路戰的目的，是要透過貌似正常程序的方式，把川普送進橢圓形辦公室。但川普不需要懂得這種事，就像電網只要知道在接到指令時斷開就行了。燈確實滅了，那才是重點。

俄羅斯對烏克蘭的戰爭，一直都只是一個更大政策的一部分，真正目的是摧毀歐盟與美國。俄羅斯領導者對此毫無掩飾；俄羅斯士兵和志願軍都相信，自己參與的是對抗美國的一場世界大戰；從某種意義來說，他們想的也沒錯。二〇一四年春天，俄羅斯特種部隊滲透烏克蘭東南部，其中某些士兵心裡想的顯然就是要打敗美國。其中一位告訴記者，他的夢想是「讓T-50（俄羅斯隱形戰機）飛越華盛頓上空！」而對於站在俄羅斯一方作戰的烏克蘭公民，心中也充滿類似的願景：有一位就幻想著一面紅旗高掛於美國白宮和國會大廈頂上。二〇一四年七月，俄羅斯開始對烏克蘭進行第二波重大軍事干預，指揮官弗拉基米爾．安托費耶夫就將烏克蘭與美國合而稱之，說兩者都是「解體中的」國家，並預料美國的「邪惡構造」將遭摧毀。二〇一四年八月，博羅岱（以及其他許多人）在社群媒體轉傳一則關於俄羅斯干預美國的笑話，笑話內容就以種族主義的觀點提到美國總統的特徵。二〇一四年九月，謝爾蓋・格拉濟耶夫寫道，必須「終結」那些「美國精英」，才能打贏烏克蘭戰爭。二〇一四年十二月，伊茲博斯克俱樂部發表一系列文章討論針對美國的新冷戰，認為將以資訊戰形式來進行。文章已預測要「以錯誤的資訊來塞爆資訊」，目標是「破壞西方社會的一些重要支柱」。

俄羅斯的聯邦安全局與軍情單位格魯烏，兩者都在烏克蘭相當活躍，也都參與針對美國的網路戰。「網路研究社」這個俄羅斯的專職網路戰中心，就操縱歐洲和美國對俄羅斯在烏克蘭戰爭的想法。二〇一五年六月，川普宣布參選後，網路研究社的業務擴張，增設一個美國部門，約有九十名新員工前往聖彼得堡到職上工。網路研究社還聘請大約一百名美國政治活動人士，但這些人並不知道自己是為誰工作。網路研究社也與俄羅斯情報機構合作，好把川普送進橢圓形辦公室。

情況到了二〇一六年已經很明顯，俄羅斯對這些新的可能性十分興奮。該年二月，普丁的網路顧問安德烈・克魯茨基克（Andrey Krutskikh）誇口道：「我們即將在資訊領域有所成就，讓我們能與美國平起平坐。」五月，格魯烏的一名官員也吹噓，說格魯烏正在代表普丁，對希拉蕊進行報復。十月，也就是大選前一個月，對於美國即將迎來的崩潰，第一頻道提出一則長篇且耐人尋味的思索。二〇一七年六月，在俄羅斯獲勝後，普丁以個人身分表示他從未否認有俄羅斯志願者對美國進行網路戰，而這也正是他曾用來形容俄羅斯入侵烏克蘭的說法：他從未否認有志願者。普丁就這樣使了個眼色，承認俄羅斯在網路戰中擊敗美國。

事實證明，美國例外論（American exceptionalism）是美國的一個巨大弱點。事實也證明，比起俄羅斯在烏克蘭的地面作戰，他們同時向歐洲及美國發動的網路戰其實容易得多。甚至在烏克蘭努力捍衛自己時，歐洲和美國還有作家在傳播俄羅斯的宣傳技倆。美國與烏克蘭的一個不同之處，在於還不習慣網際網路可能會被用來對付他們。時至二〇一六年，終於有一些美國人開始意識到，自己對烏克蘭的看法遭到俄羅斯的宣傳技倆所欺騙。然而很少有人注意到下一波攻擊已經襲來，也沒預料到自己的國家可能失去對現實的控制。

在網路戰中，所謂的「可攻擊面」（attack surface）是指電腦程式可能讓駭客存取的一些點。如果網路戰的目標不是電腦程式、而是整個社會，可攻擊面就會更為廣泛：各種能讓攻擊方接觸到受攻擊方心靈的軟體。對於二〇一五年和二〇一六年的俄羅斯來說，美國的可攻擊面就是整個臉書、Instagram、推特和Google。

大多數美國選民很有可能都暴露在俄羅斯的宣傳之下。例如臉書在二〇一六年十一月大選之前，封鎖高達五百八十萬個假帳號，而這些帳號就曾被用來宣傳政治訊息。二〇一六年，在臉書約有高達一百萬個專頁使用一種工具，讓它們自動產生幾千萬個「按讚」，而能夠將某些文章（通常都是捏造的虛構內容）推送到不知情的美國人的動態消息上。俄羅斯最明顯的一項干預措施，在於網路研究社設置四百七十個臉書專頁，號稱是屬於美國政治組織或運動。其中六個專頁的內容各自得到三億四千萬次分享，也就是說總計的分享次數超過十億。而俄羅斯的宣傳活動還包括至少一百二十九個活動頁面，接觸到至少三十三萬六千三百人。時近大選前夕，俄羅斯還在臉書投放三千則廣告，也在Instagram上以至少一百八十個帳號把那些廣告製作成迷因來宣傳。俄羅斯做這些事，完全無須附上任何聲明，指出這些廣告是由誰出資，於是美國人還以為這些外國宣傳內容都是國內自己的討論。在學者開始計算美國人暴露在俄羅斯宣傳內容的程度究竟多高之後，臉書就刪除更多資料數據。如此推斷，俄羅斯的這些攻擊應該是有效到令人難堪。臉書後來才告知投資人，假帳號的數量高達六千萬個。

俄羅斯並不是隨機讓美國人暴露於他們的宣傳內容下，而是根據每個美國人在網路上的行為，找出其易感性，再量身打造接觸的內容。民眾會相信那些自己覺得聽起來正確的事，而因為相信了，就會遭到操縱。還有另一種方式，則是讓人接觸到原本就恐懼或厭惡的事，而讓他們感到更為憤怒。例如穆斯林恐怖主義這個主題，俄羅斯在法國和德國已經先用過一輪，現在也在美國再次上場，像是在密西根州和威斯康辛州這樣的關鍵州，俄羅斯的廣告就鎖定那些可能被反穆斯林資訊激怒而去投票的人；至於在整個美國，對於那些應該會投給川普的選民，則會用號稱是美國穆斯林組織的專頁，讓選民認為這些組織都支持希拉蕊。另外，如同在德國的麗莎事件，俄羅斯對於支持川普的宣傳內容，會刻意將難民與強姦犯扯上關係，而這也是川普宣布參選時做過的事。

俄羅斯攻擊者善用推特能夠大量轉傳的能力。就算只是一般時候、談論一般主題，也有大約一〇%的推特帳號（保守估計）是機器人而非真人；也就是說，那些帳號的背後是一些複雜程度或高或低的電腦程式，從一開始的設計目的，就是要把某些訊息傳播給目標受眾。雖然推特上的機器人確實沒有真人那麼多，但發送起訊息卻比人類更有效率。在距離大選還有幾週時，在全美的政治對話中，機器人占了大約二〇%。就在開票結果出爐前一天，一項重要學術研究發出警告，認為機器人可能「危及總統選舉的公正性」。研究提出三大問題：「第一，可能有許多可疑帳號分頭發動攻擊，背後有不當目的；第二，政治對話可能進一步兩極化；第三，散布錯誤及未經證實資訊的情形可能更為嚴重。」大選過後，推特判定曾有兩千七百五十二個帳號成為俄羅斯影響政治的工具，而等到推特開始認真尋找，更是以每天一百萬個的速度，找出許多可疑帳號。

機器人一開始是用於商業目的，靠著提供看來似乎更划算或更簡便的選項，推特就能大為影響使用者的行為。而這點就遭到俄羅斯的利用，例如俄羅斯掌控的推特帳號就讓人誤以為可以「簡訊投票」（但這是不可能的），藉以壓低特定陣營的得票。由於放這種假消息的情況太過嚴重，雖然推特一般很不願意介入平台上的討論，但最後還是不得不特地發出聲明，承認確實出現這種干預手段。俄羅斯似乎還可能用了另一種數位方式，來壓低特定陣營的得票：讓某些關鍵地點和時刻完全無法投票。舉例來說，民主黨在北卡羅萊納州只有極小幅領先，而大多數民主黨選民都住在城市裡，在投票日當天，城市中的投票機忽然當機停止運作，於是減少成功投出的票數。生產這些機器的公司，遭到俄羅斯軍情部門的駭客攻擊。此外，俄羅斯還掃描美國至少二十一州的選舉網站，可能想找出系統漏洞，也可能想取得選民資料，據以安排影響力活動。根據國土安全部表示：「俄羅斯情報機構已經針對美國許多州或地方的選舉委員會，取得並至今仍擁有重要的存取權限。」

過去在英國脫歐公投中，俄羅斯就曾用推特機器人鼓勵選民投下脫歐贊成票，而這次俄羅斯更讓機器人在美國全力發揮。至少有數百起的案件，正是那些曾與歐盟作對的機器人，現在被用來發動對希拉蕊的攻擊。大多數的外國機器人流量，都是對她的負面宣傳內容。希拉蕊於二〇一六年九月十一日身體不適，而俄羅斯機器人就將她的病情大幅誇大，以#HillaryDown（#希拉蕊倒下了）為標籤，創造一股風潮。俄羅斯的網軍和機器人也在關鍵時刻動員起來，直接支持川普，發出推文讚揚川普本人及共和黨全國代表大會。川普後來不得不和希拉蕊辯論，而且過程對他來說實在煎熬，但俄羅斯網軍和機器人卻搶下所有網路聲量，聲稱川普在辯論中勝出，又或說辯論遭到操縱要和川普作對。在那些川普最後獲勝的關鍵搖擺州，機器人在大選前幾天的運作活動都更加激烈。選舉日當天，機器人還大量發出#WarAgainstDemocrats（＃開戰反對民主黨）的推文。等到川普勝利之後，至少有一千六百個曾經為他工作的機器人，又轉而開始在法國攻擊馬克宏、支持勒龐，以及在德國攻擊梅克爾、支持AfD。就連在這個基本的技術層面上，這場對美國的戰爭也是一場對歐盟的戰爭。

在二〇一六年的美國，俄羅斯還入侵電子郵件帳戶，再用臉書和推特上的假帳號，傳播那些經過篩選，認為能造成效果的內容。駭客入侵的第一步，是讓人收到一封電子郵件，要求他們到連結的網站輸入密碼。接著駭客就會使用取得的密碼資訊，進入該用戶的電子郵件帳戶、竊取信件內容。取得內容後，再由某些熟知美國政治系統的人加以篩選，決定要讓美國大眾在哪個時機、看到哪些內容。

美國各大黨會在總統大選年各自召開全國大會，讓選民能夠公平地看到各政黨候選人的選擇與陳述。但在二〇一六年，俄羅斯剝奪民主黨的這項機會。在三月和四月，俄羅斯駭進民主黨全國委員會（Democratic National Committee）與希拉蕊競選團隊人員的帳戶（甚至曾經嘗試駭進希拉蕊本人的帳戶）。接著在七月二十二日，就在民主黨全國代表大會召開前夕，大約有兩萬兩千封電子郵件遭到公開披露。這些電子郵件經過精挑細選，以確保在希拉蕊與競爭對手伯尼・桑德斯（Bernie Sanders）的支持者之間挑起衝突。全國大會原本應該營造團結，但這些電子郵件造成分裂。

根據美國當局當時與之後的說法，這次駭客攻擊是俄羅斯網路戰的一部分。然而，川普陣營卻支持俄羅斯。川普公開要求莫斯科找出並揭露更多希拉蕊的電子郵件。川普的兒子與維基解密（WikiLeaks）私下有連絡，而維基解密在這次郵件洩露也曾出力。有一次的洩密，就是維基解密要小川普請他爸爸幫忙推而廣之：「嘿，小唐納，很高興看到你爸在談我們發表的東西。強烈建議，如果你爸談到我們，可以轉推這個連結。」川普也的確這麼做了，而且是在這個請求提出僅僅十五分鐘之後。川普有數百萬推特粉絲在手，正是俄羅斯駭客行動最重要的流通管道之一。川普協助俄羅斯的方式，還包括一再否認俄羅斯曾插手選舉活動，以提供保護，避免俄羅斯受到審查。

每當川普情勢不利，就會有洩露的電子郵件前來馳援。十月七日出現一段影片，顯示他認為有權有勢的男性就該對女性進行性侵，川普一時處境堪憂。但影片才出現三十分鐘，俄羅斯就釋出約翰·波德斯達（John Podesta，希拉蕊的競選總幹事）的電子郵件，擾亂對於川普性掠奪史的認真討論。之後，再由俄羅斯網軍與機器人上工，開始把川普支持性侵的這件事大事化小，並引導推特用戶多多討論洩密的電子郵件。再接下來，俄羅斯網軍與機器人針對波德斯達的電子郵件編出兩個虛構故事：一個說某披薩店是波德斯達等人進行兒少性剝削的據點；另一個則說他們有撒旦邪教行徑。放出這些煙霧彈，讓川普的支持者忙著思考討論其他事，就比較沒注意到川普對自己的性掠奪悄悄認罪。

二〇一六年的美國一如二〇一五年的波蘭：沒人想過這樣選擇性公開私人通訊對極權主義有何意義。極權主義抹除私人與公共間的界限，要所有人在強權面前永遠透明。俄羅斯所公布的資訊，牽涉的都是在美國民主程序中擔任重要功能的真實人物；把這些資訊公諸大眾，會影響這些人在大選期間的心理狀態與政治能力。必須注意的是，這些人一邊想要辦好民主黨全國代表大會，一邊卻因為手機號碼被俄羅斯公布而收到各種死亡威脅。就因為民主黨的這些國會委員會失去對私人資料的控制，民主黨國會候選人便在競選公職時遭到騷擾，而在私人資料遭公布後，就連捐款給民主黨的美國公民也遭受騷擾和威脅。正因為這一切都只針對單一主要政黨，而另一個政黨卻絲毫不受影響，造成的效果也就影響到政治的最高層面。更根本的是這預示現代極權主義的樣貌：每個參與政治的人都得心懷恐懼，因為現在做的任何事都可能在日後遭到洩露，對個人造成不利後果。

當然，要創造極權主義氛圍，也有一些公民推了一把。那些選擇打電話、做出威脅的人，正是美國極權主義的馬前卒。但這種誘惑只會變得愈來愈廣、愈來愈深。公民都有好奇心：當然，藏得愈緊的東西愈有趣，而在揭露時的快感就像得到解放。等到一切被視為理所當然，討論重點就不再是那些公開、已知的事，而是那些祕密、未知的事。我們不再想搞清楚身邊發生的事，只是渴望再揭開下一個祕密。所有公務員都必然有其不完美與缺陷，但我們變得以為自己有權對他們無所不知。然而，一旦公共與私人之間的界線崩潰，民主就會承受讓人難以持續的壓力。在這種情況下，只有無恥的政客才能生存，因為他們對出醜根本毫無所懼。像「唐納．川普，一個成功的商人」這樣的虛構角色，根本不會對現實世界有責任感，因此也就不可能感到恥辱，有醜態遭到揭露時，一個虛構的角色只會進一步要求揭露更多。而這也正是川普身為候選人所做的：呼籲莫斯科繼續去找、繼續去揭露。

公民如果只相信重視外國駭客揭露的內容，就等於被充滿惡意的勢力所綁架。二〇一六年，美國人等於是任由俄羅斯擺布，卻沒有意識到這種情形。大多數美國人都乖乖聽從普丁在駭客電子郵件的指示，他問：「是誰洩露的有什麼關係嗎？裡面到底有什麼資訊才是重點。」然而，這要怎麼解釋，這些公開的資料挑起了民眾揭密的快感，並進一步對原本的事分心？又要怎麼解釋，為何只因為那些背後的權勢如此選擇，就讓所有其他的祕密不被揭露？光是因為某件事的揭露搞得沸沸揚揚，就讓我們忘記還有其他事物遭到隱藏。不論是俄羅斯或他們的代理人，都並未放出任何關於共和黨人、關於川普陣營的任何資訊（就這一點而言，也沒有放出任何關於俄羅斯人自己的資訊）。這些表面上號稱追求真相的人，在網路上到處公布電子郵件，卻對川普陣營與俄羅斯之間的關係沒有提出任何說法。

正因為有史以來，從來沒有任何美國總統競選陣營與外國勢力有如此密切的連結，這樣的刻意遺漏也就很能讓人一窺真相。只要從公開的資料裡，就能清楚看到其中連結。俄羅斯網路戰的一項成功之處，在於運用各種祕密、瑣事的誘惑，而讓美國人忽略那些明顯、重要的事物：美國的主權正遭受顯而易見的攻擊。

從公開資料當中，就能看到川普的顧問與俄羅斯聯邦之間互動非比尋常。曼納福特從二〇一六年三月加入川普陣營，並在六月至八月期間擔任競選總幹事，而眾所周知，他與東歐有著長期且深厚的關係。在擔任川普競選總幹事期間，曼納福特沒有從川普那裡拿到任何薪水；對川普這樣一個聲稱是億萬富翁的人來說，這相當不尋常。或許曼納福特只是熱心公益，但也或許他預計真正的報酬會來自他方。

二〇〇六年至二〇〇九年間，曼納福特受僱於俄羅斯寡頭統治者奧列格·德里帕斯卡（Oleg Deripaska），工作內容是要軟化美國，接受俄羅斯的政治影響。曼納福特向克里姆林宮保證，會提出「一個大大有利於普丁政府的模式」，據稱德里帕斯卡支付給他兩千六百萬美元。而在一項聯合投資項目之後，曼納福特發現自己債欠德里帕斯卡一千八百九十萬美元的債務。二〇一六年，曼納福特時任川普競選幹事，這筆債務也似乎一直掛在他的心頭，他寫信給德里帕斯卡，表示要代表川普陣營向他提出「私人簡報」。他希望將自己的影響力轉化為德里帕斯卡的寬恕，把債務「一筆勾消」。有趣的是，川普的律師馬克・卡索維茲（Marc Kasowitz）也正好是德里帕斯卡的代表。

在曼納福特的履歷上，除了曾經為俄羅斯工作來削弱美國外，也曾經協助把俄羅斯心儀的候選人送上總統寶座。二〇〇五年，德里帕斯卡向烏克蘭寡頭統治者里納特・阿克梅托夫（Rinat Akhmetov，亞努科維奇的支持者）推薦曼納福特。曼納福特在二〇〇五年至二〇一五年在烏克蘭擔任技術專家，使用的正是共和黨在一九八〇年代在美國發展的「南方策略」：告訴一部分民眾，說他們的身分遭受威脅，於是讓每次的選舉都像是一場關於文化的公投。在美國，目標受眾是南方白人；而在烏克蘭，目標受眾是俄語母語者的烏克蘭人，只不過訴求都一樣。曼納福特在二〇一〇年成功將亞努科維奇送上烏克蘭總統寶座，不過後果就是引發革命和俄羅斯入侵。

曼納福特先是把這套美國戰術帶到東歐，現在又把這套東歐戰術再帶回美國。作為川普的競選幹事，正是他負責將那套俄羅斯式的政治虛構作法進口到美國。就是在曼納福特任職期間，俄羅斯已經入侵烏克蘭兩年，而川普還在電視上告訴觀眾，俄羅斯不會入侵烏克蘭。同樣是在曼納福特的指導下，川普公開要求俄羅斯找出並揭露希拉蕊的電子郵件。最後，曼納福特之所以不得不辭去川普競選總幹事一職，是因為被發現亞努科維奇曾在檯面下支付給他一千兩百七十萬美元現金。直到最後一刻，曼納福特仍然展現出一位真正俄羅斯政治技術專家的手段，沒有花費多少心力來否認事實，而是把話題引導到其他更引人注目的虛構故事上。二〇一六年八月十四日，現金支付情事曝光當天，曼納福特還協助俄羅斯散播一則純屬虛構的故事：穆斯林恐怖分子襲擊在土耳其的北約基地。

取代曼納福特競選總幹事一職的，是右翼思想家暨電影製片史蒂夫·班農（Steve Bannon），而他的資歷則是將白人至上主義帶進美國話語的主流。班農擔任布萊巴特新聞網（Breitbart News Network）主管期間，讓布萊巴特新聞網成為美國家喻戶曉的媒體。全美名列前茅的種族主義者，無一例外全部盛讚川普與普丁，例如曾支持俄羅斯入侵烏克蘭的海姆巴赫，就說普丁是「全世界反全球化勢力的領導者」，並稱俄羅斯是白人至上主義「最強大的盟友」、「民族主義者的軸心」。海姆巴赫對川普的支持十分狂熱，曾於二〇一六年三月在路易威爾（Louisville）的川普集會上，將一名抗議者推擠趕出會場；接受審訊時，他辯稱自己只是聽從川普的指示行事。班農聲稱自己是經濟民族主義者，說他要捍衛人民。但班農之所以能擁有這樣的職涯與媒體，靠的是梅瑟（Mercer）這個美國寡頭統治家族；由他操盤的競選活動，將另一個寡頭統治家族（川普家族）送進橢圓形辦公室；而在一場訴訟中，經費由又一個美國寡頭統治家族科赫（Koch）家族提供，班農合作的對象協助打開美國的大門，允許無限制的選舉獻金。

一如類似觀點在俄羅斯聯邦發揮的作用，班農的極右翼意識形態讓美國寡頭統治集團運作更為順暢。可以說，班農就是經過大幅簡化、不那麼博學的蘇爾科夫，班農的智識素養不足，顯然遠遠不及，但光靠著他不高明的手段玩著俄羅斯那套把戲，就讓俄羅斯在美國這場仗得以勝出。正如俄羅斯理論家將事實性視為敵人的科技，班農也把新聞記者稱為「反對黨」。對於各種不利於川普陣營的主張，他並未否認其事實。舉例來說，班農從未否認川普是性掠奪者，而是把那些傳達相關事實的記者說成是民族的敵人。

相較於蘇爾科夫的文學成就或伊林的哲學成就，班農拍攝的電影無趣且過於簡單化，但三者的理念是相同的：迴圈政治，純真無辜的民族不斷規律地遭到攻擊。正如高明得多的蘇爾科夫和伊林，班農也喚起原本早被遺忘的法西斯主義者，而他喚起的是尤利烏斯·艾佛拉（Julius Evola）。一如蘇爾科夫，班農以混亂與黑暗為目標，只不過他舉的例子比較平凡日常：「黑暗是好的。迪克·錢尼（Dick Cheney）、達斯·維達（Darth Vader）、撒旦。那就是權力。」班農相信「普丁捍衛著傳統制度」。事實上，俄羅斯的種種作為，表面上是在捍衛傳統，但實際上是在攻擊歐洲主權國家與美國主權，像是由班農領導的總統競選活動，就是俄羅斯對美國主權的攻擊。班農後來才看清這一點：等他得知川普陣營的最高成員曾在二〇一六年六月於川普大廈與俄羅斯代表會面，他說這是「叛國」、「不愛國」。只不過到最後，班農也同意普丁的意見，認為美國的聯邦政府體制（以及他稱為「美化後的保護國」的歐盟體制）應該被摧毀。

在整個競選期間，無論表面上是由曼納福特或班農擔任總幹事，川普真正信賴的是他的女婿：房地產開發商賈瑞德．庫許納（Jared Kushner）。曼納福特和俄羅斯有一段歷史，班農和俄羅斯有同樣的意識形態，而庫許納和俄羅斯的連結則只有金錢與野心。只要注意到他的沉默，就很容易追蹤這些連結。在他的岳父選舉獲勝後，庫許納並未提到自己的公司Cadre曾從某個俄羅斯人那裡得到巨額投資，而那個人的公司又曾代表俄羅斯政府，給了臉書十億美元、給了推特一億九千一百萬美元。同樣值得注意的是德意志銀行，這家銀行曾為俄羅斯寡頭集團洗錢數十億美元，也曾是唯一仍願意貸款給庫許納岳父的銀行，就在總統大選前幾週，德意志銀行向庫許納放款兩億八千五百萬美元。

在岳父當選總統，自己也在白宮接手多項職責之後，庫許納不得不申請安全許可。申請表上，他並未提到曾與俄羅斯官員接觸。但事實上，他曾參與二〇一六年六月在川普大廈的會議，同時在場的還有曼納福特和小川普，莫斯科在會議中向川普陣營提供文件，作為（據中間人表示）「俄羅斯與俄羅斯政府對川普的支持」。會議上的俄羅斯發言人娜塔莉亞．維塞尼茨卡雅（Natalia Veselnitskaya）是阿加拉羅夫的律師，而正是阿加拉羅夫在二〇一三年把川普帶到莫斯科。出席這場川普大廈會議的還有阿加拉羅夫的公司副總裁伊克．卡維拉德茲（Ike Kaveladze），而卡維拉德茲自己在美國就開設了數千家匿名企業。知道川普陣營與俄羅斯的會議曝光後，川普指示兒子發出誤導性的新聞稿，聲稱當時是在討論關於收養的議題。

庫許納除了曾參與在川普大廈和俄羅斯人的會議，也在競選期間多次與俄羅斯大使謝爾蓋・季瑟雅克（Sergei Kislyak）談話。有一次，他用貨梯將季瑟雅克偷偷送進川普大廈，目的是討論如何建立川普與普丁之間的祕密通訊管道。

競選期間，川普對外交政策幾乎沒有發表任何看法，只是不停承諾將「與普丁相處愉快」，以及讚揚著這位俄羅斯總統。川普的第一次外交政策演說是在四月二十七日，距離宣布參選已經將近一年。曼納福特為川普選定由前外交官理查德・伯特（Richard Burt）擔任撰稿人，伯特當時與一家俄羅斯天然氣公司還有約在身。換句話說，就是有一個欠了某位俄羅斯巨頭錢的人，聘請一位正在為俄羅斯做事的人，來為俄羅斯希望當選的候選人撰寫講稿。在該年春天，伯特的公司也得到三十六萬五千美元的報酬，名義是促進俄羅斯商業利益。除此之外，伯特也是俄國阿爾法銀行（Alfa-Bank）資深諮詢委員會委員，該行的電腦伺服器曾有數千次嘗試連上在川普大廈的電腦。

川普一任命外交政策顧問，這些人立刻開始與俄羅斯或中間人展開討論，商議俄羅斯能如何傷害希拉蕊，以助川普。喬治・帕帕佐普洛斯（George Papadopoulos）在二〇一六年三月得知自己將成為川普的外交政策顧問，幾天後就開始與那些自稱為俄羅斯政府特使的人進行對話。四月二十六日，就在俄羅斯軍情部門入侵民主黨政治人物及活動人士的電子郵件帳號之後，帕帕佐普洛斯從俄羅斯連絡人手中得到各種電子郵件，以及關於希拉蕊的「黑料」

（dirt）。而他也才剛剛參與編寫川普的第一份外交政策演說，內容就曾和俄羅斯的連絡人進行討論。那些人對他印象深刻，大加讚許。那次交流後不久，帕帕佐普洛斯又和川普與其他顧問會面。

五月的一個晚上，帕帕佐普洛斯在倫敦一家酒吧喝酒時，向一位澳洲外交官提到俄羅斯手上有希拉蕊的「黑料」。澳洲當局通知聯邦調查局，於是聯邦調查局開始調查川普陣營與俄羅斯的關係。在帕帕佐普洛斯這邊，還是繼續與連絡人進行交流，而連絡人也繼續鼓勵他不要停下腳步。一位女連絡人向他寫道：「關於能與川普先生維持良好關係的可能，讓我們都十分興奮。」遭到聯邦調查局逮捕後，帕帕佐普洛斯承認曾在這些互動欺瞞美國當局。

另一位川普的外交政策顧問卡特．佩吉（Carter Page）曾短暫任職於某家美國企業，佩吉當時的主管記得他支持普丁，而且是個「怪裡怪氣的人」。佩吉後來在與川普大廈相連的一棟大樓裡成立自己的公司，開始與俄羅斯間諜會面。二〇一三年，他向俄羅斯間諜提供能源產業的文件。佩吉成為俄羅斯天然氣公司的遊說者；為川普陣營工作期間，他向俄羅斯客戶保證，川普當總統將對他們有益。在他獲任命為川普顧問時，手上還有俄羅斯天然氣工業公司的股票。

佩吉曾擔任川普陣營代表，在二〇一六年七月前往俄羅斯，時間正好在共和黨全國大會之前，而川普也將在那場大會上成為共和黨的總統參選人。根據他自己的說法，佩吉談話的對象是普丁政府的「高層人士」，其中一人「表達對川普先生的強烈支持」。佩吉回到美國後，就以一種符合莫斯科期許的方式，調整共和黨大會黨綱。在共和黨全國代表大會上，黨綱有一條是關於要如何回應俄羅斯入侵烏克蘭的問題，但佩吉和川普的另一位顧問戈登（J. D. Gordon）讓這一條黨綱的立場大幅削弱。共和黨全國代表大會上，佩吉曾與俄羅斯大使交談，不久之後又談了一次。

川普的第三位外交政策顧問，是退休將軍麥可・佛林（Michael Flynn）。雖然佛林曾擔任國防情報局局長，而且也是國家安全顧問的可能人選，卻非法收受外國政府金錢而未申報，同時不斷在推特上面發送各種陰謀理論。佛林所散布的概念，包括令人以為希拉蕊暗地資助戀童癖組織。他也接受一套俄羅斯熱烈散布的說法，以為民主黨領袖會參加撒旦儀式。他用自己的推特帳號來轉傳這套說法，於是就像其他一些美國陰謀理論家一樣，參與俄羅斯針對美國所發動的積極措施。

佛林身旁彷彿有一團令人錯亂的迷霧，很容易就會忽略他與俄羅斯的特殊關係。佛林曾經獲准在二〇一三年參觀俄羅斯的軍事情報總部。二〇一四年，他受邀參加在劍橋舉辦的情報研討會，認識一位俄羅斯女士，佛林在給她的電子郵件中署名「米夏」（Misha），正是「麥可」在俄語的小名。二〇一五年夏天，他致力於推動與俄羅斯合作在整個中東建設核電廠，但後來卻並未主動揭露這段歷史。佛林也曾以來賓身分登上RT，但給人的印象是他被主持人玩弄於股掌之間。二〇一五年，他得到有人出錢邀請（三萬三千七百五十美元），前往莫斯科慶祝RT成立十週年，與普丁一同出席晚宴。美國媒體開始報導俄羅斯駭客入侵民主黨活動人士的電子郵件時，佛林的反應是轉發一則推文，文中認為是猶太人的陰謀，才會主張這是俄羅斯的責任。佛林的推特頁面上，跟隨者可以讀到一則寫著「夠了，猶太人。夠了。」在佛林跟隨及轉推的推特帳號中，至少有五個是俄羅斯的假帳號，他也透過網際網路推送至少十六個俄羅斯迷因，還在大選前一天與跟隨者分享俄文內容。

二〇一六年十二月二十九日，川普勝選已經數週，但還要幾週才會就職，佛林在這一天致電俄羅斯大使，但對於自己的任務內容，他卻向包括聯邦調查局在內的其他人說謊。當時，為了回應俄羅斯對總統大選的干預，美國對俄羅斯祭出新一波制裁措施，而佛林當時的任務就是要確保俄羅斯別把這件事放在心上。佛林的助手麥克法蘭（K. T. McFarland）寫道：「如果雙方針鋒相對的態勢升級，川普就很難增進與俄羅斯的關係，而俄羅斯才剛把美國大選送給了他。」看來，川普的顧問似乎無疑認定川普勝出是靠著普丁。佛林與季瑟雅克通完電話，俄羅斯宣布將不會對新的制裁措施有所反應。

歐巴馬曾親自警告川普不該讓佛林掌握權力，但川普卻任命他擔任國家安全顧問，或許是整個聯邦政府最敏感的職位。一月二十六日，代理司法部長莎莉．葉茲（Sally Yates）向資深官員提出警告，表示佛林說謊的行徑容易遭到俄羅斯勒索。四天後，川普開除葉茲。光是揭露關於佛林的事實，在俄羅斯國家杜馬國際事務委員會主席科薩切夫看來，就是一種對俄羅斯的攻擊。佛林在二〇一七年二月辭職，後來也承認曾向聯邦調查人員撒謊。

除了佛林之外，川普挑選的閣員還有許多都和外國勢力有著驚人的親密連繫。例如傑夫・塞申斯（Jeff Sessions）這位阿拉巴馬州參議員，很早就向川普輸誠，而他在二〇一六年就曾與俄羅斯大使多次接觸。關於此事，塞申斯在擔任司法部長的同意聽證會上向國會說謊；為了成為美國最高執法機關首長，他作了偽證。

至於川普的商務部長，也與俄羅斯的寡頭集團（甚至是普丁的家族）有著財務往來。二〇一四年，威爾伯・羅斯（Wilbur Ross）成為賽普勒斯銀行（Bank of Cyprus）副行長與主要投資者，該行為俄羅斯寡頭集團的海外避稅天堂。他接任時，正值俄羅斯人急欲免受制裁，正在將資產轉移到各個避稅天堂。他有位同事是弗拉基米爾・史特拉瓦爾科夫斯基（Vladimir Strzhalkovsky），曾與普丁在KGB共事。該行還有一位主要投資者維克托・維克塞爾伯格（Viktor Vekselberg），是一位深受普丁信任的俄羅斯重要寡頭統治者。在二〇〇五年重新安葬伊林的時候，維克塞爾伯格就曾出資。

羅斯被選定將擔任商務部長之後，雖然辭去賽普勒斯銀行的職位，但仍與俄羅斯盜賊統治集團保持私下連繫。他投資航運公司航海控股（Navigator Holdings），該公司為俄羅斯能源巨頭西布爾（Sibur）公司運送俄羅斯天然氣。西布爾的負責人之一是格納迪・季姆琴科

（Gennady Timchenko），他是普丁的柔道夥伴兼密友；另一位則是普丁的女婿基里爾・沙瑪羅夫（Kirill Shamalov）。羅斯就一直這樣與普丁家族這個俄羅斯寡頭集團的核心保持連繫。他身為美國內閣部長，很容易就能靠著取悅俄羅斯而讓自己財源滾滾。由於美國的制裁措施包括禁止有助開採天然氣的技術轉讓，因此羅斯如果能夠解除制裁，就可能取得個人利益。

在過去，美國從未有哪位國務卿曾讓普丁親自頒贈友誼勳章（Order of Friendship）。但雷克斯・提勒森（Rex Tillerson）首開先例。提勒森上任後，針對普丁視為敵人的美國外交人員進行大規模肅清，使國務院陷入混亂，也就大幅降低美國發揮權力或展現價值觀的能力。日常小事姑且不論，光是這一點對俄羅斯來說就是明確的勝利。

弱化美國的外交，十分符合川普的整體外交政策方向，也就是忽視協商，追求對他個人的討好，這讓他十分容易受騙上當。早在二〇一六年八月，距離大選還有三個月，某位前中情局代理局長就認為：「普丁先生已經吸收了川普先生，讓他不知情地擔任著俄羅斯聯邦特務。」而在川普上任一年後，只有「不知情地」這部分似乎還值得懷疑。到了這時，川普已經讓許多美國知名情報專家都相信他屬於俄羅斯，正如其中一位所言：「就我評估看來，川普實際上是直接為俄羅斯效力。」有三名情報專家提出的總結則是：「如果川普陣營曾取得俄羅斯提供的援助，而並未採取任何措施來制止這種援助（甚至還加以鼓勵），就是對一個其國家利益與美國衝突的外國對手欠下一筆債。可以肯定的是，就算現在還沒發生，普丁到了某個時候會來收取這筆債務——而說到要保護我們的民主，這個政府只會是外國對手的傀儡，不會是我們國家的第一道防線。」川普政府嘲弄著國會對俄羅斯的制裁，拒絕執行國會立下的法律，更邀請俄羅斯情報機構遭制裁的負責人造訪美國。

川普本人一再表示，所有指出他的陣營與俄羅斯有關的說法都是「騙局」。這個詞彙選得好，但該用來形容說出這個詞彙的人。身為總統，這時必須用騙局來保護自己免於面對現實。於是，川普開除了曾在二〇一三年下令突襲川普大廈的檢察官巴拉拉；川普開除了曾警告不應僱用佛林的代理司法部長葉茲；接著，川普開除了聯邦調查局局長詹姆士．科米（James Comey），原因在於科米正調查俄羅斯對美國主權的攻擊。

早在佩吉成為川普的顧問之前，聯邦調查局就一直在調查他作為俄羅斯間諜活動目標的情形。而聯邦調查局之所以開始調查帕帕佐普洛斯，也是因為他告訴一位外國外交官，俄羅斯正在進行不利希拉蕊的行動。然而，並不能說聯邦調查局一直將俄羅斯的干預視為最優先的注意要項。雖然早在二〇一五年底就已經有盟友警告美國情報單位，指出川普陣營與俄羅斯情報部門有聯繫，但美國部門的反應太過緩慢。就連到了二〇一六年春天，俄羅斯駭進民主黨全國委員會，聯邦調查局也不認為這些是緊急情形，未能及時傳達相關資訊。在十一月總統大選的八天前，科米提出希拉蕊有電子郵件使用私人伺服器這件事，這種情境必然會對她的選情造成傷害。但當時是因為聯邦調查局在調查希拉蕊某位助手的丈夫，認為他可能與某個青少女有不當性接觸，才在過程中發現幾封希拉蕊的電子郵件。直到大選兩天前，科米才提出結論，認定這些電子郵件無關輕重。然而此時傷害已經造成，這個事件似乎對川普有利。

雖然如此，聯邦調查局仍舊繼續調查川普陣營與俄羅斯情報部門的聯繫。二〇一七年一月，川普私下向科米要求他表現「忠誠」。二月，川普明確要求科米不要調查佛林：「我希望你能同意放手，就放過佛林。」在無法得到這樣的保證之後，川普在二〇一七年五月九日開除科米，這等於川普承認自己的參選是一場騙局。川普也告訴媒體，他開除科米是為了阻止對俄羅斯的調查。在開除科米的隔天，他還向兩位造訪橢圓形辦公室的訪客說了同樣的話：「因為俄羅斯，我曾面臨巨大的壓力，但現在壓力沒了。」這兩位訪客是俄羅斯駐美大使與俄羅斯外交部長。他們還帶了數位裝備到白宮，為這次會面拍攝照片並加以發送。在前美國情報人員看來，這種作法並不尋常。更不尋常的是，川普還利用這個機會，和俄羅斯情報部門分享最高級別的機密資訊，包括在伊斯蘭國的以色列雙面間諜。

在開除科米的事情後，莫斯科很快就表達對川普的支持。第一頻道聲稱「詹姆士・科米是巴拉克・歐巴馬的傀儡。」普丁則向全世界保證，美國總統「是在他的能力、憲法及法律的框架內行事」。不是所有人都同意這些說法，科米遭開除後，羅伯特・穆勒（Robert Mueller）獲任命為特別檢察官，接手調查。川普曾在二〇一七年六月下令開除穆勒，但手下的白宮律師卻拒絕履行命令，威脅表示寧願辭職。川普隨後開始針對自己試圖阻撓調查的企圖撒謊，並試著找出新方法來顛覆與破壞美國的法律和秩序。

俄羅斯催生並維繫了「唐納・川普，一個成功的商人」這個虛構角色，並將這個角色作為網路戰的酬載，投向美國。俄羅斯的努力之所以會成功，是因為美國相似於俄羅斯聯邦的程度，其實遠高於美國人想要承認的程度。由於俄羅斯領導者已經完成從線性政治到迴圈政治的轉變，具備相關的直覺及技術，而事實也證實能夠呼應到美國社會正在浮現的趨勢。莫斯科所做的，並不是要投射自己的理想，只是用一個巨大的謊言帶出美國最糟糕的情況。

在許多重要面向上，美國媒體都已經變得一如俄羅斯媒體，這也使得美國無力招架俄羅斯的戰術。從俄羅斯的經歷，就能看出如果新聞失去根基，會對政治造成怎樣的影響。俄羅斯缺少地方和地區新聞，俄羅斯媒體也很少關注俄羅斯公民的經歷體驗，而面對這樣所造成的不信任，俄羅斯電視台都轉而怪罪到俄羅斯以外的其他人。講到地方媒體的弱化，美國已經變得很像俄羅斯。美國曾擁有極優秀的地方報紙網絡，但在二〇〇八年金融危機之後，原本就日益衰落的美國地方媒體更是一蹶不振。二〇〇九年，美國報紙及雜誌業每天都有大約七十人失業。對美國中部來說，這意味著新聞不再報導周遭生活，而「媒體」這種新事物崛起。有地方記者時，新聞報導就會關注人們所看的、關心的事件，而等到地方記者消失，新聞也就變得抽象，成為一種娛樂，而不是報導大家熟悉的事物。

將新聞當成全國的娛樂，其實是美國而非俄羅斯的創新，但這也就讓新聞更容易被一個搞笑藝人影響。川普在二〇一五年下半年得到機會，原因就在於美國電視網路對他帶來的收視效果很滿意。某電視網執行長就表示，川普陣營「對美國可能不是好事，但對CBS來說是天大的好事。」美國電視網給他大量的免費曝光，也就讓「唐納・川普，一個成功的商人」這個虛構角色得到極高的觀看數。在競選期間，川普和他的俄羅斯支持者沒有花很多錢，是電視台免費幫他們做廣告，就連MSNBC、CNN、CBS和NBC的推特帳號，提到川普的頻率也比希拉蕊高兩倍。

與俄羅斯不同的一點，在於美國習慣從網路取得新聞。根據一項調查，四四%美國人唯一的新聞來源就是一個網路平台：臉書。網際網路的互動性，讓人以為自己有心靈活動，但其實是阻礙反思。網際網路就是一種注意力經濟：尋求獲利的平台從設計上就想將使用者的注意力切成最小的單位，好充分讓廣告訊息來運用。這種平台呈現新聞時會特別加以調整，以抓住讀者短暫的專心時間，並引起讀者想繼續接受增強的渴望。能夠吸引觀眾的新聞，常常就會讓偏見與憤怒之間的神經連結日益緊密。而如果每天都要針對理論上的敵人發洩情感，現下也就變成無盡、成為永恆的迴圈。在這些條件下，一個虛構的候選人就能享有極大的優勢。

雖然網路平台已經成為美國主要的新聞供應者，但美國卻未能將網路平台視為新聞媒體加以監督管理。於是，臉書的「動態消息」和「熱門話題」這兩項產品，就提供無數的虛構新聞。由於美國的線性政治信念，臉書和推特的負責人對此還洋洋得意，認為自由市場終將導向真相，所以自己什麼事都不用做。這種態度對為數眾多的美國上網民眾造成一個問題：這些人沒有地方媒體之後（或是他們更喜歡那些乍看以為免費的網路新聞），是把網路當成報紙在讀。這樣一來，美國網際網路就成為俄羅斯情報機構的可攻擊面，得以在美國人的心理環境為所欲為長達十八個月，而沒有人對他們做出任何反應。俄羅斯所做的，多半是拿到什麼就好好利用。像福斯新聞（Fox News）上那種偏激的報導，又或是布萊巴特新聞網的爆料消息，都是因為有俄羅斯機器人轉傳，於是才讓更多人看到。靠著俄羅斯的支持，也讓下一個新聞網（Next News Network）這樣的極右翼網站取得聲名和影響力，網站影片在二〇一六年十月的觀看次數就高達大約五千六百萬次。

針對希拉蕊陣營的「披薩門」（pizzagate）和「靈體烹飪」（Spirit Cooking）虛構故事，都顯示俄羅斯的干預與美國的陰謀論能如何狼狽為奸。這兩則虛構故事的開端，就是希拉蕊競選總幹事波德斯達的電子郵件遭到俄羅斯駭客入侵。有些美國人想相信只要是隱私就一定有問題，於是這些人就會遭到俄羅斯哄騙。波德斯達確實和披薩店的老闆有連絡，這件事沒什麼了不起。但網路酸民和機器人（某些還是俄羅斯人）開始謠傳一則虛構故事，說這家披薩店的菜單其實暗藏密碼，可以點購兒童進行性行為，還說希拉蕊就在這家店的地下室經營兒少性剝削業務。美國數一數二的陰謀論網站InfoWars也傳播這個故事。這個虛構故事造成的結果是，有一個真實的美國人，在這家真實的餐廳裡真實地開了槍。高人氣右翼網路活動分子傑克·波索比克（Jack Posobiec）就曾在推特上傳播披薩門的謊言，還聲稱開槍的是一個演員，是拿錢辦事，要隱瞞真相。另外，波德斯達確實曾收到一份晚宴邀請，但他並未出席。那場晚宴的女主人是一位藝術家，曾有一幅畫作名為〈靈體烹飪〉。這項事件到了俄羅斯網軍和機器人手中，就說那場晚宴就是撒旦儀式，要飲用人體的體液。美國陰謀理論家，例如福斯新聞的尚恩·漢尼提（Sean Hannity）與德魯奇報導（Drudge Report）網站，也開始廣傳這套理論。

就這樣，俄羅斯平台為美國陰謀論網站提供大量內容，而且觀看量極高。例如在一封被俄羅斯駭客入侵竊取的電子郵件中，有一些內容提到希拉蕊「決策疲勞」（decision fatigue），指的是工作時間愈久、會覺得下決策愈辛苦。決策疲勞是心理學家觀察到的一種職場現象，而不是某種疾病。但是等到俄羅斯偷到這封電子郵件，郵件透過維基解密公開，再由俄羅斯的宣傳網站史普尼克號稱是證據，能夠證明希拉蕊患有虛弱性疾病。就這樣，最後是美國的資訊戰（InfoWars）網站再接手這個故事。

美國人如此好騙，於是遭到俄羅斯的利用。任何人只要曾經注意德州之心（Heart of Texas，這個組織其實並不存在）的臉書專頁，都能看出來專頁上的作者並非英語母語。但這個專頁的宗旨（德州分裂獨立），正可看出俄羅斯希望在除了自己以外的所有國家鼓吹分離主義，目標包括美國的南方、英國的蘇格蘭、西班牙的加泰隆尼亞、烏克蘭的克里米亞、烏克蘭的頓巴次，以及歐盟的所有會員國等等。德州之心的偏見十分粗俗：一如其他俄羅斯網站，把民主黨總統候選人希拉蕊（Hillary）的名字刻意寫成「Killary」。儘管如此，德州之心的臉書專頁在二〇一六年的粉絲數目卻高於德州共和黨或德州民主黨專頁；事實上，是高於兩者的總和。所有那些曾經對德州之心專頁按讚、分享或支持的使用者，其實都參與俄羅斯以摧毀美國為目標的政治干預。美國人之所以喜歡這個專頁，是因為這個專頁讓他們肯定自己的偏見，甚至程度更勝一籌。於是，一方面得到做壞事的快感，一方面又讓人覺得一切都十分正當。

俄羅斯人和機器人向美國人說著美國人想聽的話，而這些美國人也就相信了。俄羅斯開設一個假推特帳號，號稱是田納西州共和黨，風格辛辣、充滿假故事，但美國人深受吸引。舉例來說，這個帳號就傳播關於歐巴馬出生在非洲，以及靈體烹飪的各種謊言。這個俄羅斯版的田納西州共和黨推特，跟隨者數量是真正的田納西州共和黨推特帳號的十倍。佛林也跟隨這個假帳號，還曾在大選之前的幾天轉推其內容。換句話說，川普的國家安全顧問候選人，成為俄羅斯在美國發揮影響的幫凶。至於川普的新聞發言人康威，也曾轉推同一個來源的俄羅斯造假內容，於是她也成為俄羅斯干預美國大選的幫凶（雖然她所屬的陣營總是否認俄羅斯曾經插手，而她甚至還向白人至上主義者發推特表示「我也愛你們」）。至於波索比克，也曾跟隨並轉推同一個俄羅斯假帳號，並在自己拍的一段影片裡，聲稱俄羅斯絕未干預美國政治。等到這個俄羅斯假帳號經過十一個月才終於被刪除，他說自己實在想不透。其實，他之所以看不到俄羅斯的干預，是因為自己就成了俄羅斯的干預。

史蒂芬・金（Stephen King）曾在一九七六年發表一則短篇故事〈我知道你需要什麼〉（I Know What You Need），講述有個年輕人向一名年輕女子求愛，他能夠讀到她的想法，卻沒有告訴她這件事，只是不斷提供她想要的東西，從草莓冰淇淋開始，到讀書時的休息。他一步一步改變她的生活，不斷在那些適當的時刻，提供那些她以為自己想要的東西，讓她都還來不及想清楚，就已經完全依賴他。她最好的朋友看出有些跡象令人不安，經過調查而找出真相。朋友警告她：「那不是愛，那是強姦。」網際網路現在就有點像是這樣，對我們瞭如指掌，但與我們互動時卻並未透露這一點。網路誘發我們最低劣的原始衝動（tribal impulse），受某些看不見的人所利用，於是我們都變得不再自由。

無論是俄羅斯或網際網路，都不會就此收手。如果公民能夠更瞭解俄羅斯的政策，而網路上也還能維持「新聞」、「新聞工作」、「報導」的概念，對民主事業將會是一大幫助。但到頭來，自由必須依靠的是公民，這些公民必須能夠區別究竟有哪些是事實，又有哪些只是自己想聽到的內容。極權主義的到來，並不是因為人民說自己想要極權主義，而是因為人民已經失去區別事實與慾望的能力。

等到人民不再相信投票是一件重要的事，民主也會就此滅亡。這裡的問題不在於有沒有選舉，而在於選舉是否自由公正。自由公正的選舉能讓民主產生一種時間感：對未來有所期待、對現在感到平安。每次民主選舉，都像是對下一次民主選舉的承諾。只要人民相信還會有下一次有意義的選舉，就知道即使犯錯也能在下一次改正，與此同時，也能對這次選出的人大加撻伐。以這種方式，人類的易犯錯性就能靠著民主轉成政治的可預測性，讓我們覺得時間是一種前往未來的動作，也覺得我們在過程中能夠發揮影響。相對地，如果人民開始相信選舉只是一種重複的儀式、只是要表達人民的支持，民主也就失去意義。

俄羅斯外交政策的本質就是策略性相對主義：既然沒辦法讓俄羅斯更強大，就必須設法讓其他國家更弱小。而要讓其他國家變得弱小，最簡單的方法就是讓它們變得更像俄羅斯。於是，俄羅斯看著自己的問題非但不解決，反而拿來出口到別國。這裡的問題之一就是沒有承繼接班原則，俄羅斯之所以要反對歐洲和美國的民主，是為了不讓俄羅斯人認為可以用民主當作俄羅斯的承繼接班原則。俄羅斯所希望的，就是國民既然不信任自己的體制，一定也不能信任其他的體制。如果俄羅斯的承繼危機確實能夠出口（也就是讓美國成為極權主義國家），那麼雖然俄羅斯沒辦法解決自己的問題，至少看起來似乎也正常。於是，普丁也就沒有壓力。如果美國真如某些美國人所想像，是如此光輝的民主燈塔，其體制應該不會那麼容易遭到俄羅斯網路戰的影響。但從莫斯科來看，美國的憲法結構就是造成一些誘人的弱點。也正因美國民主與法治有諸多明顯缺陷，要干預美國大選實在沒有那麼困難。

法治要求政府對暴力有所管控，而這也是人民對政府的希望。美國社會存在著槍枝（這對某些美國人來說就像是一種力量），在莫斯科看來就是一種國家的弱點。二〇一六年，俄羅斯呼應川普陣營的言論，直接向美國人提出呼籲，鼓勵眾人購買並使用槍枝。當時川普鼓動支持者，表示如果希拉蕊勝出，應該對她行使憲法第二修正案的權利；這是一個間接但明顯的建議，說的就是應該將她射殺。至於俄羅斯的網軍陣營則對美國人的擁槍權歡天喜地，他們大讚憲法第二修正案，不斷挑動美國人該害怕恐怖主義，購買槍枝來保護自己。

與此同時，俄羅斯當局也和現實世界的美國槍枝遊說團體合作。俄羅斯一個名為擁槍權（Right to Bear Arms）的團體，就與美國全國步槍協會（National Rifle Association, NRA）搭起關係。這個俄國團體很清楚，俄羅斯人在現有政權之下絕不可能持武，所以該團體真正想運作的地點其實是在美國。擁槍權的兩名重要成員瑪莉亞・布提娜（Maria Butina）和亞歷山大・托辛（Alexander Torshin）也是全國步槍協會成員。布提娜曾在美國大學就讀，後來創辦一間公司，公司美國籍的共同創辦人與全國步槍協會領導階層往來密切。托辛則是俄羅斯央行副行長，因洗錢指控而在西班牙遭到通緝。二〇一五年十二月，全國步槍協會的代表訪問莫斯科，會見的就是激進民族主義者、正遭美國制裁的副總理狄米崔・羅戈辛。

二〇一六年二月，布提娜從美國向托辛報告表示：「川普（也是全國步槍協會成員）確實贊成與俄羅斯合作。」托辛於該年五月與小川普在肯塔基州會面。同月，全國步槍協會表示支持川普，最後向川普陣營提供約三千萬美元政治獻金。與此同時，該協會對俄羅斯的官方態度發生耐人尋味的轉變。直到二〇一五年之前，全國步槍協會都還在抱怨美國對俄羅斯太過軟弱，但是等到全國步槍協會開始與俄羅斯合作，態度也就徹底翻轉。俄羅斯對全國步槍協會的支持，很類似於俄羅斯在匈牙利、斯洛伐克與捷克共和國支持右翼準軍事組織的方式。等到川普一上任，全國步槍協會便以非常強烈的語氣，在一段影片中宣稱「我們要對付」《紐約時報》（*New York Times*）。有鑑於全國步槍協會支持川普、為川普提供政治獻金、是一個槍枝組織，而川普又把新聞界稱為「敵人」，除了威脅，很難說這句話還有什麼別的意思。想維繫民主，就需要能夠自由交流意見，而「自由」意味著「沒有暴力威脅」。法治崩潰的一個重要跡象，就是準軍事組織崛起，並與政府權力合併。

二〇一六年，美國民主最明顯的一項弱點，就是投票與結果間的斷離。在大多數民主國家，很難想像有候選人雖然得票數比對手高出數百萬票，但最後竟然落敗。然而，由於美國採用「選舉人團」這種間接而約略的選舉制度，這種事情在美國總統大選經常發生。美國選舉人團制度最後計算的是各州的選舉人票，而非個別選民票數的總和。各州擁有幾張選舉人票的依據並非人口，而是各州選出國會議員的總數。由於每個州都會有兩名參議員，就會讓某些人口較少的州擁有的選舉人票似乎不成比例；這時，小州的選民所投下的票，效力會遠大於那些大州選民投出的票。與此同時，還有數百萬美國人的居住地屬於美國領地（territory，與「州」有所不同），於是完全沒有選舉人票。例如美國的波多黎各自治邦，居民人口比美國五十州當中的二十一州都多，但這群美國公民卻對總統大選完全沒有影響力。

在美國國會參議院，小州的參議員人數其實都處於大幅過度代表（overrepresentated）的狀況。美國最大州的人口數約為最小州的八十倍，但這兩州的參議員人員都是兩名。至於眾議院，議員選區的劃分常常刻意偏袒某黨或另一黨。在兩次大戰之間，南斯拉夫的選區劃分也曾遭操縱，刻意偏袒最大種族，被稱為「灌水選區」（water district）。而在美國，這種劃分不公的情況則稱為「傑利蠑螈」（gerrymandering）。由於傑利蠑螈的因素，在俄亥俄州或北卡羅萊納州選舉眾議員時，民主黨選民的選票效力大概只有共和黨選民的二分之一或三分之一。公民投出的每一票，並沒有票票相等。

從美國的角度來看，可能認為這一切就是很普通的傳統，遊戲規則就是如此；但從莫斯科的角度來看，這套體系就是有著各種可以利用的漏洞。如果某個總統和某個政黨其實只得到少數的普選票，卻能夠控制政府的行政和立法部門，這些人就可能遭到誘惑，所操作的政治也不是為了多數人的利益，而是要進一步對選舉權加以限制。這樣一來，某外國政府就有能力讓這種體系的代表性再降低那麼一點，於是使誘惑力再增加那麼一點，而這個體系也更走向極權主義。俄羅斯對二〇一六年美國大選的干預，除了讓某個人當選外，也是要向整個結構施加壓力。就長遠來看，重點可能不在於俄羅斯支持的候選人勝出，而在於整個制度離民主又遠了那麼一些。

就在俄羅斯打壓美國民主的這時候，美國體系也已經變得不再那麼民主。二〇一〇年代早期，俄羅斯的新體系逐漸成形，美國最高法院也做出兩項重要裁定，於是將美國轉向極權主義。二〇一〇年，最高法院讓人知道有錢能使鬼推磨：裁定公司算是個人，其選舉政治獻金屬於言論自由，受美國憲法第一修正案保護。這樣一來，無論是真正的公司、幌子公司或各種假公民實體，都有權利能進行各種影響力活動，其實也就是買票。這為川普提供一條路（他後來也就這麼做了），讓他聲稱在美國寡頭統治時期，美國人必須選出自己的寡頭統治者才能得到安全，這指的也就是他自己。事實上，川普就是俄羅斯網路戰的產物，從未證明自己有什麼錢。然而在當時的政治氛圍，美國選民相信錢比自己的偏好更重要，於是他的這套寡頭政治論證聽來也十分合理。

二〇一三年，最高法院一方面說美國已經沒有種族主義的問題，一方面卻又有一項裁決證明事實不然。在一九六五年通過的《選舉權法》（Voting Rights Act），要求過去曾限制非裔美國人投票的各州必須修改投票法，清除對非裔美國人的投票障礙。但二〇一三年最高法院裁定已不再有這種需求，美國許多州也立刻開始對非裔美國人（及其他人）投票的限制。在整個美國南方，許多投票站常常在大選前未經警告而消失無蹤。美國有二十二州通過各項法案，限制非裔及西裔美國人投票，而這也對二〇一六年總統大選產生重大影響。

二〇一六年的選舉，在俄亥俄州某些大城市的郡裡，投票人數比四年前少了十四萬四千人；在佛羅里達州有大約二三％的非裔美國人被認定是重罪罪犯而不得投票（但在該州，只要你放了氦氣球或是捕捉尾巴太短的龍蝦，就算犯下重罪）。威斯康辛州的投票人數則比上一屆總統大選少了六萬人，減少最多的地方在密爾瓦基，正是該州大部分非裔美國人居住的地方。歐巴馬在二〇一二年贏得佛羅里達州、俄亥俄州和威斯康辛州；但川普在二〇一六年卻以些微之差拿下這三州，在威斯康辛州只贏兩萬三千票。

美國的種族關係成為俄羅斯網路戰的明顯目標。俄羅斯有著各式各樣的網站，針對不同的背景，挑動不同族群的情緒，有一個鎖定的是執勤時遇害員警的親友，有一個鎖定的則是被警察殺害的非裔美國人的親友；有一個網站秀出的圖片是黑人揮舞著武器，有一個網站則是要黑人做好被白人攻擊的準備；有一個網站則是假黑人活動人士使用白人至上主義的口號，有一個網站是假黑人饒舌歌手說希拉蕊是連環殺人魔。另外，美國原住民抗議油管穿過先祖墓地時，俄羅斯人也不會放過這個機會，雖然這些網站上的文章有時顯然不可能出自真正的原住民（例如竟有印第安活動人士推銷俄羅斯伏特加？這簡直無法想像），但這些網站還是得到追蹤的粉絲。

歐巴馬的種族議題在俄羅斯流行文化裡十分熱門。二〇一三年，某位俄羅斯國會代表就在社群媒體分享一張經過篡改的照片，畫面上是歐巴馬夫婦對一根香蕉流露出渴望的神情。二〇一四年歐巴馬生日當天，在莫斯科的俄羅斯學生對美國大使館投射雷射秀，畫面是歐巴馬對一根香蕉進行口交。二〇一五年，某個連鎖日常用店販售一款砧板，上面有一對黑猩猩爸媽，而小黑猩猩的臉則換成歐巴馬的臉。二〇一六年，一家洗車連鎖店號稱要「洗掉所有的黑暗」，但它的圖示說明一切：表情驚恐的歐巴馬。二〇一六年是中國的猴年，而俄羅斯人就常以猴年指稱歐巴馬任期的最後一年。例如高人氣新聞媒體生活新聞（LifeNews），就有一篇專題文章名為「關上猴年的門」，並附上美國總統的照片，以免還有人看不懂這是什麼意思。

二〇一六年，種族就是俄羅斯心心念念的議題。俄羅斯領導者在那一年得以見證，美國政府的行政和立法部門因為種族而出現巨大分歧。二月，最高法院九名大法官中有一位去世。參議院共和黨多數黨領袖米契·麥康諾（Mitch McConnell）明確表示，參議院不會考慮歐巴馬提名的任何人選。這件事打破美國聯邦政府最重要的傳統之一，而莫斯科也發出評論。對於總統無法行使其正常職權，俄羅斯媒體非常正確地指出這是一種「很荒謬的情況」。克里姆林宮注意到，這等於是國會的共和黨領導人已經提前幾乎一年，宣布歐巴馬不再享有美國總統平常的特有權力。從那一刻，俄羅斯開始對民主黨政治人物及運動分子的電子郵件進行駭客攻擊。

二〇一六年六月，共和黨眾議院議長保羅·萊恩（Paul Ryan）與同黨議員一同討論俄羅斯問題。共和黨的多數黨領袖麥卡錫表示，他相信川普收了俄羅斯的錢。而萊恩的反應是要求把這種懷疑留在「自家裡」就好：比起國家主權遭到侵犯，共和黨的顏面比較重要。相較於共和黨總統候選人（當時還未得到提名）是由外國勢力扶植的可能性，這群人更擔心得開一場尷尬的記者會，承認共和黨對自己有所懷疑。像這樣的黨派政治，只把對手黨當作敵人，而忽略整個外部世界，就成極為容易被外部敵人利用的弱點。隔月，俄羅斯開始放出民主黨政治人物及運動人士遭駭的電子郵件。如果說莫斯科早就料定，對於民主黨領導人物遭到外國網路戰攻擊，共和黨並不會立刻跳出來為這些同行說話迴護，只能說莫斯科算得一點不差。

隨著共和黨漸漸意識到俄羅斯攻擊的是美國，原本黨派間的對立轉成拒絕面對現實，接著則是如同共謀般的無所作為。該年九月，麥康諾聽取美國情報機構負責人針對俄羅斯網路戰的報告，卻對報告的真實性表示懷疑。情報部門負責人究竟說了什麼，目前仍不得而知，但應該相當類似他們後來的公開聲明：「我們評估，俄羅斯總統弗拉基米爾・普丁曾下令針對美國總統大選發動影響力運動。俄羅斯的目標是破壞公眾對美國民主程序的信任，詆毀希拉蕊國務卿，損害其選情及可能的總統職位。」而麥康諾等於是讓我們知道，在共和黨看來，讓美國防禦俄羅斯的網路戰就等於在助希拉蕊一臂之力。到了此時，俄羅斯已經在美國運作超過一年。而在麥康諾將俄羅斯的攻擊看成黨派政治之後，俄羅斯的運作範圍也加大，大規模的俄羅斯機器人攻勢就此開始。

在關鍵時刻，很難說何者對共和黨的影響更大：究竟是共和黨的人類領導者，還是俄羅斯的機器人？在出現確鑿證據顯示川普認為對女性進行性濫用並無問題時，麥康諾要求川普道歉，但俄羅斯機器人和網軍也立刻開始努力為川普抵禦這項指控，並刻意洩露一批電子郵件來引導美國人改變話題。這是莫斯科的攻擊，而美國國會拒絕保護自己的國家，歐巴馬政府本來可以採取行動，但卻擔心讓政黨之間更為分裂，於是止步不前。一位官員就說：「我覺得我們就像被掐住脖子。」最後俄羅斯贏了，也就是說川普贏了。後來，川普任命麥康諾的妻子趙小蘭（Elaine Chao）擔任運輸部長。

當然，還是有一群共和黨人認為俄羅斯是美國的國安威脅。早在二〇一二年，共和黨總統候選人米特・羅姆尼（Mitt Romney）就認為俄羅斯是一個嚴重的問題，但當時兩黨幾乎只有他做此想。爭取二〇一六年共和黨提名時，熟知東歐政治的俄亥俄州州長約翰・凱西克（John Kasich）也很快就點出川普與普丁必有關係。另一位爭取二〇一六年提名的佛羅里達州參議員馬克・盧比奧（Marco Rubio），則聲稱歐巴馬外交政策太過軟弱，鼓勵了俄羅斯入侵。

盧比奧的指控雖然合理，卻掩蓋一個更深層的問題。確實，在二〇一四年俄羅斯入侵烏克蘭時，歐巴馬的回應採取謹慎態度，但至少到了二〇一六年，他還願意承認俄羅斯介入美國大選，對整個國家來說是問題。雖然凱西克和盧比奧表達他們對俄羅斯外交政策的立場，但是早在俄羅斯發動網路攻擊前，關鍵的共和黨議員就已經投降。對他們來說，相較於美國的獨立，羞辱一位黑人總統更重要。

戰爭就是這樣輸的。

到不自由之路，正是從線性政治過渡到迴圈政治。美國人之所以容易受到迴圈政治影響，是因為他們的經歷已經削弱那份歷史線性前進的感受。川普喊出「讓美國再次偉大」的口號，在那些和他同樣相信美國夢已死的民眾心中激起共鳴。俄羅斯已經抵達迴圈政治的狀態，因此很清楚怎樣能把美國推往同一個方向。

如果有個人現在富裕而貪腐，控制著沒有法治的國家，顯然對他來說永恆迴圈是再好不過的事。這種人無法為國民提供社會進步，所以只能找出其他形式的政治提案。迴圈政客並不會談論改革，而是拋出各種威脅。他們提供給人民的，並不是有著各種機會與希望的未來，而是一個永存的現在，充滿著由迴圈政客定義的敵人、人為製造的危機。要達到這個結果，必須讓公民與迴圈政客達成妥協。公民感受到自己對於改變生活狀態無能為力，於是只能接受政治的意義不在於推動改變制度，而在於日常的情感。他們必須不再思索自己、朋友和家人能有怎樣更美好的未來，而是不斷回想著那些令人自豪的過去。在最頂層與整個社會，物質的不平等所造成的各種經驗和情感，就能用來促成迴圈政治。二〇一七年，俄羅斯電視台把伊林描繪成反抗俄國革命的英雄人物，所呼應的概念就是認為俄羅斯社會地位提升是「撒旦的欺瞞」。

二〇一六年，根據財富分配看來，瑞士信貸（Credit Suisse）認定俄羅斯是全世界最不平等的國家。自蘇聯解體以來，俄羅斯人的年收入必須進入全國前一〇％，才真正能說賺到有意義的收入。俄羅斯寡頭集團在一九九〇年代出現，但到了二〇〇〇年代，已經完全收攏在普丁這個寡頭集團之下，形成盜賊統治。瑞士信貸指出，在二〇一六年，俄羅斯收入前十％的人口，占有家庭總財富的八九％。美國在同一份報告的數字也不遑多讓：七六％，而且還在上升當中。一般來說，億萬富豪控制著全國一%到二%的財富；在俄羅斯，則是有大約一百位億萬富豪，擁有全國約三分之一的財富。在俄羅斯這個翻轉的財富金字塔頂端，正是普丁和他的親信，多半是靠著出售俄羅斯的天然氣和石油而致富，自己沒有付出一絲努力。普丁有一位大提琴家朋友，沒什麼出於他個人的原因，就成為億萬富翁。很容易就能瞭解，為什麼永恆的迴圈政治對這些人如此有吸引力，相較於他們可能失去的一切，不過是去動搖某個國家、影響整個世界，實在是好得多的選項。

那位億萬大提琴手的事，以及其他許許多多寡頭統治集團的事件，都是因為有調查記者的努力才得以曝光。二〇一〇年代，最頂尖的一批調查記者揭露巴拿馬文件（Panama Papers）、天堂文件（Paradise Papers）等等計畫，讓人看到國際資本主義一旦毫不受控，會怎樣使國家財富不斷流失。這些國家的僭主（tyrant）會先將財富隱藏起來，經過洗錢手段之後，用以在國內推動極權主義，或是出口到國外。金錢流向那些外人看不到的地方，在二〇一〇年代指的也就是各個海外避稅天堂。這曾經是全球性的問題：根據估計，存放於海外而不為國家稅務機構所知的資金，可能的數額從七兆美元到二十一兆美元不等。對於想要把錢先偷再洗的俄羅斯人來說，美國正是一個對他們特別寬容的環境。許多原本應該用來建設俄羅斯的國家財富，在二〇〇〇年代和二〇一〇年代都進入海外避稅天堂的空殼公司裡，其中又有許多都在美國。

二〇一六年六月，庫許納、小川普、曼納福特三人在川普大廈與俄羅斯人會面，討論俄羅斯人表示要打擊希拉蕊選情的提議。在場的其中一位中間人是卡維拉德茲，曾在俄羅斯房地產開發商阿加拉羅夫手下工作（正是阿加拉羅夫在二〇一三年為川普主辦環球小姐選美）。卡維拉德茲在德拉瓦州設立至少兩千家的匿名企業，但這一切合法，因為在德拉瓦州、內華達州和懷俄明州等州確實允許匿名企業。在德拉瓦州，甚至在某個單一地址總共登記二十八萬五千間公司實體。

俄羅斯人會用空殼公司來購買美國房地產，而且常常是匿名為之。一九九〇年代，全紐約市只有兩座大樓允許匿名購買公寓單位，而川普大廈就是其中之一；俄羅斯黑幫迅速掌握這個機會。只要有任何地方允許匿名購買房地產，俄羅斯就會出現買賣公寓（常常是躲在空殼公司後面），好將骯髒的盧布洗成乾淨的美元。這種作法讓俄羅斯社會陷入貧困，也在普丁執政時期鞏固俄羅斯的寡頭政治（還讓川普聲稱自己是「一個非常成功的商人」）。正是以這種方式，讓美國的線性政治（也就是認為不受監管的資本主義一定會帶來民主），支持了俄羅斯的迴圈政治（也就是完全確定民主是假象）。

與此同時，美國的線性政治也更直接地為美國的迴圈政治鋪好道路：在國內產生巨大的貧富不均，還將之合法化。如果社會上除了資本主義外不可能有其他替代方案，或許就算出現巨大的財富與收入差異，我們也無須在意或辯解，甚至還應該歡迎？如果有了更多的資本主義之後，一定只會帶來更多的民主，那又何必擔心？這些線性政治的口號為政策提供掩護，為美國帶來更加不平等，而更多不平等又會帶來更多的痛苦。

一九八〇年代，聯邦政府削弱工會的力量。美國勞工加入工會的比例原本有二五％左右，但忽然降到十％以下。私部門勞工加入工會的比例下降幅度更大，男性從大約三四％降到八％，女性從大約一六％降到六％。在這整個期間，美國勞工的生產力一直有所成長，每年成長大約二％，但傳統勞工的工資成長卻慢得多、甚至毫無成長。同樣在這個時期，高層主管的薪酬卻向上提升，而且有時候是巨幅提升。與此同時，對於除了薪酬之外能夠穩定中產階級的基本政策（退休養老金、公共教育、公共交通、醫療保健、有薪假、育嬰假等等），美國的表現實在乏善可陳。

美國原本有足夠資源，能為勞工和公民提供這些基本服務，但稅收政策的倒退，讓這一切窒礙難行。勞工的所得稅節節升高，但公司和富裕家庭繳的稅卻下降了一半以上。在美國收入及財富分布最頂端的那些人，他們的收入和財富占全國收入及財富百分比不斷增加，但適用的稅率卻不斷下降。自一九八〇年代以來，美國收入最高的〇・一％，適用稅率從大約六五％下降到大約三五％；收入最高的〇．〇一％，卻從大約七五％下降到不及二五％。

在總統大選期間，川普要美國人回想美國過去那些偉大的年代：他的支持者心中想的是從一九四〇到一九七〇這幾個年代，在這數十年間，最富裕人士與其他人之間的貧富差距不斷縮小。在一九四〇年到一九八〇年間，美國收入在後九〇％的人所擁有的財富，總和還夠超越最高的那一％的人。像這種財富愈來愈平等的情形，正是美國人覺得暖心、記憶中美國偉大的那個時代。工會組織也在一九八〇年代前都能維持強大。福利國家在一九五〇年代和一九六〇年代不斷擴張。財富的分配也更為平均，而這在很大程度上需要歸功於政府政策。

到了線性政治的時代，一切都變了。從一九八〇年代到二〇一〇年代，收入與財富的不均大幅成長。一九七八年，美國總人口最富有的〇．一％（大約十六萬個家庭），控制美國七％的財富。到了二〇一二年，這一小群精英的優勢地位更為增強，控制美國約二二％的財富。在這段時間，更頂端的〇．〇一％（大約一萬六千個家庭），總財富增加了六倍以上。一九七八年，前〇．〇一％家庭的富裕程度，是美國一般家庭的兩百二十二倍；時至二〇一二年，這種家庭的富裕程度已經來到大約一千一百二十倍。自一九八〇年以來，無論在財富或收入方面，九〇％的美國人口基本上並沒有得到任何成長。所有增加的財富，都落到前十％的手上；而在前十％內，多半落到前一％的手上；在前一％，多半落到前〇．一％的手上；

在前〇・一%，又多半落到前〇・〇一%的手上。

在二〇一〇年代，美國貧富不均的情形已經逼近俄羅斯的標準。雖然美國的寡頭統治家族還未能完全控制美國，但很難不注意到，在二〇一〇年代已經開始逐漸出現這樣的團體：科赫家族、梅瑟家族、川普家族、梅鐸（Murdoch）家族。一如俄羅斯人利用美國資本主義來鞏固自己的權力，美國人與俄羅斯寡頭集團合作，也是為了同樣的目的（例如二〇一六年川普總統大選陣營的活動）。很有可能，川普之所以愛普丁勝於愛歐巴馬，除了種族主義或競爭關係外，也是為了希望自己能夠更像普丁、能得到普丁的寵愛、能得到更多的財富。寡頭統治就是一種贊助制度（patronage system），將會溶解民主、法律與愛國主義。美國寡頭與俄羅斯寡頭之間的共同之處，遠遠超過他們各自與其人民的共同之處。一旦登上財富階梯的頂端，無論對美國或俄羅斯人來說，迴圈政治都會構成幾乎一樣強烈的誘惑，並沒有理由認為美國人在類似情境下的表現能比俄羅斯人更優秀。

對許多美國人來說，寡頭統治意味著扭曲時間、喪失未來感、每天都體驗著重複的壓力。而在貧富差距抑制社會進步時，就很難想像會有個更美好的未來，甚至很難想像自己能有未來。正如一位美國工人在一九三〇年代大蕭條期間所言，恐懼「會扭曲你的展望與感受，失去時間，失去信仰。」在一九四〇年出生的美國人，幾乎一定能比父母賺到更多錢；至於一九八四年出生的美國人，就只有大約有一半的機會能做到。比利・喬（Billy Joel）在一九八二年的歌曲〈艾倫鎮〉（Allentown），其實談的是賓州艾倫鎮附近以鋼鐵業為主的城鎮伯利恆（Bethlehem），歌詞就呈現當時的情景。講到戰後第二代，沒有得到富爸爸留給他們的社會地位提升；講到許多勞工，遭受狹隘的民族主義背叛。美國鋼鐵業的命運就像美國整體勞動力市場，與世界經濟變化息息相關。從一九八〇年至二〇一六年間，製造業的工作職位減少大約三分之一。問題在於，看著全球化造成問題，美國領導者仍把全球化視為解決方案，而不是把全球化視為國家進行改革的契機。從一九九〇年代、二〇〇〇年代到二〇一〇年代發展全球化，同時也就產生線性政治及貧富差距。

貧富差距除了意味著貧困，也意味著體驗不同。在不平等明擺在眼前時，就讓美國人覺得美國夢是可能性很低，甚至完全不可能的事。與此同時，已經有愈來愈多的美國人無力換屋，也就難以想像會有更好的未來。在二〇一〇年代，相較其他任何生活形式，十八歲至三十四歲的美國人大多數仍住在父母的家裡。例如在舊金山，就算某個年輕人已經當上公立學校的老師，還是買不起城裡的任何房子。換言之，一個美國人就算完成教育、從事具有最高公共價值的工作，得到的報酬仍然不足以讓他展開一個過去認為是一般的生活。這種末日感，青年的感受最深。在二〇一〇年代，有超過五分之一的美國家庭仍有大學學貸欠債未清。像這樣面臨不平等的狀態，讓許多美國青少年決定輟學，但這又造成惡性循環，讓他們很難賺錢謀生。四歲的兒童，如果是在比較貧困的家庭長大，已經就會對測驗成績有負面影響。

一如華倫・巴菲特（Warren Buffett）所言：「確實是有階級戰爭沒錯，但掀起戰爭的是我這個階級，也就是富有階級，而且我們還正在贏得勝利。」每天都有美國人死於這場戰爭，而且死亡人數驚人，遠超過在國外的戰爭或在國內的恐攻所造成的死亡人數。由於美國缺少能夠運作良好的公共衛生系統，不平等已經造成健康危機，但這又反過來讓不平等更為加速與加劇，就是那些在二〇一〇年代遭遇公共衛生崩潰的郡，讓川普得到令他能夠獲勝的選票。

與川普得票率相關性最高的因素，就是地方的公共衛生危機；如果危機之中包含高自殺率一項，相關性還會特別高。在二〇一〇年代，每天約有二十位美國退伍軍人自殺，而農民的自殺比率更高。由於相信明天只會比今天更糟糕，就讓美國人（特別是美國白人）選擇可能會縮短壽命的行為。這種在「惡化的公共衛生」與「川普得票數」之間的相關性，在那些歐巴馬於二〇一二年獲勝，但川普於二〇一六年扳回的州特別明顯，諸如俄亥俄州、佛羅里達州、威斯康辛州和賓州。在生命短暫而未來茫茫時，永恆迴圈政治就會向人招手。

美國在二〇一〇年代發展線性政治的一項驚人後果，就是鴉片類藥物的合法及普及。數百年來，大家早已知道這種化學物質會令人成癮。然而，一旦少了正常的公共衛生機構，加上完全不受監管的資本主義氛圍，這種基本常識就可能不敵市場行銷手法。美國實際上等於對自己展開一場鴉片戰爭，這讓數百萬人無法正常生活，而對所有人來說，要再有正常的政治也變得更加困難。一九九〇年代的美國公民，除了已經是一場關於「不平等」的大型實驗測試對象，同時還得暴露於不受控管而大量釋出的鴉片類藥物之中。疼始康定（Oxycontin）這種藥物，效果就像是做成丸劑的海洛因，於一九九五年核准上市。本藥物由普度製藥（Purdue Pharma）生產，該公司的銷售代表告訴醫生這種藥就是奇蹟：有海洛因的止痛效果，但沒有成癮性。

一九九〇年代晚期，在俄亥俄州南部與肯塔基州東部，普度製藥的銷售代表每季獎金超過十萬美元。一九九八年，從俄亥俄州的樸茨茅斯（Portsmouth）開始出現第一批「藥丸工廠」，也就是在號稱是醫療機構的地方，醫生收錢而開出疼始康定或其他鴉片類藥物的處方箋。樸茨茅斯和其他城鎮的居民很快就成為癮君子，也開始出現死於服用過量的案例。有些人轉向海洛因。樸茨茅斯是塞歐托郡（Scioto County）的郡政府所在地，而塞歐托郡的人口約有八萬。在短短一年內，給這些居民開出的處方箋就高達九百七十萬顆藥丸，等於是每位男女老幼都分到一百二十顆。這個數字可能讓人覺得誇張，但其實很能代表美國大部分地區的情形。例如田納西州，人口大約六百萬，每年處方箋大約開出四億顆藥，也就是每人約七十顆。

在二〇一四年至二〇一六年，俄羅斯和烏克蘭常常談到「殭屍」（zombie）和「殭屍化」（zombification）。在俄羅斯占領烏克蘭南部和東南部期間，兩邊都說對方的宣傳已經把對方的人民都催眠而「殭屍化」。烏克蘭的頓巴次，其實和美國的阿帕拉契（Appalachia）地區並沒有太大差別。事實上，美國在二〇一〇年代就有許多個像頓巴次這樣充滿混亂與絕望的地方，由於民眾對未來的期許直線下滑，令人開始想尋找一些不費力的解決方案。殭屍化的情形，在美國就像在烏克蘭東部一樣明顯。在樸茨茅斯，我們可以看到有人蓬頭垢面，把別人房子上任何金屬的部分拆下來，運到整個城的另一邊，好賣錢來買藥。有大約十年的期間，鴉片類藥物成了樸茨茅斯的貨幣（烏克蘭戰爭時，雙方的士兵及佣兵也是如此）。

在上市後二十年間，鴉片類藥物這場瘟疫並未得到廣泛討論，也蔓延到全國。全美失業男性有大約一半都曾收到止痛藥作為處方。二〇一五年，約有九千五百萬美國人服用處方止痛藥。就中年白人男性來說，因為鴉片類藥物濫用導致的死亡及其他絕望死（deaths of despair）的人數，已經抵消從癌症與心臟病所救回的人數。從一九九九年開始，美國中年白人男性的死亡率開始上升。一九九九年至二〇一六年，藥物過量導致的死亡率爆增到三倍，造成六萬三千六百名美國人死亡。雖然已開放國家的預期壽命在全球而言呈現上升，但美國在二〇一五年卻是下降，並在二〇一六年再次下降。川普爭取共和黨提名初選期間，支持度最高的地區正是那些中年白人男性死亡風險最高的地區。

任何曾受疼痛所苦的人都知道，可能需要服藥才能讓人撐過一天，甚至是需要服藥才能夠起床。然而，疼始康定與海洛因帶來的愉悅感卻會創造出另一種特別的痛苦，損害脊椎與大腦中的μ型受體，讓我們渴望增加服藥。鴉片類藥物會妨礙大腦額葉皮質發育，而這正是大腦在青春期發展決策能力的區域。一旦持續使用鴉片類藥物，就會讓人更難從經驗中學習，也更難對自己的行為負責。這種藥物將會占據人類的心理與社交空間，讓人無法顧及孩子、另一半、朋友、工作或是整個世界。在極端成癮情況下，會覺得整個世界如此無聲而孤立，只能感受到自己的愉悅與需求。時間感也隨之坍塌，只是不斷從這一次快感到下一次快感的循環。於是，不斷在一切如此美好與一切如此黑暗之間移轉，也成為常態。生活本身就成了人類製造出來的危機，除非到生命的終點，否則危機永遠沒有盡頭。

面對迴圈政治，美國人用毒品來做準備，因為那種末日感只能用毒品的快感才能一時阻停。二〇一六年總統大選時，至少有兩百萬美國人已對鴉片類藥物成癮，還有另外上千萬人也正在服藥。鴉片類藥物使用與川普得票數之間的相關非常明顯，特別是在那些川普必須獲勝的州。在新罕布夏州庫斯郡（Coös）這種苦於藥物成癮的郡，就從二〇一二年選擇歐巴馬到二〇一六年轉向川普。在賓州，所有曾在二〇一二年選擇歐巴馬，但在二〇一六年選擇川普的郡，都正陷於鴉片類藥物危機。西維吉尼亞州明戈郡（Mingo），是受美國鴉片類藥物影響最深的地方之一，該郡有某個三千兩百人的小鎮，每年運至該鎮的鴉片類藥物高達約兩百萬顆。明戈郡在二〇一二年已經是共和黨勝出，但到了二〇一六年，川普得到的選票比四年前的羅姆尼高出一九%。除了某個例外的郡，在俄亥俄州所有陷入鴉片類藥物危機的郡裡，川普在二〇一六年的得票都大幅高於羅姆尼在二〇一二年的得票，讓他贏得大選要勝出所必不可少的州。而在俄亥俄州的塞歐托郡，也就是這場美國鴉片類藥物瘟疫的爆發點，川普的得票率更是比羅姆尼遠遠高出三三%。

就是在那些美國夢已死的地方，川普的迴圈政治才會發揮作用。他高呼要回到過去，回到美國曾經偉大的時刻。如果不是社會有著不平等、如果不是人民覺得沒有未來，他絕對找不到他需要的支持者。而這裡的悲劇在於，他的治理概念是要將死去的美國夢變成一場殭屍的噩夢。

當虛構捏造的故事變得活靈活現，迴圈政治也就得到勝利。一個原本就出自虛構捏造的領導者，說起謊來不會有任何懊悔或歉意，因為對他來說，虛假就是存在。虛構捏造的「唐納．川普，一個成功的商人」，讓整個公共空間充滿謊言，而且他從來不為謊言道歉，以免讓人想起真相這種事確實存在。川普在上任頭九十九天當中，有九十一天至少會提出一項有著明顯錯誤的主張；頭兩百九十八天當中，總共提出一千六百二十八項虛假或會造成誤導的主張。在某場為時半小時的採訪中，他提出二十四項虛假或會造成誤導的主張，扣除採訪者說話的時間，幾乎是每一分鐘就有一項。確實，所有的總統都會說謊；但區別在於川普說謊是常態，實話是例外。

許多美國人沒有看清的一件事，是「不斷撒謊，從不道歉」與「幾乎不撒謊，會糾正自己的錯誤」兩者有所不同。這些人相信蘇爾科夫和RT描述的世界，以為從來沒有人真的說真話，以為或許世界上根本就沒有真相這種事，所以我們只要一直重複那些自己想聽的話、聽從那些會說好聽話的人的指示就好，但那就是極權主義。川普運用俄羅斯的雙重標準：他可以總是說謊也沒關係，但只要有一個記者，犯了一個小錯誤，就是整個新聞界的專業都不可信。川普還有一招學自普丁：聲稱說謊的不是自己，而是記者。川普說記者是「美國人民的敵人」，說記者生產的是「假新聞」。對於這兩種說法，川普洋洋得意，但其實這兩種說詞都源自於俄羅斯。

在俄羅斯模式中，必須讓調查報導成為新聞的邊緣類型，好讓新聞只去談些日常的奇聞軼事。這些奇聞軼事的目的，就是要挑動支持者與批評者的情緒，以確保造成並強化對立；

每次的新聞循環都要創造出歡快或沮喪，並強化人民對政治的一種看法：覺得政治的重點在於判斷國內的敵友，而不在於有什麼政策可能改善公民的生活。川普治國的方式，與他競選的方式如出一轍：只是製造憤怒，而非制定政策。

迴圈政治以懷舊的循環作為引誘，而以衝突的循環作為成果。川普入主橢圓形辦公室時，美國的不平等程度逼近俄羅斯。自從一九二九年、也就是經濟大蕭條前一年以來，美國前〇．一％人口與其他人口之間的財富和收入分布從未如此不平等。在川普說著要「讓美國再次偉大」的時候，追隨者想的是二次大戰後的幾十年，而那是一個不平等的情況不斷縮小的時代；但川普想的卻是災難性的一九三〇年代，還不只是曾實際發生的經濟大蕭條，而是某種平行世界當中更為極端而駭人的狀況：也就是美國全無作為，無論在國內或國外都不試著應付經濟大蕭條。

川普的競選／執政口號是「美國優先」。這可以說指的是一九三〇年代，但也可以指的是另外一個原本可能成真的美國：在種族及社會不平等加劇時，不推出任何公共政策來應對。在一九三〇年代，「美國優先」一詞曾被用來反對小羅斯福（Franklin D. Roosevelt）總統所提的福利國家，以及反對美國參與第二次世界大戰。「美國優先」運動的代表人物飛行員林白就認為，美國應該將納粹視為在歐洲的白人夥伴，共同合作。在二〇一〇年代提出「美國優先」這個口號，就是為了替美國的迴圈政治訂下一個神話般純真無辜的時間點，將不平等視為自然，不承認過去有什麼應做而未做，也不認為現在有什麼該做的。

在川普的永恆迴圈政治當中，第二次世界大戰變得失去意義。在過去數十年間，美國人認為二次大戰的意義在於打擊納粹種族主義，而美國也從中得到經驗提升自己。川普政府則破壞美國對此認為是一場「好戰爭」的記憶。在一場對納瓦霍（Navaho）原住民退伍軍人的演講中，川普用種族主義的說法來指稱政治對手。此外，他也設法讓大屠殺紀念日與猶太人完全脫勾，他的發言人尚恩．史派瑟（Sean Spicer）聲稱，希特勒並未殘害「他自己的人民」。而「德國猶太人並非德國人民」這種想法，正是大屠殺的開端。迴圈政治要求把所有心力用來對付敵人，也認為這種敵人可能就在國內。正如川普自己所言，永遠只有某些「真正的人」能算是「人民」，「人民」指的不是所有公民，而只是某些精挑細選的群體。

一如其俄羅斯金主的想法，川普認為歐巴馬能當上總統是一種異常。於是他與RT同聲一氣，鼓吹「歐巴馬不是美國人」這樣的謊言，目的就是要強化「人民」只限於白人的觀念。川普一直有種對黑人強權的想像，就像普丁會做出模仿猴子的姿勢、伊林會認為爵士樂是要削弱白人的力量，以及普羅哈諾夫會有那些對於黑奶和黑色精液的噩夢。川普贏得總統大選時，基謝列夫興高采烈地說歐巴馬「現在就像個什麼都不能做的閹人。」川普也是美國史上唯一公開吹噓自己陰莖的總統候選人。有些共和黨人並不支持川普的種族主義，而川普的白人至上主義支持者就把這些人諷稱為「綠帽保守派」（cuckservative）；這裡的淵源在於有一個色情網路迷因，內容是有個白人丈夫的妻子外遇（cuckold），他還看著妻子為一個黑人口交。將敵人性別化，是為了讓政治也成為一種生物衝突，也就不用辛苦地追求改革、追求自由，只要一直仔細把外表顧好就行。

在美國的永恆迴圈政治，敵人就是黑人，而政治就是以這樣的說法展開。於是，在一九三〇年代美國優先的種族孤立主義時期之後，川普迴圈政治下第二個純真無辜的時間點，就是從未發生過美國南北戰爭的一八六〇年代。在實際的美國歷史上，非裔美國人是在一八六一年至一八六五年的美國南北戰爭幾年後取得投票權。而如果要把黑人排除於「人民」之外，迴圈政治就得讓他們繼續為奴。因此，川普政府除了質疑何必與希特勒作對外，也質疑何必對抗奴隸制。講到南北戰爭的時候，川普問道：「為什麼事情沒辦法好好解決？」他的參謀長約翰・凱利（John Kelly）聲稱南北戰爭的起因在於雙方未能達成妥協，而這暗示的是：如果當時的美國人可以講理一點，現在的美國或許是仍能繼續合理奴役黑奴的國家。在川普的某些支持者心中，支持大屠殺與支持奴隸制兩者緊緊相連：有一次，維吉尼亞州夏律第鎮（Charlottesville）舉行盛大的極右翼示威抗議，而納粹和美利堅邦聯的符號就同時出現。

要宣稱「美國優先」，也就是否定有在國內外打擊法西斯主義的任何需求。川普表示，二〇一七年八月美國納粹分子與白人至上主義者在夏律第鎮的遊行，有些人是「非常好的人」。對於要保留美利堅邦聯的雕像，他也支持背後那些美利堅邦聯與納粹目標。美國南部的這些雕像是建於一九二〇年代和一九三〇年代，當時美國確實可能出現法西斯主義；這些人所緬懷的南方城市種族淨化，與歐洲法西斯主義興起正屬於同一時期。在當時觀察家的眼中，這種連結再清楚不過。威爾・羅傑斯（Will Rogers）是美國一位偉大的表演者暨當時的社會評論家，他在一九三三年就覺得希特勒很令人熟悉：「研究都說希特勒是在模仿墨索里尼。但在我看來，他在模仿的是三K黨。」頂尖的美國社會思想家暨歷史學家杜博依斯（W. E. B. Du Bois）也看出，法西斯主義的誘惑是如何與美國過去的迷思聯手發揮作用。他的擔心很有道理：美國白人可能寧願選擇相信一個虛構故事而與黑人為敵，也不願選擇一個會改革的國家而讓所有美國人的未來都獲得改善。他在一九三五年寫道，白人一旦遭到種族主義轉移注意力，就可能會成為工具，被用來「讓國家民主制度滅亡，種族本位主義被神格化，世界交到財閥統治手上」，也就是我們所稱的寡頭統治。

美國的迴圈政治會使種族不平等造成貧富差距，讓白人與黑人對立，並宣告仇恨是正常、改變是不可能的夢想。這一切始於虛假的前提，而訂出虛假的政策。生活在鄉間的美國人常常相信自己繳的稅是被拿去養活都市居民，儘管情況恰恰相反。許多美國白人（特別是投票給川普的白人），都相信白人比黑人受到的歧視更多。這種心態承繼自美國歷史，可以上溯到南北戰爭剛結束的時期，當時的安德魯·強森（Andrew Johnson）總統就認為，給予非裔美國人政治平等，就等於對白人的歧視。相信線性政治的人可能認為，隨著時間過去，人民教育水準會提升，犯的錯也會慢慢減少。相信公共政策的人，則可能開始試著制定各種改革，希望無論人民心裡怎麼想，都能克服不平等的情形。而像川普這樣迴圈政治人物，則會利用關於過去與現在的錯誤信念，推動那些坐實虛構理念的虛構政策，也讓政治成為與敵人永恆迴圈的鬥爭。

永恆迴圈的政治人物只會指出敵人，而不會制定政策。像是川普，否認納粹大屠殺與猶太人有關，用「婊子養的」來指稱黑人運動員，說政治對手是「寶嘉康蒂」（Pocahontas），主導一項貶斥墨西哥人的計畫，將對抗恐怖主義的單位轉為對抗伊斯蘭恐怖主義的單位，只協助德州和佛州，卻不協助波多黎各的颶風受害民眾，使用「屎坑國家」等用詞，把記者稱為美國人民的敵人，還聲稱示威抗議者都是拿錢辦事等等。美國公民也接收到這些信號。有一位共和黨國會議員參選人，在記者向他提問醫療保健議題時，出手攻擊；有一個美國納粹主義者在波特蘭的一列火車上攻擊兩名婦女，並刺死兩名試圖保護那些婦女的男子；在華盛頓州，一名白人男性開車輾過兩名美國原住民，同時高喊著種族誹謗的字眼。在許多調查中都有教師表示，川普上任後，教室裡的種族緊張局勢也提升。在學校運動賽事上，「川普」一詞已經成為種族譏嘲。

美國的迴圈政治每次提出政策，就是為了造成痛苦：採用累退稅，將財富從大多數國民轉移到極頂層富人手中，減少或刪除醫療保健項目。迴圈政治就是一種零和博弈，除了頂尖的一%的人，其他所有人都會過得更糟，而造成的這些苦痛又會被利用來維持整個局面繼續下去。有些人會覺得自己正在贏，是因為相信別人正在輸。川普是輸家，是因為他的勝利是靠著俄羅斯；共和黨是更大的輸家，因為整個黨都被川普綁架；但民主黨輸得更慘，因為他們被排除在權力之外；至於最後最大的輸家則是美國人，承受被刻意製造的不平等、醫療保健制度也陷入危機。只要有夠多美國人覺得就算自己在失去，其他人一定失去得更多，這套邏輯就會繼續下去。如果美國人把政治看成就是種族衝突，而不是要為了更美好的共同未來而努力，就不會期待要有更好的未來。

有人說川普是「民粹主義」。然而，民粹主義指的是要提出政策來增加群眾（相對於經濟精英）的機會，而川普則是另一種「施虐式民粹主義」（sadopopulist），他的政策就是要傷害選民當中最脆弱的那些人。在總統帶頭煽動種族主義之下，這些人雖然會感受到痛苦，卻相信其他人一定遭受更大的痛苦。川普在二〇一七年唯一的重大政策就是要增加痛苦：一項令富人得益更多的減稅法案，讓國家無法為國內計畫編列預算，也就讓許多最需要醫療保健的人失去醫療保健。川普說「我已經終結了（健康保險的）個人強制條款（individual mandate）。」也就是說：原本《平價醫療法案》（Affordable Care Act）讓未納保美國人也進入健康保險體系，但現在該法案如川普所言：「基本上就是慢慢死亡。」根據國會預算辦公室資料，二〇一七年減稅法案關於醫療保健的條款，會讓一千三百萬美國人失去健保保障。正如聯合國特使所警告，這些政策可能使美國成為「世界上最不平等的國家」。從外部觀點看來的結論很清楚，這種政策的目的就是造成痛苦。

就某個層面來說，某個窮人、失業工人或鴉片類藥物成癮者，如果投票選擇不要醫療保健，其實只是把錢給了富人，而這些富人根本不需要這些錢，甚至有可能根本一無所覺；而就另一個層面來說，這樣的選民改變成政治所認同的事物，從成就轉向苦難，從收穫轉向痛苦，協助選出的領導者建立施虐式民粹主義的制度。這樣的選民相信自己選擇的領導者將會給自己施加痛苦，但也幻想著這個領導者給敵人施加的痛苦更多。迴圈政治將痛苦轉化為意義，再將意義轉化為更多的痛苦。

在這個方面，川普總統領導的美國正變得如同俄羅斯。在策略性相對主義中，雖然俄羅斯受到傷害，但目的是讓其他人受到更多傷害；或者至少要讓俄羅斯人民這麼相信。俄羅斯入侵烏克蘭之後，俄羅斯公民之所以承受歐美制裁的痛苦，是因為他們相信俄羅斯正在進行一場光榮的運動，要反對歐洲和美國；他們也相信，這一切是因為歐美的腐敗頹廢與侵略，是歐美罪有應得。一個虛構的戰爭理由創造真正的痛苦，而這份痛苦又成為繼續這場真正戰爭的理由。莫斯科一方面贏得這場戰爭的其中一場戰役，一方面協助川普成為總統，正在把這套邏輯傳到美國境內。

莫斯科之所以能贏得國際政治上的這場零和博弈，就是靠著把美國國內政治也變成一場零和博弈。在俄羅斯的迴圈政治中，俄羅斯公民放棄更好未來的前景，換取英勇捍衛俄羅斯的純真無辜的願景。在美國的迴圈政治中，美國白人放棄更好未來的前景，換取英勇捍衛美國的純真無辜的願景。對某些美國人來說，只要能夠覺得黑人（或是移民、穆斯林）過得比自己更苦（不論是真假），就算自己的生命變短、生活變差，似乎也都可以接受。

如果支持政府的人預期得到的報酬就是痛苦，以政黨之間政策競爭為基礎的民主就會受到威脅。在川普統治下，美國人開始習慣等著被施予那些痛苦與快樂、每日的憤怒或勝利。無論對支持者或反對者來說，體驗政治都成為一種令人上癮的行為，就像上網或吸毒：不斷循環於高潮與低潮之間，完全就是獨自的經驗。已經很少有人認為聯邦政府能提出什麼全新、有建設性的政策。就短期來看，一個不打算用政策來為自己取得合法性的政府，可能就會像俄羅斯那樣，靠著操弄恐怖來取得合法性。就長遠來看，一個無法以改革來凝聚的政府，將會破壞由多數人來統治的原則。

像這樣偏離民主與法治，似乎是川普偏好的路線。在美國兩百多年歷史以來，川普創下許多總統參選人的史上第一，包括他說一旦敗選將會拒絕承認開票結果、鼓動支持者動手攻擊對手、建議該把對手謀殺（還建議兩次）、以「把對手關起來」當成主要競選活動主題、也包括散布著法西斯主義者所製作的網路迷因。作為總統，他表達對世界各地獨裁者的欽佩。他之所以能贏得總統大位、所屬政黨之所以能同時在參眾議院取得多數，正是因為美國體制中那些不民主的元素。川普對此心知肚明，才會一再重複強調他並未在普選票數上落後，雖然他確實就是大幅落敗。他的俄羅斯支持者也希望給予一些安慰：例如第一頻道就有一則錯誤報導，說希拉蕊是因為有數百萬「死者的靈魂」投票給她，才會在普選票勝出。

施虐式民粹主義的選舉邏輯，就是盡量讓投票的人都是那些能從不平等中受益的人、喜歡痛苦的人，而且盡量不要讓那些認為政府應該支持平等和改革的人投票。川普一上任，就任命一個選民抑制委員會，目的是將某些選民排除於聯邦選舉之外，顯然就是為了未來能在聯邦層級耍手段取得多數（某些州目前已是如此）。要不是有這些州級委員會運籌帷幄，川普在二〇一六年就更難獲勝。顯然他的目的是在未來舉行選舉時，能把條件更為限縮，也讓合格選民數量減少。美國民主可能發生的絕望情境，就是發生某些令人震驚的情況（可能是國內恐怖攻擊），結合在當時緊急狀態下舉行的選舉，於是進一步限制投票權，而川普已經不只一次思索著這樣的「重大事件」。

俄羅斯向川普提出的引誘是總統一職；而川普向共和黨提出的引誘是一黨制國家，靠著操縱選舉而非政治競爭來取得統治權，形成種族寡頭統治，領導者在此的任務是帶來痛苦，而不是帶來繁榮，只需要偏愛某個族群，而不須為所有人服務。如果聯邦政府所做的一切都是在使不平等最大化，並且壓抑人民的投票行為，總有一天會跨越某條界線。美國將會變得像俄羅斯，不再相信自己的選舉，接著也就會像俄羅斯聯邦一樣，處於永久的承繼危機當中，沒有合法的方式能選擇領導人。這將是俄羅斯在二〇一〇年代外交政策的勝利：把俄羅斯的問題出口到選定的對手身上，靠著傳染他人，讓俄羅斯症候群成為正常。

政治是國際的，但想修復只能靠當地。二〇一六年總統大選、川普的崛起、匿名企業、匿名房地產交易、網路新聞成為主宰、憲法的蹊蹺之處、叫人震驚的貧富差距、種族的痛苦歷史，對美國人來說，一切似乎都是自己這個獨特民族及其獨特歷史的問題。線性政治讓美國人以為世界一定會變得像美國一樣，也就是會變得更友善、更民主，但事實並非如此。事實上在二〇一〇年代，美國自己的民主程度就在惡化，而俄羅斯也正在努力推動這個趨勢。俄羅斯的統治方式，吸引美國那些將要成為寡頭統治者的人。正如在俄羅斯的情況，這裡的風險在於法西斯主義會使寡頭統治更為鞏固。

為了打破線性必然的魔咒，我們必須清楚瞭解自己：我們不是走著自己獨一無二的道路，而是與他人一起踏著歷史的路途。為了避免永恆迴圈的引誘，我們必須推出及時的公共政策，處理自己的問題，第一個要處理的就是貧富不均。把美國政治看成永遠的種族衝突，就是要讓貧富差距惡化。如果想解決不斷擴大的機會差異、恢復社會進步的可能、讓人重新感受到未來，就需要把所有美國人視為共同的公民，而不是互相衝突的許多團體。

美國必須同時在種族和經濟方面都達成平等，否則只會兩者都不平等，而如果兩者都不平等，就會是永恆迴圈政治占了上風，出現種族寡頭統治，而美國民主也邁向終結。

結語（20－年）

經歷一個世界的毀滅，就是第一次真正看到這個世界。我們承繼並非由自己打造的秩序，現在則見證著我們沒有預料到的衰落。

要看到我們的這個時刻，就得先遠離那些要讓我們陷入昏沉的虛構故事、關於線性必然與永恆迴圈的迷思、關於進步與末日的神話。生活其實在他方。線性必然與永恆迴圈並不是歷史，只是歷史中的概念，是我們體驗時間的方式，一方面會加速歷史趨勢，另一方面卻也會讓我們的思想愚鈍。想要真正看見，就得把有色眼鏡放在一邊，以別人看我們的方式來觀看，看清各種概念的真相，看清我們所創造的歷史。

是因為有了各種機構制度，才讓各種美德變得可取與可能。而在機構制度遭到破壞時，我們也就會突然感受到美德的存在。於是，寫出一部關於失去的歷史，其實就是一則關於恢復的請求。平等、個人性、承繼、統合、創新、真相，這些美德彼此互相依賴，也全部依賴於人類的決定和行動。攻擊其中之一，就是攻擊全部整體；強化其中之一，就是肯定所有其他。

我們被拋入一個並非出於自己所選的世界，需要有平等，才能從失敗中學習，而不會帶著怨恨。必須能有真正屬於集體的公共政策，才能創造有個人自信的公民。身為個人，我們追尋並理解自己和人合作與獨自一人的時候，究竟都能做什麼、該做什麼。或許可以與他人一起加入民主體制，這些人以前投過票，未來也還會投票，並透過投票行為創造承繼原則與時間感。在確保這一點之後，我們就可能發覺自己的國家是許多國家當中的一個，認識到統合的必要，並且選擇統合的條件。這些美德能夠相輔相成，但絕非放著不管就能自動進行；想達成任何和諧，都需要人類發揮精湛的技藝，不斷以新事物對舊事物進行調節。沒有了創新，美德就會死亡。

所有美德都需要依賴真相，而真相也需要依賴所有美德。我們在這個世界上永遠不可能得到最終的真相，但只要追求真相，就能讓我們遠離通往不自由的道路。我們隨時都可能受到來自各方的誘惑，要我們相信那些感覺對的事情。而等到我們再也無法區分何者為真、何者又只是具有吸引力時，就是極權主義的開始。與此同時，有些人憤世嫉俗，覺得世上全無真相，但這些人等於是對僭主表達歡迎。對所有權威都徹底懷疑，其實也是太過天真，某些權威很懂得如何察覺人的情感、挑動人的懷疑。想追求真相，就是要在順從權力和自鳴得意之間找出一條路，通往個人性。

如果我們確實是個人，也確實活在民主制度中，就該是一人一票，而且在投票時不會因為財富、種族、特權或地理位置，而這讓這張票的價值有大小之別。真正做出決定的應該是個人，而不是死者的靈魂（俄羅斯人就是這樣稱呼網軍）、不是網路機器人，也不是某些乏味永恆迴圈中的殭屍。如果一張票真的能代表一位公民，公民就能為國家賦予時間，而國家也能讓公民感受到時間，這就是承繼接班的真相。

關於統合的真相，就是沒有任何國家能夠真正孤立。法西斯主義就是要讓人誤以為，領導者選擇的敵人就該是所有人的敵人。這樣一來，政治就是產生於情感和虛假之中。而領導時，因為必須有國外的敵意，才有理由發動對國內的控制，於是和平也變得難以想像。法西斯主義者說「人民」的時候，指的只是「有些人」，也就是他現在偏愛的那些人。如果我們能用法律來確認公民和居民的身分，或許就也能用法律來確認其他國家的身分地位。正如國家需要有承繼接班原則，才能隨著時間而不斷存在，國家也需要有某些統合的方式，才能與其他國家共存於空間之中。

要是沒有真相，就不會有信任，而人類的思維也就不可能萌生出新的東西。創新源自於群體，不論是企業家、社運人士或是音樂家；而群體都需要信任。若是只有孤立與不信任，所有的創意與能量就會走向偏執和陰謀，讓人不斷狂熱地重複最古老的錯誤。我們說著結社的自由，但自由就是結社：如果人民無法組成團體，就無法更新自己，也無法挑戰統治者。

平等與真相，兩者其實是親密而溫柔地擁抱著。在不平等太過劇烈時，對生活悲慘的人來說，真相就會難以承受；而對擁有特權的人來說，真相則會不足掛齒。公民之間想達成溝通，也需要平等。但與此同時，沒有事實就不可能實現平等。個人遭受的不平等經歷，或許可以用線性或迴圈的故事來辯解，但如果大環境數據資料都指出不平等，就需要政策來解決。如果我們根本不知道世界財富分配有多麼不均、不知道富人對國家隱瞞多少財富，我們就不知道能從何下手。

如果我們能誠實面對歷史，就能看到自己在歷史中的位置，知道自己可以改變什麼、怎樣可以做得更好。於是，也就不再無意識地從線性必然走向永恆迴圈，不再走著通往不自由的道路。於是，責任政治得以開展。

參與創造責任政治，就是讓我們再次看到這個世界。研究歷史所揭示的美德，我們也將成為無人預想過的美德的復興者。

致謝

我常常會想，那些數十年或幾世紀後的歷史學家，會怎麼看待我們當下這一刻？我們會留下什麼給他們閱讀？數位時代的「資訊」無限，但知識愈來愈少，智慧轉瞬即逝。我希望誠實的調查記者所寫出的報導（或許甚至還是紙本形式），能夠提供一個起點。就連我對於當代歷史的理解，也極為依賴這群以身犯險去瞭解真相的記者。本書獻給他們。

在某個時刻，我本來以為自己快寫完的是一本關於當代俄羅斯、烏克蘭與歐洲的書，卻發現這個主題與英美的連結比我所意識到的更多。對俄羅斯與烏克蘭的研究，是由卡內基獎學金（Carnegie Fellowship）補助。我於二〇一三年至二〇一四年在維也納的人文科學研究所（Institute of Human Sciences），無論是來自烏克蘭與俄羅斯的同事，以及「烏克蘭在歐洲論壇」（Ukraine in European Dialogue）這項計畫的主任Kate Younger與Tatiana Zhurzhenko，都讓我獲益良多。二〇一六年，位於波蘭克拉斯諾格魯達（Krasnogruda）的邊境基金會（Borderland Foundation）舉辦一場暑期課程，讓我得以和同事Krzysztof Czyżewski、Yaroslav Hrytsak，與已故的Leonidas Donskis交流意見，也令我大受啟發。

二〇一六年底，我寫了一本名為《暴政》（*On Tyranny*）的政治小書，二〇一七年則有大半時間和美國人討論美國政治（並試著向歐洲人解釋美國，也提醒歐洲人有某些問題很相似）。本書所闡述的許多概念，都是出於當時的公開討論。在《暴政》出版到本書寫作期間，我常常發表演說，在此無法對所有論壇一一致謝；但我絕對認同，他人研究的決心令我深受啟發。在這個忙亂複雜的時期，很幸運能有經紀人Tina Bennett與編輯Tim Duggan的支持。

本書寫作始於維也納，在克拉斯諾格魯達進行修訂，但全書完成於康乃狄克州紐黑文（New Haven）。當時為了一場由Declan Kunkel舉辦的演講，我正在準備要與一群耶魯大學學生討論的內容，忽然想起在Kunkel的書中，就是以「線性必然」和「永恆迴圈」的概念建構全書論點。感謝耶魯大學歷史系、傑克遜學院和麥克米蘭中心，提供完美的思考與寫作環境。我了不起的助手Sara Silverstein，為我準備好在智識上與補給上的環境，才讓這過去三年的研究得以完成。祝她在康乃狄克大學的歷史學家生涯獲得幸福和成功。

我也要感謝一群優秀的研究人員：Tory Burnside Clapp、Max Landau、Julie Leighton、Ola Morehead、Anastasiya Novotorskaya、David Shimer，以及Maria Teteriuk。還有一群朋友與同事，好心替我閱讀書中各個章節，包括Dwayne Betts、Susan Ferber、Jörg Hensgen、Dina Khapaeva、Nikolay Koposov、Daniel Markovits、Paweł Pieniążek、Anton Shekhovtsov、Jason Stanley、Vladimir Tismaneanu，以及Andreas Umland。感謝Oxana Mikhaevna，提供關於烏克蘭分離主義者以及在烏克蘭東部參戰的俄羅斯志願軍採訪紀錄；感謝Max Trudolyubov與Ivan Krastev，讓我思考最後變成第一章與第二章的想法；感謝Paul Bushkovitch，分享他對於俄羅斯承繼接班情形的歷史有何想法；感謝Izabela Kalinowska，協助我看到當代與古典俄羅斯文化間的連繫；還要感謝Nataliya Gumenyuk與Christine Hadley Snyder，協助我看到烏克蘭和美國所關注的事有何連結。

就在我寫下最後這些話的時候，我的博士班指導教授Jerzy Jedlicki（一九三〇年到二〇一八年）過世；要不是他，我不會成為寫出這本書的歷史學家。他曾活過二十世紀最嚴重的暴政，也成為東歐歷史學的典範：既有嚴謹的分析，也有道德的參與。無論在波蘭或其他地方，他是極少數完全不受我在此所謂線性政治影響的人。但我們永遠無法在他位於華沙的公寓裡討論這本書，這令我感到悲傷。

我對Marci Shore有諸多虧欠，還日益增加；而在這裡所談的虧欠，主要講的還是哲學方面。

本書及書中錯誤，責任由作者本人自負。

附注

附注的標示會列出該段前幾個字，內容則解釋資料來源與書中本文的關係，既方便有興趣的讀者查閱，也無須在本文中插入許多附注用的數字標示。這套系統聽來複雜，但用起來簡單。至於要把各種語言音譯成英文，則並不容易。本書引用的資料來自俄文、烏克蘭文、德文、法文、波蘭文及英文資料。由於俄文與烏克蘭文是以西里爾（Cyrillic）字母拼寫，在本書英文版中必須音譯成英文。在本書英文版本中，俄文與烏克蘭文姓名大致是音譯成常見的形式，或是其本人偏好的形式。而在附注中，則是採用國會圖書館的簡化版音譯系統來處理。

各項資料來源首次出現時將列出完整格式，之後出現則採簡化格式。經常引用的媒體名稱縮寫如下：

BI：*Business Insider*
DB：*Daily Beast*
EDM：*Eurasia Daily Monitor*
FAZ：*Frankfurter Allgemeine Zeitung*
FT：*Financial Times*
GW：*Gazeta Wyborcza*
HP：*Huffington Post*
KP：*Komsomol'skaia Pravda*
LM：*Le Monde*
NG：*Novaia Gazeta*
NPR：*National Public Radio*
NW：*Newsweek*
NY：*New Yorker*
NYR：*New York Review of Books*
NYT：*New York Times*
PK：*Pervyi Kanal*
RFE/RL：*Radio Free Europe/Radio Liberty*
RG：*Russkaia Gazeta*
RK：*Russkii Kolokol*
TG：*The Guardian*
TI：*The Interpreter*
UP：*Ukrains'ka Pravda*
VO：*Vozrozhdenie*
WP：*Washington Post*
WSJ：*Wall Street Journal*

頁碼	條目
第一章	
024	**從這種線性的想法** 關於線性必然與永恆迴圈的概念是新的，但講到時景就並非新概念。我從以下著作得益良多：Hans Ulrich Gumbrecht, *Nach* 1945, trans. Frank Born (Berlin: Suhrkampf, 2012); Johann Chapoutot, "L'historicité nazie," *Vingtième Siècle,* No. 117, 2013, 43–55; Reinhart Koselleck, Futures Past, trans. Keith Tribe (Cambridge, Mass.: MIT Press, 1985); Mary Gluck, *Georg Lukács and His Generation, 1900–1918* (Cambridge, Mass.: Harvard University Press, 1991).
024	**俄國先進入** Czesław Miłosz, *Zniewolony umysł* (Paris: Kultura, 1953), 15.
025	**一九二〇年代至一九三〇年代（也就是伊林的年代）** 關於俄羅斯的財富與不平等狀況，以及相關資料來源，請見第六章。
026	**一八八三年出生於貴族世家** 關於法西斯主義的論述起源，參見：Zeev Sternhell, *Les anti Lumières* (Paris: Gallimard, 2010). 我之後會談到，伊林最接近的是羅馬尼亞法西斯主義者，而這些人也是東正教基督徒。基督宗教與法西斯主義的糾葛十分複雜。關於在西方的案例背景，參見：Susannah Heschel, *The Aryan Jesus* (Princeton: Princeton UP, 2010); John Connelly, *From Enemy to Brother* (Cambridge, Mass.: Harvard UP, 2012); Brian Porter-Szűcs, *Faith and Fatherland* (New York: Oxford UP, 2011).
026	**一九九一年，在蘇聯解體** 這本重新開始流傳的書是：I. Ilyin, *Nashi zadachi: Stat'i 1948–1954 gg.* (Paris: Izdanie Russkago obshche-voinskago soiuza, 1956). 在一九九〇年代回歸：Oleg Kripkov, "To Serve God and Russia: Life and Thought of Russian Philosopher Ivan Il'in," doctoral dissertation, Department of History, University of Kansas, 1998, 205. 普丁早期的演說：Address to Federal Assembly, April 25, 2005; Address to Federal Assembly, May 10, 2006. 葬禮："V Moskve sostoialas' tseremoniia perezakhoroneniia prakha generala A. I. Denikina i filosofa I. A. Il'ina," *Russkaia Liniia*, Oct. 3, 2005. 關於伊林的文章："MSU will digitize archives of Ilyin," newsru.com. 關於普丁的講稿撰寫：Maxim Kalinnikov, "Putin i russkie filosofy: kogo tsitiruet prezident," Rustoria.ru, Dec. 5, 2014. 關於普丁談到外交事務及入侵烏克蘭，其中直接或間接引用伊林理論的部分："Vladimir Putin called the annexation of Crimea the most important event of the past year," PK, Dec. 4, 2014; "Blok NATO razoshelsia na blokpakety," *Kommersant*, April 7, 2008; Vladimir Putin, "Rossiia: natsional'nyi vopros," *Nezavisi maia Gazeta*, Jan. 23, 2012; Vladimir Putin, Address to Federal Assembly, Dec. 12, 2012; Vladimir Putin, Meeting with Representatives of Different Orthodox Patriarchies and Churches, July 25, 2013; Vladimir Putin, Remarks to Orthodox-Slavic Values: The Foundation of Ukraine's Civilizational Choice conference, July 27, 2013; Vladimir Putin, "Excerpts from the transcript of the meeting of the Valdai International Discussion Club," Sept. 19, 2013; Vladimir Putin, interview with journalists in Novo-Ogarevo, March 4, 2014. 普丁談到伊林的權威："Meeting with young scientists and history teachers," Moscow, 2014, Kremlin, 46951.

027 **俄國政治階級**
蘇爾科夫對伊林的說法：Vladislav Surkov, "Speech at Center for Party Studies and Personnel Training at the United Russia Party," Feb. 7, 2006, published in *Rosbalt,* March 9, 2006; Iurii Kofner, "Ivan Il'in—Evraziiskii filosof Putina," *Evraziia-Blog*, Oct. 3, 2015; Aleksei Semenov, *Surkov i ego propaganda* (Moscow: Knizhnyi Mir, 2014). 梅德維傑夫關於伊林的說法：D. A. Medvedev, "K Chitateliam," in I. A. Ilyin, *Puti Rossii* (Moscow: Vagrius, 2007), 5–6. 伊林談俄羅斯政治：Tatiana Saenko, "Parlamentarii o priniatii v sostav Rossiiskoi Federatsii novykh sub'ektov," *Kabardino-Balkarskaya Pravda*, no. 49, March 18, 2014, 1; Z. F. Dragunkina, "Dnevnik trista sorok deviatogo (vneocherednogo) zasedaniia soveta federatsii," *Biulleten' Soveta Federatsii*, vol. 254 (453); V. V. Zhirinovskii, V. A. Degtiarev, N. A. Vasetskii, "Novaia gosudarstvennost," *Izdanie LDPR*, 2016, 14. 弗拉基米爾・日里諾夫斯基（Vladimir Zhirinovskii）這位自由民主黨（Liberal Democratic Party，這命名大有問題）黨魁，絕對在普丁之前就已讀過伊林的著作。Andreas Umland, "Vladimir Zhirinovskii in Russian Politics," doctoral dissertation, Free University of Berlin, 1997. 關於公務員都收到了一本：Michael Eltchaninoff, *Dans la tete de Vladimir Poutine* (Arles: Actes Sud, 2015). 關於地方首長及類似層級的地方官員也提到伊林的論點，參見：kurganobl.ru/10005.html, etnokonf.astrobl.ru/document/621; old.sakha.gov.ru/node/1349#, special.kremlin.ru/events/president/news/17536; gov.spb.ru/law?d&nd=537918692&nh=1.

028 **伊林是一位永恆迴圈政治家**
相關論點將在第三章及第六章提出。

028 **我們目前的線性政治**
關於伊林的政治理念：Kripkov, "To Serve God and Russia," 13–35 for youthful leftism; Philip T. Grier, "The Complex Legacy of Ivan Il'in," in James P. Scanlan, ed., *Russian Thought after Communism* (Armonk: M. E. Sharpe, 1994), 165–86; Daniel Tsygankov, "Beruf, Verbannung, Schicksal: Iwan Iljin und Deutschland," *Archiv für Rechts- und Sozialphilosophie*, vol. 87, no. 1, 2001, 44–60. 伊林對墨索里尼和義大利法西斯主義的文章："Pis'ma o fashizmie: Mussolini sotsialist," *VO,* March 16, 1926, 2; "Pis'ma o fashizmie: Biografiia Mussolini," *VO*, Jan. 10, 1926, 3; 同時參見："Natsionalsotsializm" (1933), in D. K. Burlaka, ed., *I.A.Il' in—pro et contra* (Saint Petersburg: Izd-vo Russkogo khristianskogo gumanitarnogo in-ta, 2004), 477–84.

029 **伊林認為，未來的世界**
伊林談法西斯主義："Natsional-sotsializm."伊林談俄羅斯白軍的運動："O russkom' fashizmie," *RK*, no. 3, 1927, 56, 64; 同時參見：Grier, "Complex Legacy," 166–67. 關於俄羅斯內戰的介紹，也可參見：Donald J. Raleigh, "The Russian Civil War, 1917–1922," in Ronald Grigor Suny, ed., *Cambridge History of Russia* (Cambridge, UK: Cambridge UP, 2006), vol. 3, 140–67.

029 **阿道夫・希特勒（Adolf Hitler）也讓伊林**
伊林談希特勒："Natsional-sotsializm," 477–84. 關於白軍流亡者傳播概念，參見：Michael Kellogg, *The Russian Roots of Nazism* (Cambridge, UK: Cambridge UP, 2005), 12, 65, 72–73; 同時參見：Alexander Stein, *Adolf Hitler: Schüler der "Weisen von Zion"* (Karlové Vary: Graphia, 1936) and V. A. Zolotarev, et al., eds., *Russkaia voennaia emigratsiia* (Moscow: Geiia, 1998). 傳記：Tsygankov, "Iwan Iljin"; Tsygankov, "Beruf, Verbannung, Schicksal," 44–60; Kripkov, "To Serve God and Russia," 2, 10, 304; I. I. Evlampiev, ed., *Ivan Aleksandrov ich Ill'in* (Moscow: Rosspen, 2014), 14; Grier, "Complex Legacy."

030 **一九三八年，伊林離開德國**
傳記：Kripkov, "To Serve God and Russia," 72–73, 240, 304; Grier, "Complex Legacy"; Tsygankov, "Iwan Iljin." Swiss reactions: Jürg Schoch, " 'Ich

möchte mit allem dem geliebten Schweizervolk dienen,' " *Tages-Anzeiger*, Dec. 29, 2014.

030 **隨著第二次世界大戰開打**
"Sud'ba Bol'shevizma" (Sept. 19, 1941), in I. A. Il'in, *Sobranie sochinenii*, ed. Iu.T. Lisitsy (Moscow: Russkaia kniga, 1993–2008), 22 volumes, here vol. 8. 同事：Schoch, " 'Ich möchte mit allem dem geliebten Schweizervolk dienen.' " 財務支持：Kripkov, "To Serve God and Russia," 245.

031 **等到蘇聯在一九四五年**
Felix Philipp Ingold, "Von Moskau nach Zellikon," *Neuer Zürcher Zeitung*, Nov. 14, 2000.

031 **伊林是個首尾呼應的人**
我所引用的都是德文版本（I. A. Iljin, *Philosophie Hegels als kontemplative Gotteslehre*〔Bern: A. Francke Verlag, 1946〕），原因就在於這些哲學概念典出德國。本書中談到伊林時，會特別獨立於其他對俄羅斯的討論，相關背景參見：Laura Engelstein, "Holy Russia in Modern Times: An Essay on Orthodoxy and Cultural Change," *Past & Present*, 173, 2001, 129–56, and Andrzej Walicki, *A History of Russian Thought from the Enlightenment to Marxism* (Stanford: Stanford UP, 1979).

031 **伊林主張**
Iljin, *Philosophie Hegels*, 9, 351–52, 374. 蕭沆談整體性：E. M. Cioran, *Le Mauvais Démiurge* (Paris: Gallimard, 1969), 14. 關於黑格爾、黑格爾主義者與整體性學派，參見：Leszek Kołakowski, *Main Currents of Marxism. Vol. 1: The Founders* (Oxford: Oxford UP, 1978), 17–26.

032 **在伊林看來**
Iljin, *Philosophie Hegels*, 310, 337, 371, 372. 比較：Roman Ingarden, *Spór o istnienie świata* (Cracow: Nakład Polskiej Akademii Umiejętności), 1947.

032 **透過譴責上帝**
Iljin, *Philosophie Hegels*, 307, 335.

032 **這種願景**
關於邪惡：I. Ilyin, *O soprotivlenii zlu siloiu* (1925), in *Sobranie sochinenii*, vol. 5, 43. 存在，事實性，中產階級：Iljin, *Philosophie Hegels*, 312, 345. 在這一點上，也可以為個人主義提出辯解：Józef Tischner, *Spowiedź rewolucjonisty. Czytając Fenomenologię Ducha Hegla* (Cracow: Znak, 1993), 42–43.

033 **正如各種不道德**
至於康德（Immanuel Kant）則是認為倫理道德起於「不把自己當成例外」：年輕時的伊林就深受這種想法所影響。

033 **在伊林看來**
伊林談到思索：Iljin, *Philosophie Hegels*, 8; 這個主題也出現於他在瑞士的演講，而且該系列演講有出版。柯德里亞努的幻景：Constantin Iordachi, *Charisma, Politics, and Violence* (Trondheim: Norwegian University of Science and Technology, 2004), 45. 伊林談到民族："Put' dukhovnogo obnovleniia," (1932–1935), *So branie sochinenii*, vol. 1, 196.

034 **這裡所說的純真無辜**
生物與兄弟聯盟：V. A. Tomsinov, *Myslitel's poiushchim serdtsem* (Moscow: Zertsalo, 2012), 166, 168; Tsygankov, "Iwan Iljin." 民族弱勢族群：Ilyin, *Nashi zadachi*, 250.

034 **伊林認為**
外國威脅：Ilyin, "Put' dukhovnogo obnovleniia," in *Sobranie sochinenii*, vol. 1, 210（關於上帝和民族則在328頁）：Iljin, *Philosophie Hegels*, 306（關於俄羅斯精神在345頁）：Kripkov, "To Serve God and Russia," 273.

035 **在上帝創造世界時**
伊林的威脅理論和「大陸封鎖」：Iljin, ed., *Welt vor dem Abgrund* (Berlin: Eckart-Verlag, 1931), 152, 155; Kripkov, "To Serve God and Russia," 273.

036 **在十月革命之前**
傳記資訊：Grier, "Complex Legacy," 165. 伊林引文："O russkom" fashizmie," 60: "Dielo v' tom', chto fashizm' est spasitelnyi eksstess patrioticheskago proizvola."

036 **至於伊林提到俄文**
伊林談救贖："O russkom" fashizmie," *RK*, no. 3, 1927, 60–61. 希特勒引文：*Mein Kampf* (Munich: Zentralverlag der NSDAP, 1939), 73.

037 **上帝創造這個**
伊林談上帝：Tsygankov, "Iwan Iljin." 神聖整體和基督教戰爭：*O soprotivlenii zlu siloiu*, 33, 142. 俠義鬥爭："O russkom" fashizmie," 54. 在他所推出的期刊*Russki Kolokol*創刊號，伊林也寫下：「我的祈禱如劍。我的劍如祈禱。」*RK*, no. 1, 80. 尼采（Friedich Nietzche）希望超越基督宗教，但伊林只是想顛覆基督宗教。伊林表示，要愛神，就要恨你的敵人。尼采在《瞧，這個人》（*Ecce Homo*）中表示，要追求知識就得愛敵人、恨朋友，這是更高層級的挑戰。伊林雖然是黑格爾主義者，但尼采在這裡顯然是更出色的辯證家。

037 **因為這個世界有罪**
力量：Ilyin, "Pis'ma o fashizmie: Lichnost' Mussolini," *VO*, Jan. 17, 1926, 3. 出於歷史之外："Pis'ma o fashizmie: Biografiia Mussolini," *VO*, Jan. 10, 1926, 3. 感官的：Iljin, *Philosophie Hegels*, 320. 男子氣概：Ryszard Paradowski, *Kościół i władza. Ideologiczne dylematy Iwana Iljina* (Poznań: Wydawnictwo Naukowe UAM, 2003), 91, 114. 救世主與喉舌：I. A. Il'in, "Belaia ideia," *Sobranie sochinenii*, vols. 9–10, 312.

038 **這位救世主會下達命令**
參見：Jean-Pierre Faye, "Carl Schmitt, Göring, et l'État total," in Yves Charles Zarka, ed., *Carl Schmitt ou le mythe du politique* (Paris: Presses Universitaires de France, 2009), 161–82; Yves-Charles Zarka, *Un detail dans la pensér de Carl Schmitt* (Paris: Presses Universitaires de France, 2005); Raphael Gross, *Carl Schmitt and the Jews*, trans.Joel Golb (Madison: University of Wisconsin Press), 2007. 關於施密特的影響，參見：Dirk van Laak, *Gespräche in der Sicherheit des Schweigens* (Berlin: Akademie Verlag, 1993); Jan-Werner Müller, *A Dangerous Mind* (New Haven: Yale UP, 2003). 伊林在俄羅斯的復興，可以看做是施密特在國際上復興的一部分，但這項主題太廣，無法在此討論。施密特的主權：Carl Schmitt, *Politische Theologie* (Berlin: Duncker & Humblot, 2004, 1922), 13. 伊林談民族主義："O russkom natsionalizmie," 47. 政治的技藝：*Nashi zadachi*, 56: "Politika est' iskusstvo uznavat' i obezvrezhyvat'

vraga."

038 **於是，救世主有義務發動戰爭**
伊林談戰爭：Paradowski, *Kośció i w adza*, 194. 羅馬尼亞歌曲："March by Radu Gyr" from "Hymn of the Legionary Youth" (1936), cited in Roland Clark, *Holy Legionary Youth: Fascist Activism in Interwar Romania* (Ithaca: Cornell UP, 2015), 152. 參見：Moshe Hazani, "Red Carpet, White Lilies," *Psychoanalytic Review*, vol. 89, no. 1, 2002, 1–47. 伊林談越軌與熱情：*Philosophie Hegels*, 306; "Pis'ma o fashizmie," 3. 要瞭解關於純真無辜的問題，貢布羅維奇（Witold Gombrowicz）的小說，特別是《費爾迪杜凱》（*Ferdydurke*）是很好的開始。

039 **正如詩人查理・貝璣**
Péguey cited in Eugen Weber, "Romania," in Hans Rogger and Eugen Weber, eds., *The European Right: A Historical Profile* (Berkeley: University of California Press, 1965), 516.

039 **伊林曾經嘗試設計**
伊林談領導者與選舉：*Nashi zadachi*, 33, 340–42; Ilyin, *Osnovy gosudarstevnnogo ustroistva* (Moscow: Rarog', 1996), 80; Paradowski, *Kościół i władza*, 114, 191. 同時參見：Iordachi, *Charisma, Politics, and Violence*, 7, 48.

040 **伊林認為，允許**
選舉：I. A. Il'in, "Kakie zhe vybory nuzhny Rossii" (1951), *Sobranie sochinenii*, vol. 2, part 2, 1993, 18–23. 民主原則：Paradowski, *Kościół i władza*, 91.

040 **伊林將社會想像**
引文：Ilyin, "Kakie zhe vybory nuzhny Rossii," 25. 中產階級：*Philosophie Hegels*, 312–16; *Osnovy gosudarstevnnogo ustroistva*, 45–46. 在伊林的年代，中產階級普遍對極右翼和極左翼都抱持著輕蔑，可參見：Miłosz, *Zniewolony umysł*, 20. 典型俄羅斯法西斯：例如參見：Alexander Dugin, "The War on Russia in its Ideological Dimension," *Open Revolt*, March 11, 2014.

041 **伊林雖然也用了**
伊林年輕時對法律的看法：I. A. Ilyin, "The Concepts of Law and Power," trans. Philip.T. Grier, *Journal of Comparative Law*, vol. 7, no. 1, 63–87. 俄羅斯心中：Ilyin, *Nashi zadachi*, 54; Tomsinov, *Myslitel's poiushchim serdtsem*, 174. 形上學身分認同：*Philosophie Hegels*, 306. 伊林談的是〈羅馬書〉2:15，這段對東正教神學很重要。關於從現象倫理學談心的概念，參見：Tischner, *Spowiedź rewolucjonisty*, 92–93.

041 **這個俄羅斯民族**
參照：Cioran, *Le Mauvais Démiurge*, 24; Payne, *Fascism*, 116.

042 **伊林將一個人類**
俄羅斯受迫害：Paradowski, *Kościół i władza*, 188, 194.

042 **二〇一〇年代**
俄羅斯的寡頭統治是第六章的主題，相關資料來源也將在該章提供。

043 **對於一九七〇年代**
對於「向前的時間」崩潰的情形，Masha Gessen有不同說法，參見：*The Future Is History* (New York: Riverhead Books, 2017).

043 **黑格爾（G.W.F. Hegel）的目標**
G. W. F. Hegel, *Vorlesungen über die Philosophie der Geschichte*, part 3, section 2, chapter 24.

044 **對於黑格爾的精神論點**
馬克思作為左派黑格爾主義者：Karl Marx, *The Economic and Philosophic Manuscripts of 1844*, ed. Dirk J. Struik, New York: International Publishers, 1964, for the points here especially 34, 145, 172. 關於左派黑格爾主義：Kołakowski, *Main Currents*, vol. 1, 94–100.

044 **伊林則是右派黑格爾主義者**
伊林的政治理念：Philip T. Grier, "The Speculative Concrete," in Shaun Gallagher, ed., *Hegel, History, and Interpretation* (State University of New York Press, 1997), 169–93. 伊林談馬克思：*Philosophie Hegels*, 11. 黑格爾談上帝：Marx, *The Economic and Philosophic Manuscripts of 1844*, 40. 伊林談上帝：*Philosophie Hegels*, 12; Kripkov, "To Serve God and Russia," 164; Ilyin, "O russkom" fashizmie," 60–64.

044 **弗拉基米爾．列寧**
列寧談伊林：Kirill Martynov, "Filosof kadila i nagaiki," *NG*, Dec. 9, 2014; Philip T. Grier, "Three Philosophical Projects," in G. M. Hamburg and Randall A. Poole, eds., *A History of Russian Philosophy 1830–1930* (Cambridge, UK: Cambridge UP, 2013), 329.

045 **伊林雖然瞧不起列寧的革命**
伊林談列寧：Kripkov, "To Serve God and Russia." 伊林談革命："O russkom" fashizmie," 60–61; *Nashi zadachi*, 70. 貝加耶夫談伊林：Martynov, "Filosof kadila i nagaiki"; Eltchaninoff, *Dans la tête de Vladimir Poutine*, 50. 同時參見：Tischner, *Spowiedź rewolucjonisty*, 211.

046 **伊林在德國和瑞士**
伊林談爵士樂：Ilyin, "Iskusstvo," in D. K. Burlaka, ed., *I. A .Il'in—pro et contra* (St. Petersburg: Izd-vo Russkogo khristianskogo gumanitarnogo in-ta, 2004), 485–86.《真理報》談爵士樂：Maxim Gorky, "O muzyke tolstykh," *Pravda*, April 18, 1928. 波蘭法西斯主義者有類似態度：Jan Józef Lipski, *Idea Katolickiego Państwa Narodu Polskiego* (Warsaw: Krytyka Polityczna, 2015), 47. 關於認定爵士樂為反史達林主義，參見：Leopold Tyrmand, *Dziennik 1954* (London: Polonia Book Fund, 1980). 維辛斯基談法律：Martin Krygier, "Marxism and the Rule of Law," *Law & Social Inquiry*, vol. 15, no. 4, 1990, 16. 關於史達林主義者談到例外：Stephen G. Wheatcroft, "Agency and Terror," *Australian Journal of Politics and History*, vol. 53, no. 1, 2007, 20–43; ibid., "Towards Explaining the Changing Levels of Stalinist Repression in the 1930s," in Stephen G. Wheatcroft, ed., *Challenging Traditional Views of Russian History* (Houndmills: Palgrave, 2002), 112–38.

047 **雖然伊林一開始**
伊林談蘇聯：Ilyin, *Nashi zadachi*; Kripkov, "To Serve God and Russia," 273. 伊林談俄羅斯與法西斯主義：參見本章各資料來源，以及 I. I. Evlampiev, "Ivan Il'in kak uchastnik sovremennykh diskussii," in Evlampiev, ed., *Ivan Aleksandrovich Il'in* (Moscow: Rosspen, 2014), 8–34. 史達林與俄羅斯：David Brandenberger, *National Bolshevism* (Cambridge, Mass.: Harvard UP, 2002); Serhy Yekelchyk, *Stalin's Empire of Memory* (Toronto: University of Toronto

Press, 2004). 同時參見：Yoram Gorlizki and Oleg Khlevniuk, *Cold Peace* (Oxford: Oxford UP, 2004); Hiroaki Kuromiya, *Stalin* (Harlow: Pearson Longman, 2005); Vladislav M. Zubok, *A Failed Empire* (Chapel Hill: University of North Carolina Press, 2007).

048 **史達林的經濟政策**
參見上述資料來源及 *Nashi zadachi*, 152–55. 關於本主題的另一觀點，參見：Shaun Walker, *The Long Hangover* (Oxford: Oxford UP, 2018), "vacuum" at 1 and sic passim.

048 **在二十一世紀**
關於普丁引用伊林理論，先前本章已列出部分來源，後續在第二章及第三章也將再列出其他。關於俄羅斯如何討論其影響，參見：Yuri Zarakhovich, "Putin Pays Homage to Ilyin," *EDM*, June 3, 2009; Maxim Kalinnikov, "Putin i russkie filosofy: kogo tsitiruet prezident," Rustoria.ru, Dec. 5, 2014; Martynov, "Filosof kadila i nagaiki"; Izrail' Zaidman, "Russkii filosof Ivan Il'in i ego poklonnik Vladimir Putin," *Rebuzhie*, Nov. 25, 2015; Eltchaninoff, *Dans la tête de Vladimir Poutine.*

048 **永恆迴圈政治不可能**
另一位現象學派的基督徒也認為，「我們和他們」的區別也是區別善與惡，但這在地球上是不可能的。參見：Tischner, *Spowiedź rewolucjonisty*, 164.

第二章

052 **伊林那個時代的法西斯主義者**
蘭達的引文出自：*Iordachi, Charisma, Politics, and Violence*, 7.

053 **蘇聯於一九二二年成立時**
在馬克思與列寧之間則是恩格斯，參見：Friedrich Engels, *Anti Dühring* (New York: International Publishers, [1878], 1972).

054 **雖然蘇聯的國營農業**
參見：Timothy Snyder, *Bloodlands* (New York: Basic Books, 2010).

055 **十月革命的重點**
一項可信的個案研究請見：Amir Weiner, *Making Sense of War* (Princeton: Princeton UP, 2001).

055 **十月革命的神話**
關於這種時間感暫停的個人體驗，參見：Katja Petrowskaja, *Vielleicht Esther* (Berlin: Suhrkamp, 2014); and Marci Shore, *The Taste of Ashes* (New York: Crown Books, 2013).

056 **紅軍的部署也是同樣的道理**
Kieran Williams, *The Prague Spring and Its Aftermath* (New York: Cambridge UP, 1997); Paulina Bren, *The Greengrocer and His TV* (Ithaca: Cornell UP, 2010).

056 **布里茲涅夫於一九八二年**
Christopher Miller, *The Struggle to Save the Soviet Economy* (Chapel Hill: University of North Carolina Press, 2016). 民族主義者的政治經濟：Timothy Snyder, "Soviet Industrial Concentration," in John Williamson, ed., *The Economic Consequences of Soviet Disintegration* (Washington, D.C.: Institute for International Economics, 1993), 176–243.

056 **在蘇聯內部**
要談蘇聯的民族問題，權威之作就是：Terry Martin, *The Affirmative Action Empire: Nations and Nationalism in the Soviet Union, 1923–1939* (Ithaca, NY: Cornell UP, 2001). 關於一九八九年到一九九一年間的關係，參見：Mark Kramer, "The Collapse of East European Communism and the Repercussions within the Soviet Union," *Journal of Cold War Studies*, vol. 5, no. 4, 2003; vol. 6, no. 4, 2004; vol. 7, no. 1, 2005.

057 **一九九一年夏天，危機來臨**
對葉爾欽的描繪，參見：Timothy J. Colton, *Yeltsin: A Life* (New York: Basic Books, 2008).

057 **等到葉爾欽**
老布希在基輔："Excerpts From Bush's Ukraine Speech: Working 'for the Good of Both of Us,' " Reuters, Aug. 2, 1991. 老布希對戈巴契夫：Svetlana Savranskaya and Thomas Blanton, eds., *The End of the Soviet Union 1991*, Washington, D.C.: National Security Archive, 2016, document 151.

058 **沒有人能**
伊林的救贖概念已在第一章討論。特別參見："O russkom" fashizmie," 60–63.

059 **民主從未在俄羅斯生根**
對於蘇聯終結的歷史，一則審慎的介紹請見：Archie Brown, *The Rise and Fall of Communism* (New York: HarperCollins, 2009).

060 **一九九三年，葉爾欽解散**
Charles Clover, *Black Wind, White Snow: The Rise of Russia's New Nationalism* (New Haven: Yale UP, 2016), 214–23.

060 **到了一九九九年，葉爾欽顯然**
"Proekt Putin glazami ego razrabotchika," *MKRU*, Nov. 23, 2017; Clover, *Black Wind, White Snow*, 246–47.

061 **為了找到接班人**
政治及媒體背景請參見：Arkady Ostrovsky, *The Invention of Russia* (London: Atlantic Books, 2015), 245–83. 支持率：David Satter, *The Less You Know, the Better You Sleep* (New Haven: Yale UP, 2016), 11.

062 **一九九九年九月**
關於炸彈的政治：Satter, *The Less You Know*, 10–11; Krystyna Kurczab-Redlich, *Wowa, Wolodia, Wladimir* (Warsaw: Wydawnictwo ab, 2016), 334–46, 368.

063 **在普丁於二〇〇〇年至二〇〇八年**
恐怖主義及控制：Peter Pomerantsev, *Nothing Is True and Everything Is Possible* (New York: Public Affairs, 2014), 56. 地方首長：Satter, *The Less You Know*, 116. 蘇爾科夫的解釋："Speech at Center for Party Studies," Feb. 7, 2006, published in *Rosbalt*, March 9, 2006; *Ivanov + Rabinovich*, April 2006.

064 **加入歐盟的國家**
蘇爾科夫與主權的民主：*Ivanov + Rabinovich*, April 2006 及後注。同時參見："Pochemu Putin tsitiruet filosofa Il'ina?" *KP*, July 4, 2009. 杜金之後的著作也繼續發展這種觀點：*Putin protiv Putina* (Moscow: Yauza-Press, 2012).

064 **民主是一種改變統治者的程序**
蘇爾科夫談國家三大支柱：*Texts 97-10*, trans.Scott Rose (Moscow: Europe, 2010). 伊林的「民主獨裁者」：*Nashi zadachi*, 340–42. 引用伊林：Surkov, "Suverenitet—eto politicheskii sinonim konkurentosposobnosti," in *Teksty 97-07* (Moscow: 2008). 人就是制度：Surkov, "Russkaia politicheskaia kultura: Vzgliaad iz utopii," Russ.ru, June 7, 2015.

065 **蘇爾科夫這套希望兩者兼得**
二〇〇三年引文：Michel Eltchaninoff, *Dans la tête de Vladimir Poutine* (Arles: Actes Sud, 2015), 37. 關於烏克蘭進歐盟的未來："Putin: EU-Beitritt der Ukraine 'kein Problem,' " *FAZ*, Dec. 10, 2004. 同時參見第三章討論。

067 **根據獨立的俄羅斯選舉觀察家**
結果：Vera Vasilieva, "Results of the Project 'Citizen Observer,' " Dec. 8, 2011. 同時參見：Michael Schwirtz and David M. Herszenhorn, "Voters Watch Polls in Russia," *NYT*, Dec. 5, 2011. 抗議："In St. Petersburg, 120 protestors were detained," *NTV*, Dec. 5, 2011; Will Englund and Kathy Lally, "Thousands of protesters in Russia demand fair elections," *WP*, Dec. 10, 2011; "Russia: Protests Go On Peacefully," Human Rights Watch, Feb. 27, 2012; Kurczab-Redlich, *Wowa*, 607. 與政府友好的媒體稱讚警察：*KP*, Dec. 5, 2011; *Pravda*, Dec. 5, 2011. 格里芬：Elena Servettez, "Putin's Far Right Friends in Europe," Institute of Modern Russia, Jan. 16, 2014; Anton Shekhovstov, *Russia and the Western Far Right* (London: Routledge, 2018); 同時參見：Kashmira Gander, "Ex-BNP leader Nick Griffin tells right-wing conference Russia will save Europe," *Independent*, March 23, 2015.

067 **選舉造假的技倆**
本次造假的本質："Fal'sifikatsii na vyborakh prezidenta Rossiiskoi Federatsii 4 Marta 2012 goda," *Demokra ticheskii Vybor*, March 30, 2012; 同時參見：Satter, *The Less You Know*, 91; Kurczab-Redlich, *Wowa*, 610–12. 關於波蘭「觀察員」科納斯基和皮茨科斯基：Konrad Schuller, "Die Moskau-Reise des Herrn Kownacki," *FAZ*, July 11, 2017. 科納斯基後來成為波蘭國防部副部長，而皮茨科斯基則因間諜活動遭到逮捕。

068 **二〇一二年三月五日**
"Oppozitsiia vyshla na Pushkinskoi," Gazeta.ru, March 5, 2012.

068 **在普丁看來**
梅德維傑夫：Satter, *The Less You Know*, 65. 普丁：“Excerpts from the transcript of the meeting of the Valdai International Discussion Club,” Sept. 19, 2013. 伊林引文：“Kakie zhe vybory nuzhny Rossii,” 22.

070 **布里茲涅夫曾經**
Kripkov, “To Serve God and Russia,” 65.

070 **二〇一一年十二月六日**
Dmitry Medvedev (@MedvedevRussia), Dec. 6, 2011. 參見：Paul Goble, “ ‘Hybrid Truth’ as Putin’s New Reality,” Window on Eurasia, blog, Jan. 30, 2015.

071 **普丁的心腹**
Vladimir Yakunin, “Novyi mirovoi klass’ vyzov dlia chelovechestva,” *Narodnyi Sobor*, Nov. 28, 2012.

071 **二〇一三年九月**
中國：“Address on Human Rights, Democracy, and the Rule of Law,” Beijing, Sept. 13, 2013. 瓦爾代：Vladimir Putin, address at Valdai, Sept. 19, 2013. 法律：“For the Purpose of Protecting Children from Information Advocating for a Denial of Traditional Family Values,” June 11, 2013.

072 **要推動這項運動**
親吻：Tatiana Zhurzenko, “Capitalism, autocracy, and political masculinities in Russia,” *Eurozine*, May 18, 2016; 同時參見：Kurczab-Redlich, *Wowa*, 717–19. 丈夫：“Vladimir Putin Says Donald Trump ‘Is Not My Bride, and I’m Not His Groom,’ ” *TG*, Sept. 5, 2017. 關於男子氣概，同時參見：Mary Louise Roberts, *Civilization Without Sexes* (Chicago: University of Chicago Press, 1994); Dagmar Herzog, *Sex After Fascism* (Princeton: Princeton UP, 2005); Judith Surkis, *Sexing the Citizen* (Ithaca, NY: Cornell UP, 2006); Timothy Snyder, *The Red Prince* (New York: Basic Books, 2008).

072 **普丁所做的**
韋伯在他的《經濟與社會》（*Wirtschaft und Gesellschaft*）談到這些觀點，相關章節的英文版本請見：Max Weber, *On Charisma and Institution Building*, ed. S. N. Eisenstadt (Chicago: University of Chicago Press, 1968). Iordachi. 討論基督教法西斯主義者的內容請見：*Charisma, Politics, and Violence*, 12ff.

072 **韋伯提出兩種機制**
關於男子氣概的主題，將在第四與第六章進一步討論。

073 **如果說克里姆林宮**
普丁所放出的「訊號」廣受報導：*Pravda*, Dec. 8, 2011; *Mir24*, Dec. 8, 2011; *Nakanune*, Dec. 8, 2011. 希拉蕊的往事：*What Happened* (New York: Simon and Schuster, 2017), 329. 十二月十五日的聲明：“Stenogramma programmy ‘Razgovor s Vladimirom Putinym.Prodolzhenie,” *RG*, Dec. 15, 2011. 伊林：*Nashi zadachi*, 56, 參考施密特的概念，施密特也喜歡對朋友與敵人做出先於政治事務（prepolitical）的區別：*The Concept of the Political*, trans. George Schwab (Chicago: University of Chicago Press, 2007), 25–28. 關於當代對中國的評估，參見：Thomas Stephan Eder, *China Russia Relations in Central Asia* (Wiesbaden: Springer, 2014); Marcin Kaczmarski, “Domestic Sources of Russia’s China Policy,” *Problems of Post Communism*, vol. 59, no. 2, 2012,

3–17; Richard Lotspeich, "Economic Integration of China and Russia in the Post-Soviet Era," in James Bellacqua, ed., *The Future of China Russia Relations* (Lexington: University of Kentucky Press, 2010), 83–145; Dambisa F. Moyo, *Winner Take All: China's Race for Resources and What It Means for the World* (New York: Basic Books, 2012).

074 **選定將西方作為敵人**
美軍軍力：United States European Command, "U.S. Forces in Europe (1945–2016): Historical View," 2016. 羅姆尼："Russia is our number one geopolitical foe," *CNN: The Situa tion Room with Wolf Blitzer*, March 26, 2012; Z. Byron Wolf, "Was Mitt Romney right about Detroit and Russia?" CNN, Aug. 1, 2013.

075 **為了操縱國內選舉**
俄羅斯媒體報導示威抗議："The Agency," *NYT*, June 2, 2015; Thomas Grove, "Russian 'smear' documentary provokes protests," Reuters, March 16, 2012. 傀儡："Putin predlozhil zhestche nakazyvat prispeshnikov zapada," *Novye Izvestiia*, Dec. 8, 2011.

075 **正是因為普丁**
Vladimir Putin, Address to Federal Assembly, Dec. 12, 2012; 同時參見：Putin, "Excerpts from the transcript of the meeting of the Valdai International Discussion Club," Sept. 19, 2013.

076 **二〇一二年，普丁明確表示**
Vladimir Putin, Address to Federal Assembly, Dec. 12, 2012.

076 **誹謗開始被視為**
誹謗罪的法條：Rebecca DiLeonardo, "Russia president signs law re-criminalizing libel and slander," jurist.org, July 30, 2012. 極端主義：Lilia Shevtsova, "Forward to the Past in Russia," *Journal of Democracy*, vol. 26, no. 2, 2015, 30. NGO法條："Russia's Putin signs NGO 'foreign agents' law," Reuters, July 21, 2012. 關於宗教正統的法條：Marc Bennetts, "A New Russian Law Targets Evangelicals and other 'Foreign' Religions," *NW*, Sept. 15, 2016. 叛國罪的法條："Russia: New Treason Law Threatens Rights," Human Rights Watch, Oct. 23, 2012. 聯邦安全局：Eltchaninoff, *Dans la tête de Vladimir Poutine*, 29.

077 **在「外國代理人法」生效**
Human Rights Watch, "Russia: Government vs. Rights Groups," Sept. 8, 2017.

078 **二〇一一年十二月十五日**
廣播節目逐字稿：*RG*, Dec. 2011, rg.ru/2011/12/15/stenogramma.html; 同時參見："Vladimir Putin," *Russkaia narodnaia liniia*, Dec. 16, 2011.

078 **普丁向數百萬**
一九二二年的伊林：Kripkov, "To Serve God and Russia," 182. 普丁："Vladimir Putin," *Russkaia narodnaia liniia*, Dec. 16, 2011.

078 **普丁身為前KGB特務**
關於紅軍與白軍："The Red and White Tradition of Putin," *Warsaw Institute*, June 1, 2017. 伊林批評蘇聯的例子：*Welt vor dem Abgrund* (on the secret police and terror), 99–118. 伊林想根除祕密警察："Kakie zhe vybory nuzhny Rossii," 18.

079 **二〇〇五年，普丁安排在**
焚燒與米哈爾科夫：Sophia Kishkovsky, "Echoes of civil war in reburial of Russian," *NYT*, Oct. 3, 2005. 米哈爾科夫與伊林：Izrail' Zaidman, "Russkii filosof Ivan Il'in i ego poklonnik Vladimir Putin," *Rebuzhie*, Nov. 25, 2015; Eltchaninoff, *Dans la tête de Vladimir Poutine*, 15. 米哈爾科夫的宣言：N. Mikhalkov, "Manifesto of Enlightened Conservatism," Oct. 27, 2010. 同時參見：Martynov, "Filosof kadila i nagaiki."

079 **二〇〇九年，普丁在伊林的墳上**
上帝的契卡分子：Kripkov, "To Serve God and Russia," 201. 關於謝夫庫諾夫：Yuri Zarakhovich, "Putin Pays Homage to Ilyin," *EDM*, June 3, 2009; Charles Clover, "Putin and the Monk," *Financial Times*, Jan. 25, 2013. 謝夫庫諾夫對劊子手的評價："Arkhimandrit Tikhon: 'Oni byli khristiane, bezzavetno sluzhivshie strane i narodu,' " *Izvestiya*, March 26, 2009. 普丁引文："Putin priznal stroitelei kommunizma 'zhalkimi' kopipasterami," lenta.ru, Dec. 19, 2013.

081 **米哈爾科夫在二〇一四年的電影**
Solnechnyi udar, 2014, dir. Nikita Mikhalkov; *Trotskii*, 2017, dir. Aleksandr Kott and Konstantyn Statskii, debate between Trotsky and Ilyin in episode 8, at 26:20–29, 40.

082 **等到普丁也來推崇**
Vladimir Putin, "Rossiia: natsional'nyi vopros," *Nezavi simaia Gazeta*, Jan. 23, 2012.

082 **在這篇文章**
普丁：同上注。伊林：*Nashi zadachi*, 56. 施密特：*Concept of the Political.*

082 **普丁說到俄羅斯**
Putin, "Rossiia: natsional'nyi vopros."

083 **普丁在二〇一二年一月**
Vladimir Putin, Address to Federal Assembly, Dec. 12, 2012.

084 **就算是最卑躬諂媚**
俄羅斯的計畫：參見第六章的討論與資料來源；同時參見：Jeff Horwitz and Chad Day, "Before Trump job, Manafort worked to aid Putin," AP, March 22, 2017. 關於二〇〇四年及二〇一〇年選舉的比較，參見：Timothy Garton Ash and Timothy Snyder, "The Orange Revolution," *NYR*, April 28, 2005; and Timothy Snyder, "Gogol Haunts the New Ukraine," *NYR*, March 25, 2010.

084 **二〇一〇年，亞努科維奇**
關於早期的親俄羅斯政策：Steven Pifer, *The Eagle and the Trident* (Washington, D.C.: Brookings, 2017), 282; Luke Harding, "Ukraine extends lease for Russia's Black Sea Fleet," *TG*, April 21, 2010. 引文：Fred Weir, "With Ukraine's blessing, Russia to beef up its Black Sea Fleet," *Christian Science Monitor*, Oct. 25, 2010. 值得一提的是，雖然遭到俄羅斯入侵，但在亞努科維奇倒台後成立的新政府，宣布烏克蘭無意加入北約。參見：Meike Dülffer, interview with Foreign Minister Pavlo Klimkin, "Am Ende zahlt die Fähigkeit, uns selbst zu verteidigen," *Die Zeit*, Oct. 2, 2014.

085 **再到二〇一二年，普丁**
這是第四章的主題。

085 **當歷史系學生請他**
"Meeting with young scientists and history teachers," Moscow 2014, Kremlin 46951.

085 **在二〇一二年第一次**
Putin, Address to Federal Assembly, 2012.

086 **普丁的神父密友**
為弗拉基米爾祈禱：Yuri Zarakhovich, "Putin Pays Homage to Ilyin," *EDM*, June 3, 2009. 伊林的態度，參見：*Nashi zadachi*, 142. 關於該尊雕像：Shaun Walker, "From one Vladimir to another: Putin unveils huge statue in Moscow," *TG*, Nov. 4, 2016. 關於普丁政權如何類似哥德封建制度，參見：Dina Khapaeva, "La Russie gothique de Poutine," *Libération*, Oct. 23, 2014. 關於這千年來的渴望及基督教法西斯主義，參見：Vladimir Tismaneanu, "Romania's Mystical Revolutionaries," in Edith Kurzweil, ed., *A Partisan Century* (New York: Columbia UP, 1996), 383–92.

086 **在歷史上，弗拉基米爾**
關於羅斯部族與保加利亞人：Simon Franklin and Jonathan Shepard, *The Emergence of Rus 750–1200* (London: Longman, 1996), xix, 30–31, 61; Jonathan Shepard, "The origins of Rus'," in Maureen Perrie, ed., *The Cambridge History of Russia*, vol. 1 (Cambridge, UK: Cambridge UP, 2006), 47–97. 關於「Rus」的語源學：Manfred Hildermaier, *Geschichte Russlands* (Munich: C. H. Beck, 2013), 42. 關於奴隸貿易：Anders Winroth, *The Conversion of Scandinavia* (New Haven: Yale UP, 2012), 47–57, 92. 關於弗拉基米爾大公：Jonathan Shepard, "The origins of Rus'," 62–72; Omeljan Pritsak, *The Origin of Rus'* (Cambridge, Mass.: Harvard UP, 1991), 23–25. 關於異教：S. C. Rowell, *Lithuania Ascending* (Cambridge, UK: Cambridge UP, 1994). 關於語言：Harvey Goldblatt, "The Emergence of Slavic National Languages," in Aldo Scaglione, ed., *The Emergence of National Languages* (Ravenna: Loggo Editore, 1984). 想當然耳，伊林十分努力地想把維京人趕出他所認為的俄羅斯歷史：Kripkov, "To Serve God and Russia," 247.

087 **基督教之所以無法**
關於這種承繼的難題：Franklin and Shepard, *Emergence of Rus*, 185–246. 關於羅斯部族的承繼問題，參見：Hildermaier, *Geschichte Russlands*, 114–115; Karl von Loewe, trans. and ed., *The Lithuanian Statute of 1529* (Leiden: E. J. Brill, 1976), 2–3; Stefan Hundland, *Russian Path Dependence* (London: Routledge, 2005), 19–42; Franklin, "Kievan Rus," 84–85. 同時參見：Andrzej B. Zakrzewski, *Wielkie Księstwo Litewski (XVI–XVIII w.)* (Warsaw: Campidoglio, 2013). 頭骨：Jonathan Shepard, "The origins of Rus'," 143–46.

第三章

091 **在伊林那個時代**
參見：Mark Mazower, *Dark Continent* (New York: Knopf, 1999). 如果想簡單瞭解法西斯主義者對民主的看法，參見：Corneliu Zelea Codreanu, "A Few Remarks on Democracy," 1937; 想瞭解極左翼的迷人之處，參見：François Furet, *Le passé dune illusion* (Paris: Robert Laffont, 1995); Marci Shore, *Caviar and Ashes* (New Haven, Yale UP, 2006); Richard Crossman, ed., *The God that Failed* (London: Hamilton, 1950).

091 **第一次世界大戰讓歐陸**
關於漫長的第一次世界大戰：Jörn Leonhard, *Die Büchse der Pandora* (Munich: Beck, 2014); Robert Gerwarth, *Die Besiegten* (Munich: Siedler, 2017). 關於兩次大戰期間強權的政治：Sergei Gorlov, *Sovershenno sekretno, Moskva Berlin, 1920–1933* (Moscow: RAN, 1999); Jonathan Haslam, *The Soviet Union and the Struggle for Collective Security in Europe, 1933–39* (Houndmills, UK: Macmillan, 1984); Marek Kornat, *Polityka zagraniczna Polski 1938–1939* (Gdańsk: Oskar, 2012); Hans Roos, *Polen und Europa* (Tübingen: J. C. B. Mohr, 1957); Frank Golczewski, *Deutsche und Ukrainer, 1914–1939* (Paderborn: Ferdinand Schöning, 2010); Hugh Ragsdale, *The Soviets, the Munich Crisis, and the Coming of World War II* (Cambridge, UK: Cambridge UP, 2004); Gerhard L. Weinberg, *The Foreign Policy of Hitler's Germany* (Chicago: University of Chicago Press, 1980); Piotr Stefan Wandycz, *The Twilight of French Eastern Alliances, 1926–1936* (Princeton: Princeton UP, 1988). 關於兩次大戰期間的政治經濟與民族國家，參見：E. A. Radice, "General Characteristics of the Region Between the Wars," in Michael Kaser, ed., *An Economic History of Eastern Europe*, vol. 1 (New York: Oxford UP, 1985), 23–65; Joseph Rothschild, *East Central Europe Between the World Wars* (Seattle: University of Washington Press, 1992), 281–311; Bruce F. Pauley, "The Social and Economic Background of Austria's *Lebensunfähigkeit*," in Anson Rabinbach, ed., *The Austrian Socialist Experiment* (Boulder: Westview Press, 1985), 21–37. 波蘭地方首長："Protokoł z zebrania polskiej grupy parlamentarnej Wołynia," Centralne Archiwum Wojskowe, Rembertów, I.302.4.122.Kennan: Ira Katznelson, *Fear Itself* (New York: Norton, 2013), 32.

092 **第二次世界大戰也讓**
關於《德蘇互不侵犯條約》，參見：Gerd Koenen, *Der Russland Komplex* (Munich: Beck, 2005); Sławomir Dębski, *Między Berlinem a Moskwą.Stosunki niemiecko-sowieckie 1939–1941* (Warsaw: PISM, 2003); John Lukacs, *The Last European War* (New Haven: Yale UP, 2001); Roger Moorhouse, *The Devils' Alliance* (London: Bodley Head, 2014). 關於德軍在波蘭的戰爭，參見：Jochen Böhler, *"Größte Härte": Verbrechen der Wehrmacht in Polen September/Oktober 1939* (Osnabrück: Deutsches Historisches Institut, 2005). 關於同時的蘇聯戰罪，參見：Anna M. Cienciala, Natalia S. Lebedeva, and Wojciech Materski, eds., *Katyn* (New Haven: Yale UP, 2007); Grzegorz Hryciuk, "Victims 1939–1941," in Elazar Barkan, Elisabeth A. Cole, and Kai Struve, eds., *Shared History–Divided Memory* (Leipzig: Leipzig University-Verlag, 2007), 173–200. 關於烏克蘭的中心地位，參見：Snyder, *Bloodlands*; Timothy Snyder, *Black Earth* (New York: Crown Books, 2015). 同時參見：Adam Tooze, *The Wages of Destruction* (New York: Viking, 2007); Rolf-Dieter Müller, *Der Feind steht im Osten* (Berlin: Ch. Links Verlag, 2011); Ulrike Jureit, *Das Ordnen von Räumen* (Hamburg: Hamburger Edition, 2012); Christian Gerlach, *Krieg, Ernährung, Völkermord* (Hamburg: Hamburger Edition, 1998); Alex J. Kay, *Exploitation, Resettlement, Mass Murder* (New York: Berghahn Books, 2006).

092 **整體而言，一九四五年**
關於這項過渡：Thomas W. Simons, Jr., *Eastern Europe in the Postwar World* (New York: St. Martin's, 1993); Hugh Seton-Watson, *The East European Revolution* (New York: Praeger, 1956), 167–211; Jan T. Gross, "The Social Consequences of War," *East European Politics and Societies*, vol. 3, 1989, 198–214; Bradley F. Abrams, "The Second World War and the East European Revolutions," *East European Politics and Societies*, vol. 16, no. 3, 2003, 623–64; T. V. Volokitina, et al.,

eds., *Sovetskii faktor v Vostochnoi Evrope 1944–1953* (Moscow: Sibirskii khronograf, 1997).

093 **美國的經濟實力**
Alan Milward, *The European Rescue of the Nation State* (Berkeley: University of California Press, 1992). 同時參見：Harold James, *Europe Reborn: A History, 1914–2000* (Harlow: Pearson, 2003).

093 **歐洲統合始於一九五一年**
Nashi zadachi, 94–95, 166–168. 參見：Evlampiev, "Ivan Il'in kak uchastnik sovremennykh diskussii," 15, 文中強調伊林終其一生「以明顯的法西斯主義者意味」提倡著民族獨裁。

094 **從伊林過世到其學說復興**
同時談到去殖民化與統合的歷史，請見：Tony Judt, *Postwar: A History of Europe Since 1945* (New York: Penguin Press, 2005). 關於德國在此戰中損失的規模，參見：Rüdiger Overmans, *Deutsche militärische Verluste im Zweiten Weltkrieg* (Munich: Oldenbourg, 1999); 同時參見：Thomas Urban, *Der Verlust: Die Vertreibung der Deutschen und Polen im 20. Jahrhundert* (Munich: C. H. Beck, 2004).

095 **到了一九八〇年代**
關於經濟理性，參見：Andrew Moravcsik, *The Choice for Europe* (Ithaca, NY: Cornell UP, 1998).

095 **對東歐大多數**
波蘭案例的經典分析，請見：Antony Polonsky, *Politics in Independent Poland 1921–1939* (Oxford: Clarendon Press, 1972).

096 **在二〇〇四年和二〇〇七年**
Timothy Snyder, "Integration and Disintegration: Europe, Ukraine, and the World," *Slavic Review*, vol. 74, no. 4, Winter 2015.

096 **帝國強權只要**
參見：Mark Mazower, "An International Civilization?" *International Affairs*, vol. 82, no. 3, 2006, 553–66.

097 **縱觀歐洲帝國主義歷史**
關於義大利，參見：Davide Rodogno, *Fascism's European Empire*, trans. Adrian Belton (Cambridge, UK: Cambridge UP, 2006).

098 **在歷史上，歐洲並沒有**
一則精闢的法文評論請見：Patrick Weil, *How to be French*, trans. Catherine Porter (Durham: Duke UP, 2008).

100 **像俄羅斯這樣明確拒絕**
二〇一三年，俄羅斯領導者提出摧毀歐盟而與歐亞一體結合的想法。時間慢慢過去，俄羅斯想摧毀歐盟的威脅也愈來愈明顯：Isabelle Mandraud, "Le document de Poutine qui entérine la nouvelle guerre froide," *LM*, Dec. 6, 2016.

101 **在二〇一二年之前，俄羅斯領導者**
俄羅斯、普丁、歐盟：Jackie Gower, "European Union–Russia Relations at the End of the Putin Presidency," *Journal of Contemporary European Studies*, vol. 16, no. 2, Aug. 2008, 161–67; Eltchaninoff, *Dans la tête de Vladimir Poutine*, 37. 二〇〇四年普丁談烏克蘭："Putin: EU-Beitritt der Ukraine 'kein Problem,'" *FAZ*, Dec. 10, 2004. 羅戈辛談北約：Artemy Kalinovsky, *A Long Goodbye: The So viet Withdrawal from Afghanistan* (Cambridge, Mass.: Harvard UP, 2011), 226.

102 **在二〇一一年前，俄羅斯外交政策**
盜賊統治：相關經典論述請見：Karen Dawisha, *Putin's Kleptocracy* (New York: Simon and Schuster, 2014). 另一個有力的論點請見：Karl Schlögel, *Entscheidung in Kiew* (Munich: Carl Hanser Verlag, 2015), 78. 同時參見：Anders Åslund and Andrew Kuchins, *The Russia Balance Sheet* (Washington, D.C.: Peterson Institute, 2009).

102 **至於談到和平與戰爭**
愛沙尼亞：Hannes Grassegger and Mikael Krogerus, "Weaken from Within," *New Republic*, Dec. 2017, 18; Marcel Van Herpen, *Putin's Propaganda Machine* (Lanham: Rowman and Littlefield, 2016), 121. 喬治亞：John Markoff, "Before the Gunfire, Cyberattacks," *NYT*, Aug. 12, 2008; D. J. Smith, "Russian Cyber Strategy and the War Against Georgia," *Atlantic Council*, Jan. 17, 2014; Irakli Lomidze, "Cyber Attacks Against Georgia," Ministry of Justice of Georgia: Data Exchange Agency, 2011; Sheera Frenkel, "Meet Fancy Bear, the Russian Group Hacking the US election," *BuzzFeed*, Oct. 15, 2016.

103 **時間到了二〇一〇年代**
Vladimir Putin, "Von Lissabon bis Wladiwostok," *Süddeutsche Zeitung*, Nov. 25, 2010.

103 **「帝國的歐洲」與「統合的歐洲」**
普丁在二〇一〇年後擁抱這種意識形態，而這正是本書的重點主題之一。關於他在二〇一〇年前與法律和政治的關係，以及相關論點，參見：Masha Gessen, *The Man Without a Face* (New York: Riverhead Books, 2013). 年輕的伊林：Ilyin, "Concepts of Law and Power," 68; Grier, "Complex Legacy," 167; Kripkov, "To Serve God and Russia," 13.

103 **成熟後的伊林**
Ilyin, "O russkom" fashizmie," 60.

105 **普丁於二〇一一年十月三日**
Vladimir Putin, "Novyi integratsionnyi proekt dla Evrazii—budushchee, kotoroe rozhdaetsia segodnia," *Izvestiia*, Oct. 3, 2011. 同時參見：Vladimir Putin, "Rossiia: natsional'nyi vopros," *Nezavisimaia Gazeta*, Jan. 23, 2012.

105 **當然，對歐盟來說**
普丁談歐亞一體："Rossiia i meniaiushchiisia mir," *Moskovskie Novosti*, Feb. 27, 2012. 歐亞一體經濟聯盟：Jan Strzelecki, "The Eurasian Economic Union: a time of crisis," *OSW Commentary*, no. 195, Jan. 27, 2016.

106 **普丁在二〇一一年到二〇一二年間**
參見第二章。

106 **俄羅斯沒有合理的**
普丁在五月談歐亞一體："Vladimir Putin vstupil v dolzhnost' Prezidenta Rossii," kremlin.ru, May 7, 2012. 同時參見：Alexander Dugin, "Tretii put' i tret'ia sila," *Izborsk Club*, Dec. 4, 2013, article 1300. 十二月的普丁：Address to Federal Assembly, Dec. 12, 2012.

107 **早在普丁宣布**
根據Kripkov的看法，伊林在第一次世界大戰時還是西化者："To Serve God and Russia," 120. 參見：Martin Malia, *Alexander Herzen and the Birth of Russian Socialism, 1812–1855* (Cambridge, Mass.: Harvard UP, 1961); Andrzej Walicki, *The Controversy over Capitalism* (Oxford, UK: Clarendon Press, 1969).

108 **第一批歐亞一體主義者**
Clover, *Black Wind, White Snow*, 47–63.

108 **一九二〇年代的歐亞一體主義者**
關於古拉格及生物法則，參見：Clover, *Black Wind, White Snow*, 124; Golfo Alexopoulos, *Illness and Inhu manity in the Gulag* (New Haven: Yale UP, 2017). 關於古拉格的介紹，參見：Oleg V. Khlevniuk, *The History of the Gulag* (New Haven: Yale UP, 2004); Lynna Viola, *The Unknown Gulag* (New York: Oxford UP, 2007); Anne Applebaum, *Gulag: A History* (New York: Doubleday, 2003). 同時參見：Barbara Skarga, *Penser après le Goulag*, ed. Joanna Nowicki (Paris: Editions du Relief, 2011). 關於大恐怖時期，參見：Karl Schlögel, *Terror und Traum* (Munich: Carl Hanser Verlag, 2008); Nicolas Werth, *La ter reur et le désarroi* (Paris: Perrin, 2007); Rolf Binner and Marc Junge, "Wie der Terror 'Gross' wurde," *Cahiers du Monde russe*, vol. 42, nos. 2–3–4, 2001, 557–614.

109 **古米列夫在一九六〇年代到一九八〇年代**
Clover, *Black Wind, White Snow*, 139.

110 **古米列夫對歐亞一體主義的貢獻**
Clover, *Black Wind, White Snow*, 125, 129, 134.

110 **古米列夫還為歐亞一體學說增加**
Alexander Sergeevich Titov, "Lev Gumilev, Ethnogenesis and Eurasianism," doctoral dissertation, University College London, 2005, 102; Clover, *Black Wind, White Snow*, 129. 關於古米列夫的反猶主義，參見：Mark Bassin, *The Gumilev Mystique* (Ithaca, NY: Cornell UP, 2016), 313: "Gumilev was a zealous antisemite."

111 **儘管曾在古拉格度過多年**
參見：Andreas Umland, "Post-Soviet 'Uncivil Society' and the Rise of Aleksandr Dugin," doctoral dissertation, University of Cambridge, 2007. 博羅岱與古米列夫：Titov, "Lev Gumilev," 102, 236; Bassin, *Gumilev Mystique*, 314.

112 **講到二〇一〇年代俄羅斯所謂的**
烤爐：Clover, *Black Wind, White Snow*, 155. 杜金與古米列夫：Titov, "Lev Gumilev," 13; Clover, *Black Wind, White Snow,* 180; Bassin, *Gumilev Mystique*, 308–9.

112 **隨著蘇聯解體**
影響：Shekhovtsov, *Russia and the Western Far Right*, chapter 2.

113 **一九九〇年代初**
西弗斯（Sievers）與德・博努瓦（De Benoist）：Clover, *Black Wind, White Snow*, 158, 177.

113 **杜金的歐洲門路**
聖西里爾，聖美多德，稱頌死亡：Clover, *Black Wind, White Snow*, 11, 225. 無國界而赤色：Aleksandr Dugin, "Fashizm—Bezgranichnyi i krasnyi," 1997. 命運：Alexander Dugin, "Horizons of Our Revolution from Crimea to Lisbon," *Open Revolt*, March 7, 2014.

113 **杜金和伊林同樣都得**
針對杜金對歐洲造成的影響，Marlene Laruelle提出精闢的介紹，指出杜金未能區別施密特與納粹黨傳統的不同，而這一點極為重要。參見："Introduction," in Marine Laruelle, ed., *Eurasian ism and the European Far Right* (Lanham: Lexington Books, 2015), 10–11. 施密特引文：Carl Schmitt, *Writings on War*, trans. Timothy Nunan (Cambridge, UK: Polity Press, 2011), 107, 111, 124. Nunan所寫的引言很清楚地介紹施密特作為國際關係理論家的情形。關於施密特如何反對傳統國家，納粹如何反對國際法律，參見：Czesław Madajczyk, "Legal Conceptions in the Third Reich and Its Conquests," *Michael: On the History of Jews in the Diaspora*, vol. 13, 1993, 131–59. Madajczyk參考Alfons Klafkowski, *Okupacja niemiecka w Polsce w świetle prawa narodów* (Poznań: Wydawnictwo Instytutu Zachodniego, 1946), 這是在戰時對施密特的回應。只有少數西方學者看出這場德國—波蘭討論的重要性，Mark Mazower就是其中之一：*Governing the World* (New York: Penguin Press, 2012) and *Hitler's Empire* (London: Allen Lane, 2008).

114 **杜金看不起伊林**
原型：Alexander Dugin, "Arkhetip vampirov v soliarnykh misteriiakh," propagandahistory.ru, 51; Clover, *Black Wind, White Snow*, 189. 邪惡：Aleksandr Dugin, "Printsipy i strategiia griadushchei voiny," *4 Pera*, Dec. 20, 2015. 技術人員：Eltchaninoff, *Dans la tête de Vladimir Poutine*, 110. 關於歐巴馬："Obama rozvalit Ameriku," www.youtube.com/watch?v=9AAyz3YFHhE. 精神資源："Ideinye istoki Vladimira Putina," Odinnadtsatyi Kanal, May 17, 2016.

115 **杜金在二十一世紀初寫作**
巨大危險：Clover, *Black Wind, White Snow*, 238. 青年運動與為克里米亞一戰：Anton Shekhovtsov, "How Alexander Dugin's Neo-Eurasianists Geared Up for the Russian-Ukrainian War in 2005–2013," *TI*, Jan. 26, 2016. 同時參見：Aleksandr Dugin, "Letter to the American People on Ukraine," *Open Revolt*, March 8, 2014.

116 **二〇一二年，法西斯思想家**
成員："Manifest Ottsov—Osnovaetlei," *Izborsk Club*, dated Sept. 8, 2012, published Dec. 1, 2012, article 887. 關於二〇一二年的謝夫庫諾夫：Charles Clover, "Putin and the Monk," *Financial Times*, Jan. 25, 2013.

116 **伊茲博斯克俱樂部創辦人**
關於普羅哈諾夫，參見：Clover, *Black Wind, White Snow*, 183–87; 背景介紹參見：G. V. Kostyrchenko, *Gos udarstvennyi antisemitizm v SSSR* (Moscow: Materik, 2005). 對歐巴馬的反應：*Ekho Moskvy*, July 8, 2009, 604015.

117 **提問指出歐盟有**
"Yanukovich i Timoshenko: eto ne lichnosti, a politicheskie mashiny—Aleksandr Prokhanov," News24UA.com, Aug. 31, 2012.

118 **普羅哈諾夫受訪時表示**
"Ukraina dolzhna stat' tsentrom Evrazii—Aleksandr Prokhanov," News24UA.com, Aug. 31, 2012.

118 **普羅哈諾夫表示，這個偉大的**
同上注。

119 **伊茲博斯克俱樂部這個新俄羅斯**
本段及下面長引文取自此宣言："Manifest Ottsov—Osnovaetlei," Izborsk Club, dated Sept. 8, 2012, published Dec. 1, 2012, article 887.

120 **在這項宣言中，並未提及**
普羅哈諾夫：Interview for *Ekho Moskvy*, July 8, 2009, 604015.

122 **經過一開始的大鳴大放**
「猶太復國主義領導者」：Oleg Platonov, "Missiia vypolnima," *Izborsk Club*, Feb. 6, 2014, article 2816. 歐盟崩潰與歐洲和俄羅斯統合：Yuri Baranchik and Anatol Zapolskis, "Evrosoiuz: Imperiia, kotoraia ne sostoialas," Izborsk Club, Feb. 25, 2015, article 4847. 普羅哈諾夫："Parizhskii Apokalipsis," Izborsk Club, Nov. 15, 2015. 伊茲博斯克俱樂部的烏克蘭專家：Valery Korovin, interview, "Ukraina so vremenem vernetsia k Rossii," *Svobodnaia Pressa*, March 22, 2016. 杜金："Tretii put' i tret'ia sila," Izborsk Club, Dec. 4, 2013.

123 **對於伊茲博斯克俱樂部的**
"Nachalo," Izborsk Club, Sept. 12, 2012, article 887.

123 **俄羅斯有一架**
Andrei Volkov, "Prokhanov prokatilsia na novom raketonostse Tu-95," *Vesti*, Aug. 16, 2014.

124 **謝爾蓋・格拉濟耶夫這位普丁的顧問**
關於格拉濟耶夫的經濟學：Sergei Glazyev and Sergei Tkachuk, "Eurasian economic union," in Piotr Dutkiewicz and Richard Sakwa, *Eurasian Integration* (New Brunswick: Routledge, 2014), 61–83. 關於格拉濟耶夫與拉魯奇：Sergei Glazyev, *Genocide: Russia and the New World Order* (published by *Executive Intelligence Review*, 1999). 關於烏克蘭：Sergei Glazyev, "Eurofascism," *Executive Intelligence Review*, June 27, 2014.

124 **格拉濟耶夫寫道，俄羅斯**
Sergei Glazyev, "Who Stands to Win? Political and Economic Factors in Regional Integration," *Global Affairs*, Dec. 27, 2013. 或 "Takie raznye integratsii," globalaffairs.ru, Dec. 16, 2013.廣袤空間：Glazyev and Tkachuk, "Eurasian economic union," 82. 馬賽克：Sergei Glazyev, "SSh idut po puti razviazyvaniia mirovoi voiny," March 29, 2016, lenta.ru.

125 **從二〇一三年起，俄羅斯聯邦的外交政策**
以下幾段的引文出自：Ministry of Foreign Affairs of the Russian Federation, "Kontseptsiia vneshnei politiki Rossiiskoi Federatsii (utverzhdena Prezidentom Rossiiskoi Federatsii V.V.Putinym 12 fevralia 2013 g.)"

125 **〈外交政策概念〉重申**
Sergei Lavrov, "Istoricheskaia perspektiva vneshnei politiki Rossii," March 3, 2016.

127 **只要在歐洲的政客願意**
澤曼：Péter Krekó et al., *The Weaponization of Culture* (Budapest: Political Capital Institute, 2016), 6, 61; Van Herpen, *Putin's Propaganda Machine*, 109; "Milos Zeman," *TG*, Sept. 14, 2016. 盧克石油替澤曼的顧問兼所屬政黨副主席Martin Nejedly' 付了高達一百四十萬美元的罰款（Roman Gerodimos, Fauve Vertegaal, and Mirva Villa, "Russia Is Attacking Western Liberal Democracies," NYU Jordan Center, 2017）。二〇一八年競選：Veronika Špalková and Jakub Janda, "Activities of Czech President Miloš Zeman," Kremlin Watch Report, 2018. 一如普丁，澤曼所領導的國家幾乎完全沒有接收任何來自敘利亞的難民，並且以一種威脅的形象，形容著穆斯林可能會對捷克帶來一種「超級大屠殺」（super-Holocaust）。澤曼也否認俄羅斯出現在烏克蘭，並與俄羅斯攜手合力攻擊同性戀與俄羅斯政治犯。澤曼的獎勵就是得到俄羅斯媒體的青睞：František Vrobel and Jakub Janda, *How Russian Propa ganda Portrays European Leaders* (Prague: Semantic Visions, 2016). 普丁引文："Putin: esli by Berluskoni byl geem, ego by pal'tsem nikto ne tronul," interfax.ru, Sept. 19, 2013. 關於貝魯斯柯尼：Jochen Bittner et al., "Putins großer Plan," *Die Zeit*, Nov. 20, 2014; Jason Horowitz, "Berlusconi Is Back," *NYT*, Jan. 29, 2018. 關於施羅德：Rick Noack, "He used to rule Germany.Now, he oversees Russian energy companies and lashes out at the U.S.," *WP*, Aug. 12, 2017; Erik Kirschbaum, "Putin's apologist?" Reuters, March 27, 2014.

127 **歐盟會員國有部分**
大致情形：Van Herpen, *Putin's Propaganda Machine.* 網路干預：Krekó, "Weaponization of Culture"; Anton Shekhovtsov, "Russian Politicians Building an International Extreme Right Alliance," *TI*, Sept. 15, 2015. 勒龐在RT：Marine Turchi, "Au Front nationale, le lobbying pro-russe s'accélère," *Mediapart*, Dec. 18, 2014; 同時參見：Iurii Safronov, "Russkii mir 'Natsional'nogo Fronta'," *NG*, Dec. 17, 2014. RT分別於二〇〇九年在西班牙、二〇一四年在德國、二〇一七年在法國開播。

128 **法拉吉和勒龐都提議**
Nigel Farage, "Leave Euro, Retake Democracy!" RT, July 8, 2013; 同時參見：Bryan MacDonald, "Could UKIP's rise herald a new chapter in Russian-British relations," RT, Nov. 25, 2014. 勒龐：Alina Polyakova, Marlene Laruelle, Stefan Mesiter, and Neil Barnett, *The Kremlin's Trojan Horses* (Washington, D.C.: Atlantic Council, 2016); 同時參見下方關於貸款和同性婚姻的討論。

128 **二〇一三年，一群**
勒龐與俄羅斯的性別政治：Polyakova et al., *Kremlin's Trojan Horses*, 10. 勒龐關於恐同的看法：Aleksandr Terent'ev-Ml., interview with Marine Le Pen, "Frantsiia davno uzhe ne svobodnaia strana," *Odnako*, Aug. 6, 2013. 蕭普拉德：Marine Turchi, "Les réseaux russes de Marine Le Pen," *Mediapart*, Feb. 19, 2014; *Sput nik France*, Oct. 16, 2013; Aymeric Chauprade, speech to Russian Duma, *Realpolitik TV*, June 13, 2013. 勒龐關於歐亞一體的看法："Au congrès du FN, la 'cameraderie' russe est bruyamment mise en scène," *Mediapart*, Nov. 29, 2014.

129 **與此同時，他們**
史賓塞崇敬普丁：Sarah Posner, "Meet the AltRight Spokesman Thrilled by Putin's Rise," *Rolling Stone*, Oct. 18, 2016.「唯一的白人強權」：Natasha Bertrand, "Trump won't condemn white supremacists or Vladimir Putin," *BI*, Aug. 14, 2017. 史賓塞與庫普利亞諾娃：Casey Michel, "Meet the Moscow Mouthpiece Married to a Racist Alt-Right Boss," *DB*, Dec. 20, 2016; Spencer's chant: Daniel Lombroso and Yoni Appelbaum, " 'Hail Trump!'" *The Atlantic*, Nov. 21, 2016; Adam Gabbatt, "Hitler salutes and white supremacism," *TG*, Nov. 21, 2016.

129 **說巧不巧，在俄羅斯**
RT與質疑歐巴馬出生地和其他類似議題的關係：Sonia Scherr, "Russian TV Channel Pushes 'Patriot' Conspiracy Theories," Southern Poverty Law Center Intelligence Report, Aug. 1, 2010; 同時參見：Shekhovtsov, *Russia and the Western Far Right*, chapter 5. 推特：Donald Trump, June 18, 2013.

130 **川普對全球異性戀的貢獻**
川普與選美：Jim Zarroli, "At the 2013 Miss Universe Contest, Trump Met Some of Russia's Rich and Powerful," NPR, July 17, 2017. 關於川普的財務狀況：Reuters, "Trump Bankers Question His Portrayal of Financial Comeback," *Fortune*, July 17, 2016; Jean Eaglesham and Lisa Schwartz, "Trump's Debts Are Widely Held on Wall Street, Creating New Potential Conflicts," Jan. 5, 2017; Trump and Mogilevich and Tokhtakhounov: Craig Unger, "Trump's Russian Laundromat," *New Republic*, July 13, 2017; Tokhtakhounov: Chris Francescani, "Top NY art dealer, suspected Russian mob boss indicted on gambling charges," Reuters, April 16, 2013; David Corn and Hannah Levintova, "How Did an Alleged Russian Mobster End Up on Trump's Red Carpet?" *Mother Jones*, Sept. 14, 2016. 同時參見：Tomasz Piątek, *Macierewicz i jego tajemnice* (Warsaw: Arbitror, 2017).

130 **在把環球小姐比賽**
川普與阿加拉羅夫：Luke Harding, *Collusion* (New York: Vintage, 2017), 229–37; "Here's What We Know about Donald Trump and His Ties to Russia," *WP*, July 29, 2016; "How Vladimir Putin Is Using Donald Trump to Advance Russia's Goals," *NW*, Aug. 29, 2016; Cameron Sperance, "Meet Aras Agalarov," *Forbes*, July 12, 2017; Shaun Walker, "The Trumps of Russia?" *TG*, July 15, 2017; Mandalit Del Barco, "Meet Emin Agalarov," NPR, July 14, 2017. 阿加拉羅夫將關於希拉蕊的資訊交給川普：Jo Becker, Adam Goldman, and Matt Apuzzo, "Russian Dirt on Clinton? 'I Love It,' Donald Trump Jr. Said," *NYT*, July 11, 2017.

131 **這份愛始於二〇一三年**
榮譽勛章："How Vladimir Putin Is Using Donald Trump to Advance Russia's Goals," *NW*, Aug. 29, 2016. 勒龐造訪莫斯科：Vivienne Walt, "French National Front Secures Funding from Russian Bank," *Time*, Nov. 25, 2014. 川普支持勒龐：Aidan Quigley, "Trump expresses support for French candidate Le Pen," *Politico*, April 21, 2017; Aaron Blake, "Trump is now supporting far-right French candidate Marine Le Pen," *WP*, April 21, 2017; Gideon Rachman,

"Le Pen, Trump and the Atlantic counter-revolution," *FT*, Feb. 27, 2017. 勒龐支持川普：James McAuley, "Marine Le Pen's tricky alliance with Donald Trump," April 2, 2017. 國民陣線接受俄羅斯資助：Marine Turchi, "Le FN attend 40 million d'euros de Russie," *Mediapart*, Nov. 26, 2014; Karl Laske and Marine Turchi, "Le troisème prêt russe des Le Pen," *Mediapart*, Dec. 11, 2014; Abel Mestre, "Marine Le Pen justifie le prêt russe du FN," *LM*, Nov. 23, 2014; Anna Mogilevskaia, "Partiia Marin Le Pen vziala kredit v rossiiskom banke," *Kommersant*, Nov. 23, 2014.

132 **雖然國民陣線很願意**
俄羅斯駭進法國電視：Frenkel, "Meet Fancy Bear"; Gordon Corera, "How France's TV5 was almost destroyed by 'Russian hackers,' " BBC, Oct. 10, 2016; Joseph Menn and Leigh Thomas, "France probes Russian lead in TV5Monde hacking: sources," Reuters, June 10, 2015. 普羅哈諾夫："Parizhskii Apokalipsis," Izborsk Club, Nov. 15, 2015.

132 **二〇一七年法國總統大選**
勒龐關於普丁的看法：Turchi, "Le Front national décroche les millions russe"; Shaun Walker, "Putin welcomes Le Pen to Moscow with a nudge and a wink," *TG*, March 24, 2017; Ronald Brownstein, "Putin and the Populists," *The Atlantic*, Jan. 6, 2017. 俄羅斯關於馬克宏的宣傳：Götz Hamann, "Macron Is Gay, Not!" *Zeit Online*, Feb. 24, 2017; "Ex-French Economy Minister Macron Could Be 'US Agent,' " *Sputnik News*, Feb. 4, 2017.

132 **支持國民陣線，其實**
法拉吉支持俄羅斯：Patrick Wintour and Rowena Mason, "Nigel Farage's relationship with Russian media comes under scrutiny," *TG*, March 31, 2014. 法拉吉關於歐盟的看法："Leave Euro, retake democracy!" RT, July 8, 2015.

133 **講到俄羅斯在英國**
機器人和網軍支持關於造假的說法：Severin Carrell, "Russian cyber-activists," *TG*, Dec. 13, 2017.「完全是造假」："Russia meddled in Scottish independence referendum," *Daily Express*, Jan. 15, 2017. 英國選舉舞弊：Neil Clark, "UK general election," RT, May 10, 2015. 支持公投：Bryan MacDonald, "Ireland needed guns, but Scots only need a pen for independence," RT, Sept. 3, 2014; 同時參見：Ben Riley-Smith, "Alex Salmond: I admire 'certain aspects' of Vladimir Putin's leadership," *Telegraph*, April 28, 2014; Anastasia Levchenko, "Russia, Scotland Should Seek Closer Ties—Ex–SNP Leader," *Sputnik*, May 7, 2015.

133 **雖然保守黨在大選後**
關於法拉吉與RT，請見前述資料。關於法拉吉與普丁："Nigel Farage: I admire Vladimir Putin," *TG,* March 2014. 幕僚：Stephanie Kirchgaessner, "The Farage staffer, the Russian embassy, and a smear campaign," *TG*, Dec. 18, 2017. 俄羅斯保守黨之友：Carole Cadwalladr, "Brexit, the ministers, the professor and the spy," *TG*, Nov. 4, 2017.

134 **英國脫歐公投在二〇一六年**
俄羅斯對公投的宣傳："General referendum may trigger a domino effect in Europe," Rossiia-24, June 24, 2016; RT on Brexit: "Is Parliament preparing to ignore public vote for Brexit?" RT, June 6, 2016; "EU army plans 'kept secret' from British voters until after Brexit referendum," RT, May 27, 2016. 關於機器人與英國脫歐的統計數據，參見：Marco T. Bastos and Dan Mercea, "The Brexit Botnet and User-Generated Hyperpartisan News," *Social Science Computer Review*, 2017, 結論認為相關的機器人有九成以上在英國海外。四十九：Severin Carrell, "Russian cyber-activists," *TG*, Dec. 13, 2017. 相關分

析參見：Carole Cadwalladr, "The Great British Brexit Robbery," *TG*, May 7, 2017; Gerodimos et al., "Russia Is Attacking Western Liberal Democracies."

135 **已經有好一段時間，俄羅斯**
Kosachev: report on election result, *Telegraph*, Jan. 9, 2015. 承諾並未構成約束：PK, June 3, 2016. 普丁："Vladimir Putin ne ozhidaet 'global' noi katastrofy," PK, June 24, 2016, "V Velikobritanii nabiraet oboroty agitatsionnaia kompaniia za vykhod strany iz Evrosoiuza," PK, May 27, 2016.

136 **對於在奧地利反對**
關於古德努斯與奧地利極右翼與莫斯科的關係，參見：Shekhovtsov, *Russia and the Western Far Right.* 關於二十世紀的奧地利：Gerald Stourzh, *Vom Reich zur Republik* (Vienna: Editions Atelier, 1990); Walter Goldinger and Dieter Binder, *Geschichte der Republik Österreich 1918–1938* (Oldenbourg: Verlag für Geschichte und Politik, 1992); Anson Rabinbach, *The Crisis of Austrian Socialism* (Chicago: University of Chicago Press, 1983); Wolfgang Müller, *Die sowjetische Besatzung in Österreich 1945–1955 und ihre politische Mission* (Vienna: Böhlau, 2005); Rolf Steininger, *Der Staats vertrag* (Innsbruck: Studien-Verlag, 2005).

136 **在二〇一六年奧地利總統大選**
Bernhard Weidinger, Fabian Schmid, and Péter Krekó, *Russian Connections of the Austrian Far Right* (Budapest: Political Capital, 2017), 5, 9, 28, 30.

136 **一如在法國的情況**
合作協議："Austrian far right signs deal with Putin's party, touts Trump ties," Reuters, Dec. 19, 2016.

137 **統合或帝國？**
"Ukrainian Oligarchs Stay Above the Fray and Let the Crisis Play Out," *IBTimes*, Feb. 26, 2014; "Behind Scenes, Ukraine's Rich and Powerful Battle over the Future," *NYT*, June 12, 2013.

137 **歐亞一體主義者本身的立場**
普羅哈諾夫："Yanukovich i Timoshenko."格拉濟耶夫威脅：Shaun Walker, "Ukraine's EU trade deal will be catastrophic, says Russia," *TG*, Sept. 22, 2013. 參見：Schlögel, *Entscheidung in Kiew*, 80.

第四章

140 **俄羅斯的迴圈政治上溯**
Vladimir Putin, "Meeting with members of Holy Synod of Ukrainian Orthodox Church of Moscow Patriarchate," July 27, 2013, Kremlin, 18960. 他從二〇一三年開始愈來愈常提到這種事：John Lough, "Putin's Communications Difficulties Reflect Serious Policy Problem," Chatham House, 2014.

140 **二〇一三年九月**
Vladimir Putin, "Excerpts from the transcript of the meeting of the Valdai International Discussion Club," Sept. 19, 2013. 這裡的「生物模型」已在第一章討論。

140 **民族是一種會參照舊事物的新事物**
早期的羅斯部族國家地位已在第二章討論。參見：Franklin and Shepard, *Emergence of Rus*; Winroth, *Conversion of Scandinavia.*

141 **自基輔的弗拉基米爾大公**
Isaiah Berlin在"The Concept of Scientific History"引用Lewis Namier的說法，十分耐人尋味：「所謂的歷史感並不是知道過去發生什麼，而是知道有什麼沒有發生。」

141 **讓今天可能出現烏克蘭**
關於聯邦，參見：Daniel Stone, *The Polish Lithuanian State, 1386–1795* (Seattle: University of Washington Press, 2001). 關於這裡的局面，參見：Timothy Snyder, *The Reconstruction of Nations: Poland, Ukraine, Lithuania, Belarus, 1569–1999* (New Haven: Yale UP, 2003); Oskar Halecki, *Przyłączenie Podlasia, Wołynia, i Kij owszczyzny do Korony w Roku 1569* (Cracow: Gebethner and Wolff, 1915); Nataliia Iakovenko, *Narys istorii Ukrainy z naidavnishykh chasiv do kintsia XVIII stolittia* (Kyiv: Heneza, 1997); Jan Rotkowski, *Histoire economique de la Pologne avant les partages* (Paris: Champion, 1927).

141 **要說有個「烏克蘭」**
參見：David Frick, *Polish Sacred Philology in the Reformation and Counter Reformation* (Berkeley: University of California Press, 1989); André Martel, *La Langue Polonaise dans les pays ruthènes* (Lille: Travaux et Mémoires de l'Université de Lille, 1938).

142 **農奴向哥薩克人**
Vitalii Shcherbak, *Ukrains'ke kozatstvo* (Kyiv: KM Akademia, 2000); Tetiana Iakovleva, *Hetmanshchyna v druhii polovini 50-kh rokiv XVII stolittia* (Kyiv: Osnovy, 1998).

143 **一六四八年，這些緊張局勢**
參見：Jaroslaw Pelenski, "The Origins of the Official Muscovite Claim to the 'Kievan Inheritance,' " *Harvard Ukrainian Studies*, vol. 1, no. 1, 1977, 48–50.

143 **莫斯科長期以來放眼亞洲**
參見：David Saunders, *The Ukrainian Impact on Russian Culture, 1750–1850* (Edmonton: CIUS, 1985); K. V. Kharlampovich, *Malorossiiskoe vliianie na velikorusskuiu tserkovnuiu zhizn'* (Kazan: Golubeva, 1914).

144 **十九世紀，俄羅斯**
Daniel Beauvois, *Pouvoir russe et noblesse polonaise en Ukraine, 1793–1830* (Paris: CNRS Editions, 2003); Daniel Beauvois, *Le noble, le serf, et le revizor* (Paris: Editions des archives contemporaines, 1985); Jarosław Hrycak, *Historia Ukrainy: 1772–1999* (Lublin: Instytut Europy Środkowo-Wschodniej, 2000); Andreas Kappelar, *Russland als Vielvölkerreich* (Munich: Beck, 1982).

144 **唯一一塊屬於羅斯部族**
Iryna Vushko, *The Politics of Cultural Retreat* (New Haven: Yale UP, 2017); John Paul Himka, *Socialism in Galicia* (Cambridge, Mass.: Harvard UP, 1983); Ivan L. Rudnyts'kyi, *Essays in Modern Ukrainian History* (Edmonton: Canadian Institute for Ukrainian Studies, 1987); Roman Szporluk, "The Making of Modern

Ukraine: The Western Dimension," *Harvard Ukrainian Studies*, vol. 25, nos.1-2, 2001, 57–91; Harald Binder, *Galizien in Wien* (Vienna: Verlag der Österreichischen Akademie der Wissenschaften, 2005); Mykhailo Vozniak, *Iak probudylosia ukrains'ke narodnie zhyttia v Halychyni za Avstrii* (L'viv: Dilo, 1924).

145 **一九一七年十一月**
關於從帝國到蘇聯時期的延續性：Richard Pipes, *The Formation of the Soviet Union* (Cambridge, Mass.: Harvard UP, 1997). 關於烏克蘭和協約國：Oleksandr Pavliuk, *Borot'ba Ukrainy za nezalezhnist' i polityka SShA, 1917–1923* (Kyiv: KM Akademia, 1996); Caroline Milow, *Die ukrainische Frage 1917–1923 im Spannungsfeld der europäischen Diplomatie* (Wiesbaden: Harrassowitz Verlag, 2002); Mark Baker, "Lewis Namier and the Problem of Eastern Galicia," *Journal of Ukrainian Studies*, vol. 23, no. 2, 1998, 59–104. 關於羅斯和波蘭的地緣政治：Andrzej Nowak, *Polska a trzy Rosje* (Cracow: Arcana, 2001); 同時參見：Richard Ullman, *Anglo Soviet Relations 1917–1920* (Princeton: Princeton UP, three volumes, 1961–1973). 關於落入波蘭手中的地區：Werner Benecke, *Die Ostgebiete der Zweiten Polnischen Republik* (Köln: Böhlau Verlag, 1999); Jan Tomasz Gross, *Revolution from Abroad* (Princeton: Princeton UP, 1988); Katherine R. Jolluck, *Exile and Identity* (Pittsburgh: University of Pittsburgh Press, 2002).

146 **烏克蘭的歷史讓我們**
關於德國殖民主義：Willeke Hannah Sandler, " 'Colonizers are Born, Not Made': Creating a Colonial Identity in Nazi Germany, 1933–1945," doctoral dissertation, Duke University, 2012; Lora Wildenthal, *German Women for Empire, 1884–1945* (Durham: Duke UP, 2001); Jürgen Zimmerer, *Von Windhuk nach Auschwitz* (Münster: LIT Verlag, 2011); Wendy Lower, *Nazi Empire-Building and the Holocaust in Ukraine* (Chapel Hill: University of North Carolina Press, 2005); 參照比較：Alexander Victor Prusin, *The Lands Between: Conflict in the East European Borderlands, 1870–1992* (Oxford: Oxford UP, 2010). 關於蘇聯自我殖民的語言：Alvin Gouldner, "Stalinism: A Study of Internal Colonialism," *Telos*, no. 34, 1978, 5–48; Lynne Viola, "Selbstkolonisierung der Sowjetunion," *Transit*, no. 38, 2009, 34–56.

146 **在史達林看來**
關於在烏克蘭遭謀殺的猶太人數量：Alexander Kruglov, "Jewish Losses in Ukraine," in Ray Brandon and Wendy Lower, eds., *The Shoah in Ukraine* (Bloomington: Indiana UP, 2008), 272–90. 關於納粹大屠殺在蘇聯的總死亡人數，參見：Yitzhak Arad, *The Holocaust in the Soviet Union* (Lincoln: University of Nebraska Press and Jerusalem: Yad Vashem, 2009). 延伸討論請參見：Dieter Pohl, *Verfolgung und Massenmord in der NS Zeit 1933–1945* (Darmstadt: Wissenschaftliche Buchgesellschaft, 2008); Snyder, *Bloodlands*.

147 **等到一九四五年紅軍擊敗**
關於協議本身，參見：John Basarab, *Pereiaslav 1654* (Edmonton: CIUS, 1982).

147 **蘇聯烏克蘭是蘇聯人口第二多**
關於流放，參見：Snyder, *Reconstruction of Nations*; Grzegorz Motyka, *Od rzezi wołyńskiej do akcji "Wisła" .Konflikt polsko ukraiński 1943–1947* (Warsaw: Wydawnictwo Literackie, 2011); Jeffrey Burds, "Agentura: Soviet Informants Networks and the Ukrainian Underground in Galicia," *East European Politics and Societies*, vol. 11, no. 1, 1997, 89–130.

148 **雖然蘇聯當時的政策**
關於一九三三年的飢荒，參見：Andrea Graziosi, *The Great Soviet Peasant War* (Cambridge, Mass.: Harvard UP, 1996); Barbara Falk, *Sowjetische Städte in*

der Hungersnot 1932/33 (Cologne: Böhlau Verlag, 2005); Robert Kuśnierz, *Ukraina w latach kolektywizacji i wielkiego głodu* (Toruń: Grado, 2005); Anne Applebaum, *Red Famine: Stalin's War on Ukraine* (New York: Doubleday, 2017). 對一九七〇年代及一九八〇年代的介紹文章，後來收入Roman Szporluk, *Russia, Ukraine, and the Breakup of the Soviet Union* (Stanford: Hoover Press, 2000).

149 **確實，有為數眾多的烏克蘭**
關於蘇聯烏克蘭近幾十年的歷史，參見：Serhii Plokhy, *The Gates of Europe* (New York: Basic Books, 2015), 291–336.

150 **正如新俄羅斯**
當代的簡短對比："Ukraine's Biggest Problem: No Money," *American Interest*, Feb. 24, 2014; "On Putin and Oligarchs," *American Interest*, Sept. 19, 2014; "Private Banks Fuel Fortune of Putin's Inner Circle," *NYT*, Sept. 29, 2014. 參見：generally Dawisha, *Putin's Kleptocracy.*

151 **遭到挫敗之後**
Franklin Foer, "The Quiet American," *Slate*, April 28, 2016; Franklin Foer, "Putin's Puppet," *Slate*, July 21, 2016; Roman Romaniuk, "How Paul Manafort Brought US Politics to Ukraine (and Ukrainian Politics to the US)," *UP*, Aug. 18, 2016; Nick Robins-Early, "Who is Viktor Yanukovych and What's His Connection to Paul Manafort?"*HP*, Oct. 30, 2017; Steven Lee Myers and Andrew Kramer, "How Paul Manafort Wielded Power in Ukraine Before Advising Donald Trump," *NYT*, July 31, 2016.

151 **贏得二〇一〇年總統大選後**
亞努科維奇家族的財富：Benjamin Bidder, "The Dubious Business of the Yanukovych Clan," *Spiegel Online*, May 16, 2012; Alexander J. Motyl, "Ukraine: The Yanukovych Family Business," *World Affairs*, March 23, 2012; H. E. Hale and R. W. Orttung, *Beyond the Euromaidan* (Palo Alto: Stanford UP, 2016), 191. 亞努科維奇將反對者送進監牢：Kathy Lally, "Ukraine jails former prime minister," *WP*, Oct. 11, 2011; Luke Harding, "Ukraine's new government puts final nail in coffin of the Orange Revolution," *TG*, March 11, 2010.

152 **作為一個新國家，烏克蘭**
聯盟協定：Amanda Paul, "Ukraine under Yanukovych: Plus ça change?" European Policy Centre, Feb. 19, 2010; "Ukraine protests after Yanukovych EU deal rejection," BBC, Nov. 30, 2013; "How the EU Lost Ukraine," *Spiegel Online*, Nov. 25, 2013.

152 **讓民眾發現**
"Berkut' besposhchadno rastoptal kyevskyy evromaydan," *Fakty UA*, Nov. 30, 2013. 有則引文足以為例：「我們最後一滴的耐心，成了獨立廣場上流下的第一滴血。」Sergei Gusovsky, Dec. 13, 2013, in Timothy Snyder and Tatiana Zhurzhenko, eds., "Diaries and Memoirs of the Maidan," *Eurozine*, June 27, 2014.

153 **烏克蘭公民出於**
尼霍揚自己的話：interview, Jan. 19, 2014, TSN. 同時參見：Daisy Sindelar, Yulia Ratsybarska, and Franak Viachorka, "How an Armenian and a Belarusian Died for the Ukrainian Revolution," *The Atlantic,* Jan. 24, 2014; "First Victims of Maidan Crackdown Remembered in Ukraine," *RFE/RL*, Jan. 22, 2015. 關於頓巴次及當地工人，參見：Hiroaki Kuromiya, *Freedom and Terror in the Donbas* (Cambridge: Cambridge UP, 1998); Tanja Penter, *Kohle für Stalin und*

Hitler (Essen: Klartext Verlag, 2010).

154 **二〇一三年十二月十日**
本段引文：Snyder and Zhurzhenko, "Diaries and memoirs of the Maidan."

154 **二〇一四年一月十六日**
"Priniaatye Radoi 16 ianvaria skandal'nye zakony opublikovany," *Liga Novosti*, Jan. 21, 2014; Will Englund, "Ukraine enacts harsh laws against protests," *WP*, Jan. 17, 2014; Timothy Snyder, "Ukraine: The New Dictatorship," *NYR*, Feb. 20, 2014.

155 **六天後，兩名**
David M. Herszenhorn, "Unrest Deepens in Ukraine as Protests Turn Deadly," *NYT*, Jan. 22, 2014; "Timeline: How Ukrainian Protests Descended into Bloodbath," *RFL/RE*, Feb. 19, 2014; Piotr Andrusieczko, "Ofiary kijowskiego Majdanu nie byly daremne," *GW*, Nov. 21, 2014.

156 **二月初，亞努科維奇**
Fond Demokratychni Initsiatyvy im. Il'ka Kucheriva, "Vid Maidanu-taboru do Maidanu-sichi," survey of participants, Feb. 2014.

157 **在獨立廣場上的烏克蘭公民**
調查："Vid Maidanu-taboru do Maidanu-sichi," survey of participants, Feb. 2014. 蘇仁科：Snyder and Zhurzhenko, "Diaries and memoirs of the Maidan."

158 **這個民族的政治重點**
Volodymyr Yermolenko, "O dvukh Evropakh," inache.net, Dec. 18, 2013.

158 **與此同時，公民社會**
Bihun: Leonid Finberg and Uliana Holovach, eds., *Maidan. Svidchennia* (Kyiv: Dukh i Litera, 2016), 89. 邦達：Snyder and Zhurzhenko, "Diaries and memoirs of the Maidan."

159 **獨立廣場的經濟**
禮物經濟：Valeria Korablyova, "The Idea of Europe, or Going Beyond Geography," unpublished paper, 2016. 引文：Snyder and Zhurzhenko, "Diaries and memoirs of the Maidan."

160 **二〇一四年初，在高達**
資料："Vid Maidanu-taboru do Maidanu-sichi." Cherepanyn: personal experience, 2014. 同時參見：Natalie Wilson, "Judith Butler's Corporeal Politics: Matters of Politicized Abjection," *International Journal of Sexuality and Gender Studies*, vol. 6, nos. 1-2, 2001, at 119–21.

160 **像這樣在日益增加的**
Snyder and Zhurzhenko, "Diaries and memoirs of the Maidan."

160 **烏克蘭的公民以個人身分**
雅莫蘭柯：“O dvukh Evropakh.” 赫爾扎克引文：Snyder and Zhurzhenko, “Diaries and memoirs of the Maidan.” 富蘭克林引文：Korablyova, “The Idea of Europe, or Going Beyond Geography.”

161 **有一群烏克蘭律師**
Finberg and Holovach, *Maidan. Svidchennia*, 100.

162 **二〇一一年底，俄羅斯人**
Vladimir Korovin, “Putin i Evraziiskaia ideologiia,” Izborsk Club, April 15, 2014, article 2801.

162 **二〇一三年十一月和十二月，俄羅斯媒體**
“ ‘Ia ne gei!’: khakery vzlomali sotsseti Klichko posle ego prizyva vyiti na Maidan,” *NTV*, Nov. 22, 2013, 714256. 背景介紹參見：Oleg Riabov and Tatiana Riabova, “The Decline of Gayropa?” *Eurozine*, Feb. 2013.

163 **在學生開始在獨立廣場上**
同性戀獨裁：“V Kieve aktivisty vodili khorovod i protykali puzyr’ evrogomointegratsii,” *NTV*, Nov. 24, 2014, 735116. “The ‘gay’ maelstrom of euro-integration,” *Trueinform*, Dec. 22, 2013; Viktor Shestakov, “ ‘Goluboi’ omut ‘evrorevoliutsii,’ ili Maidan sdali,” *Odna Rodina*, Dec. 21, 2014.

163 **俄羅斯電視界名人狄米崔**
Jim Rutenberg, “How the Kremlin built one of the most powerful information weapons of the 21st century,” *NYT*, Sept. 13, 2017.

163 **二〇一三年十二月一日**
基謝列夫談波蘭、立陶宛、瑞典聯手：Dmitrii Kiselev, “Vesti Nedeli,” Rossiia-1, Dec. 1, 2013, 928691.

164 **在另一集節目中**
Dmitrii Kiselev, “Vesti Nedeli,” Rossiia-1, Dec. 8, 2013. *Segodnia*: Nikolai Telepnev, “Gei-Udar Po ‘Udaru,’ ” Dec. 20, 2013, 133168.

164 **在俄羅斯政治人物**
馬洛費耶夫：Nataliia Telegina, “Put’ Malofeeva: ot detskogo pitaniia k sponsorstvu Donbassa i proshchennym,” republic.ru, May 12, 2015, 50662.《真理報》文章：“Gei-drovishki v koster Maidana,” *KP*, May 12, 2013, 3055033.

165 **亞努科維奇於二〇一三年十一月宣布**
“V Kieve aktivisty vodili khorovod i protykali puzyr’ evrogomointegratsii,” NTV, Nov. 24, 2014.

165 **二〇一三年十二月十七日**
天然氣交易：“Putin Pledges Billions, Cheaper Gas to Yanukovych,” *RFE/RL*, Dec. 17, 2013; Carol Matlack, “Ukraine Cuts a Deal It Could Soon Regret,” *Bloomberg*, Dec. 17, 2013; David Herszenhorn and Andrew Kramer, “Russia Offers Cash Infusion for Ukraine,” *NYT*, Dec. 17, 2013. 烏克蘭鎮暴警察使用

武力：Andrew Kramer, "Police and Protestors in Ukraine Escalate Use of Force," *NYT*, Jan. 20, 2014; 關於對武力的反思，同時參見：Snyder and Zhurzhenko, "Diaries and memoirs of the Maidan"; Finberg and Holovach, *Maidan. Svidchennia.*

166 **在這項新政策裡，一位重要角色**
Ilya Arkhipov, Henry Meyer, and Irina Reznik, "Putin's 'Soros' Dreams of Empire as Allies Wage Ukraine Revolt," *Bloomberg*, June 15, 2014.

167 **馬洛費耶夫所僱用的葛金**
Telegina, "Put' Malofeeva." 葛金過去及自己對於「特別行動人員」的定義：Aleksandr Prokhanov, interview with Girkin, "Kto ty, Strelok?" *Zavtra*, Nov. 20, 2014. 葛金將自己定義為「上校」（full colonel）：Aleksandr Chalenko, interview with Girkin, *Politnavigator*, Dec. 1, 2014.

167 **二〇一四年二月初，俄羅斯總統府內**
Andrei Lipskii, " 'Predstavliaetsia pravil'nym initsiirovat' prisoedinenie vostochnykh oblastei Ukrainy k Rossii'," *NG*, Feb. 2015. 備忘錄對亞努科維奇政權的判斷："Vo-pervykh, rezhim V. Yanukovicha okonchatel'no obankrotilsia. Ego politicheskaia, diplomaticheskaia, finansovaia, informatsionnaia podderzhka Rossiskoi Federatsiei uzhe ne imeet nikakogo smysla." 德文譯本請見："Russlands Strategiepapier im Wortlaut," *Die Zeit*, Feb. 26, 2016; 相關討論請見：Steffen Dobbert, Christo Grosev, and Meike Dülffer, "Putin und der geheime Ukraine-Plan," *Die Zeit*, Feb. 26, 2015.

167 **在二〇一四年二月十三日的政策文件**
"Spasti Ukrainu! Memorandum ekspertov Izborskogo Kluba," Feb. 13, 2014.

168 **在伊茲博斯克俱樂部宣傳**
拉夫羅夫與享樂主義：Sergei Lavrov, "V ponimanii EC i CShA 'svobodnyi' vybor za ukraintsev uzhe sdelan," *Kommersant*, Feb. 13, 2014. 蘇爾科夫與武器：Kurczab-Redlich, *Wowa*, 667–68.

169 **這時，歐盟終於開始**
你是否相信當時的美國助理國務卿維多利亞・盧嵐（Victoria Nuland）曾在獨立廣場上發餅乾？如果是，你可能就是透過俄羅斯的宣傳機器而得到這項消息。她發的其實是三明治。兩者的差異雖然並不重要，卻能透露出重要的來源不同。而如果你的記憶中有了虛構的「餅乾」，就會有其他虛構的元素。

169 **最重要的一項提案**
協商："A Kiev, la diplomatie européenne négocie directement avec Ianoukovitch," *LM*, Feb. 20, 2014; Matthew Weaver and Tom McCarthy, "Ukraine crisis: deadly clashes shatter truce," *TG*, Feb. 20, 2014. 亞努科維奇辭職：Shiv Malik, Aisha Gani, and Tom McCarthy, "Ukraine crisis: deal signed in effort to end Kiev standoff," *TG*, Feb. 21, 2014; "Ukraine's Parliament, President Agree to Opposition Demands," *RFE/RL*, Feb. 21, 2014; Sam Frizell, "Ukraine Protestors Seize Kiev as President Flees," *Time*, Feb. 22, 2014; Alan Taylor, "Ukraine's President Voted Out, Flees Kiev," *The Atlantic*, Feb. 22, 2014.

170 **烏克蘭抗議者有可能接受**
二月二十日到二十一日的聯邦安全局人員：Kurczab-Redlich, *Wowa,* 667–68; Andrei Soldatov, "The True Role of the FSB in the Ukrainian Crisis," *Mos-*

cow Times, April 15, 2014. 同時參見：Simon Shuster, "The Russian Stronghold in Ukraine Preparing to Fight the Revolution," *Time*, Feb. 23, 2014; Daniel Boffey and Alec Luhn, "EU sends advisers to help Ukraine bring law and order to rebel areas," *TG*, July 26, 2014.

170 **在這場大屠殺之後**
亞努科維奇失去國會多數："Parliament votes 328–0 to impeach Yanukovych on Feb. 22; sets May 25 for new election; Tymoshenko free," *Kyiv Post*, Feb. 23, 2014; Uri Friedman, "Ukraine's Government Disappears Overnight," *The Atlantic*, Feb. 22, 2014.

170 **這場狙擊手大屠殺**
克里米亞的網路：Owen Matthews, "Russia's Greatest Weapon May Be Its Hackers," *NW*, May 7, 2015; Hannes Grassegger and Mikael Krogerus, "Weaken from Within," *New Republic*, Dec. 2017, 21; Adam Entous, Ellen Nakashima, and Greg Jaffe, "Kremlin trolls burned across the Internet," *WP*, Dec. 25, 2017. 網路研究社：Adrian Chen, "The Agency," *NYT*, June 2, 2015. 關於入侵最初幾天的氣氛，參見Simon Ostrovsky在線上VICE News的"Russian Roulette"系列。

171 **等到亞努科維奇出現**
部隊數量：Thomas Gutschker, "Putins Schlachtplan," *FAZ*, July 9, 2014. 關於俄羅斯入侵烏克蘭的早期報導："Russian troops in Crimea and the traitor admiral" ("Russkie voiska v Krymu i admiral predatel' ") *BigMir*, March 3, 2014; Telegina, "Put' Malofeeva." 同時參見：Pavel Nikulin, "Kak v Krymu otneslis' k vvodu rossiiskikh voisk," *Slon*, March 1, 2014; Il'ia Shepelin, "Prorossiiskie soldaty otkryli ogon' v vozdukh, chtoby ne dat' ukrainskim vernut' aerodrom Bel'bek," *Slon*, March 3, 2014.

171 **從二〇一四年二月二十四日開始**
俄羅斯入侵克里米亞：Anton Bebler, "Crimea and the Russian-Ukrainian Conflict," *Romanian Journal of Foreign Affairs*, vol. 15, no. 1, 2015, 35–53; Ashley Deels, "Russian Forces in Ukraine," *Lawfare*, March 2, 2014; Anatoly Pronin, "Republic of Crimea," *Russian Law Journal*, vol. 3, no. 1, 2015, 133–42. 辛菲洛普：Mat Babiak, "Russians Seize Simferopol," *Ukrainian Policy*, Feb. 27, 2014; Simon Shuster, "Gunmen Seize Parliament in Ukraine's Russian Stronghold," *Time*, Feb. 27, 2014. 葛金的說法：Sergei Shargunov, interview with Ivan Girkin, *Svobodnaia Pressa*, Nov. 11, 2014. 格拉濟耶夫致電："Kiev releases audio tapes," *Meduza*, Aug. 22, 2016; 同時參見：Gerard Toal, *Near Abroad* (London: Oxford UP, 2016). 阿克肖諾夫：Simon Shuster, "Putin's Man in Crimea Is Ukraine's Worst Nightmare," *Time*, March 10, 2014. 歐巴馬談烏克蘭：Thomas Sparrow, "From Maidan to Moscow: Washington's Response to the crisis in Ukraine," in Klaus Bachmann and Igor Lyybashenko, eds., *The Maidan Uprising, Separatism and Foreign Intervention* (Frankfurt: Peter Lang, 2014), 322–23. 歐巴馬引文：Bill Chappell, "Obama Warns Russia Against Using Force in Ukraine," NPR, Feb. 28, 2014.

172 **至於俄羅斯入侵的公然示威**
夜狼騎士在克里米亞："Night Wolves, Putin's 'Biker Brothers', To Ride to Ukraine to Support Pro-Russia Cause," *HP*, Feb. 28, 2014; Harriet Salem, "Crimea's Putin supporters prepare to welcome possible Russian advance," *TG*, March 1, 2014. Alexei Weitz 引文見Peter Pomerantsev, "Forms of Delirium," *London Review of Books*, vol. 35, no. 19, Oct. 10, 2013.

173 **夜狼騎士有一種簡單的辦法**
扎爾多斯塔諾夫引文：Damon Tabor, "Putin's Angels," *Rolling Stone*, Oct. 8, 2015; Shaun Walker, "Patriotic group formed to defend Russia against pro-de-

mocracy protestors," *TG*, Jan. 15, 2015. 普丁：“Vladimir Putin otvetil na voprosy zhurnalistov o situatsii na Ukraine," March 4, 2014.

173 **入侵烏克蘭後**

關於維也納聚會與杜金的引文：Bernhard Odehnal, “Gipfeltreffen mit Putins fünfter Kolonne," *Tages-Anzeiger*, June 3, 2014. 不復存在：Alexander Dugin, “Letter to the American People on Ukraine," *Open Revolt*, March 8, 2014.

174 **三月十六日**

公投：David Patrikarakos, *War in 140 Charac ters* (New York: Basic Books, 2017), 92–94, 153; Richard Balmforth, “No room for 'Nyet' in Ukraine's Crimea vote to join Russia," Reuters, March 11, 2014. 結果：Paul Roderick Gregory, “Putin's human rights council accidentally posts real Crimean election results," *Kyiv Post*, May 6, 2014; “Krym vybral Rossiiu," Gazeta.ru, March 15, 2014; “Za zlyttia z Rosiieiu proholosovalo 123% sevastopoltsiv," *Ukrains'ka Pravda*, March 17, 2014; “V Sevastopole za prisoedinenie k Rossii progolosovalo 123% naseleniia," UNIAN, March 17, 2014. 感謝法國人：Agathe Duparc, Karl Laske, and Marine Turchi, “Crimée et finances du FN: les textos secrets du Kremlin," *Mediapart*, April 2, 2015.

174 **在莫斯科舉行的盛大儀式上**

布達佩斯備忘錄：Czuperski et al., “Hiding in Plain Sight," 4. 法律意義：Deels, “Russian Forces in Ukraine"; Ivanna Bilych, et al., “The Crisis in Ukraine: Its Legal Dimensions," Razom report, April 14, 2014; Anne Peters, “Sense and Nonsense of Territorial Referendums in Ukraine," ejiltalk.org, April 16, 2014; Anne Peters, “The Crimean Vote of March 2014 as an Abuse of the Institution of Territorial Referendum," in Christian Calliess, ed., *Staat und Mensch im Kontext des Volker-und Europarechts* (Baden-Baden, Noms Verlag, 2015), 255–80. 裁軍：Sergei L. Loiko and Carol J. Williams, “Ukraine troops struggle with nation's longtime neglect of military," *Los Angeles Times*, Oct. 18, 2014.

175 **在三月和四月，俄羅斯媒體**

三月十七日的宣布：Ministry of Foreign Affairs, “Zaiavlenie MID o Gruppe podderzhki dlia Ukrainy," March 17, 2014. 參見：Paul Roderick Gregory, “Putin Demands Federalization for Ukraine, But Declares It Off-Limits for Siberia," *Forbes*, Sept. 1, 2014; Maksim Trudoliubov and Nikolai Iepple, “Rossiiskoe obshchestvo ne vidit sebia," *Vedomosti*, July 2, 2015; “M.I.D. Ukrainy schitaet nepriemlemymi predlozheniia Rossii po uregulirovaniiu krizisa v strane," *Interfax*, March 17, 2014, 196364.

175 **對普丁來說，併吞克里米亞**

Vladimir Putin, Address of the President of the Russian Federation, March 18, 2014.

176 **國會議員塔蒂亞娜·莎恩科**

Tatiana Saenko, “Parlamentarii o priniatii v sostav Rossiiskoi Federatsii novykh sub"yektov," *Kabardino-Balkarskaya Pravda*, no. 49, March 18, 2014.

176 **這正是伊林的永恆迴圈政治**

普丁引文：“Priamaia liniia s Vladimirom Putinym," Kremlin, April 17, 2014. 馬洛費耶夫引文：Dmitrii Sokolov-Mitrich and Vitalii Leibin, “Ostavit' Bogu mesto v istorii," *Russkii Reporter*, March 4, 2015. 這些都只提到開戰時刻，而未加以描述。馬洛費耶夫把支持俄羅斯的志願軍都想像成充滿男子氣概的基督徒，要對抗著惡魔，而我讀到對這些人的訪談內容時卻不禁莞爾，其中一位是猶太男性，假名用的是俄文文學裡對撒旦的稱呼，另一位女性也說自己信仰撒旦。但我的笑容未能維持太久：他們的故事一如所有捲入戰火的當地人，都十分令人難過。（Separatist interviews (B) and (V), transcripts provided by Oksana Mikhaevna.）

177 **克里米亞的陷落**
格拉濟耶夫：“Ukraine publishes video proving Kremlin directed separatism in eastern Ukraine and Crimea,” *Euromaidan Press*, Aug. 23, 2016; “English translation of audio evidence of Putin's adviser Glazyev and other Russian politicians' involvement in war in Ukraine,” *Focus on Ukraine*, Aug. 30, 2016. 討論：Veronika Melkozerova, “Two years too late, Lutsenko releases audio of Russian plan that Ukrainians already suspected,” *Kyiv Post*, Aug. 27, 2016; Halya Coynash, “Odesa Smoking Gun Leads Directly to Moscow,” *Human Rights in Ukraine*, Sept. 20, 2016; “The Glazyev Tapes,” *European Council on Foreign Relations*, Nov. 1, 2016.

177 **在四月，普丁公開宣示**
葛金和博羅岱在四月回歸：Czuperski et al., “Hiding in Plain Sight,” 4, 20. 葛金和博羅岱的職位：Dmitrii Sokolov-Mitrich and Vitalii Leibin, “Ostavit' Bogu mesto v istorii,” *Russkii reporter*, March 4, 2015; “Profile of Russian Tycoon's Big New Christian TV Channel,” *FT*, Oct. 16, 2015. 古巴瑞夫成為頓涅茨克人民的州長：Nikolai Mitrokhin, “Transnationale Provokation,” *Osteuropa*, 5–6/2014, 158; Mitrokhin, “Infiltration, Instruktion, Invasion,” *Osteuropa* 8/2014, 3–16; “Russian ultra-nationalists come to fight in Ukraine,” *StopFake*, March 8, 2014; “After Neutrality Proves Untenable, a Ukrainian Oligarch Makes His Move,” *NYT*, May 20, 2014. 古巴瑞夫引文：Paweł Pieniążek, *Pozdrowienia z Noworosji* (Warsaw: Krytyka Polityczna, 2015), 18.

178 **俄羅斯介入干預頓巴次**
俄羅斯之春：“Ukraine and Russia are both trapped by the war in Donbas,” *The Economist*, May 25, 2017. 杜金引文：Alexander Dugin, “Horizons of our Revolution from Crimea to Lisbon,” *Open Revolt*, March 7, 2014. 札卡姆斯卡雅：“Blogery Ishchut Antisemitizm Na ‘Rossii 24’: ‘Korichnevaia Chuma’ Raspolzaetsia,” *Medialeaks*, March 24, 2014. 莫斯科的新納粹：Alec Luhn, “Moscow Holds First May Day Parade Since Soviet Era,” *TG*, May 1, 2014.

179 **這是一種新的法西斯主義**
精神分裂法西斯主義正可代表哲學家Jason Stanley所謂的「破壞性的宣傳」，也就是用某個概念來破壞該概念本身。在此，也就是用反法西斯主義來破壞反法西斯主義。*How Propaganda Works* (Princeton: Princeton UP, 2016).

180 **在一九七〇年代接受教育的俄羅斯人**
普羅哈諾夫：Alexander Prokhanov, “Odinnadtsatyi stalinskii udar. O nashem novom Dne Pobedy,” *Izvestiia*, May 5, 2014; Dugin: “Towards Laocracy,” July 28, 2014; Glazyev: “Predotvratit' voinu—pobedit' v voine,” Izborsk Club, Sept. 2014, article 3962. 同時參見：Pieniążek, *Pozdrowiena z Noworosji*, 167.

180 **這種精神分裂法西斯主義**
Glazyev, “Predotvratit' voinu—pobedit' v voine.”

181 **一如他的顧問格拉濟耶夫**
Vladimir Putin, Address of the President of the Russian Federation, March 18, 2014.

182 **二〇一四年三月十四日**
拉夫羅夫：“Comment by Russian Ministry of Foreign Affairs,” March 14, 2014; 同時參見：Damien McElroy, “Moscow uses death of protestor to argue for ‘protection’ of ethnic Russians in Ukraine,” *Telegraph*, March 14, 2014.

183 **在這場號稱要對抗法西斯主義**
美國白人至上主義者：Casey Michel, “Beyond Trump and Putin,” *Diplomat*, Oct. 13, 2016. 史賓塞為俄羅斯入侵辯護：“Russian State Propaganda Uses American Fascist to Blame Ukrainian Fascists for Violence,” *Daily Surge*, June 5, 2014. 波蘭人：Piątek, *Macierewicz i jego tajemnice*, 176, 180–81.

183 **匈牙利法西斯政黨**
引文：Shekhovstov, *Russia and the Western Far Right*, chapter 5. 參見：P. Krekó et al., “The Weaponization of Culture,” *Political Capital Institute*, Aug. 4, 2016, 8, 14, 30–40, 59; Alina Polyakova, “Putinism and the European Far Right,” *Atlantic Council*, Nov. 19, 2015, 4. 極右翼對烏克蘭衝突的反應：Timothy Snyder, “The Battle in Ukraine Means Everything,” *New Republic*, May 11, 2014. 布達佩斯：Anton Shekhovtsov, “Far-right international conferences in 2014,” *Searchlight*, Winter 2014. 奧克森萊特：Van Herpen, *Putin's Propaganda Machine*, 73.

184 **大約有數十名**
大致情形：Patrick Jackson, “Ukraine war pulls in foreign fighters,” BBC, Sept. 1, 2014. 法國：Mathieu Molard and Paul Gogo, “Ukraine: Les docs qui montrent l'implication de l'extrême droite française dans la guerre,” *Streetpress*, Aug. 29, 2016. 塞爾維亞民族主義者：“Serbia arrests suspect linked to Montenegro election plot: report,” Reuters, Jan. 13, 2017. 瑞典納粹分子：“Three Swedish men get jail for bomb attacks on asylum centers,” Reuters, July 7, 2017; “Russia trains extremists who may wreak havoc in Europe—probe,” UNIAN, July 24, 2017.

184 **二〇一四年，與克里姆林宮**
世界民族保守主義運動：Anton Shekhovtsov, “Slovak Far-Right Allies of Putin's Regime,” *TI*, Feb. 8, 2016. 同時參見：“Europe's far right flocks to Russia: International conservative forum held in St. Petersburg,” *Meduza*, March 24, 2015. 烏索夫斯基：Yaroslav Shimov and Aleksy Dzikawicki, “E-Mail Hack Gives Glimpse into Russia's Influence Drive in Eastern Europe,” *RFE/RL*, March 17, 2017; Andrew Higgins, “Foot Soldiers in a Shadowy Battle Between Russia and the West,” *NYT*, May 28, 2017. 資料來源：“Za antiukrainskimi aktsiami v Pol'she stoit Kreml,” InfoNapalm, Feb. 22, 2017, 33652.

185 **馬洛費耶夫親自邀請**
Odehnal, “*Gipfeltreffen*.”

185 **無論是俄羅斯人、歐洲人或美國人**
關於Mykhailo Martynenko (1992–)、Bohdan Solchanyk (1985–2014)，以及其他革命中的學生及師長，參見Marci Shore, *The Ukrainian Night: An Intimate History of Revolution* (New Haven: Yale UP, 2018).

186 **烏克蘭人一開始**
“RF traktuet proiskhodiashchee na Ukraine kak popytku gosperevorota, zaiavil press-sekretar' Prezidenta,” PK, Feb. 19, 2014, 52312.

188 **當然，獨立廣場上**
Anton Shekhovtsov, "Spectre of Ukrainian 'fascism': Information wars, political manipulation, and reality," *Euromaidan Press*, June 24, 2015.

189 **這時的代理總統**
Olga Rudenko, "Oleksandr Turchynov's Baptist faith may help defuse Ukrainian crisis," *WP*, Feb. 26, 2014; "Ukraine Turns to Its Oligarchs for Political Help," *NYT*, March 2, 2014; "Avakov appointed interior minister of Ukraine," *ArmenPress*, Feb. 22, 2014.

189 **如果目的是為了政變**
格拉濟耶夫堅持要將波洛申科稱為一個「納粹」。"Glazyev: Poroshenko—natsist, Ukraina—Frankenshtein," BBC, June 27, 2014.

189 **二〇一四年五月**
Steven Pifer, "Ukraine's Parliamentary Election," Brookings Institute, Oct. 27, 2014.

191 **那些先被派往克里米亞**
同一文明：Pavel Kanygin, "Aleksandr Borodai: 'Zakliuchat' mir na usloviiakh kapituliatsii my nikak ne gotovy'," *NG,* Aug. 12, 2014. 關於時景：Tatiana Zhurzenko, "Russia's neverending war against 'fascism,' " *Eurozine*, Aug. 5, 2015.

191 **俄羅斯對烏克蘭的入侵**
Konstantin Skorkin, "Post-Soviet science fiction and the war in Ukraine," *Eurozine*, Feb. 22, 2016.

191 **一如蘇聯的官方政策**
Federal Law of May 5, 2014, N. 128-Fr, "O vnesenii izmenenii v otdel'nye zakonodatel'nye akty Rossiiskoi Federatsii."普丁為《德蘇互不侵犯條約》說話：Vladimir Putin, "Meeting with young academics and history teachers," Nov. 5, 2014, Kremlin, 46951. 定罪：Gleb Bugush and Ilya Nuzov, "Russia's Supreme Court Rewrites History of the Second World War," *EJIL Talk!*, Oct. 28, 2016.

192 **這種俄羅斯絕對**
Issio Ehrich, "Absturz von MH17: Igor Strelkow— 'der Schütze,' " N-TV.de, July 24, 2014. 葛金，處決，史達林：Anna Shamanska, "Former Commander of Pro-Russian Separatists Says He Executed People Based on Stalin-Era Laws," *RFE/RL*, Jan. 29, 2016.

192 **對許多年輕俄羅斯人而言**
「懲罰性行動」："Ukraine conflict: Turning up the TV heat," BBC, Aug. 11, 2014. 坦克："Lies: Luhansk Gunmen to Wage War on Repaired T-34 Museum Tank," *StopFake*, May 13, 2014.「一九四一」：Separatist interview (B).「為了史達林」："Russia's 200th Motorized Infantry Brigade in the Donbass," *Bellingcat*, Jan. 16, 2016. 在克里米亞的士兵：Ekaterina Sergatskova, Artiom Chapai, Vladimir Maksakov, eds., *Voina na tri bukvy* (Kharkiv: Folio, 2015), 24. 坦克和戰俘：Zhurzenko, "Russia's never-ending war."

193 **在俄羅斯，史達林的支持度**
"Praviteli v Otechestvennoi Istorii," Levada Center, March 1, 2016.

194 **在烏克蘭的戰爭**
"V Kiyeve Pereimenovali Muzei Velikoi Otechestvennoi Voiny," ru.tsn.ua, July 16, 2015.關於那場戰爭，烏克蘭確實有另一則神話：在烏克蘭西部的一些民族主義者，歌頌著反抗蘇聯強權的民族主義游擊隊。然而，二〇一四年的戰場其實是在烏克蘭東南部，參戰的主要也是當地駐軍。

第五章

196 **伊林的想法**
小說：Natan Dubovitsky [Vladislav Surkov], "My ischeznem, kak tol'ko on otkroet glaza. Dolg obshchestva i vash, prezhde vsego—prodolzhat' snitsia emu," *Okolonolia*, Media Group LIVE, Moscow 2009. 同時參見：Peter Pomerantsev, "The Hidden Author of Putinism," *The Atlantic*, Nov. 7, 2014; "Russia: A Postmodern Dictatorship," Institute of Modern Russia, 2013, 6; 而最重要的就是：Pomerantsev, *Nothing Is True*.

196 **讓事實畫下終點**
Vladislav Surkov, "Russkaia politicheskaia kul'tura.Vzgliad iz utopii," *Russkii Zhurnal*, June 15, 2007.

197 **在二〇一〇年代的俄羅斯**
Maksim Trudoliubov and Nikolai Iepple, "Rossiiskoe obshchestvo ne vidit sebia," *Vedomosti*, July 2, 2015. 巴弗洛夫斯基是在將當代俄羅斯對比著過去的蘇聯。在史達林的時代，電視上呈現的各種陰謀已經接近小說等級，而且在最戲劇性的案例上，已經接近反猶陰謀論，參見：Snyder, *Bloodlands*, 同時參見：*Proces z vedením protistátního spikleneckého centra v čele s Rodolfem Slánským* (Prague: Ministerstvo Spravedlnosti, 1953); Włodzimierz Rozenbaum, "The March Events," *Polin*, vol. 21, 2008, 62–93; Dariusz Stola, "The Hate Campaign of March 1968," *Polin*, vol. 21, 2008, 16–36. 沃林：Masha Gessen, "Diadia Volin," *RFE/RL*, Feb. 11, 2013. 九〇%：Levada Center, "Rossiiskii Media Landshaft," June 17, 2014. 預算：Peter Pomerantsev, "Unplugging Putin TV," *Foreign Affairs*, Feb. 18, 2015.

198 **至於RT電視台**
來賓的例子：Peter Pomerantsev and Michael Weiss, "The Menace of Unreality: How the Kremlin Weaponizes Information, Culture, and Money," Institute of Modern Russia, Nov. 22, 2014, 15. 普丁引文：Margarita Simonyan interview, RT, June 12, 2013.「並沒有客觀報導這種東西」："Interv'iu/Margarita Simon'ian," *RNS*, March 15, 2017. 同時參見：Peter Pomerantsev, "Inside Putin's Information War," *Politico*, Jan. 4, 2015; Peter Pomerantsev, "Inside the Kremlin's hall of mirrors," *TG*, April 9, 2015. RT的預算：Gabrielle Tetrault-Farber, "Looking West, Russia Beefs Up Spending in Global Media Giants," *Moscow Times*, Sept. 23, 2014.「更勇於提問」這句口號是由美國某公關公司所創。

199 **事實性被一種**
參照比較：Pomerantsev, *Nothing Is True*, 73, 228.

199 **「資訊戰現在是**
引文：Peter Pomerantsev, "Inside Putin's Information War," *Politico*, Jan. 4, 2015.

199 **克里姆林宮派到**
葛金和博羅岱：Sokolov-Mitrich and Leibin, "Ostavit' Bogu mesto v istorii"; "Profile of Russian Tycoon's Big New Christian TV Channel," *FT,* Oct. 16, 2015; Mitrokhin, "Transnationale Provokation, 158, and "Infiltration," 3–16; "Russian ultranationalists come to fight in Ukraine," *StopFake,* March 8, 2014; "After Neutrality Proves Untenable, a Ukrainian Oligarch Makes His Move," *NYT,* May 20, 2014.

200 **俄羅斯在二〇一四年**
武力恫嚇：Kurczab-Redlich, *Wowa*, 671. 制服："Vladimir Putin answered journalists' questions on the situation in Ukraine, March 4, 2014," Kremlin, 20366. 派出部隊的時間：Thomas Gutschker, "Putins Schlachtplan," *FAZ*, July 9, 2014.

200 **普丁所做的，其實**
Clover, *Black Wind, White Snow*, 19.

201 **普丁對事實性的**
關於「小綠人」：Miller et al., "An Invasion by Any Other Name," 10, 12, 27, 30, 45, 47; Bebler, "Crimea and the Russian-Ukrainian Conflict," 35–53. 思嘉柯娃：*Voina na tri bukvy*, 24.

201 **原本的概念是**
完整訪談及情境請參見：Rick Perlstein, "Lee Atwater's Infamous 1981 Interview on the Southern Strategy," *The Nation*, November 13, 2012.

202 **西方記者的另一項**
Simon Shuster, "Putin's Confessions on Crimea Expose Kremlin Media," *Time*, March 20, 2015. 等到俄羅斯插手干預頓巴次，這項行為還會再次重複。Shaun Walker, "Putin admits Russian military presence in Ukraine for first time," *TG*, Dec. 17, 2015.

203 **除了不易否認性之外**
"Vladimir Putin answered journalists' questions on the situation in Ukraine, March 4, 2014," Kremlin, 20366.

203 **在這場入侵行動裡**
在俄羅斯士兵出兵前與父母或妻子的最後通訊當中，常常會提到移除識別標誌這件事。舉例來說，可參見：Elena Racheva, " 'On sam vybral etu professiiu. Ia sama vybrala ego. Nado terpet'," *NG*, Aug. 30, 2014.

204 **那些為了戲劇效果**
"Vladimir Putin answered journalists' questions on the situation in Ukraine, March 4, 2014," Kremlin, 20366.

205 **永恆迴圈選定**
Sherr, "A War of Perception." 普丁提到「新俄羅斯」："Direct Line with Vladimir Putin," April 17, 2014, Kremlin, 20796.

205 **在二〇一四年三、四月之前**
杜金在三月三日談到「新俄羅斯」：Clover, *Black Wind, White Snow*, 13.

206 **二〇一四年三月，蘇爾科夫**
Mitrokhin, "Infiltration."

206 **於是在二〇一四年春天**
士兵引文：Pavel Kanygin, "Bes, Fiks, Roman i goluboglazyi," *NG*, April 17, 2014. 關於俄羅斯士兵的現身，參見：Pieniążek, *Pozdrowienia z Noworosji*, 72, 93. 同時參見二〇一四年四月二十六日的葛金訪談："Segodnia otkryl litso komanduiushchii otriadom samooborony Slavianska Igor' Strelkov," www.youtube.com/watch?v=8mGXDcO9ugw, and the recollections of the population in Olha Musafirova, "Po leninskim mestam," *NG*, Oct. 2014; Iulia Polukhna, "Dolgaia doroga v Lugansk," *NG*, Oct. 21, 2014. 博羅岱引文：Kanygin, "Aleksandr Borodai."

207 **與此同時，烏克蘭國**
Czuperski et al., "Hiding in Plain Sight," 4–6; Miller et al., "An Invasion by Any Other Name."

207 **在併吞克里米亞之後**
關於科洛莫斯基：Pieniążek, *Pozdrowienia z Noworosji*; "Ukraine's Catch 22 Over Its Oligarch Class," *Johnson's Russia List*, March 25, 2015. 俄羅斯在哈爾科夫升起國旗："Protestors raise Russian flag in two east Ukrainian cities," Reuters, March 1, 2014. 敖德薩行政大樓的攻占行動：Oksana Grytsenko, "Pro-Russia groups take over government buildings," *TG*, March 3, 2014; Charles King, "Forgetting Odessa," *Slate*, May 8, 2014; Mitrokhin, "Infiltration."

208 **在三月和四月，敖德薩**
敖德薩：思嘉柯娃於二〇一四年五月三日在俄文版*Ukrains'ka pravda*的報導，以及Artiom Chapai在五月五日於*Insider*的文章，都重印於*Voina na try bukvy*, 64–68, 77–84. 同時參見：Natalia Zinets, "More than 40 killed in fire, clashes in Ukraine's Odessa," Reuters, May 2, 2014; Howard Amos and Harriet Salem, "Ukraine clashes," *TG*, May 2, 2014.

209 **普羅哈諾夫將俄羅斯**
Prokhanov, "Odinnadtsatyi stalinskii udar."

209 **等到二〇一四年五月**
關於東方營，參見思嘉柯娃於二〇一四年六月二日的報導，刊於俄文版的*Ukrains'ka Pravda*，重刊於*Voina na tri bukvy*, 117. 同時參見：James Sherr, "A War of Perception," in Keir Giles et al., eds., *The Russian Challenge* (London: Chatham House, 2015); James Rupert, "Russia Allows—or Organizes—Chechen Fighters to Reinforce the Secessionist War in Ukraine," *New Atlanticist*, May 30, 2014. 葛金引文：Sherr, "A War of Perception."

209 **在那場失敗的**
Maria Turchenkova, "Gruz 200," *Ekho Moskvy*, blog, June 4, 2014. 關於俄羅斯聯邦志願者的動機：Russian separatist interviews (K) and (L).

210 **其中一名死者**
Elena Kostiuchenko, " 'Vash muzh dobrovol'no poshel pod ostrel'," *NG*, June 17, 2014. 兒子在敘利亞喪命的俄羅斯家庭，也面臨類似的問題。Maria Tsvetkova, "Death certificate offers clues on Russian casualties in Syria," Reuters, Oct. 27, 2017.

210 **時至二〇一四年六月底**
Voina na tri bukvy, 117; Serhyi Kudelia, "The Donbas Rift," *Russian Politics and Law*, vol. 54, no. 1, 2016, 20. 霍達科夫斯基引文："Komandir batal'ona 'Vostok': Kiev schel, chto dlia nego region poterian," RIA.ru, June 4, 2014.

211 **七月五日，眼看**
葛金訪談：Alekander Chalenko, *Politnavigator*, Dec. 1, 2014; 同時參見：Alekander Prokhanov, interview with Girkin, "Kto ty, Strelok?" *Zavtra*, Nov. 20, 2014; "Igor' Strelkov: Ia sebia s Zhukovym ne sravnivaiu, no, kak i on, shtabnoi raboty ne liubliu," politnavigator.net, Dec. 1, 2014. 關於策略定位，參見：Michael Weiss, "All is not well in Novorossiya," *Foreign Policy*, July 12, 2014.

211 **當然，在炮彈爆炸**
調查：Kudelia, "Donbas Rift," 20. 在針對分離主義分子的訪談中，包括那些表達出意識形態觀點的受訪者，都會談到「自衛」的問題：Separatist interviews (B) and (V), 後者也談到孩童、炮彈的問題。當然有時也有例外，參見："Varyag: Moe mirovozzrenie sformirovali trudy Dugina," evrazia.org, Nov. 19, 2015.

212 **親眼見到暴力造成的死亡**
Separatist interview (V).

212 **把頓巴次在**
"Vladimir Antiufeev—novyi glava gosbezopasnosti DNR," politikus.ru, July 10, 2014; Irene Chalupa, "Needing Better Control in Ukraine War, Moscow Sends in an Old KGB Hand," *New Atlanticist*, July 17, 2014.

213 **在凍結衝突中**
引文來自以下訪談：Pavel Kanygin, " 'Pridnestrovskii general' Vladimir Antiufeev, stavshii liderom DNP: 'Slabaki! Ispugalis' sanktsii! Gde klad, tam i serdtse'," *NG*, Aug. 15, 2014. 英文摘要參見："Rebel Leader Blames Ukrainian War on Masons," *Moscow Times*, Aug. 15, 2014.

213 **在安托費耶夫看來**
Kanygin, " 'Pridnestrovskii general' Vladimir Antiufeev."

214 **在安托費耶夫的理論**
同上注。

214 **俄羅斯軍隊對烏克蘭軍隊**
Evgenii Zhukov, Facebook Post, July 11, 2014.

215 **朱可夫所描述的**
格雷戈里耶夫引文：“Rossiia obstrelivaet Ukrainu s svoei territorii,” *Novoe Vremia*, July 23, 2014. 從俄羅斯發出的炮擊：Sean Case, “Smoking GRADs: Evidence of 90 cross-border artillery strikes from Russia to Ukraine in summer 2014,” mapinvestigation.blogspot.com, July 16, 2015; “Origin of Artillery Attacks on Ukrainian Military Positions in Eastern Ukraine Between 14 July 2014 and 8 Aug. 2014,” *Bellingcat*, Feb. 17, 2015.

215 **一般來說，軍隊**
Elena Racheva, “Pogranichnoe sostoianie,” *NG*, Aug. 11, 2014.

216 **那些報導這些炮擊事件**
同上注。

216 **烏克蘭軍隊不能**
Natalya Telegina, “Kak by voina.Reportazh s ukrainskoi granitsy,” *Dozhd'*, Aug. 5, 2014. 葛金該負責：Alekander Prokhanov, interview with Girkin, “Kto ty, Strelok?”*Zavtra*, Nov. 20, 2014.

217 **俄羅斯開始炮擊**
十字架故事：“Bezhenka iz Slavianska vspominaet, kak pri nei kaznili malen'kogo syna i zhenu opolchentsa,” PK, July 12, 2014, 37175. 關於十字架故事的反應：“Aleksey Volin o siuzhete ‘Pervogo kanala’ pro raspiatogo mal'chika,” www.youtube.com/watch?v=7TVV5atZ0Qk, July 15, 2014.

217 **就情況看來，似乎是**
杜金的原始文章：www.facebook.com/alexandr.dugin/posts/811615568848485.

218 **俄羅斯電視台正是**
武器：Miller et al., “An Invasion by Any Other Name,” 5–65. 同時參見：NATO Allied Command Operations, “NATO Releases Imagery: Raises Questions on Russia's Role in Providing Tanks to Ukraine,” June 14, 2014.

219 **其中一項運自俄羅斯**
Michael Weiss and James Miller, “How We Know Russia Shot Down MH17,” *DB*, July 17, 2015; Miller et al., “An Invasion by Any Other Name,” 17–34.

219 **二〇一四年六月二十三日，俄羅斯**
俄羅斯部隊：“Pre-MH17 Photograph of Buk 332 Discovered,” *Bellingcat*, June 5, 2017; Wacław Radzinowicz, “Donbas, Syria, zestrzelony boeing,” *GW*, May 31, 2017.

219 **下午一點二十分**
進一步相關細節參見：Bellingcat Investigation Team, “MH-17,” 3–16, 36–44, sic passim, www.bellingcat.com/tag/mh17/; Weiss and Miller, “How We Know.” 葛金的誇口：web.archive.org/web/2014071715222'/http://vk.com/strelkov_info. 霍達科夫斯基及其他人：Pieniążek, *Pozdrowienia z Noworosji*, 199, 210; 同時參見 “Aleksandr Khodakovskii: Ia znal, chto ‘Buk’ shel iz Luganska,” echo.msk.ru, July 12, 2014.

220 **至少在二〇一四年七月十七日**
俄羅斯駐聯合國大使Churkov的困惑：Weiss and Miller, "How We Know." 時至二〇一七年，荷蘭安全委員會（Dutch Safety Board）還在尋找兩位貌似俄羅斯軍方高階人員的相關資訊。"Russian Colonel General Identified as Key MH17 Figure," *Bellingcat*, Dec. 8, 2017. 至於其他虛構說法已在下段討論。

220 **就在飛機遭擊落**
"Istochnik: ukrainskie siloviki mogli pereputat' malaiziiskii 'Boing' s samoletom Putina," *NTV*, July 17, 2014, 1144376; "Minoborony: Riadom s 'boingom' letel ukrainskii shturmovik," life.ru, July 21, 2014, 137035; "Veroiatnoi tsel'iu sbivshikh malaiziiskii 'Boing' mog byt' samolet Prezidenta Rossii," PK, July 18, 2014, 37539; "Reports that Putin flew similar route as MH17," RT, July 17, 2014, 173672.

221 **隔天，二〇一四年七月十八日**
"Dispetchery vynudili Boeing snizitsia nezadolgo do krusheniia," *TVC*, July 18, 2014, 45179; "Neverov: Kolomoiskii mog otdavat' prikazy dispetcheram po Boeing," *TVC*, July 23, 2014, 45480; "Fizionomist: Ochevidno, chto Kolomoiskii znaet, kto sbil 'boing'," life.ru, Oct. 22, 2014, 3329.

221 **與此同時，有五家**
"Dispetcher: riadom s Boeing byli zamecheny dva ukrainskikh istrebitelia," *Vesti*, July 17, 2014, 1807749. 第三種說法："V silovykh strukturakh Ukrainy est' versiia, chto Boeing sbili na ucheniiakh," ria.ru, July 7, 2014, 20140725. 第四種說法："Igor' Strelkov: chast' liudei iz Boinga umerli za neskol'ko sutok do katastrofy," Rusvesna.su, July 18, 2014.

222 **這些捏造情節**
Sergei Lavrov, interview, *Rossiiskaia Gazeta*, Aug. 26, 2014.

222 **然而，就算所有謊言**
"Rassledovanie Katastrofy 'Boinga,' " Levada Center, July 27, 2015.

223 **二〇一四年夏天，俄羅斯**
這支影片請見："Bike Show—2014. Sevastopol," June 15, 2015, https://www.youtube.com/watch?v=8K3ApJ2MeP8.

224 **該文中，普羅哈諾夫**
當然，在德國占領期間，俄羅斯也不是什麼純真無辜的角色，而是一如其他蘇聯人民般與德國合作。相關討論參見：Snyder, *Black Earth*.

224 **普羅哈諾夫把俄羅斯**
普羅哈諾夫在此及後續的段落，參見："Odinnadtsatyi stalinskii udar.O nashem novom Dne Pobedy," *Izvestiia*, May 5, 2014. 他在其他地方將歐亞一體說成是「黃金女神」的家園："Zolotye bogini Evrazii," *Izvestiia*, June 2, 2014.

226 **在扎爾多斯塔諾夫**
關於德國占領蘇聯烏克蘭，參見：Karel C. Berkhoff, *Harvest of Despair* (Cambridge, Mass.: Harvard UP, 2004).

228 **在俄羅斯炮兵已經**
引文及大致情形："Glava fonda sverdlovskikh veteranov spetsnaza: 'Ia pomogaiu dobrovol'tsam otpravit'sia na Ukrainu,' " interview with Vladimir Efimov, Novosti E1.ru, Dec. 24, 2014. 同時參見：Miller et al., "An Invasion by Any Other Name," 64. 關於此時期，另一個值得參考的文獻是：Aleksei Levinson, "Mentalnaia iama," *NG*, June 4, 2014; Levada Center, "Rossiiskii Media Landshaft," June 17, 2014; Ekaterna Vinokurova, "Ischezaiuschchaia federalizatsiia," *Znak*, Aug. 25, 2014.

228 **有些俄羅斯志願軍**
動機和卡車：Elena Racheva, "Tyl," *NG*, Aug. 2014. 距離：Russian volunteer interview (K). 心靈深處的呼喚：Russian volunteer interview (L). 世界成為索多瑪：Dmytro Fionik, "Pryhody Boha v Ukraini," in *Veni, vidi, scripsi: Istoriia nazhyvo* (Kyiv: Tempura, 2015), 73. 關於募兵，參見："Glava fonda sverdlovskikh veteranov spetsnaza." 其他關於志願軍的描繪介紹，參見：Walker, *The Long Hangover*, prologue, sic passim.

229 **抵達邊境上的**
軍隊增加：Miller et al., "An Invasion by Any Other Name." 營地：Racheva, "Pogranichnoe sostoianie"; Racheva, "Tyl."

229 **這些士兵不時**
跳舞：Racheva, "Pogranichnoe sostoianie." 達吉斯坦士兵喪命：Ruslan Magomedov, "Gruz 200," *Chernovik*, Aug. 22, 2014.

230 **第一八獨立摩托化步槍旅**
圖馬諾夫：Elena Racheva, "Drugoi rabotyto net," *NG*, Sept. 2014; 同時參見：Parfitt, "Secret dead of Russia's undeclared war"; Konrad Schuller and Friedrich Schmidt, "Ein offenes Staatsgeheimnis," *FAZ*, Nov. 22, 2014. 關於第一八獨立摩托化步槍旅，同時參見："Sovet po pravam cheloveka peredal Dozhdiu kopiiu obrashcheniia v SK s imenami propavshykh soldat," Dozhd', Sept. 2, 2014; Sergei Kanev, "Lapochka iz Kushchevki," *NG*, Sept. 9, 2014; Evgenii Titov, "Stavropol'skaia pravozashchitnitsa, rasskazavshaia o pogibshikh v Ukraine voennosluzhashchikh, arestovana i dostavlena v Piatigorsk," *NG*, Oct. 19, 2014; Courtney Weaver, "Café encounter exposes reality of Russian soldiers in Ukraine," *FT*, Oct. 22, 2014.

230 **八月十三日，第一八獨立摩托化步槍旅**
引文：Parfitt, "Secret dead of Russia's undeclared war." 社群媒體：Racheva, "Drugoi raboty-to net."

231 **另一位第一八獨立摩托化步槍旅**
引文出自：Steven Rosenberg, "Ukraine Crisis: Forgotten Death of a Russian Soldier," BBC, Sept. 18, 2014.

231 **坦克駕駛員魯法特**
奧尼亞佐夫：Kanev, "Lapochka iz Kushchevki."

231 **大約在二〇一四年八月十七日**
安德里亞諾夫：Ivan Zhilin, "On otdal svoiu zhizn', a ego privezli ot tak ..."*NG*, Nov. 21, 2014. 在普斯科夫的葬禮：Aleksei Ponomarev, "V Pskove proshli zakrytye pokhorony mestnykh desantnikov," *Slon*, Aug. 25, 2014; 同時參見："K poslednemu moriu," *Pskovskaia Gubernaia*, Sept. 12–13, 2014：以及：

David M. Herszenhorn and Alexandra Odynova, "Soldiers' Graves Bear Witness to Russia's Role in Ukraine," *NYT*, Sept. 21, 2014. 第一三七傘兵團與安德里亞諾夫：Ivan Zhilin, "On otdal svouiu zhizn', a ego privezli ot tak ..."*NG*, Nov. 21, 2014.

232 **駐在烏里揚諾夫斯克**
Elena Racheva, "Bilet v odin konets," *NG*, Sept. 8, 2014.

232 **大約在同一時間**
Herszenhorn and Odynova, "Soldiers' Graves Bear Witness."

232 **二〇一四年八月**
"Russia's 200th Motorized Infantry Brigade in the Donbass: The Tell-Tale Tanks," *Bellingcat*, July 4, 2016.

233 **第二〇〇獨立摩托化步兵旅的**
關於特倫達耶夫與第二〇〇獨立摩托化步兵旅："Russia's 200th Motorized Infantry Brigade in the Donbass: The Hero of Russia," *Bellingcat*, June 21, 2016. 伊洛瓦伊斯克："Russia's 6th Tank Brigade," *Bellingcat*, Sept. 22, 2015; Racheva, "Bilet v odin konets"; Miller et al., "An Invasion by Any Other Name," 7, 26–37; "The Battle of Ilovaisk," *TI*, Sept. 15, 2014.

233 **二〇一五年初，俄羅斯**
Piotr Andrusieczko, "Lotnisko w Doniecku—ukraiński Stalingrad," *GW*, Oct. 3, 2014; Sergei L. Loiko, "Ukraine fighters, surrounded at wrecked airport, refuse to give up," *Los Angeles Times*, Oct. 28, 2014. Natalia Zinets and Maria Tsvetkova, "Ukraine's Poroshenko tells army not to give up Donetsk airport," Reuters, Dec. 5, 2014.「生化人」：Miller et al., "An Invasion by Any Other Name," 8, 36. 烏克蘭戰俘遭到處決：Oleg Sukhov, "Russian fighter's confession of killing prisoners might become evidence of war crimes," *Kyiv Post*, April 6, 2015.

234 **俄羅斯在二〇一五年一月攻勢**
Il'ia Barabanov, "V pampasakh Donbassa," Kommersant.ru, Feb. 19, 2015. 第二〇〇獨立摩托化步兵旅："Russia's 200th Motorized Infantry Brigade in the Donbass," *Bellingcat*, Jan. 16, 2016.

234 **第三七摩托化步兵旅的**
關於確認丹巴耶夫如何從塞爾維亞來回烏克蘭，完整敘述請見：Simon Ostrovsky, "Russia Denies That Its Soldiers Are in Ukraine, But We Tracked One There Using His Selfies," *Vice*, June 16, 2015. Barabanov, "V pampasakh Donbassa." 對宣傳的態度：Elena Kostiuchenko, "My vse znali, na chto idem i chto mozhet byt'," *NG*, Feb. 3, 2015.

235 **雖然二〇一五年二月十二日**
巴托姆昆耶夫：Kostiuchenko, "My vse znali."

235 **俄羅斯軍隊後來有些**
Ruslan Leviev, "Three Graves: Russian Investigation Team Uncovers Spetsnaz Brigade in Ukraine," *Bellingcat*, May 22, 2015.

235 **這位鄰居可以把自己**
依靠俄羅斯的稅收：Konrad Schuller, "Ohne Kohle in Kohlrevier," *FAZ*, Nov. 24, 2014. 來自莫斯科的電話：Anton Zverev, "Ex-rebel leaders detail role played by Putin aide in east Ukraine," Reuters, May 11, 2017. 莫斯科的指示：Jochen Bittner, Arndt Ginzel, and Alexej Hock, "Cheerful Propaganda and Hate on Command," *Die Zeit*, Sept. 30, 2016. 統計數據：烏克蘭政府提供士兵死亡名單（在本書寫作時不到三千名），並估計平民死亡人數（八千名）。而俄羅斯因為一向否認曾在烏克蘭作戰，因此並沒有官方的俄羅斯士兵死亡人數。最有可能的情況是俄、烏雙方死亡人數相仿。相關討論參見："'Traceless regiment': Russian military losses in Donbas," Ukrainian Crisis Media Center, May 17, 2017, 該文的原始未經編縮版本為Oleksiy Bratushchak同一日期發表於*Ukrains'ka Pravda*的文章。烏克蘭官方統計，國內流離失所的人數約達一百六十萬，但這只包含那些登記在案的民眾，實際人數肯定超過此數。參見："5 Unreported Facts About Displaced People in Ukraine," *Hromadske International*, May 18, 2017.

236 **二〇一四年五月**
Andy Greenberg, "How an Entire Nation Became Russia's Test Lab for Cyberwar," *Wired*, June 20, 2017; Ellen Nakashima, "U.S. government officially accuses Russia of hacking campaign," *WP*, Oct. 7, 2016; Frenkel, "Meet Fancy Bear." 對總統大選的駭客攻擊：Patrikarakos, *War in 140 Characters*, 123.

237 **這場網路戰當時並未**
美國各組織："Bears in the Midst: Intrusion in the Democratic National Convention," *Crowdstrike*, June 15, 2016. 國務院：Ellen Nakashima, "New Details Emerge about Russian Hack," *WP*, April 3, 2017. 惡意軟體植入電網：Greenberg, "How an Entire Nation." 進一步討論見第六章。

237 **俄羅斯在二〇一四年入侵**
想瞭解烏克蘭如何對抗資訊戰，可參見 *StopFake* 和 *EuroMaidan Press*。

238 **在對烏克蘭的戰爭中**
普丁引文："Priamaia liniia s Vladimirom Putinym," Kremlin, April 17, 2014. 特種部隊：Kanygin, "Bes, Fiks, Roman i goluboglazyi." 拉夫羅夫：Maria Gorelova, "Lavrov: Soobshcheniia o vvode voisk RF na Ukrainu—chast' informatsionnoi voiny," *KP*, Aug. 23, 2016; "Lavrov nazval snimki vtorzheniia voisk RF v Ukrainu kadrami iz komp'iuternoi igry," NV.ua, Aug. 29, 2014.

238 **拉夫羅夫想說的，並非**
Levada Center, press release, Dec. 11, 2014.

239 **俄羅斯用各種手法**
聖彼得堡：Russian Ministry of Justice, Aug. 29, 2014, minjust.ru/ru/press/news/minyustom-rossii-vneseny-dopolneniyav-reestr-nekommercheskih-organizaciy-1. 皮亞季戈爾斯克：Evgenii Titov, "Stavropol'skaia pravozashchitnitsa, rasskazavshaia o pogibshikh v Ukraine voennosluzhashchikh, arestovana i dostavlena v Piatigorsk," *NG*, Oct. 2014. 參見：Leviev, "Three Graves"; Rosenberg, "Ukraine crisis"; Miller et al., "Invasion by Any Other Name," 64.

239 **俄羅斯對烏克蘭**
這裡所說的邏輯，是因為在國際關係理論中，「務實派」會認為國際關係的輸贏是相對而非絕對：畢竟，只要輸得比別人少，相對就是贏了。重要的是必須意識到，那些說自己走「務實主義」國際關係理論的人，有可能就會形成規範，也就是用國家法律讓這成為事實。所以，對於俄羅斯那些受到威脅的寡頭統治者來說，俄羅斯追求零和博弈的道路就很合理；但這樣一來會對整個世界造成改變，並不符合「務實主義」的傳統定義。就這點而言，國際關係理論的建構主義者才是正確的。國際關係理論中的「務實主義」本來就是一個文學概念，而且還是出自德國，能夠上溯到施密特。Matthew Specter正在研究相關主題。

240 **俄羅斯的入侵，反而**
引文："Ukraine chief rabbi accuses Russians of staging antisemitic 'provocations,' " Jewish Telegraphic Agency, March 3, 2014. 統計數據："Only 5.5% of Ukrainian citizens consider themselves 'Russian,' " UNIAN, July 11, 2017.

241 **入侵烏克蘭，併吞**
拉夫羅夫：Lilia Shevtsova, "The Putin Doctrine," *The American Interest*, April 14, 2014; "Lavrov rasskazal, chto meshaet formirovaniiu novogo mirovogo poriadka," Ren.tv, 19. 當代對中國的評估，參見第三章附注。

241 **俄羅斯的歐亞一體思想家**
關於淡水作為稀缺資源：Steven Solomon, *Water* (New York: HarperCollins, 2010).

242 **格拉濟耶夫以「反法西斯主義」為題**
"Kremlin Advisor Speaks at Yalta Conference Amid Separatists, European Far Right (August 25–31)," *TI*, Aug. 30, 2014; Robert Beckhusen, "As Russia Invades Ukraine, the Kremlin's Far Right Allies Meet in Yalta," *Medium*, Aug. 31, 2014.

242 **在歐盟，過去很難**
高蘭：Melanie Amman and Pavel Lokshin, "German Populists Forge Ties with Russia," *Der Spiegel*, April 27, 2016. 德國國會：Swiss Federal Intelligence Service, Situation Report, 2015, 76; Gerodimos et al., "Russia Is Attacking Western Liberal Democracies."

243 **有鑑於敘利亞戰亂**
梅克爾的決定：Helena Smith and Mark Tran, "Germany says it could take 500,000 refugees a year," *TG*, Sept. 8, 2015. 關於難民與AfD的崛起，比較：Timothy Garton Ash, "It's the Kultur, Stupid," *NYR*, Dec. 7, 2017; Mark Leonard, "The Germany Crisis," *New Statesman*, March 5, 2016. 協調：Vladimir Putin, "70-ia sessiia General'noi Assamblei OON," *UN*, Sept. 28, 2015. 正如美國，德國一般並不覺得在烏克蘭的戰爭與自己直接相關；在美德兩國，通常都是透過異國化的眼光來檢視，也就無法真正討論。Karl Schlögel的著作*Entscheidung in Kiew*試著向德國人解釋俄羅斯如何在烏克蘭攻擊事實，以及從經驗指出機構制度是如何脆弱。某些瞭解東歐的德國記者也試著發揮一些影響力：Alice Bota, "Angst vor Ukraines Patrioten," *Die Zeit*, Oct. 24, 2014.

243 **普丁演說隔天，俄羅斯**
關於俄羅斯轟炸："Russia air strikes 'strengthen IS,' " BBC, Oct. 2, 2015; Jonathan Marcus, "Syria crisis," BBC, Oct. 8, 2015; Tom Miles and Stephanie Nebehay, "U.N. rights boss warns Russia over Syria air strikes," Reuters, Oct. 4, 2016; Alec Luhn, "Russian media could almost be covering a different war in Syria," *TG*, Oct. 3, 2016; Wacław Radzinowicz, "Donbas, Syria, zestrzelony boeing," *GW*, May 31, 2017.

244 **但接著，原本只是**
"Russia's Propaganda War Against Germany," *Der Spiegel*, Feb. 8, 2016. 史普尼克新聞通訊社與大致情形：Rutenberg, "How the Kremlin built."

245 **俄羅斯的資訊戰已經**
第一頻道："Avstriia vremenno priostanavlivaet deistvie Shengenskogo soglasheniia iz-za sluchaev nasiliia v Germanii," PK, Jan. 16, 2016, 300073. 警方聲明：Polizei Berlin, Facebook post, Jan. 18, 2016. 引文一與二："SMI FRG: iznasilovanie v Berline russkoi devochki zamiali, chtoby ne seat' paniku," *Vesti*, Jan. 18, 2016; Elena Chinkova, "Liza, my s toboy!"*KP*, Jan. 24, 2016. 進一步報導：Elena Minenkova, " Bednaia Liza ..." rg-rb.de, Jan. 20, 2016, 17640; "Pervyi podozrevaemyi v seksual'nykh domogatel'stvakh vo vremia novogodnikh prazdnikov arestovan v Kol'ne," PK, Jan. 19, 2016, 3166.

245 **這場針對梅克爾的資訊戰**
Damien McGuinness, "Russia steps into Berlin 'rape' storm claiming German cover-up," BBC, Jan. 27, 2016. 拉夫羅夫談麗莎："Vystuplenie i otvety na voprosy SMI Ministra inostrannykh del Rossii S.V.Lavrova," mid.ru, Jan. 26, 2016, 2032328.

246 **在「我們的麗莎」事件**
國際特赦組織："Syria: Russia's shameful failure to acknowledge civilian killings," Amnesty International, Dec. 23, 2015. 人權醫生組織："Russian Warplanes Strike Medical Facilities in Syria," Physicians for Human Rights, Oct. 7, 2015. 同時參見：Westcott, "NGO Says Russian Airstrikes Hit Three Syrian Medical Facilities in Two Days," *NW*, Oct. 7, 2015. 俄羅斯駭客同時也懲罰那些報導炸彈事件的人："Pawn Storm APT Group Returns," *SC Magazine*, Oct. 23, 2015.

246 **梅克爾仍是**
俄羅斯針對梅克爾的資訊戰：Sophie Eisentraut, "Russia Pulling Strings on Both Sides of the Atlantic," *The Cipher*, Sept. 22, 2017. 引文："Wir werden Frau Merkel jagen," *Der Spiegel*, Sept. 24, 2017.

247 **有些歐洲政治人物，還沒有**
圖斯克的立場請參見："Statement by President Tusk on Maidan Square," *EC-CEU*, April 27, 2015. Aleksandra Kovaleva的信："Letter on 'Euromaydan,' " Maidan Translations, Feb. 21, 2014.

247 **而這樣的波蘭政府**
Rosalia Romaniec, "Curious wiretapping affair rocks Polish government," *Deutsche Welle*, June 23, 2014; Michael E. Miller, "Secret Recordings," *WP*, June 11, 2015.

248 **那條劃分公共責任**
大致情形參見：Hannah Arendt, *The Origins of Totalitarianism* (New York: Harcourt, Brace, 1951). 當時對此最佳的評論是：Marcin Król, "Diabeł ma nas w swych objęciach," *GW*, June 27, 2014.

249　或許已是意料之中
承諾不會任命馬西雷維茲擔任國防部長：Agata Kondzińska, "Na kłopoty z Macierewiczem generał Gowin," *GW*, Oct. 9, 2015.

249　二〇〇六年，法律與公正黨
這些主題可參見：Piątek, *Macierewicz i jego Tajemnice*. 同時參見：Wojciech Czuchnowski, "Nocny atak Macierewicza na Centrum Kontrwywiadu NATO," *GW*, Dec. 18, 2015; Julian Borger, "Polish military police raid Nato centre in Warsaw," *TG*, Dec. 18, 2015.

250　馬西雷維茲這位迴圈政治
關於在馬西雷維茲之前對卡廷大屠殺的追悼活動，以及對斯摩棱斯克空難的描述，參見：Alexander Etkind et al., *Remembering Katyn* (Cambridge, UK: Polity, 2012).

250　只有生者才能追悼
由波蘭政府解讀出的黑盒子紀錄：" 'Zmieścisz się śmiało.' General Błasik prowadził tupolewa na lotnisko w Smoleńsku," dziennik.pl, April 7, 2015, 4877256. 某些重要英文片段參見："Poland publishes plane crash transcript," BBC, June 10, 2010. 波蘭官方報告："Raport Koncowy z. Badania zdarzenia lotniczego nr 192/2010/11 samolotu Tu-154M nr 101 zaistniałego dnia 10 kwietnia 2010 w rejonie lotniska Smolensk Poloczny," Warsaw, Poland, July 29, 2011. 波蘭與俄羅斯的官方報告在重點上相同，只在對於俄羅斯航管員的行為記述上有出入。一位波蘭飛行員提出的摘要值得參考：Jerzy Grzędzielski, "Prawda o katastrofie smoleńskiej."

251　馬西雷維茲很清楚
馬西雷維茲發表一份白皮書：Zespół Parlamentarny ds. Badania Przyczyn Katastrofy TU-154 M z 10 kwietnia 2010 roku, "Raport Smolenski: Stan badań, Wydanie II" (Warsaw: Poland, May 2013), 76.

252　馬西雷維茲要求，斯摩棱斯克事故
"Monthly Warsaw march," Radio Poland, Nov. 10, 2017, 329891.

253　馬西雷維茲對俄羅斯的指控
Piątek, *Macierewicz i jego Tajemnice*, Schuller, "Die Moskau-Reise."

253　與此同時，華沙
Schuller, "Die Moskau-Reise." 關於馬洛費耶夫，參見第三章。

254　馬西雷維茲維持
Aubrey McFate, "Poland's defense ministry met with Dana Rohrabacher," *Daily Kos*, Aug. 18, 2017; Adam Entous, "House majority leader to colleagues in 2016: 'I think Putin pays' Trump," *WP*, May 17, 2017; Nicholas Fandos, "He's a Member of Congress.The Kremlin Likes Him So Much It Gave Him a Code Name," *NYT*, Nov. 21, 2017.

254 **對於那些能夠顯示**
"OSCE urges Poland's restraint with investigative reporter," AP, Aug. 4, 2017.

255 **關於捏造出虛構的政治故事**
Pomerantsev, *Nothing Is True,* 227.

256 **傳播那些俄羅斯宣傳**
參見第三章討論。

257 **歐洲極右翼散播**
Ron Paul, "The Ukraine Fuse Has Been Lit," *Money and Markets* podcast, May 16, 2014.

257 **至於比較沒有那麼令人**
關於格拉濟耶夫，參見第三、四、五章。拉魯奇刊出格拉濟耶夫的說法："On Eurofascism," *Executive Intelligence Review*, June 27, 2014. 關於猶太人要為法西斯主義與烏克蘭負責："British Imperial Project in Ukraine: Violent Coup, Fascist Axioms, Neo-Nazis," *Executive Intelligence Review*, May 16, 2014. 在拉魯奇的文章中，「英國人」就等於是「猶太人」。同時參見拉魯奇如何談烏克蘭：*Executive Intelligence Review,* Jan. 3, 2014, May 2014.

258 **幾乎同時，史蒂芬．科恩**
Stephen F. Cohen, "The Silence of American Hawks About Kiev's Atrocities," *The Nation*, June 30, 2014.

258 **科恩在《國家》**
科恩的描述："Silence of American Hawks." 烏克蘭總理的悼辭："Arsenyi Iatseniuk vyrazyl soboleznovannia," June 14, 2014, www.kmu.gov.ua. 對RT的法律行動：Jasper Jackson, "RT sanctioned by Ofcom over series of misleading and biased articles," *TG*, Sept. 21, 2015. 同時參見：Pomerantsev and Weiss, "The Menace of Unreality," 32.

259 **俄羅斯在二〇一四年七月**
引文：*Democracy Now!*, July 18, 2014. 關於此事件本身與俄羅斯的烏賊戰術，參見第四章。

259 **要說俄羅斯的反同性戀**
參見前述關於史賓塞與勒龐的章節；同時參見：Shekhovtsov, *Russia and the Western Far Right,* chapter 5, 瞭解這種從俄羅斯到中介到大眾的大方向。從二〇一四到二〇一七年，《國家》雜誌的文章就一再提到「新冷戰」一詞。關於這兩個年代的清楚分析，參見：Nikolay Koposov, "Back to Yalta? Stephen Cohen and the Ukrainian crisis," *Eurozine*, Sept. 5, 2014.

260 **二〇一四年七月二十四日**
引文：*Democracy Now!*, July 24, 2014. 政治技術專家：Mitrokhin, "Infiltration." 安托費耶夫已在前面討論。

260 **凡登霍薇爾發表這些說法**
俄羅斯新聞對炮擊的報導，相關引文參見：“Rossiia obstrelivaet Ukrainu s svoei territorii,” *Novoe Vremia*, July 23, 2014. 這篇文章同一天也以英文發布：“Direct Translation: Russian Army Gunner Brags, ‘All Night We Pounded Ukraine,’ ” *New Atlanticist*, July 23, 2014.

261 **英國左派重要作家**
John Pilger, “In Ukraine, the US is dragging us towards war with Russia,” *TG*, May 13, 2014. 這些事件已在前面談過。對這場電視專訪的英文摘要：“Jews brought Holocaust on themselves, Russian TV host says,” Jewish News Service, March 24, 2014.

261 **普丁這個極右翼**
Walker, *The Long Hangover*, chapter 11.

262 **《衛報》副主編蘇馬斯**
引文：Seumas Milne, “In Ukraine, fascists, oligarchs and western expansion are at the heart of the crisis,” *TG*, Jan. 29, 2014; Seumas Milne, “It’s not Russia that’s Pushed Ukraine to the Brink of War,” *TG*, April 30, 2014. 同時參見：“Projecting the Kremlin line,” *Left Foot Forward*, March 15, 2015.

263 **二〇一四年和二〇一五年**
Stephen Bush, “Jeremy Corbyn appoints Seumas Milne as head of strategy and communications,” *New Statesman*, Oct. 20, 2015; Laura Kuenssberg, “Corbyn office ‘sabotaged’ EU Remain campaign—sources,” BBC, June 26, 2016. 關於俄羅斯與英國脫歐，參見第三章討論。

263 **二〇一六年七月**
川普引文：Melissa Chan, “Donald Trump Says Vladimir Putin Won’t ‘Go Into Ukraine,’ ” *Time*, July 31, 2016. 曼納福特與反對集團黨：Kenneth P. Vogel, “Manafort’s Man in Kiev,” *Politico*, Aug. 18, 2016; Peter Stone and Greg Gordon, “Manafort flight records show deeper Kremlin ties,” *McClatchy*, Nov. 27, 2017.

第六章

266 **川普的崛起**
引文及資料來源多半可見於：Timothy Snyder, “Trump’s Putin Fantasy,” *NYR*, April 19, 2016. 同時參見：杜金：“In Trump We Trust,” Katekhon Think Tank video, posted March 4, 2016; Kozyrev: “Donald Trump’s Weird World,” *NYT*, Oct. 12, 2016. 關於「我們的總統」：Ryan Lizza, “A Russian Journalist Explains How the Kremlin Instructed Him to Cover the 2016 Election,” *NY*, Nov. 22, 2017.

266 **俄羅斯媒體機器站在川普一方**
引文：Lizza, “Russian Journalist.” 史普尼克新聞通訊社：Craig Timberg, “Russian propaganda effort helped spread ‘fake news’ during election, experts say,” *WP*, Nov. 24, 2016; “Hillary Clinton’s Axis of Evil,” Sputnik, Oct. 11, 2016. 川普於九月八日登上RT節目：Adam Taylor and Paul Farhi, “A Trump interview may be crowning glory for RT,” *WP*, Sept. 9, 2016.

267 **川普在十一月贏得總統**
掌聲：“Donald Trump has been Made an Honorary Russian Cossack,” *The Independent*, Nov. 12, 2016. 基謝列夫，閹人，手臂，門廊，女管家：*Vesti Nedeli*, Rossiia Odin, Nov. 13, 2016; Nov. 20, 2016; Dec. 25, 2016; Jan. 22, 2017. 在此，我已經將基謝列夫的粗俗程度降低許多。

267 **迴圈政治總充斥著**
相關背景：Craig Unger, “Trump's Russian Laundromat,” *New Republic*, July 13, 2017; Franklin Foer, “Putin's Puppet,” *Slate*, July 4, 2016.

268 **在整套操作中**
川普的財務狀況會在後面討論。引文：Donald Trump, Tweet, Jan. 6, 2018.

268 **一九九〇年代，俄羅斯黑幫**
Unger, “Trump's Russian Laundromat.”

269 **一名俄羅斯寡頭統治者**
Harding, *Collusion*, 272. 雷波諾列夫：Franklin Foer, “Donald Trump Isn't a Manchurian Candidate,” *Slate*, July 27, 2016; Philip Ewing, “Subpoena for Deutsche Bank May Put Mueller on Collision Course with Trump,” NPR, Dec. 5, 2017. 銀行債務：“Trump Bankers Question His Portrayal of Financial Comeback,” *Fortune*, July 17, 2016; Keri Geiger, Greg Farrell, and Sarah Mulholland, “Trump May Have a $300 Million Conflict of Interest with Deutsche Bank,” *Bloomberg*, Dec. 22, 2016. 五千五百萬美元：Luke Harding, *Collusion* (London: Guardian Books, 2017), 13, 283. 德意志銀行洗錢：Ed Caesar, “Deutsche Bank's $10-billion scandal,” *New Yorker*, Aug. 29, 2016.

270 **俄羅斯的好意**
Unger, “Trump's Russian Laundromat”; Matt Apuzzo and Maggie Haberman, “Trump Associate Boasted,” *NYT*, Aug. 28, 2017; Natasha Bertrand, “The Trump Organization,” *BI*, Nov. 23, 2017.

270 **俄羅斯並不是富裕的國家**
莫斯科川普大廈：Gloria Borger and Marshall Cohen, “Document details scrapped deal,” CNN, Sept. 9, 2017. 推特：Oct. 17, 2015.

271 **這項計畫最後未能落實**
「我們的孩子」：Apuzzo and Haberman, “Trump Associate Boasted.”七〇%：Natasha Bertrand, “The Trump Organization,” *BI*, Nov. 23, 2017.

272 **川普就是在傳播不真實**
RT與出生地質疑：Scherr, “Russian TV Channel.”

272 **從俄羅斯的觀點來看**
Jon Swaine and Shaun Walker, “Trump in Moscow,” *TG*, Sept. 18, 2017. 音樂影片：Allan Smith, “Trump once made a cameo,” *BI*, July 10, 2017; Mandalist Del Barco, “Meet Emin Agalarov,” NPR, July 14, 2017.

273 **蘇聯的祕密警察**
V. V. Doroshenko et al., eds., *Istoriia sovetskikh organov gosudarstvennoi bezopasnosti: Uchebnik* (Moscow: KGB, 1977), 特別是頁206–7：Christopher Andrew and Oleg Gordievsky, *KGB* (London: Hodder & Stoughton, 1990), 67–78; John Dziak, *Chekisty* (Lexington: Lexington Books, 1988), 特別是頁49：Władyław Michniewicz, *Wielki Bleff Sowiecki* (Chicago: Wici: 1991); [Jerzy Niezbrzycki], " 'Trest,' " *VO*, vol. 7, no. 1, 1950, 119–33; Timothy Snyder, *Sketches from a Secret War* (New Haven: Yale UP, 2005); Iuri Shapoval, Volodymyr Prystaiko, Vadym Zolotar'ov, *Ch.K.-H.P.U.-NKVD v Ukraini* (Kyiv: Abrys, 1997); Piotr Kołakowski, *NKWD i GRU na ziemiach polskich 1939–1945* (Warsaw: Bellona, 2002); Rafał Wnuk, "*Za pierwszego Sowieta*" (Warsaw: IPN, 2007).

273 **在一九七〇年代至一九八〇年代的冷戰**
其他類似反思可參見：Pomerantsev, *Nothing Is True*, 199, 213. 在螢幕前的時間：Jacqueline Howard, "Americans devote more than 10 hours a day to screen time, and growing," CNN, July 29, 2016.

274 **普丁領導的俄羅斯**
一直在睡覺：Vladimir Nikonov, *Voskresnyi vecher s Solov'evym*, Rossiia-24, Sept. 10, 2017; 相關討論參見：Zachary Cohen, "Russian politician: US spies slept while Russia elected Trump," CNN, Sept. 12, 2017. 大致認為這場戰爭是防禦性質：Nikita Mironov, interview with Alexander Dugin, *Open Revolt*, March 20, 2014; Vladimir Ovchinskii and Elena Larina, "Kholodnaia voina 2.0," Izborsk Club, Nov. 11, 2014. 過去的目標：Matthews, "Russia's Greatest Weapon May Be Its Hackers"; "Seven Years of Malware Linked to Russian State–Backed Cyber Espionage," *Ars Technica*, Sept. 17, 2015; Frenkel, "Meet Fancy Bear"; Gerodimos et al., "Russia Is Attacking Western Liberal Democracies."

274 **基謝列夫把資訊戰稱為**
二〇一三年：Jochen Bittner et al., "Putins großer Plan," *Die Zeit*, Nov. 20, 2014. 伊茲博斯克俱樂部：Vitaly Averianov, "Novaia staraia kholodnaia voina," Izborsk Club, 23 Dec. 2014, article 4409. 引文：Rutenberg, "How the Kremlin built." 同時參見：Donna Brazile, *Hacks* (New York: Hachette), 67.

275 **二〇一四年烏克蘭總統大選**
這些攻擊已在第三、四、五章討論。關於愛沙尼亞的進一步細節，參見："Estonia and Russia: A cyber-riot," *The Economist*, May 10, 2007; Kertu Ruus, "Cyber War I," *European Affairs*, vol. 9, nos.1-2, 2008.

276 **俄羅斯對烏克蘭的戰爭**
T-50：Kanygin, "Bes, Fiks, Romani i goluboglazyi." 紅旗：Separatist interview (V). 博羅岱："Eks-prem'er DNR posovetoval Obame 'zabrat'sia na pal'mu,' " TopNews.ru, Aug. 21, 2014. 安托費耶夫引文：Kanygin, " 'Pridnestrovskii general Vladimir Antiufeev." 格拉濟耶夫引文："Predotvratit' voinu—pobedit' v voine," Izborsk Club, Sept. 2014, article 3962. 二〇一四年十二月伊茲博斯克俱樂部引文：Averianov, "Novaia staraia kholodnaia voina."

277 **俄羅斯的聯邦安全局**
"Fabrika trollei," RBK, Oct. 17, 2017, is the original report; 同時參見：Shaun Walker, "Russian troll factory paid US activists," *TG*, Oct. 17, 2017.

277 **情況到了二〇一六年**
克魯茨基克：Scott Shane, "The Fake Americans Russia Created," *NYT*, Sept. 7, 2017. 復仇：Massimo Calabresi, "Hacking Democracy," *Time*, May 29, 2017, 32. 第一頻道：Oct. 9, 2016, 31169. 普丁：Andrew Higgins, "Maybe Private Russian Hackers Meddled in Election, Putin Says," *NYT*, June 1, 2017.

278 **事實證明，美國例外論**
就連應該是最有理由關心這一點的希拉蕊，也並未預料到此類攻擊（*What Happened*, 333）。同時參見：Donna Brazile, *Hacks*, 135.

278 **在網路戰中，所謂的「可攻擊面」**
Elizabeth Dwoskin, Adam Entous, and Craig Timberg, "Google uncovers Russian-bought ads," *NYT*, Oct. 9, 2017; Mike Isaac and Daisuke Wakabayashi, "Russian Influence Reached 126 Million Through Facebook Alone," *NYT*, Oct. 30, 2017, 以及以下資料來源。關於臉書的評論，參見：Jen Weedon, William Nuland, and Alex Stamos, "Information Operations and Facebook," April 27, 2017.

278 **大多數美國選民很有可能**
五百八十萬：Craig Timberg and Elizabeth Dowskin, "Facebook takes down data," *WP*, Oct. 12, 2017; Graham Kates, "Facebook Deleted 5.8 million accounts just before the 2016 election," CBS, Oct. 31, 2017. 網路研究社設置四百七十個臉書專頁：Jon Swaine and Luke Harding, "Russia funded Facebook and Twitter investments through Kushner investor," *TG*, Nov. 5, 2017. 無須附上出資者聲明：April Glaser, "Political ads on Facebook Now Need to Say Who Paid for Them," *Slate*, Dec. 18 2017. 估計分享數：Craig Timberg, "Russian propaganda," *WP*, Oct. 5, 2017. 活動頁面：David McCabe, "Russian Facebook Campaign Included 100+ Event Pages," *Axios*, Jan. 26, 2018. 三千則廣告：Mike Snider, "See the fake Facebook ads Russians ran," *USA Today*, Nov. 1, 2017; Scott Shane, "These Are the Ads Russia Bought on Facebook in 2016," *NYT*, Nov. 1, 2017. 同時參見UsHadrons的整理：medium.com/@ushadrons.六千萬個：Nicholas Confessore et al., "Buying Online Influencers," *NYT*, Jan. 28, 2018.

279 **俄羅斯並不是隨機**
相關宣傳內容請見前注。易感性：Calabresi, "Hacking Democracy." 同時參見：Adam Entous, Craig Timberg, and Elizabeth Dwoskin, "Russian operatives used Facebook ads," *WP*, Sept. 25, 2017; Nicholas Confessore and Daisuke Wkabayashi, "How Russia Harvested American Rage," *NYT*, Oct. 9, 2017. 步槍的例子：Rebecca Shabad, "Russian Facebook ad showed black woman,"CBS, Oct. 3,2017. 穆斯林的例子："Russian Propaganda Pushed ProHillary Rally," *DB*, Sept. 27, 2017; "Russians Impersonated Real American Muslims," *DB*, Sept. 27, 2017. 有趣的是，這個專頁還引用蘇爾科夫最愛的饒舌歌手Tupac Shakur。密西根州與威斯康辛州：Manu Rajy, Dylan Byers, and Dana Bash, "Russian-linked Facebook ads targeted Michigan and Wisconsin," CNN, Oct. 4, 2017. 難民與強姦犯：Ben Popken, "Russian trolls pushed graphic, racist tweets to American voters," NBC, Nov. 30, 2017. 川普：in announcing his candidacy, June 15, 2015.

280 **俄羅斯攻擊者善用**
一〇%：Onur Varol et al., "Online Human-Bot Interactions: Detection, Estimation, and Characterization," Proceedings of the Eleventh International AAAI Conference on Web and Social Media, March 27, 2017，預測約占帳號九%至十五%。關於二〇%及引文：Alessandro Bessit and Emilio Ferrara, "Social bots distort the 2016 U.S. Presidential election online discussion," *First Monday*, vol. 21, no. 11, Nov. 7, 2016. 預測機器人與真人的活躍比例：Marco T. Bastos and Dan Mercea, "The Brexit Botnet and User-Generated Hyperpartisan News," *Social Science Computer Review*, 2017, 4. 一千七百五十二個帳號：

Ben Popken, "Russian trolls went on attack during key election moments," NBC, Dec. 20, 2017. 推特後來的想法：Confessore, "Buying Online Influencers."

280 **機器人一開始是用於**
推特與簡訊投票：Twitter, "Update: Russian Interference in 2016 US Election, Bots, & Misinformation," Sept. 28, 2017. 北卡羅萊納州：Nicole Perlroth et al., "Russian Election Hacking Efforts," *NYT*, Sept. 1, 2017. 選舉委員會："Assessing Russian Activities and Intentions in Recent U.S. Elections," Intelligence Community Assessment, Jan. 6, 2017, iii.

281 **過去在英國脫歐公投**
大會與辯論：Ben Popken, "Russian trolls went on attack during key election moments," NBC, Dec. 20, 2017. 搖擺州："Study: Fake News on Twitter Flooded Swing States," *DB*, Sept. 29, 2017. 英國脫歐時的機器人：Carrell, "Russian cyber-activists." 趨勢及同樣的一千六百個機器人：Selina Wang, "Twitter Is Crawling with Bots," *Bloomberg*, Oct. 13, 2017.

282 **在二〇一六年的美國**
參見下方引用。入侵電子郵件：M. D. Shear and M. Rosenberg, "Released Emails Suggest the D.N.C.Derided the Sanders Campaign," *NYT*, July 22, 2016; Jenna McLaughlin, Robbie Gramer, and Jana Winter, "Private Email of Top U.S. Russia Intelligence Official Hacked," *Time*, July 17, 2017.

282 **美國各大黨會在總統大選年**
俄羅斯駭客行動：Thomas Rid, U.S. Senate testimony, March 30, 2017; Frenkel, "Meet Fancy Bear."大會氣氛：Clinton, *What Happened*, 341; Brazile, *Hacks*, 8, 9, 15.

283 **根據美國當局當時與之後**
美國評估：NCCIC and FBI Joint Analysis Report, "Grizzly Steppe: Russian Malicious Cyber Activity," Dec. 29, 2016; "Assessing Russian Activities and Intentions in Recent U.S. Elections," Intelligence Community Assessment, Jan. 6, 2017. 同時參見：U.S. Department of the Treasury, "Issuance of Amended Executive Order 13694; Cyber-Related Sanctions Designations," Dec. 29, 2016. 川普父子的參與：Jack Shafer, "Week 26," *Politico*, Nov. 18, 2017. 引文：Marshall Cohen, "What we know about Trump Jr.'s exchanges with WikiLeaks," CNN, Nov. 14, 2017. 川普的否認：Kurt Eichenwald, "Why Vladimir Putin's Russia Is Backing Donald Trump," *NW*, Nov. 4, 2016.

283 **每當川普情勢不利**
導向波德斯達："Russia Twitter trolls rushed to deflect Trump bad news," AP, Nov. 9, 2017. 三十分鐘：Adam Entous and Ellen Nakashima, "Obama's secret struggle to punish Russia," *WP*, June 23, 2017.

284 **二〇一六年的美國一如**
參見：Brazile, *Hacks,* 25, 43, 85.

285 **公民如果只相信**
普丁引文：Frenkel, "Meet Fancy Bear." 根據美國情報，俄羅斯也得到關於共和黨的情資，但並未使用。"Assessing Russian Activities and Intentions in Recent U.S. Elections," Intelligence Community Assessment, Jan. 6, 2017, 3.

286 **從公開資料當中**
沒拿過薪水：Philip Bump, "Paul Manafort: An FAQ about Trump's indicted former campaign chairman," *WP*, Oct. 30, 2017. 同時參見：Kate Brannen, "A Timeline of Paul Manafort's Relationship with Donald Trump," *Slate*, Oct. 30, 2017.

286 **二〇〇六年至二〇〇九年間**
付款：Aggelos Petropolous and Richard Engel, "Manafort Had $60 Million Relationship With a Russian Oligarch," NBC, Oct. 15, 2017. 德里帕斯卡否認有這筆款項。簡報：Julia Ioffe and Frank Foer, "Did Manafort Use Trump to Curry Favor with a Putin Ally?" *The Atlantic*, Oct. 2, 2017. 同時參見：Andrew Roth, "Manafort's Russia connection: What you need to know about Oleg Deripaska," *WP*, Sept. 24, 2017. 律師：Rebecca Ruiz and Sharon LaFrontiere, "Role of Trump's Personal Lawyer Blurs Public and Private Lines," *NYT*, June 11, 2017.

287 **在曼納福特的履歷上**
這些事項已在第四章討論。參見：Foer, "Quiet American"; Simon Shuster, "How Paul Manafort Helped Elect Russia's Man in Ukraine," *Time,* Oct. 31, 2017; and especially Franklin Foer, "The Plot Against America," *The Atlantic*, March 2018.

287 **曼納福特先是把這套**
不會入侵：Eric Bradner and David Wright, "Trump says Putin is 'not going to go into Ukraine,' despite Crimea," CNN, Aug. 1, 2016. 一千兩百七十萬美元：Andrew E. Kramer, Mike McIntire, and Barry Meier, "Secret Ledger in Ukraine Lists Cash for Donald Trump's Campaign Chief," *NYT*, Aug. 14, 2016. 土耳其故事：Andrew Weisburd and Clint Watts, "How Russia Dominates Your Twitter Feed," *DB*, Aug. 6, 2016; Linda Qiu, "Trump campaign chair misquotes Russian media in bogus claim about NATO base terrorist attack," *Politifact*, Aug. 16, 2016.

288 **取代曼納福特競選總幹事**
主流：Sarah Posner, "How Donald Trump's New Campaign Chief Created an Online Haven for White Nationalists," *Mother Jones*, Aug. 22, 2016. 許多例子指出白人至上主義對川普大有好感，參見：Richard Cohen, "Welcome to Donald Trump's America," SPLC Report, Summer 2017; Ryan Lenz et al., "100 Days in Trump's America," Southern Poverty Law Center, 2017. 海姆巴赫的審訊："Will Trump have to testify on rally attacks?" *DB*, April 19, 2017. 海姆巴赫引文：Michel, "Beyond Trump and Putin"; 同時參見：Heather Digby Parton, "Trump, the alt-right and the Kremlin," *Salon*, Aug. 17, 2017.Bannon, David Bossie, and Citizens United: Michael Wolff, "Ringside with Steve Bannon at Trump Tower as the President-Elect's Strategist Plots 'An Entirely New Political Movement,'" *Hollywood Reporter*, Nov. 18, 2016. 班農與梅瑟家族：Matthew Kelly, Kate Goldstein, and Nicholas Confessore, "Robert Mercer, Bannon Patron, Is Leaving Helm of $50 Billion Hedge Fund," *NYT*, Nov. 2, 2017.

288 **一如類似觀點在俄羅斯聯邦**
班農引文：Owen Matthews, "Alexander Dugin and Steve Bannon's Ideological Ties to Vladimir Putin's Russia," *NW,* April 17, 2017. 班農的意識形態與電影：Ronald Radosh, "Steve Bannon, Trump's Top Guy, Told Me He Was 'A Leninist' Who Wants to 'Destroy the State,'" *DB*, Aug. 22, 2016; Jeremy Pe-

ters, "Bannon's Views Can be Traced to a Book That Warns, 'Winter Is Coming,' " *NYT*, April 8, 2017; Owen Matthews, "Alexander Dugin and Steve Bannon's Ideological Ties to Vladimir Putin's Russia," *NW*, April 17, 2017; Christopher Dickey and Asawin Suebsaeng, "Steve Bannon's Dream: A Worldwise Ultra-Right," *DB*, Nov. 13, 2016.

289 **相較於蘇爾科夫**
班農引文：Wolff, "Ringside with Steve Bannon." 觀點：Radosh, "Steve Bannon"; Peters, "Bannon's Views"; Matthews, "Alexander Dugin." 班農談到曼納福特、庫許納及小川普的「叛國」行為：David Smith, "Trump Tower meeting with Russians 'treasonous,' Bannon says in explosive book," *TG*, Jan. 3, 2018. 保護國：Greg Miller, Greg Jaffe, and Philip Rucker, "Doubting the intelligence, Trump pursues Putin and leaves a Russian threat unchecked," *WP*, Dec. 14, 2017.

290 **在整個競選期間**
Cadre公司：Jon Swaine and Luke Harding, "Russia funded Facebook and Twitter investments through Kushner investor," *TG*, Nov. 5, 2017. 德意志銀行：Harding, *Collusion*, 312–14; Michael Kranish, "Kushner firm's $285 million Deutsche Bank loan came just before Election Day," *WP*, June 25, 2017. 相處：Andrew Kaczynski,Chris Massie, and Nathan McDermott"80 Times Trump Talked About Putin," CNN, March 2017.

290 **在岳父當選總統**
Jo Becker and Matthew Rosenberg, "Kushner Omitted Meeting with Russians on Security Clearance Forms," *NYT*, April 6, 2017; Jon Swaine, "Jared Kushner failed to disclose emails sent to Trump team about WikiLeaks and Russia," *TG*, Nov. 16, 2017; Jason Le Miere, "Jared Kushner's Security Clearance Form Has Unprecedented Level of Mistakes, Says Leading Official," *NW*, Oct. 13, 2017.

291 **庫許納除了曾參與**
維塞尼茨卡雅與阿加拉羅夫：Harding, *Collusion*, 232. 新聞稿：Amber Phillips, "12 things we can definitely say the Russia investigation has uncovered," *WP*, Dec. 23, 2017. 同時參見其他關於本次會面的資料來源。

291 **競選期間，川普**
讚揚：Franklin Foer, "Putin's Puppet," *Slate*, July 21, 2016. 伯特：Ben Schreckinger and Julia Ioffe, "Lobbyist Advised Trump Campaign While Promoting Russian Pipeline," *Politico,* Oct. 7, 2016; James Miller, "Trump and Russia," *DB*, Nov. 7, 2016. 伺服器：Frank Foer, "Was a Trump Server Communicating with Russia?"*Slate*, Oct. 31, 2016.

291 **川普一任命外交政策顧問**
Karla Adams, Jonathan Krohn, and Griff Witte, "Professor at center of Russia disclosures," *WP*, Oct. 31, 2017; Ali Watkins, "Mysterious Putin 'niece' has a name," *Politico*, Nov. 9, 2017; Sharon LaFraniere, Mark Mazzetti, and Matt Apuzzo, "How the Russia Inquiry Began," *NYT*, Dec. 30, 2017; Luke Harding and Stephanie Kirchgaessner, "The boss, the boyfriend and the FBI," *TG*, Jan. 18, 2018.

292 **五月的一個晚上**
逮捕：Matt Apuzzo and Michael E. Schmidt, "Trump Campaign Advisor Met with Russian," *NYT*, Oct. 30, 2017. 引文：LaFraniere, Mazzetti, and Apuz-

zo, "How the Russia Inquiry Began."

292 **另一位川普的外交政策**
怪裡怪氣的人：Stephanie Kirchgaessner et al., "Former Trump Advisor Carter Page Held 'Strong Pro-Kremlin Views,' Says Ex-Boss," Rosalind S. Helderman, *TG*, April 14, 2017. 二〇一三年的文件：Harding, *Collusion*, 45. 客戶："Here's What We Know about Donald Trump and His Ties to Russia," *WP*, July 29, 2016. 擁有股票：Foer, "Putin's Puppet."

292 **佩吉曾擔任川普陣營**
高層人士：Rosalind S. Helderman, Matt Zapotolsky, and Karoun Demirjian, "Trump adviser sent email describing 'private conversation' with Russian official," *WP*, Nov. 7, 2017. 大會：Natasha Bertrand, "It looks like another Trump advisor has significantly changed his story about the GOP's dramatic shift on Ukraine," *BI*, March 3, 2017.

293 **川普的第三位外交政策顧問**
外國關係：Michael Kranish, Tom Hamburger, and Carol D. Leonnig, "Michael Flynn's role in Mideast nuclear project could compound legal issues," *WP*, Nov. 27, 2017. 佛林的推特：Ben Collins and Kevin Poulsen, "Michael Flynn Followed Russian Troll Accounts, Pushed Their Messages in Days Before Election," *DB*, Nov. 1, 2017; Michael Flynn, tweets, Nov. 2 and 4, 2016.

293 **佛林身旁彷彿有一團**
佛林在晚宴上：Greg Miller, "Trump's pick for national security adviser brings experience and controversy," *WP*, Nov. 17, 2016. 格魯烏、米夏、RT晚宴：Harding, *Collusion*, 116, 121, 126. 推特：見前注；同時參見：Bryan Bender and Andrew Hanna, "Flynn under fire," *Politico*, Dec. 5, 2016.

294 **二〇一六年十二月二十九日**
麥克法蘭引文及大致背景：Michael S. Schmidt, Sharon LaFraniere, and Scott Shane, "Emails Dispute White House Claims That Flynn Acted Independently on Russia," *NYT*, Dec. 2, 2017.

294 **歐巴馬曾親自警告川普**
歐巴馬及葉茲的警告：Harding, *Collusion*, 130, 133. 川普開除葉茲：Michael D. Shear, Mark Landler, Matt Apuzzo, and Eric Lichtblau, "Trump Fires Acting Attorney General Who Defied Him," *NYT*, Jan. 30, 2017. 佛林認罪：Michael Shear and Adam Goldman, "Michael Flynn Pleads Guilty to Lying to the F.B.I. and Will Cooperate," *NYT*, Dec. 1, 2017.

295 **除了佛林之外**
Philip Bump, "What Jeff Sessions said about Russia, and when," *WP*, March 2, 2017.Pema Levy and Dan Friedman, "3 Times Jeff Sessions Made False Statements to Congress Under Oath," *Mother Jones*, Nov. 8, 2017.

295 **至於川普的商務部長**
銀行："Kak novyi ministr torgovli SShA sviazan s Rossiei," RBK, Dec. 6, 2016; James S. Henry, "Wilbur Ross Comes to D.C. with an Unexamined History

of Russian Connections," *DCReport*, Feb. 25, 2017; Stephanie Kirchgaessner, "Trump's commerce secretary oversaw Russia deal while at Bank of Cyprus," *TG*, March 23, 2017. 維克塞爾伯格：Harding, *Collusion*, 283. 重新安葬：Eltchaninoff, *Dans la tête de Vladimir Poutine*, 46.

295 **羅斯被選定將擔任商務部長之後**
Jon Swaine and Luke Harding, "Trump commerce secretary's business links with Putin family laid out in leaked files," *TG*, Nov. 5, 2017; Christina Maza, "Putin's daughter is linked to Wilbur Ross,"*NW*, Nov. 28, 2017.

296 **在過去，美國從未有哪位**
Elaine Lies, "Tillerson says State Department spending 'simply not sustainable,' " Reuters, March 17, 2017; Colum Lynch, "Tillerson to Shutter State Department War Crimes Office," *Foreign Policy*, July 17, 2017; Josh Rogan, "State Department considers scrubbing democracy promotion from its mission," *WP*, Aug. 1, 2017.

296 **弱化美國的外交**
二〇一六年八月：Michael Morell, "I Ran the CIA.Now I'm Endorsing Hillary Clinton," *NYT*, Aug. 5, 2016. 資產：Glenn Carle引文：Jeff Stein, "Putin's Man in the White House?"*NW*, Dec. 21, 2017. 三位專家：Alex Finley, Asha Rangappa, and John Sipher, "Collusion Doesn't Have to Be Criminal to Be an Ongoing Threat," *Just Security*, Dec. 15, 2017. 制裁："Sanctioned Russian Spy Official Met with Counterparts in US," *NYT*, Jan. 30, 2018; Julian Borger, "US 'name-and-shame' list of Russian oligarchs binned," *TG*, Jan. 30, 2018; John Hudson, "Trump Administration Admits It Cribbed from *Forbes* Magazine," *BuzzFeed*, Jan. 30, 2018.

297 **川普本人一再表示**
Matthew Haag, "Preet Bharara Says Trump Tried to Build Relationship With Him Before Firing," *NYT*, June 11, 2017; Harriet Sinclair, "Preet Bharara, Fired By Trump, Says 'Absolutely' Enough Evidence for Obstruction Probe," *NW*, June 11, 2017. 川普曾多次使用「hoax」（騙局）一詞，例如：Tweet, Jan. 2018: "total hoax on the American public."

297 **早在佩吉成為川普的顧問**
盟友：Luke Harding, Stephanie Kirchgaessner, and Nick Hopkins, "British spies were first to spot Trump team's links with Russia," *TG*, April 13, 2017. 聯邦調查局調查佩吉：Marshall Cohen and Sam Petulla, "Papadopoulos' guilty plea visualized," *CNN Politics*, Nov. 1, 2017. 科米時間線：Glenn Kessler and Meg Kelly, "Timeline," *WP*, Oct. 20, 2017; Morgan Chalfant, "Timeline," *The Hill*, May 9, 2017.

298 **雖然如此，聯邦調查局**
壓力：Matt Apuzzo, Maggie Haberman, and Matthew Rosenberg, "Trump Told Russians That Firing 'Nut Job' Comey Eased Pressure From Investigation," *NYT*, May 19, 2017. 以色列雙面間諜：Harding, *Collusion*, 194.Julie Hirschfeld Davis, "Trump Bars U.S. Press, but Not Russia's, at Meeting with Russian Officials," *NYT*, May 10, 2017; Lily Hay Newman, "You Can't Bug the Oval Office (for Long Anyway)," *Wired*, May 11, 2017.

298 **在開除科米的事情後**
傀儡：PK, May 10, 2017. 普丁談科米：*Vesti*, May 14, 2017. 穆勒遭開除：Michael E. Schmidt and Maggie Haberman, "Trump Ordered Mueller Fired,

NYT, Jan. 25, 2018. 川普說謊：James Hohmann, "Five Takeaways from Trump's Threatened Effort to Fire Mueller," *WP*, Jan. 26, 2018. 法律和秩序："FBI urges White House not to release GOP Russia-probe memo," NBC, Jan. 31, 2018.

299 **俄羅斯催生並維繫**
Pomerantsev, *Nothing Is True*, 49.

299 **在許多重要面向上**
Chava Gourarie, "Chris Arnade on his year embedded with Trump supporters," *Columbia Journalism Review*, Nov. 15, 2016; Timothy Snyder, "In the Land of No News," *NYR*, Oct. 27, 2011. 失業：Mark Jurkowitz, "The Losses in Legacy," Pew Research Center, March 26, 2014.

300 **將新聞當成全國的娛樂**
執行長Moonves的說法：James Williams, "The Clickbait Candidate," *Quillette*, Oct. 3, 2016. 推特帳號：Steven Levitsky and Daniel Ziblatt, *How Democracies Die* (New York: Crown, 2018), 58. 這些奇聞軼事可參見：Peter Pomerantsev, "Inside the Kremlin's hall of mirrors," *TG*, April 9, 2015.

300 **與俄羅斯不同的一點**
Alice Marwick and Rebecca Lewis, "Media Manipulation and Disinformation Online," Data & Society Research Institite, 2017, 42–43, sic passim.Tamsin Shaw, "Invisible Manipulators of Your Mind," *NYR*, April 20, 2017; Paul Lewis, "Our minds can be hijacked," *TG*, Oct. 6, 2017. 四四%：Pew Research Center, cited in Olivia Solon, "Facebook's Failure," *TG*, Nov. 10, 2016. 關於這會如何消除民主政治所需的心理前提，請參見：Schlögel, *Entscheidung in Kiew*, 17–22.

301 **雖然網路平台已經**
臉書產品：Elizabeth Dwoskin, Caitlin Dewey, and Craig Timberg, "Why Facebook and Google are struggling to purge fake news," *WP*, Nov. 15, 2016. 五千六百萬：Craig Timberg, "Russian propaganda effort helped spread 'fake news' during election, experts say," *WP*, Nov. 24, 2016. 俄羅斯宣傳福斯與布萊巴特的內容：Eisentraut, "Russia Pulling Strings."

301 **針對希拉蕊陣營**
Marc Fisher, John Woodrow Cox, and Peter Hermann, "Pizzagate: From rumor, to hashtag, to gunfire in D.C.," *WP*, Dec. 6, 2016; Ben Popken, "Russian trolls pushed graphic, racist tweets to American voters," NBC, Nov. 30, 2017; Mary Papenfuss, "Russian Trolls Linked Clinton to 'Satanic Ritual,' " *HP,* Dec. 1, 2016.

302 **就這樣，俄羅斯平台**
Ben Collins, "WikiLeaks Plays Doctor," *DB*, Aug. 25, 2016.

303 **美國人如此好騙**
Casey Michel, "How the Russians pretended to be Texans," *WP*, Oct. 17, 2017; Ryan Grenoble, "Here are some of the ads Russia paid to promote on Facebook," *HP*, Nov. 1, 2017. 關於分裂獨立："Is Russia Behind a Secession Effort in California?" *The Atlantic*, March 1, 2017. 英國、法國與歐盟則是第三

章的內容。關於加泰隆尼亞：David Alandete, “Putin encourages independence movement,” *El Pais*, Oct. 26, 2017.

303 **俄羅斯人和機器人**

田納西州共和黨與歐巴馬：“Russia Twitter Trolls rushed to deflect Trump bad news,” AP, Nov. 9, 2017. 康威的轉推：Denise Clifton, “Putin’s Pro-Trump Trolls,” *Mother Jones*, Oct. 31, 2017. 波索比克及大致背景：Kevin Collier, “Twitter Was Warned Repeatedly,” *BuzzFeed*, Oct. 18, 2017.「我也愛你們」：Ryan Lenz et al., “100 Days in Trump’s America,” Southern Poverty Law Center, 2017. 佛林：Collins and Poulsen, “Michael Flynn Followed Russian Troll Accounts.”

306 **法治要求政府對暴力有所管控**

川普：Speech in Miami, Sept. 16, 2016. 關於布提娜：“The Kremlin and the GOP Have a New Friend—and Boy Does She Love Guns,” *DB*, Feb. 23, 2017. 在本段前後均有討論像是「美國槍客」（American Gunslinger）之類的俄羅斯宣傳及迷因。

306 **與此同時，俄羅斯當局**

Rosalind S. Helderman and Tom Hamburger, “Guns and religion,” *WP*, April 30, 2017. Nicholas Fandos, “Operative Offered Trump Campaign ‘Kremlin Connection,’ ” *NYT*, Dec. 3, 2017.

307 **二〇一六年二月，布提娜**

布提娜到托辛：Matt Apuzzo, Matthew Rosenberg, and Adam Goldman, “Top Russian Official Tried to Broker ‘Backdoor’ Meeting Between Trump and Putin,” *NYT*, Nov. 18, 2017; 同時參見：Tim Mak, “Top Trump Ally Met with Putin’s Deputy in Moscow,” *DB*, March 2017. 小川普與托辛：“Trump Jr. met with man with close ties to Kremlin,” CBS, Nov. 20, 2017. 全國步槍協會和《紐約時報》：Amanda Holpuch, “ ‘We’re coming for you,’ ” *TG*, Aug. 5, 2017. 托辛否認一切關於洗錢犯罪的指控。準軍事組織：Anton Shekhovtsov, “Slovak Far-Right Allies of Putin’s Regime,” *TI*, Feb. 8, 2016; Petra Vejvodová, Jakub Janda, and Veronika Víchová, *The Russian Connections of Far-Right and Paramilitary Organizations in the Czech Republic* (Budapest: Political Capital, 2017); Attila Juhász, Lóránt Györi, Edit Zgut, and András Dezsö, *The Activity of Pro-Russian Extremist Groups in Hungary* (Budapest: Political Capital, 2017).

310 **二〇一三年，最高法院**

Carol Anderson, *White Rage* (New York, London: Bloomsbury, 2017), 151, 163; Zachary Roth, “The Real Voting Problem in the 2016 Election,” *Politico*, Oct. 24, 2016. 同時參見：Levitsky and Ziblatt, *How Democracies Die*, 183.

310 **二〇一六年的選舉**

Anderson, *White Rage*, 163, 165, 168.

310 **美國的種族關係**

Ryan C. Brooks, “How Russians Attempted to Use Instagram to Influence Native Americans,” *BuzzFeed*, Oct. 23, 2017; Ryan Grenoble, “Here are some of the ads Russia paid to promote on Facebook,” *HP*, Nov. 1, 2017; Cecilia Kang, “Russia-Financed Ad Linked Clinton and Satan,” *NYT*, Nov. 2, 2017; Ben Collins, Gideon Resnick, and Spencer Ackerman, “Russia Recruited YouTubers,” *DB*, Oct. 8, 2017; April Glaser, “Russian Trolls Are Still Co-Opting Black Organizers' Events," *Technology,* Nov. 7, 2017.

311 **歐巴馬的種族議題**
國會代表：Elena Chinkova, "Rodnina 'pokazala' Obame banan," *KP*, Sept. 14, 2013. 生日：相關照片與評論可參見該學生的VKontakte頁面：vk.com/mskstud?w=wall73663964_66. 日常用品店：Vesti.ru, Dec. 10, 2015, 2698780. 洗車連鎖店：Amur.info, May 25, 2016, 111458; 生活新聞：Life.ru, Dec. 30, 2016, 954218.

311 **二〇一六年，種族就是俄羅斯心心念念的議題**
Adam Entous, "House majority leader to colleagues in 2016: 'I think Putin pays' Trump," *WP*, May 17, 2017. 各種傳統及慣例的重要性，參見：Levitsky and Ziblatt, *How Democracies Die.* 引文：*Vesti*, Feb. 20, 2016, 2777956.

312 **二〇一六年六月**
公平說來，參議員Lindsey Graham確實曾在二〇一七年五月提到：「如果某一黨遭到攻擊，我們所有人都該覺得是自己遭到攻擊。」會這麼說的人並不多，而且為時已晚。Camila Domonoske, "Sally Yates Testifies: 'We Believed Gen.Flynn Was Compromised,' " NPR, May 8, 2017.

312 **隨著共和黨漸漸意識到**
麥康諾：Adam Entous, Ellen Nakashima, and Greg Miller, "Secret CIA assessment says Russia was trying to help Trump win White House," *WP*, Dec. 9, 2016; Greg Miller, Ellen Nakashima, and Adam Entous, "Obama's secret struggle to punish Russia," *WP*, June 23, 2017. 引文："Background to 'Assessing Russian Activities and Intentions in Recent US Elections': The Analytic Process and Cyber Incident Attribution," Director of National Intelligence (DNI), Jan. 6, 2017.

313 **在關鍵時刻**
關於種族及俄羅斯的論點：Anderson, *White Rage*, 163; Ta-Nehisi Coates, "The First White President," *The Atlantic*, Oct. 2017, 74–87. 引文：Aaron Blake, " 'I feel like we sort of choked,' " *WP*, June 23, 2017.

313 **當然，還是有一群共和黨人**
盧比奧：Sparrow, "From Maidan to Moscow," 339. 凱西克：Caitlin Yilek, "Kasich campaign launches 'Trump-Putin 2016' website," *The Hill*, Dec. 19, 2015.

314 **到不自由之路**
關於全球的不自由狀況，參見：Paul Collier, *The Bottom Billion* (Oxford, UK: Oxford UP, 2007). 川普在二〇一五年六月十五日宣布參選時提到：「很遺憾，美國夢已死。」

315 **如果有個人現在富裕而貪腐**
Trotsky, 2017, dir. Aleksandr Kott and Konstantyn Statskii, debate between Trotsky and Ilyin in episode 8, at 26:20–29.40.

315 **二〇一六年，根據財富分配**
數據出處：Anastasiya Novatorskaya, "Economic Inequality in the United States and Russia, 1989–2012," 2017; 同時參見（八九％與七六％）：Credit Suisse, "Global Wealth Report 2016." 朋友親信：Anders Åslund, "Russia's Crony Capitalism," *Zeszyty mBank*, no. 128, 2017. 大提琴家：Luke Harding, "Revealed: the $2bn offshore trail that leads to Vladimir Putin," *TG*, April 3, 2006.

316 **那位億萬大提琴手的事**
七兆美元：Oxfam Briefing Paper, Jan. 18, 2016. 二十一兆美元：Interview with James Henry, "World's Super-Rich Hide $21 Trillion Offshore," *RFE/RL*, July 31, 2016.

317 **二〇一六年六月**
Anders Åslund, "Putin's greatest weakness may be located on US shores," *The Hill*, Oct. 17, 2017; Harding, *Collusion*, 244; Anne Applebaum, "The ugly way Trump's rise and Putin's are connected," *WP*, July 25, 2017. 關於該次會面：Sharon LaFraniere and Andrew E. Kramer, "Talking Points Brought to Trump Tower Meeting Were Shared with Kremlin," *NYT*, Oct. 27, 2017.

317 **俄羅斯人會用空殼公司**
Unger, "Trump's Russian Laundromat."川普引文：Tweet, Jan. 6, 2018. 在倫敦，有個小偷用俄羅斯口音就混進這些有錢人的家裡。Pomerantsev, *Nothing Is True*, 219.

318 **與此同時，美國的線性政治**
參見：Tony Judt and Timothy Snyder, *Thinking the Twentieth Century* (New York: Penguin, 2012).

318 **美國原本有足夠資源**
相關數據及去工會化和不平等之間的關係，參見：Bruce Western and Jake Rosenfeld, "Unions, Norms, and the Rise in U.S. Wage Inequality," *American Sociological Review*, vol. 76, no. 4, 2011, 513–37. 據他們估算，約有五分之一到三分之一的不平等是去工會化的結果。稅：Thomas Piketty, Emmanuel Saez, and Gabriel Zucman, *Distributional Accounts: Methods and Estimates for the United States* (Cambridge, Mass.: National Bureau of Economic Research, 2016), 28.

319 **到了線性政治的時代**
本段數據出自：Piketty, Saez, Zucman, "Distributional Accounts," 1, 17, 19, unless otherwise noted. 二〇一六年三九％：Ben Casselman, "Wealth Grew Broadly Over Three Years, but Inequality Also Widened," *NYT*, Sept. 28, 2017. 從七％到二二％，從二百二十二到一千一百二十：Emmanuel Saez and Gabriel Zucman, "Wealth Inequality in the United States Since 1913: Evidence from Capitalized Income Tax Data," National Bureau of Economic Research, Working Paper 20265, Oct. 2014, 1, 23.

320 **對許多美國人來說**
失去時間：Katznelson, *Fear Itself*, 12. 同時參見：Studs Terkel, *Hard Times* (New York: Pantheon Books, 1970). 不同世代的期待：Raj Chetty et al., "The fading American dream," *Science*, vol. 356, April 28, 2017. 減少三分之一：Mark Muro, "Manufacturing jobs aren't coming back," *MIT Technology Review*,

Nov. 18, 2016. 學貸：Casselman, "Wealth Grew Broadly Over Three Years, but Inequality Also Widened."

321 **貧富差距除了意味著**
面臨不平等：Benjamin Newman, Christopher Johnston, and Patrick Lown, "False Consciousness or Class Awareness?" *American Journal of Political Science*, vol. 59, no. 2, 326–40. 教育的經濟價值逐漸上升："The Rising Cost of Not Going to College," Pew Research Center, Feb. 11, 2014. 與父母同住：Rebecca Beyer, "This is not your parents' economy," *Stanford*, July–Aug. 2017, 46. 孩子：Melissa Schettini Kearney, "Income Inequality in the United States," testimony before the Joint Economic Committee of the U.S. Congress, Jan. 16, 2014. 舊金山：Rebecca Solnit, "Death by Gentrification," in John Freeman, ed., *Tales of Two Americas: Stories of Inequality in a Divided Nation* (New York: Penguin, 2017).

322 **一如華倫・巴菲特（Warren Buffett）所言**
巴菲特引文：Mark Stelzner, *Economic In equality and Policy Control in the United States* (New York: Palgrave Macmillan, 2015), 3. 關於健康和投票，見下注。

322 **與川普得票率相關性**
郡級的健康危機與川普得票率：J. Wasfy et al., "County community health associations of net voting shift in the 2016 U.S. presidential election," *PLoS ONE*, vol. 12, no. 10, 2017; Shannon Monnat, "Deaths of Despair and Support for Trump in the 2016 Presidential Election," Research Brief, 2016; 同時參見："The Presidential Election: Illness as Indicator," *The Economist*, Nov. 19, 2016. 不平等與健康危機：John Lynch et al., "Is Inequality a Determinant of Population Health?" *The Milbank Quarterly*, vol. 82, no. 1, 2004, 62, 81, sic passim. 農民自殺：Debbie Weingarten, "Why are America's farmers killing themselves in record numbers?" *TG*, Dec. 6, 2017. 二〇一四年，每天約有二十位美國退伍軍人自殺："Suicide Among Veterans and Other Americans," U.S. Department of Veteran Affairs, Aug. 3, 2016, 4.

323 **美國在二〇一〇年代發展**
Sam Quinones, *Dreamland: The True Tale of America's Opiate Epidemic* (London: Bloomsbury Press, 2016), 87, 97, 125, 126, 133, 327. 大致背景參見：Nora A. Volkow and A. Thomas McLellan, "Opioid Abuse in Chronic Pain: Misconceptions and Mitigation Strategies," *New England Journal of Medicine*, vol. 374, March 31, 2016.

323 **一九九〇年代晚期**
Quinones, *Dreamland*, 134, 147, 190, 193, 268, 276. 同時參見：Sabrina Tavernise, "Ohio County Losing Its Young to Painkillers' Grip," *NYT*, April 19, 2011. 另一項值得進一步研究的模式：Jan Hoffman, "In Opioid Battle, Cherokee Look to Tribal Court," *NYT*, Dec. 17, 2017.

324 **在二〇一四年至二〇一六年**
關於殭屍的概念：Shore, *Ukrainian Nights*.

324 **在上市後二十年間**
Anne Case and Angus Deaton, "Rising morbidity and mortality in midlife among white non-Hispanic Americans in the 21st century," *PNAS*, vol. 112, no. 49, Dec. 8, 2015. 同時參見：Case and Deaton, "Mortality and morbidity in the 21st century," Brookings Paper, March 17, 2017, 止痛藥相關章節在頁32。二

〇一五及二〇一六年的預期壽命，六萬三千六百這個數字，以及死亡率爆增到三倍：Kim Palmer, "Life expectancy is down for a second year," *USA Today*, Dec. 21, 2017. 初選：Jeff Guo, "Death predicts whether people vote for Donald Trump," *WP*, March 3, 2016.

325 **任何曾受疼痛所苦的人都知道**
Volkow and McLellan, "Opioid Abuse in Chronic Pain," 1257; Quinones, *Dreamland*, 293. David Foster Wallace在一九九六年出版的小說*Infinite Jest*就像是對二十年後的預言。

325 **面對迴圈政治，美國人用毒品**
塞歐托郡與庫斯郡：Monnat, "Deaths of Despair." 俄亥俄州與賓州等郡：Kathlyn Fydl, "The Oxy Electorate," *Medium*, Nov. 16, 2016; Harrison Jacobs, "The revenge of the 'Oxy electorate' helped fuel Trump's election upset," *BI*, Nov. 23, 2016. 明戈郡：Lindsay Bever, "A town of 3,200 was flooded with nearly 21 million pain pills," *WP*, Jan. 31, 2018. 同時參見：Sam Quinones, "Donald Trump and Opiates in America," *Medium*, Nov. 21, 2016.

326 **就是在那些美國夢已死**
九十一天：Fact Checker, *WP*, Oct. 10, 2017. 兩百九十八天：Fact Checker, *WP*, Nov. 14, 2017. 關於和歐巴馬與布希的比較，參見：David Leonhardt, "Trump's Lies vs. Obama's," *NYT*, Dec. 17, 2017. 半小時：Fact Checker, *NYT*, Dec. 29, 2017. 同時參見《洛杉磯時報》彙編的書籍*Our Dishonest President*。

327 **許多美國人沒有看清**
敵人：Michael M. Grynbaum, "Trump Calls the News Media the 'Enemy of the American People,' " *NYT*, Feb. 17, 2017.「假新聞」："Trump, in New TV Ad, Declares First 100 Days a Success," *NYT*, May 1, 2017; Donald Trump, Tweet, Jan. 6, 2018: "the Fake News Mainstream Media". 參照比較："The Kremlin's Fake Fake-News Debunker," *RFE/RL*, Feb. 22, 2017.

327 **在俄羅斯模式中**
參見：Matthew Gentzkow, "Polarization in 2016," Stanford University, 2016.

328 **迴圈政治以懷舊的循環**
將一九三〇年代視為理想：Wolff, "Ringside with Steve Bannon"; Timothy Snyder, "Trump Is Ushering In a Dark New Conservatism," *TG*, July 15, 2017. 一九二九年與〇．一%：Saez and Zucman, "Wealth Inequality," 3. 參照比較：Robbie J. Taylor, Cassandra G. Burton-Wood, and Maryanne Garry, "America was Great When Nationally Relevant Events Occurred and When Americans Were Young," *Journal of Applied Memory and Cognition*, vol. 30, 2017. 關於這樣的另類事實，可參見Philip Roth的小說*The Plot Against America*。

328 **川普的競選／執政口號**
Jill Lepore則是用「反歷史」（anti-history）一詞，對茶黨提出類似的論點，參見：*The Whites of Their Eyes* (Princeton: Princeton UP, 2010), 5, 8, 15, 64, 125. 川普談「美國優先」：Speech in Miami, Sept. 16, 2016:「大夥，美國優先，美國優先。美國。沒錯，美國優先，美國優先。」這也是川普就職演說的主題。參見：Frank Rich, "Trump's Appeasers," *New York*, Nov. 1, 2016.

329 **在川普的永恆迴圈政治**
參見：Timothy Snyder, "The White House Forgets the Holocaust (Again)," *TG*, April 11, 2017. 納瓦霍：Felicia Fonseca and Laurie Kellman, "Trump's 'Pocahontas' jab stuns families of Navajo war vets," AP, Nov. 28, 2017.

329 **一如其俄羅斯金主的想法**
閹人：Kiselev, "Vesti Nedeli," Rossiia Odin, Nov. 20, 2016. 綠帽保守派：Dana Schwarts, "Why Angry White Men Love Calling People 'Cucks,' " *Gentleman's Quarterly*, Aug. 1, 2016. 出生地質疑：Jeff Greenfield, "Donald Trump's Birther Strategy," *Politico*, July 22, 2015.

330 **在美國的永恆迴圈政治**
"Trump on Civil War," *NYT*, May 1, 2017; Philip Bump, "Historians respond to John F. Kelly's Civil War remarks," *WP*, Oct. 31, 2017. 在美國早期歷史上，奴隸制度一直是關於折衷妥協的主題，史上協議結果包括計算人口時將非裔視為五分之三個人，以及十九世紀費盡艱難達成協議，讓奴隸與自由州（free state）加入北方聯邦（Union），但最後仍無以為繼。搞錯自己的歷史，正是永恆迴圈政治的一部分。關於符號：Sara Bloomfield, "White supremacists are openly using Nazi symbols," *WP*, Aug. 22, 2017.

331 **要宣稱「美國優先」**
Rosie Gray, "Trump Defends WhiteNationalist Protestors: 'Some Very Fine People on Both Sides,' " *WP*, Aug. 15, 2017.W. E. B. Du Bois, *Black Reconstruction: An Essay Toward a History of the Part Which Black Folk Played in the Attempt to Reconstruct Democracy in America, 1860–1880* (New York: Harcourt, Brace and Company, 1935), at 241; 同時參見：285.Will Rogers, *The Autobiography of Will Rogers*, ed. Donald Day (New York: Lancet, 1963), 281. 杜博依斯是非裔美籍，而羅傑斯的身分認同是美國原住民切羅基人（Cherokee）。

331 **美國的迴圈政治會使**
Patrick Condon, "Urban-Rural Split in Minnesota," *Minnesota Star-Tribune,* Jan. 25, 2015; "Rural Divide" (Rural and Small-Town America Poll), June 17, 2017; Nathan Kelly and Peter Enns, "Inequality and the Dynamics of Public Opinion," *American Journal of Political Science*, vol. 54, no. 4, 2010, 867. 在一項民調中，川普支持者有四五%認為白人在美國遭受「大量歧視」，而只有二二%認為黑人遭受歧視。在另一項民調中，川普支持者有四四%認為白人相較於黑人與西裔處於劣勢，只有十六%認為是黑人與西裔處於劣勢。分別是：Huffington Post/YouGov Poll reported in *HP*, Nov. 21, 2016; Washington Post/Kaiser Family Foundation Poll reported in *WP*, Aug. 2, 2016.

332 **永恆迴圈的政治人物**
關於暴力的例子出自：Richard Cohen, "Welcome to Donald Trump's America," SPLC Report, Summer 2017; Ryan Lenz et al., "100 Days in Trump's America," Southern Poverty Law Center, 2017. 關於學校，參見：Christina Wilkie, " 'The Trump Effect': Hatred, Fear and Bullying on the Rise in Schools," *HP*, April 13, 2016; Dan Barry and John Eligon, "A Rallying Cry or a Racial Taunt," *NYT*, Dec. 17, 2017. 對颶風的回應：Ron Nixon and Matt Stevens, "Harvey, Irma, Maria: Trump Administration's Response Compared," *NYT*, Sept. 27, 2017. 關於貶斥的計畫：Timothy Snyder, "The VOICE program enables citizens to denounce," *Boston Globe*, May 6, 2017. 拿錢辦事的示威者："Trump Lashes Out at Protestors," *DB*, April 16, 2017. 大屠殺：Snyder, "White House forgets."「婊子養的」：Aric Jenkins, "Read President Trump's NFL Speech on National Anthem Protests," *Time*, Sept. 23, 2017. 參見：Victor Klemperer, *The Language of the Third Reich*, trans. Martin Brady (London: Continuum, 2006).

333 **美國的迴圈政治每次提出**
Michael I. Norton and Samuel R. Sommers, "Whites See Racism as a Zero-Sum Game That They Are Now Losing," *Perspectives on Psychological Science*, vol. 6, no. 215, 2011; Kelly and Enns, "Inequality and the Dynamics of Public Opinion"; Victor Tan Chen, "Getting Ahead by Hard Work," July 18, 2015. 在二〇一七年五月二十四日被問到健康保險議題時，國會議員參選人Greg Gianforte出手攻擊記者。這點深具意義：重點就在造成痛苦。一旦政治人物相信自己的工作就在於造成並散播痛苦，光是談到健康議題，就像是在挑釁。

333 **有人說川普是「民粹主義」**
Ed Pilkington, "Trump turning US into 'world champion of extreme inequality,' UN envoy warns," *TG*, Dec. 15, 2017. 一千三百萬：Sy Mukherjee, "The GOP Tax Bill Repeals Obamacare's Individual Mandate," *Fortune*, Dec. 20, 2017. 川普引文："Excerpts from Trump's Interview with the *Times*," *NYT*, Dec. 28, 2017.

334 **就某個層面來說**
參見：Katznelson, *Fear Itself*, 33, sic passim. 參照比較：Zygmunt Bauman, *Liquid Modernity* (London: Polity, 2000)：「如果手中沒有可行的方案，就只能用想像的方案來彌補。」當然，就算個人的手中沒有可行的方案，政府手中總會有：是政治種族主義讓情況看來別無他法，而各種政治虛構故事的任務就是要讓這些方案連提都不用提。關於如何能有明確的方式使民主更具代表性，參見：Martin Gilens, *Affluence and Influence* (Princeton: Princeton UP, 2012), chapter 8. 關於明確而能夠減少不平等的方案，參見：World Inequality Report, 2017, wir2018.wid.world.

335 **莫斯科之所以能贏得**
關於零和博弈的論點，出自：Volodomyr Yermolenko, "Russia, zoopolitics, and information bombs," *Euromaidan Press*, May 26, 2015.

335 **像這樣偏離民主**
各種第一：Levitsky and Ziblatt, *How Democracies Die*, 61–64. 兩次川普提到應射殺希拉蕊：Wilmington, North Carolina, Aug. 9, 2016：「如果讓她來選她的法官，各位可就沒辦法了。但有第二修正案，可能還有些什麼可做的。」Miami, Sept. 16, 2016：「我認為她的護衛應該把所有武器都拋下。他們應該放下武裝，對吧？我認為他們應該立刻放下武裝。你們怎麼想？對吧？就是這樣。把他們的槍都拿走。她不要槍嘛！就把這些人的都拿走啊……看看她會有什麼下場。」獨裁者："Trump's 'Very Friendly' Talks with Duterte," *NYT*, April 30, 2017; Lauren Gambino, "Trump congratulates Erdoğan," *TG*, April 18, 2017. 川普表示中國的習近平主席是「我的朋友」："Excerpts from Trump's Interview with the *Times*," *NYT*, Dec. 28, 2017. 死者的靈魂：PK, Nov. 1, 2016.

336 **施虐民粹主義的選舉邏輯**
選民抑制委員會在白宮運作一年，接著轉至國土安全部，以逃避法律問題。Michael Tackett and Michael Wines, "Trump Disbands Commission on Voter Fraud," *NYT*, Jan. 3, 2018.「重大事件」：Eric Levitz, "The President Seems to Think a Second 9/11 Would Have Its Upsides," *NY*, Jan. 30, 2018; Yamiche Alcindor, "Trump says it will be hard to unify the country without a 'major event,' " PBS, Jan. 30, 2018. 同時參見：Mark Edele and Michael Geyer, "States of Exception," in Michael Geyer and Sheila Fitzpatrick, eds., *Beyond Totalitarianism* (Cambridge, UK: Cambridge UP, 2009), 345–95.

336 **俄羅斯向川普提出的**
我在此的重點是美國現下的風險。至於關於全球可能回到大規模屠殺的可能性，請參見Snyder的著作*Black Earth*的結論。

Timothy Snyder作品集
到不自由之路：普丁的極權邏輯與全球民主的危機

2023年6月初版　定價：新臺幣520元

著者	Timothy Snyder
譯者	林俊宏
叢書編輯	陳胤慧
校對	蘇淑君
內文排版	菩薩蠻
封面設計	兒日

出版者	聯經出版事業股份有限公司
地址	新北市汐止區大同路一段369號1樓
叢書編輯電話	(02)86925588轉5322
台北聯經書房	台北市新生南路三段94號
電話	(02)23620308
郵政劃撥	帳戶第0100559-3號
郵撥電話	(02)23620308
印刷者	文聯彩色製版印刷有限公司
總經銷	聯合發行股份有限公司
發行所	新北市新店區寶橋路235巷6弄6號2樓
電話	(02)29178022

副總編輯	陳逸華
總編輯	涂豐恩
總經理	陳芝宇
社長	羅國俊
發行人	林載爵

行政院新聞局出版事業登記證局版臺業字第0130號

本書如有缺頁，破損，倒裝請寄回台北聯經書房更換。　ISBN 978-957-08-6896-8 (平裝)
聯經網址：www.linkingbooks.com.tw
電子信箱：linking@udngroup.com

Published in the United States by Tim Duggan Books,an imprint of the Crown Publishing Group,
a division of Penguin Random House LLC, New York.
crownpublishing.com

Page 45: (left) photo of Vladimir Ilyich Lenin c. 1917: Universal History Archive/ Getty Images; (right) photo of Ivan Alexandrovich Ilyin c. 1920: Fine Art Images/ Heritage Images/Getty Images
Page 183: image of two flags: Konstantinks/Getty Images
Page 195: Paul Celan, Mohn und Gedächtnis © 1952, Deutsche Verlags-Anstalt, München, in der Verlagsgruppe Random House GmbH

This edition is published by arrangement with William Morris Endeavor Entertainment, LLC. through Andrew Nurnberg Associates International Limited.

國家圖書館出版品預行編目資料

到不自由之路：普丁的極權邏輯與全球民主的危機/
Timothy Snyder著．林俊宏譯．初版．新北市．聯經．2023年6月．
416面．14.8×21公分（Timothy Snyder作品集）
譯自：The road to unfreedom: Russia, Europe, America
ISBN 978-957-08-6896-8（平裝）

1.CST：國際政治 2.CST：國際關係 3.CST：威權主義

578 112005281